Mitologia da Mineiridade

CONSELHO EDITORIAL

Aurora Fornoni Bernardini – Beatriz Muyagar Kühl
Gustavo Piqueira – João Angelo Oliva Neto
José de Paula Ramos Jr. – Leopoldo Bernucci
Lincoln Secco – Luís Bueno
Luiz Tatit – Marcelino Freire
Marco Lucchesi – Marcus Vinicius Mazzari
Marisa Midori Deaecto – Paulo Franchetti
Solange Fiúza – Vagner Camilo
Walnice Nogueira Galvão – Wander Melo Miranda

Maria Arminda do Nascimento Arruda

Mitologia da Mineiridade

O Imaginário Mineiro na Vida Política e Cultural do Brasil

Ateliê Editorial

Copyright © 2023 by Maria A. do Nascimento Arruda

Direitos reservados e protegidos pela Lei 9.610 de 19.02.1998.
É proibida a reprodução total ou parcial sem autorização, por escrito, das editoras.

1ª edição, 1990 – Editora Brasiliense
1ª reimpressão, 2000 – Editora Brasiliense
2ª edição, 2024 – Ateliê Editorial

Dados Internacionais de Catalogação na Publicação (CIP)
(Câmara Brasileira do Livro, SP, Brasil)

Arruda, Maria Arminda do Nascimento
Mitologia da Mineiridade: O Imaginário Mineiro na Vida
Política e Cultural do Brasil / Maria Arminda do Nascimento
Arruda. – 2. ed. – Cotia: Ateliê Editorial, 2024.

ISBN 978-65-5580-132-3

1. Minas Gerais (Estado) – Aspectos culturais
2. Minas Gerais (Estado) – Aspectos sociais   3. Minas Gerais
(Estado) – História social   I. Título.

24-196491   CDD-981.51

Índices para catálogo sistemático:

1. Minas Gerais : Cultura : História   981.51

Aline Graziele Benitez – Bibliotecária – CRB-1/3129

Direitos reservados à

ATELIÊ EDITORIAL

Estrada da Aldeia de Carapicuíba, 897
06709-300 – Cotia – SP – Brasil
Tel.: (11) 4702-5915
www.atelie.com.br | contato@atelie.com.br
facebook.com/atelieeditorial | blog.atelie.com.br
instagram.com/atelie_editorial

Printed in Brazil   2024
Foi feito o depósito legal

Aos meus queridos pais,
Leny e José,
de quem recebi
o gosto pela memória.

O que amas de verdade não te será arrancado
O que amas de verdade é tua herença verdadeira.

Ezra Pound

O VELHO RELÓGIO

Mais velho era o relógio que a fazenda.
De filigramas de ouro trabalhado
A artesão genial encomendado
Por um nobre senhor da alta legenda.

Um vice-rei da Europa trouxe a prenda
E deixou-o por cá, ensimesmado
Na glória vã de cousa do passado
Do tempo entretecendo a frágil renda.

A vida gasta os homens e os relógios
(Esses também merecem necrológios)
E o relógio parou, por fim, num baque...

Se a fazenda ainda existe é, apenas, para
creio que agasalhar a espécie rara
Que num "ai" se calou de um tic-tac.

JOSÉ DO NASCIMENTO

Sumário

Agradecimentos *11*

Prefácio à Segunda Edição *13*

Introdução *19*

1. As Fontes do Mito *39*

   No Rastreio do Regional *39*

   Sensibilidade Romântica *51*

   As Nuanças de Quixote *58*

2. A Construção Mítica *75*

   A Apropriação das Origens *75*

   A Fruição da Cultura *84*

   A Vocação Democrática *89*

   A Enunciação do Perfil *96*

3. O Enleio do Imaginário *103*

   Ritualismo *103*

   Codificação *118*

4. Imaginário e Sociedade *143*

   Temporalidade e Representação *143*

   A Produção da Vida Material *151*

   O Microcosmo da Vida Social e Cultural *179*

5. Cultura e Política 213

    O Lugar da Memória 213

    A Vivência da Política 230

    O Horizonte da Literatura 252

Considerações Finais 275

Bibliografia 279

    Leituras de Viagem 279

    Memórias 280

    Textos Literários 282

    Escritos Políticos 283

    Ensaios 284

    Historiografia 285

    Estudos 286

        1. Obras sobre Minas 286

        2. Obras sobre o Brasil 292

        3. Obras Gerais 298

        4. Obras Teóricas 300

    Outras Fontes Citadas 303

Índice Onomástico. 305

Agradecimentos

Originalmente uma tese de doutoramento em Sociologia defendida na Universidade de São Paulo em 1987, somente passados dois anos o texto ganhou a forma necessária para a publicação. A dificuldade em lidar com a primeira versão emperrava o término da tarefa que tínhamos pela frente, que resultava, na verdade, da minha própria hesitação em enfrentar objetivamente "a aura envolvedora de Minas Gerais". À paciência e à crença do editor Caio Graco na validade desse trabalho devo a edição deste livro.

O meu orientador, Dr. Azis Simão, foi mais do que um professor atencioso, competente e amigo. É um verdadeiro mestre para a vida inteira. Da banca examinadora, composta pelos professores Francisco Iglésias, Sergio Miceli, João Batista Borges Pereira e Orlando Miranda, recebi sugestões fundamentais à revisão do trabalho. Igualmente do professor Teófilo Queiroz Jr.

O Núcleo de Pesquisas e Publicações da Fundação Getúlio Vargas de São Paulo, durante as gestões dos professores Sergio Miceli e Maria Cecília Spina Forjaz, financiou grande parte da pesquisa. A essa instituição, da qual fui professora, o meu agradecimento especial.

Os meus amigos de Belo Horizonte, Piedade Boschi, Caio Boschi, Francisco Iglésias e João Antonio de Paula tornaram as minhas estadias na capital de Minas uma aventura de completa amizade. Para Otávio Soares Dulci, Dr. Vivaldi Moreira, Sr. Edison Moreira, Dona Laís Correa, Dona Dora Martins Belém e Vera Alice Cardoso da Silva, todos mineiros, os meus sinceros agradecimentos.

Os jovens pesquisadores Adriana Ramos, Rolf Traeger e Duvaldo Bamonte, auxiliaram-me no levantamento do vasto material utilizado. Osvanie,

Márcia, Júlio, Romeu e Sr. Gildo, da Universidade de São Paulo, colaboraram generosamente no equacionamento de múltiplas tarefas. Hermínia, Wilma e Sr. Ovídio datilografaram os originais com paciência e dedicação.

Com o meu amigo João Manuel Cardoso de Mello comecei a discutir as ideias primeiras deste trabalho. Maria José Elias, amiga incondicional, esteve sempre solícita a enfrentar problemas de vária natureza. Da mesma maneira Carlos Guilherme Mota, amigo de longa convivência. Antônio Pereira de Medeiros, da Livraria Seridó, levantou grande parte da bibliografia, com a dedicação própria às verdadeiras relações.

É difícil separar esse estudo da pessoa insubstituível de Fernando Novais, cuja presença, sugestões e ideias marcaram indelevelmente inúmeras páginas desta obra.

José Ricardo Barbosa Gonçalves, amigo dileto e aliado irrestrito, foi cúmplice e crítico todo o tempo. Com Gisela Taschner Goldenstein, irmã por escolha dos sentimentos profundos e genuínos, tenho compartilhado todas as circunstâncias. Os meus irmãos, Maria Carmen, Maria Guiomar, José Leonardo e Manoel Tomé, são partes integrantes do meu próprio ser, por isso entrelaçam-se completamente neste trabalho.

A querida Dona Mary Black Taschner ofereceu-me total solidariedade. Dona Stella de Andrade Arruda e o meu saudoso Sr. Alcides Martins Arruda desdobraram-se incansavelmente. Minha mãe, Leny de Almeida Nascimento, amparou-me com o seu ilimitado carinho. O meu querido pai, José do Nascimento, reviu amorosamente os originais. Jobson, meu marido, iluminou todos os momentos, acompanhando-me com afeto absoluto e participando integralmente dessa longa caminhada. Aos meus filhos, Mariana e José Jobson, desejo expressar o meu reconhecimento pela compreensão precoce e, sobretudo, meu infinito amor.

MARIA ARMINDA DO NASCIMENTO ARRUDA
São Paulo, 27 de julho de 1989

Prefácio à Segunda Edição

Quando termina, um traço
Rubro macula a História
E há enorme cansaço
Aureolando a glória

JONAS ROSA

Publicado há exatamente trinta e três anos e revisto com o recuo que me é permitido, *Mitologia da Mineiridade: O Imaginário Mineiro na Vida Política e Cultural do Brasil* expõe expressiva troca entre a reflexão e o tempo da sua escrita. Diria melhor, entre as múltiplas circunstâncias subjacentes à sua feitura. Se não há qualquer originalidade em constatar a relação de dependência entre concepção e reelaboração do livro e o futuro que se poderia antever na época, explicitá-la testemunha, ao menos, seja a lógica de sua construção, seja ainda a motivação para republicá-lo, passadas três décadas desde a primeira edição do texto. Não desconheço o caráter comprometido e um tanto assombrado dessas reconstruções, sobretudo quando tais recomposições ocorreram após longa trajetória pessoal e profissional, que repercutem intensamente no próprio modo de reavaliar o texto consolidado. Não me escapam as dificuldades desse exercício, tampouco possíveis lapsos inerentes a experimentos dessa natureza. Diante do impasse, recorro à trajetória do país que, embora atravessada por variadas interpretações, é o terreno mais seguro que se nos apresenta.

De fato, *Mitologia* foi criado em um contexto particular do Brasil. Momento da redemocratização, após o regime autoritário e repressor que se iniciara em 1964, era uma conjuntura repleta de esperanças, de promessas de reconciliação do país, de construção civilizatória, ainda que para muitos a redemocratização não enfraquecesse as formas autoritárias que teimavam em nos perseguir. No conjunto, anunciava-se como uma nova cultura política. Embora distante da matriz original, surgia, sobretudo, no bojo da recuperação da mitologia concebida em Minas Gerais, cujo ideário manifestava-se como construção sensata, segura e compreensiva da mudança dos tempos, representada na figura de Tancredo Neves, presidente eleito no Colégio Eleitoral. A atuação do político mineiro, ungido no pleito indireto, anunciava um processo de transição embebido na tradição política mineira do entendimento e da conciliação, recurso ao qual Tancredo lançava mão para se legitimar politicamente, em uma situação carente de efetivos suportes democráticos.

No mesmo diapasão, emergia uma sensibilidade que se frutificava no campo das Ciências Sociais, indício do surgimento de outras possibilidades analíticas *vis a vis* as teorias consagradas, que mantinham franco diálogo com a chamada nova história, as filosofias da linguagem, a psicanálise, a etnologia, as artes. A chamada virada linguística resultou, nos seus desdobramentos, na recuperação de novos sujeitos, assinalando a crítica ao estruturalismo. Para arrematar, reproduzo a opinião de Francisco Iglésias, a propósito da defesa da tese de doutoramento que deu origem ao livro:

> Estou diante de uma tese. Um tema é proposto e desenvolvido, muita pesquisa e reflexão, profunda empatia. Enorme pesquisa, domínio da bibliografia mineira – área ciências humanas e sociais e literatura. Além da erudição e reflexão, uma das melhores provas de exercício da interdisciplinaridade.

Apelo à autoridade de Iglésias não para exaltar o trabalho que, de resto, não seria fiel à sua rigorosa e severa arguição, mas porque o texto sintetizava a minha relação com o tema e o objeto da pesquisa, anunciada nas frases de abertura:

> As expressões singulares da existência têm sido, no mais das vezes, desconsideradas como formas legítimas de conhecimento. Tudo que é particular e próprio às experiências individuais é comumente acoimado pelo subjetivismo, como fonte de enganos, quando não como ensaios suspeitos em busca de legitimação social... Todo trabalho intelectual é histórico não apenas no sentido de versar sobre um momento da criação coletiva dos homens, mas, principalmente, porque coloca problemas e inquietações que estão presentes, mesmo em forma virtual, na ribalta da sociedade.

PREFÁCIO À SEGUNDA EDIÇÃO 15

Reversivamente, todo trabalho tem a sua história e aqui as manifestações peculiares às trajetórias e limitações pessoais inscrevem-se nos escaninhos da reflexão.

Tais passagens exprimem tensões derivadas da minha relação com a temática, combinada aos problemas do país naquela quadra particular de transformações políticas e sociais, as quais se somavam a abertura para novos arcabouços interpretativos. É a partir desse quadro que *Mitologia* se construiu, cuja leitura atual deverá enfrentar a fluidez do tempo e poderá ser visto à luz das circunstâncias do presente. Em suma, um tempo social a oferecer ossatura à concepção do livro, entranhado por dimensões afetivas e subjetivas. Nesse sentido, se o livro ecoa as promessas em curso, transportado para a realidade de hoje tem em comum o fato daquelas esperanças permanecerem fora de esquadro. Mas penso que a obra, na sua reedição, não deva se restringir à dramática teatralidade da história brasileira do passado, pois ela só ganhará vida se for capaz de ainda sensibilizar os leitores e erigir-se em possível referência aos estudos sobre a cultura e as realizações regionais do modernismo. Preservando, finalmente, sua capacidade de interrogar as novas gerações.

★ ★ ★

Mitologia da Mineiridade – nos cinco capítulos que compõem o livro – busca configurar um sistema simbólico produzido por específica sociabilidade, gestado em uma ambiência marcada por forte tradicionalismo nas relações sociais, mas que se encontrava, naquele momento, em processo de mutação. Nesse contexto, a cultura característica de Minas Gerais mesclou a herança urbana e ilustrada, enraizada no século XVIII, àquela que se sedimentou no século XIX, no curso da ruralização, figurada no modo de vida da fazenda mista, realidade singular, autorreferida, diversa da *plantation* e das unidades primário exportadoras, como mostram os historiadores Roberto Borges Martins e José Jobson de Andrade Arruda. A fazenda mineira produziu uma forma singular de sociabilidade, na qual frutificou uma cultura, cujos traços distinguíveis são atribuídos à *mineiridade*, elaboração especiosa das elites intelectuais e políticas do Estado.

Desse modo, o livro filia-se à tradição da história intelectual, da sociologia da cultura, dos sistemas simbólicos e dos estudos da linguagem. Essas afinidades com campos analíticos diversos aproximam-no da interdisciplinaridade, conferindo contorno mais fluido à obra, quando visto no prisma dos invólucros especializados. Em última instância, as várias expressões da *mineiridade* – políticas, literárias, memorialísticas, ensaísticas, além, naturalmente, das manifestações da cultura popular, requereram um exercício analiticamente diversificado, na tentativa de dar conta da multiplicidade do objeto. Em outra perspectiva, é também possível entender o livro como portador de um estilo de reflexão no campo das Ciências Sociais que era menos especializado, avesso à prática atualmente vigente na pós-graduação. Por essa razão, a publicação não deixa de ser um testemunho das Ciências Sociais, então transformadas no curso dos debates paradigmáticos.

Os cinco capítulos que compõem o livro – "As Fontes do Mito", "A Construção Mítica", "O Enleio do Imaginário", "Imaginário e Sociedade", "Cultura e Política" – seguem um andamento que busca as raízes temporais e intelectuais da construção mítica da *mineiridade*; a sua configuração e relacionamento com uma particular sociabilidade originada no contexto de uma história que caminhou em sentido inverso ao usualmente observado, manifesto na passagem do urbano para o rural; as suas formas de ritualização e de codificação; as representações mais significativas; finalmente, as suas expressões letradas e mobilização política por parte das elites mineiras no jogo de poder do Estado brasileiro. Em suma, se a história ilustrada setecentista oferecia matéria sugestiva à construção, foi a peculiar sociabilidade do século XIX, etapa de perda do poder das elites regionais e consequente enfraquecimento da importância da região, a experiência que conferiu substrato material à narrativa sobre o caráter especial dos mineiros, cujos contornos mais nítidos adquiriram substância no século XX, no bojo da federalização republicana. Época de acirramento das querelas regionais, subsumidas no travejamento das identidades, as concepções sobre heranças históricas mais legítimas eram modos de obscurecer os conflitos e obter posições mais vantajosas nas disputas que se desenrolavam na arena política.

Na confluência desses problemas, o texto articula uma espécie de meta narrativa da *mineiridade*, ao mesmo tempo em que pretende revelar a dimensão simbólica da construção, apreendida no prisma da análise de mitos, ancorada numa literatura filosófico-antropológica. Em termos mais estritamente sociológicos, a variação de procedimentos analíticos presentes absorve a noção de *sistema cultural*, com o intuito de sublinhar que as possibilidades de apropriação, bem como do complexo processo de recriação observado na capacidade de modelar práticas sociais rotinizadas, derivam de um tecido simbólico dotado de densidade, a ponto de assumir força persuasiva no contexto coletivo. Eis aqui, a face mais instrumentalizada da afirmação identitária mineira, a mais visível, porém não exclusiva.

O memorialismo e a literatura escritos pelos mineiros mantêm laços de contiguidade com a *mineiridade*, que estão longe da contingência, conferindo, por sua vez, atualização ao regionalismo de Minas Gerais que ganha vida na fatura dessas obras. O modernismo mineiro esteve umbilicalmente ligado à lembrança melancólica do passado, como derivação do espectro da decadência social a rondar as classes dominantes, resultando em perda de controle das próprias trajetórias. Esse imaginário, enquanto forma mais elaborada das apropriações da *mineiridade*, é uma espécie de padecimento incessante num tempo mítico, cujo legado oscila como um pêndulo que se movimenta de um extremo ao outro, a ponto de estancar e estilhaçar a própria simbologia. O universo drummondiano da casa vendida por "vinte contos" é representação do emparedamento de uma classe social em posição francamente desvantajosa no trânsito do Brasil moderno e que vê desabar o seu modo de vida. Similarmente, Tancredo Neves parece ter sido o último sopro de uma tradição política que se desvaneceu, no curso muitas vezes impiedoso dos anos que se seguiram. Em contrapartida, a literatura dos mineiros, nas suas diversas linguagens, persiste em revelar a condição de mal-estar dos sujeitos modernos, que, na matéria tratada, se formou sob a sombra da cultura forjada nas minas.

O livro se inscreve, portanto, em um universo temático um tanto desconfortável, das Ciências Sociais na época, bem como da autora. Nos dois casos, absorveu a subjetividade: nas disciplinas, com a incorporação e reconhecimento do caráter inescapável das estruturas subjetivas; pessoalmente, na admissão que toda reflexão é tributária de vivências, de questões a serem enfrentadas, uma espécie de refúgio sob a forma de compreender uma experiência pessoal e coletiva, mas que não se esgota nela própria, a exigir esforço incessante de reflexividade. A operação de trazer à luz o interesse da autora no tema não se fez, no entanto, às expensas do exercício analítico, expresso na noção de sistema cultural, isto é, um tecido simbólico típico de culturas mais integradas e mais resistentes à mudança, nas quais a fragmentação das linguagens é menos acentuada. Explicitamente, uma estrutura de significados na qual as diversas manifestações se entrelaçam num todo, apesar de preservarem qualidades singulares.

A despeito de ligar-se profundamente às vanguardas, o modernismo mineiro incorporou representações do passado com perceptível intimidade que, se não evitou o seu impulso vanguardista, pelo menos era parte de uma cultura envolta na tradição. A construção regional de Minas, por conseguinte, distinguia-se do modernismo de São Paulo, cujas linguagens tendiam à fragmentação. Nesse sentido, a reflexão poderá, eventualmente, inspirar novos trabalhos no campo da sociologia da cultura, independentemente da temática tratada. Não deixa de ser curioso constatar que, no decorrer dos anos desde a primeira edição, os estudos sobre autores que interpretaram o Brasil ganharam força. *Mitologia da Mineiridade* é ponto de fuga no mesmo caminho.

Antes de finalizar, uma nota de esclarecimento. Optei por preservar o livro na sua redação original, pois considerei que atualizá-lo bibliograficamente não alterava os argumentos desenvolvidos. Igualmente, não mudei o substantivo homem como representação de humanidade, pois era a linguagem corrente da época; tampouco, substitui o pronome utilizado no plural, pelo uso atual e mais corrente do singular. Esclareço que não mais aceito o genérico como representação do conjunto, tampouco, gosto do majestático como autonomeação.

A reedição desse livro não seria possível sem o empenho, paciência e compreensão de Plinio Martins Filho, que suportou essa espera de mais de um ano, compreendeu as minhas hesitações e não cedeu frente ao meu descompromisso. Editor iluminado, Plinio engrandece as obras que publica.

MARIA ARMINDA DO NASCIMENTO ARRUDA
São Paulo, 30 de novembro de 2023

Introdução

As expressões singulares da existência têm sido, no mais das vezes, desconsideradas como formas legítimas de conhecimento. Tudo que é particular e próprio às experiências individuais é comumente acoimado pelo subjetivismo, como fonte de enganos, quando não como ensaios suspeitos em busca de legitimação social. Se é possível encontrar, em gradações diversas, traços que corroborariam tal visão, assumi-la como regra inerente a toda e qualquer tentativa de interpretação da realidade resultaria na criação de um novo ardil. Todo trabalho intelectual é histórico não apenas no sentido de versar sobre um momento da criação coletiva dos homens, mas, principalmente, porque coloca problemas e inquietações que estão presentes, mesmo em forma virtual, na ribalta da sociedade. Reversivamente, todo trabalho tem a sua história e aqui as manifestações peculiares às trajetórias e limitações pessoais inscrevem-se nos escaninhos da reflexão. Assim, o reconhecimento dessa dupla determinação, se porventura relativiza a magnitude e a originalidade das nossas observações, pode erigir-se, do mesmo modo, num feitio peculiar de expressão social, pois "graças à sua participação no meio discursivo, a experiência individual é, por sua própria natureza, mais que meramente individual"[1]. Ora, a desconsideração do singular parece-nos ser uma das marcas do mundo contemporâneo, que subsumiu o específico, transformando-o num mero matiz do conjunto[2]. A ruptura de liames tecidos

---

1. Theodor W. Adorno, *Dialéctica Negativa*, Madrid, Taurus Ediciones, 1984, p. 51.
2. "As malhas do todo vão enlançando-se cada vez mais estreitamente, segundo o modelo do ato de troca. A consciência individual tem um âmbito cada vez mais reduzido, cada vez mais

em fios apertados e mesmo sufocantes põe, provavelmente, a necessidade de contestar-se o ideal científico corrente, manifesto em procedimentos e em fórmulas de investigação que pretendem tornar a autorreflexão de todo ausente, considerada como a personificação dos desvios e dos enganos. "A exclusão do indivíduo não produziria um homem superior, purificado das escórias do imprevisível, senão só um repetidor inconsciente do que fosse programado"[3]. A ciência positiva que esculpiu um investigador ávido de regras formais e de uma conduta *sine ira et studio* encontrou sua forma mais candente no mundo da administração[4].

Este trabalho insinua-se, ao contrário, num espaço onde o pessoal tem seu lugar e mescla-se de tal maneira na análise que suscitou indagações, ajudou a encaminhar problemas, serviu como parâmetro analítico, enfim criou uma partitura onde ao compasso sociológico somou-se o ritmo do vivido. Das reverberações mineiras caminhamos para a reflexão sobre as visões de Minas. Tais interpretações propuseram-nos temática mais ampla, qual seja a de uma reflexão que tentasse abarcar de forma articulada as expressões culturais produzidas no âmbito regional e seu contexto histórico, isto é, a tessitura social que as engendrou. Do conjunto dos traços sobreleva a face política. Gestou-se em Minas Gerais uma cultura política própria que ganha relevo nos momentos de transição no Brasil, visível no chamado fenômeno da conciliação[5]. Travestida em roupagens várias como sói acontecer, essa concepção nasce no bojo de um novo pacto político-social, no qual os representantes mineiros sempre foram parceiros poderosos. Nessas ocasiões surge muitas vezes o reconhecimento de que a subcultura de Minas,

---

profundamente pré-formado e a possibilidade da diferença vai ficando limitada a priori, até converter-se em mero matiz na uniformidade da oferta." (Theodor W. Adorno, "La Crítica de la Cultura y la Sociedad", *Prismas*, Barcelona, Ediciones Ariel, 1962, p. 12).

3. Theodor W. Adorno, *Dialéctica Negativa*, p. 52.

4. A expressão *sine ira et studio* é utilizada por Max Weber para caracterizar o procedimento da burocracia (Max Weber, *Economia y Sociedad*, 2. ed., México, Fondo de Cultura Económica, vol. 1, p. 179). Para uma análise do fenômeno da administração na sociedade contemporânea, ver: Theodor W. Adorno e Max Horkheimer, "Cultura y Administración", *Sociológica*, 2. ed., Madrid, Taurus Ediciones, 1971.

5. "A conciliação foi uma arte finória da minoria dominante e visou sempre ao compromisso de interesses divergentes dos seus próprios grupos. Nessa arte distinguiram-se a liderança mineira, que sempre participou do comando nacional desde a Independência, a minoria fluminense, com seus grandes interesses da terra e do café, e a baiana" (José Honório Rodrigues, *Conciliação e Reforma no Brasil*, 2. ed., Rio de Janeiro, Nova Fronteira, 1982, p.121). Sobre o papel de destaque dos mineiros na superação dos impasses políticos, ver: Gilberto Freyre, "Ordem, Liberdade, Mineiridade", *Conferência em Busca de um Leitor*, Rio de Janeiro, Livraria José Olympio Editor, 1964. Foi nessa exposição, que o sociólogo pernambucano cunhou o termo "mineiridade".

INTRODUÇÃO 21

frequentemente denominada "mineiridade", conteria os princípios do "entendimento nacional". Reconhecem-se nos mineiros qualidades essenciais de bom senso, de moderação e equilíbrio, virtudes estas consideradas essenciais à urdidura do acordo. Há poucos anos a imprensa brasileira dedicou espaço considerável a esses atributos, personificados na figura de Tancredo Neves, tido como peça fundamental e insubstituível no processo de mudança do regime. Não foi casual que a sua morte tenha criado tamanho temor, tamanha incerteza e tamanho impasse. Se deixarmos de lado o problema da excessiva personalização, traço fundamental da cultura política brasileira e sintoma de instituições frágeis, cabe perguntar-se sobre a necessidade de apelar ao "caráter regional", ao "espírito particular dos mineiros", tidos e havidos como a própria manifestação da temperança. É nesse cenário que nossas reflexões se alojam.

Caberia considerar nesse passo, se o perfil da mineiridade não tem sido retocado pelo embate político que se hospeda no interior do Estado, de onde sairia devidamente polido e pronto para ser propagado ao conjunto da sociedade. A mineiridade, no decurso da apropriação, seguiria uma trajetória autônoma *vis-à-vis* das sua matrizes sociais, adquirindo cunho ideológico particular, ao encontrar-se deslocada do lastro social que a gerou. Configura-se, por conseguinte, um tipo de ideologia secundária, onde a capa acoberta o véu. O duplo viés assegura todavia a existência do tecido ideológico, mas remete a indagação para a natureza de mecanismos históricos que não conseguem produzir espontaneamente a sua própria aparência. Referimo-nos à decantada peculiaridade da sociedade brasileira que, desde o processo de formação, gestou determinadas combinações históricas. Para o investigador, as especificidades superlativizam a já penosa tarefa de compreensão da realidade; no que tange à sociedade, fundamentam a existência de um universo cultural que articula diferentes conteúdos, dispostos em invólucros excêntricos. Na própria constituição do Estado Nacional imprimiu-se a marca indelével da nossa originalidade. Herdeiros da Europa fomos, no entanto, versáteis na feitura do arranjo.

Lá, o processo de formação dos Estados nacionais expressou, grosso modo, o deslocamento dos particularismos representados pelo poder local e do universalismo revelado pelo papado[6]. O movimento de constituição dos Estados significou, nesse sentido, a ultrapassagem das identidades regio-

---

6. Sobre o tema podem-se consultar entre outros: Bernard Guenée, *O Ocidente nos Séculos XIV e XV (os Estados)*, São Paulo, Livraria Pioneira/Editora da Universidade de São Paulo, 1981; Eli Heckscher, *La Epoca Mercantilista*, México, Fondo de Cultura Económica, 1944, cap. 1; Perry Anderson, *Lineages of the Absolutist State*, London, Verso Edition, 1979.

nais afirmadoras dos particularismos, além do enfrentamento do Império Universal. Nas palavras de Bernard Guenée, moderno historiador francês, "todos os Estados do Ocidente eram ameaçados. [...] Entretanto, a ruína do Papado seguirá de muito perto a ruína do Império".

Nos séculos XIV e XV o Ocidente é marcado por um profundo "regionalismo". Aldeias, cidades, castelarias, dioceses, condados têm uma vida muito influente e sempre animada. [...] Quando os vínculos entre o senhor feudal e o vassalo perdem a eficácia, é com esses poderes e com essas corporações que o príncipe deve dialogar[7].

No decurso do tempo, a diversidade de ritmos e de natureza do andamento centralizador produziu a apreensão desigual do fenômeno pela historiografia[8]. A afirmação do poder real, sacramentada nas ideias de pátria e de nação, rigorosamente concebidas na época moderna, lastreou na história a justificação da sua existência. Por isso, é possível afirmar-se que, de uma certa forma, foram os historiadores os responsáveis pela construção da ideia de nacionalidade, pois "não existe nação sem história nacional e as primeiras apareceram. no Ocidente, no século XII". Nesse curso, tais produtores culturais constituíram-se nos grandes intérpretes de determinados movimentos históricos e, ao reproduzirem os seus significados particulares, conferiram o que Weber denominou "valor ao conhecimento"[9]. A historiografia, tornando-se porta-voz de toda uma época, direcionou a compreensão desses momentos no futuro e espelhou, de maneira primorosa, a conhecida assertiva de Benedetto Croce de que toda história é sempre contemporânea.

O aparecimento na Europa de estudos sobre os diversos regionalismos – que hoje já têm forte tradição – foi suscitado principalmente pelos movimentos separatistas e pelas afirmações particularistas das nacionalidades[10]. Em contrapartida, as tentativas autonomistas encontram o Estado constituído por

---

7. Bernard Guenée, *O Ocidente nos Séculos XIV e XV*, pp. 55 e 65.
8. "Os historiadores franceses pensam que a iniciativa continuou sendo do príncipe. Colocam-se sempre do ponto de vista do príncipe. [...] Em compensação, os historiadores alemães ou de cultura alemã, desde O. Gierke, veem nesse tempo um diálogo de igual para igual entre o príncipe, de um lado, e, de outro, um país constituído em Estado [...]" (*idem*, pp. 66-67).
9. "E posto que sem a fé do investigador no significado de um conteúdo cultural qualquer, resulta completamente desprovido de sentido todo estudo do conhecimento da realidade individual, explique-se que busque orientar o seu trabalho segundo a direção de sua fé pessoal e segundo o reflexo dos valores no espelho de sua alma" (Max Weber, *Sobre la Teoria de las Ciencias Sociales*, Barcelona, Ediciones Península, 1971, p. 50).
10. Sobre o regionalismo na Europa: Júlio Busquets, *Introducción a la Sociología de las Nacionalidades*, Madrid, Edicusa, 1971; Pierre Fougeyrollas, *Por une France Fédérale – Vers l'Unité Européene pour la Révolution Régionale*, Paris, Editions Denöel, 1968; E. Menéndez-Valdés Golpe, *Separatismo y Unidad (Una Mistificación Histórica)*, Madrid, Seminários y Ediciones, 1973.

INTRODUÇÃO

uma marcante hegemonia – no sentido gramsciano, isto é, enquanto "função que o grupo dominante exerce em toda a sociedade e aquela de 'domínio direto', ou de comando que se expressa no Estado e no governo 'jurídico'. Estas funções são precisamente organizativas e conectivas"[11].

No Brasil, a temática regional tem permanecido em posição secundária no panorama da literatura acadêmica que se abeberou no federalismo e na permanência dos poderes locais, fonte principal das suas inspirações. Simultaneamente, a peculiar formação histórica, cujos traços integradores foram notáveis, se expressa sobremaneira no pensamento político brasileiro, privilegiador do centralismo sobre o regionalismo, mesmo quando este se situa no foco da análise[12]. Já na própria marcha da independência a unidade territorial foi preservada, num processo de ruptura que "mantém a monarquia e preserva a escravidão"[13]. Nesse quadro, os trabalhos voltados à compreensão da emergência do Estado Nacional podem ser agrupados em dois eixos principais, segundo Fernando Henrique Cardoso, para quem é possível

[...] caracterizar o pensamento político brasileiro deste século dizendo que nele há duas tendências: a que vê no Estado o pólo aglutinador de uma sociedade onde a organização das classes é frouxa e a que vê na força do localismo oligárquico a base real de poder, fazendo o Estado uma resultante dos compromissos entre os vários regionalismos. [...] Amiúde, os que veem a sociedade brasileira como um amálgama de grupos que, se não são desconexos, ligam-se por interesses que independem das posições de classes, tendem a considerar o Estado como princípio unificador capaz de integrar a Nação; enquanto os partidários da linha oposta veem nos partidos e no problema da representação e da organização político-jurídica a possibilidade "legítima" de alcançar o mesmo objetivo[14].

Portanto, o primeiro privilegia a dimensão Estado enquanto centro irradiador da nação[15]; o segundo distingue a sociedade trabalhada a partir das categorias, elites, classes, estamentos, castas e camadas sociais, enquanto

11. Antonio Gramsci, *Os Intelectuais e a Organização da Cultura*, Rio de Janeiro, Civilização Brasileira, 1968, p. 11.
12. Exemplo de um bom estudo sobre a dispersão do poder político, que mantém como parâmetro constante a perspectiva do conjunto: Maria Isaura Pereira de Queiroz, *O Mandonismo Local na Vida Política Brasileira e Outros Ensaios*, São Paulo, Alfa-Ômega, 1976.
13. Fernando A. Novais, "Passagens para o Novo Mundo", *Novos Estudos Cebrap*, n. 9, p. 7, 1984.
14. Fernando Henrique Cardoso, *Autoritarismo e Democratização*, Rio de Janeiro, Paz e Terra, 1975, p. 165.
15. Sobre a relação entre o pensamento político e a construção do Estado: Bolivar Lamounier, "Formação de um Pensamento Autoritário na Primeira República; uma Interpretação", em Boris Fausto (org.), *História Geral da Civilização Brasileira. O Brasil Republicano*, São Paulo, Difusão Europeia do Livro, 1978, vol. 9, pp. 345-374.

núcleo organizador[16]. No primeiro exemplo, é comum discutir-se o problema da identidade nacional e/ou da construção do Estado como fruto de longo e doloroso processo. No segundo caso, a distinção das categorias procura exprimir a complexidade da própria formação brasileira. As obras de Oliveira Vianna e de Raymundo Faoro, com ênfases diferentes, representam um tipo de análise que mescla identidade nacional e caráter do Estado. Em Oliveira Vianna o tom predominante é o primeiro: "[...] *ao povo brasileiro sempre faltou uma consciência nacional, um sentimento consciente e profundo da sua finalidade histórica, do seu destino como povo*"[17]. Em Faoro a preocupação incide sobre a estrutura burocrática do "[...] Estado, presente a tudo e que tudo prevê, [...] criando um país à sua feição, o país oficial"[18]. No decorrer da análise, as duas obras acabam por operar uma relação entre identidade e Estado. Para Oliveira Vianna, a inexistência da "consciência nacional" transformou o Estado no polo aglutinador da nacionalidade e modelador da estrutura publica da elite política no Império, através do poder carismático do imperador.

Este poder supremo – educado para as imparcialidades do governo pela natureza do seu próprio cargo e possuído inteiramente da "consciência nacional" – era quem selecionava os "homens de 1000" e formava a elite destinada ao funcionamento desta terceira estrutura do Estado Nacional, criado em 1824[19].

Para Raymundo Faoro, a transposição da administração portuguesa para a colônia impediu o florescimento da cultura autêntica.

A cultura, que poderia ser brasileira, frustra-se ao abraço sufocante da carapaça administrativa, trazida pelas caravelas de Tomé de Souza, reiterado na travessia de D. João VI, ainda o regente de D. Maria I, a louca, dementada pelos espectros da Revolução Francesa. [...] A máquina estatal resistiu a todas as setas, a todas as investidas da voluptuosidade das Índias, ao contato de um desafio novo – manteve-se portuguesa,

---

16. Os livros de Oliveira Vianna e de Raymundo Faoro constituem expressões do primeiro eixo. Francisco José de Oliveira Vianna, *Instituições Políticas Brasileiras*, 2. ed., Rio de Janeiro, Livraria José Olympio Editora, 1955, 2 vols.; Raymundo Faoro, *Os Donos do Poder. Formação do Patronato Político Brasileiro*, 5. ed., Porto Alegre, Editora Globo, 1979, 2 vols. Para o segundo exemplo: Florestan Fernandes, *Sociedade de Classes e Subdesenvolvimento*, Rio de Janeiro, Zahar, 1968; *Capitalismo Dependente e Classes Sociais na América Latina*, Rio de Janeiro, Zahar, 1973; *A Revolução Burguesa no Brasil. Ensaio de Interpretação Sociológica*, Rio de Janeiro, Zahar, 1975; *Circuito Fechado*, São Paulo, Hucitec, 1976; José Murilo de Carvalho, *A Construção da Ordem. A Elite Política Imperial*, Rio de Janeiro, Editora Campus, 1980; Fernando A. Novais, "Passagens para o Novo Mundo", *op. cit.*

17. Francisco José de Oliveira Vianna, *Instituições Políticas Brasileiras*, p. 380. Grifo do autor.

18. Raymundo Faoro, *Os Donos do Poder. Formação do Patronato Brasileiro*, p. 392.

19. Francisco José de Oliveira Vianna, *Instituições Políticas Brasileiras*, p. 399.

hipocritamente casta, duramente administrativa, aristocraticamente superior. Em lugar da Revolução, o abraço lusitano produziu uma *social enormity*, segundo a qual velhos quadros e instituições anacrônicas frustram o florescimento do mundo virgem[20].

Na visão de Florestan Fernandes, a maneira de captar as particularidades da estratificação social brasileira no período reside no emprego concomitante dos conceitos de casta, estamento e classe. O aperfeiçoamento da categorização exigiria, segundo a opinião do autor, o aprofundamento das investigações empíricas no sentido de "uma melhor exploração das teorias existentes sobre as sociedades estratificadas e, em particular, para suscitar um quadro teórico integrativo, capaz de *render conta* da complexa situação brasileira"[21]. Por isso, acaba optando pelo use simultâneo dessas categorias, diferenciando-as no bojo da análise. Ao tratar da sociedade em seu conjunto, caracteriza-a a partir das noções de estamento e de casta. Estamental na apreensão dos senhores rurais; regime de castas quando se refere aos escravos. A forma de dominação política é patrimonial/estamental. As frações dirigentes são as elites. À categoria "classes" confere uma utilização livre, servindo para tratar camadas sociais, sem pretensões diferenciadoras[22]. A incorporação híbrida das categorias analíticas surge discriminada, portanto, quer por níveis de discurso distintos (descritivo, analítico), quer por diversos pianos da realidade (social, político, econômico), quer ainda pela exclusividade das camadas sociais (senhores, frações dirigentes, escravos).

Outro autor, Francisco Iglésias, anota a fluidez conceitual que permeia os estudos sobre a sociedade brasileira[23]. Fernando Henrique Cardoso chama a atenção para a dificuldade de apreender a sociedade colonial a partir de categorias formalmente definidas.

Não possui, portanto, qualquer base histórico-estrutural considerar quer como *burgueses agrários*, quer como *senhores feudais* aos senhores de escravos e aos produtores coloniais imbricados socialmente em situações nas quais as relações de produção se baseavam na venda da força de trabalho livre e na venda de força de trabalho, mas pouco se baseava na apropriação do excedente produzido por trabalhadores *servis*. [...] Demônios, bifrontes, se se quiser, duplamente contraditórios, excrescências necessárias para o avanço, no centro do sistema, da acumulação que eles próprios em parte propiciaram[24].

---

20. Raymundo Faoro, *Os Donos do Poder. Formação do Patronato Político Brasileiro*, p. 748.
21. Florestan Fernandes, *Circuito Fechado*, p. 31. Grifo do autor.
22. A análise respalda-se nas obras de Florestan Fernandes dedicadas ao período. Está bastante evidente em *Sociedade de Classes e Subdesenvolvimento*.
23. Francisco Iglésias, "Revisão de Raymundo Faoro", *Cadernos do Departamento de Ciência Política*, n. 3, mar. 1976, p. 133, Universidade Federal de Minas Gerais.
24. Fernando Henrique Cardoso, *Autoritarismo e Democratização*, pp. 110 e 111. Grifo do autor.

Antonil já apontava a heterogeneidade dos traços sociais modeladores dos senhores de engenho.

O ser senhor de engenho é titulo a que muitos aspiram, porque traz consigo o ser servido, obedecido e respeitado de muitos. E se for, qual deve ser, homem de cabedal e governo, bem se pode estimar no Brasil o ser senhor de engenho, quando proporcionadamente se estimam os títulos entre os fidalgos do Reino[25].

As análises, por essa via, encaminham-se no sentido de apanhar as nossas especificidades onde, conforme Florestan Fernandes

[...] a formação de um Estado nacional independente desenrolou-se sem que se processassem alterações anteriores ou concomitantes na organização da economia e da sociedade. Portanto, ele se deu sem que o regime de castas e estamentos sofresse qualquer crise, pois ele constituiu a base econômica e social de transformações dos "senhores rurais" numa aristocracia agrária[26].

Daí, o processo de construção do Estado nacional parece possuir um quê de artificialismo, quando observado através de uma lente de longo alcance. Em primeiro lugar, porque agasalha as pretensões liberais de organização do regime com a permanência da escravidão. "O paradoxo é curioso: regime pretensamente liberal fundado na escravidão e que, pela própria lei, exclui o povo quase todo"[27]. Em segundo, porque a especialização produtiva das diversas regiões espelha potencialidades diferenciais de crescimento, conferindo heterogeneidade aos setores sociais dominantes[28]. Em terceiro, porque o jovem país, ao fugir da órbita portuguesa, resvalou para o círculo britânico[29]. Em quarto, porque a própria legitimidade do poder central foi contestada por questões sociais e regionais agudas, atingindo o seu clímax

25. André João Antonil, *Cultura e Opulência do Brasil*, texto da edição de 1711, Introdução e Comentários por Alice P. Canabrava, São Paulo, Nacional, 1967, p. 139.
26. Florestan Fernandes, *Sociedade de Classes e Subdesenvolvimento*, p. 22.
27. Francisco Iglésias, "Revisão de Raymundo Faoro", *Cardernos do Departamento de Ciência Política*, p. 132. "A teia constitucional do primeiro lustro de trinta mostra a dissonância entre as instituições transplantadas e a realidade política" (Raymundo Faoro, *op.cit.*, p. 310). Segundo Florestan Fernandes, o liberalismo brasileiro "possui nítido caráter instrumental e se propõe a complexo problema de como criar uma Nação num país destituído até das condições elementares mínimas de uma 'sociedade nacional'" (*A Revolução Burguesa no Brasil*, p. 35).
28. Para uma análise da diferenciação regional: José Jobson de Andrade Arruda, "A Prática Econômica Setecentista no seu Dimensionamento Regional", *Revista Brasileira de História*, n. 10, pp. 147-156; *Produção e Transgressões*, São Paulo, Marco Zero, 1985.
29. Sobre o imperialismo britânico no Brasil: A. K. Manchester, *British Preeminence in Brazil. Its Rise and Decline. A Study in European Expansion*, New York, Octagon Books, 1972; Bernard Semmel, *The Rise of Free Trade Imperialism*, Cambridge, Cambridge University Press, 1970.

no período regencial[30]. Em quinto e último, porque o problema da constituição do Estado Nacional não está abolido nem mesmo com o advento da República; a persistência da temática, no pensamento político brasileiro, atesta a sua presença[31]. O primeiro plano da fotografia não consegue, pois, escamotear a paisagem ao fundo.

Os intelectuais brasileiros dirigiram-se, não por acaso, à busca incessante das nossas raízes, rastreando o perfil definidor do conjunto, intentando amalgamar a sociedade, ora através de um Estado todo-poderoso, ora a partir de uma fisionomia modelada pelo caráter nacional"[32]. Nas palavras lapidares de Euclides da Cunha, "uma nacionalidade feita por uma teoria política"[33] A centralização do poder do Estado e a crença no caráter nacional, concepções que guardam profunda homologia, caminharam *pari passu*[34].

Em tal panorama, não é de estranhar a desconsideração de certos temas, tidos como menores, jogados que foram no limbo das preocupações acadêmicas. Os estudos sobre o regionalismo cresceram nos últimos anos[35]. É curioso notar que o interesse tenha sido suscitado numa fase de crescente homogeneização cultural capitalista e no momento em que o perfil centralizador do Estado pós-1964 estava definido[36]. Os estudos

---

30. "Enfim, nesta etapa, o poder dos proprietários se realiza imediatamente, diretamente, ao próprio nível local" (Heloísa Rodrigues Fernandes, *Política e Segurança. Força Pública do Estado de São Paulo: Fundamentos Histórico-Sociais*, São Paulo, Alfa-Ômega, 1974, p. 66). Numa visão oposta, ver: Ilmar Rollof de Mattos, *O Tempo Saquarema*, São Paulo, Hucitec, 1987: "[...] a Coroa ocupa, agora, o lugar da região", p. 86.

31. "É, geralmente, sabido que, apesar do livre fluir das ideias por sobre as fronteiras políticas, determinados temas reaparecem só no pensamento organizado de cada país" (Karl Mannheim, *Ensayos de Sociología de la Cultura. Hacia una Sociología del Espíritu, el Problema de la "Inteligentsia", la Democratización en la Cultura*, 2. ed., Madrid, Aguilar Ediciones, 1963, p. 49).

32. Além dos já citados Oliveira Vianna e Raymundo Faoro lembremos de: Sérgio Buarque de Holanda, *Raízes do Brasil*, 4. ed., Brasília, Editora Universidade de Brasília, 1963. Para uma análise do caráter nacional: Dante Moreira Leite, *O Caráter Nacional Brasileiro. História de uma Ideologia*, 3. ed., São Paulo, Livraria Pioneira Editora, 1976. Para uma análise da cultura brasileira, a obra marcante: Carlos Guilherme Mota, *Ideologia da Cultura Brasileira (1933-1974)*, São Paulo, Ática, 1977. Sobre o papel fundamental dos intelectuais na construção da identidade; Maria Isaura Pereira de Queiroz, "Identidade Cultural, Identidade Nacional no Brasil", *Tempo Social*, vol. I, n. 1, pp. 29-46, 1º semestre de 1989.

33. Euclides da Cunha, *À Margem da História do Brasil*, 3. ed., Porto, Livraria Chardron, 1922, p. 237.

34. Sobre a questão da identidade e cultura brasileiras ver: Roberto Schwarz, "Nacional por Subtração", *Que Horas São?*, São Paulo, Companhia das Letras, 1987, pp. 29-48.

35. Sobre o regionalismo alguns dos principais trabalhos são os de Joseph Love, Robert Levine, John Wirth, Francisco de Oliveira e outros, aqui discutidos na primeira parte do capítulo I.

36. O fenômeno da homogeneização capitalista permeia as obras da Escola de Frankfurt, especialmente Marcuse, Adorno e Horkheimer, discriminados na Bibliografia do final deste volume. Sobre o autoritarismo no Brasil, F. H. Cardoso e F. Fernandes, também mencionados na bibliografia.

dessa natureza podem derivar o seu significado do reconhecimento do remate final no processo de centralização do poder do Estado e da complexidade da sociedade brasileira, que perdera o derradeiro traço inorgânico. De outro lado, se é próprio dos regimes autoritários a inexistência de ideologias integradas, também não lhes é estranha a mobilização de atitudes de cunho nacionalista numa busca, por vezes infrutífera, de legitimidade política[37]. Nesses momentos, costuma vicejar o problema da identidade nacional. No ápice do autoritarismo brasileiro, amalgamaram-se características passadas e presentes, atribuídas à nacionalidade, com determinadas peculiaridades regionais[38]. Em contraposição, a economia e a cultura internacionalizavam-se de forma inelutável. A defesa da identidade nacional manifestava-se, de forma mais visível, no ataque às mensagens importadas emitidas pelos veículos da indústria cultural, considerados perigosos solventes da nossa integridade. O debate sobre a identidade nacional, ao adquirir uma face adequada à moldura do novo tempo, foi recuperado por correntes de matizes ideológicos diversos. Recobrou-se, em outro compasso, a partitura de uma sinfonia composta por sons familiares, que fora recusada por setores da intelectualidade brasileira que se autodefiniam como modernos.

Dessa forma, os conteúdos culturais que, no passado, delinearam o contorno da literatura social regionalista, despontaram, nos anos recentes, nas discussões e nas obras dos cientistas sociais[39]. A expressão literária, opostamente, caminhou no sentido de revelar vivências universais. Estamos pensando, principalmente, no movimento concretista que "[...] impôs-se, a partir de 1956, como a expressão mais viva e atuante da nossa vanguarda estética". A poesia concreta cria um quadro de referências transnacional.

---

37. Juan Linz estabelece a distinção entre mentalidade e ideologia, ao caracterizar os regimes autoritários (Juan Linz, "Um Regime Autoritário! Espanha", em F. H. Cardoso e E. Martins (org.), *Política e Sociedade*, São Paulo, Nacional, 1979.

38. Para Ruben Oliven, "[...] no começo da década de sessenta, o regionalismo, especialmente o nordestino, era visto como um dos temas mais candentes da nacionalidade" (Ruben George Oliven, *Violência e Cultura no Brasil*, 2. ed., Petrópolis, Vozes, 1983, p. 82). Especialmente na época do "Milagre Brasileiro", é interessante notar a mescla entre a crença no "Brasil potência" com o "espírito da malandragem". Sobre este último assunto: Antonio Candido de Mello e Souza, "Dialética da Malandragem", *Revista do Instituto de Estudos Brasileiros*, n. 8, pp. 67-92, 1970; Roberto da Matta, *Carnavais, Malandros e Heróis. Para uma Sociologia do Dilema Brasileiro*, 2. ed., Rio de Janeiro, Zahar, 1980.

39. Alfredo Bosi analisa o romance regional: Alfredo Bosi, *História Concisa da Literatura Brasileira*, São Paulo, Cultrix, 1977. A ênfase na dimensão social dos romances regionalistas é marcada por: Antonio Candido de Mello e Souza, "Poesia, Documento e História", *Brigada Ligeira (Ensaios)*, São Paulo, Editora Martins, 1945.

E, na verdade, não é difícil reconhecer nos poemas concretos o universo referencial que a sua estrutura propõe comunicar: aspectos da sociedade contemporânea, assentada no regime capitalista e na burocracia, e saturada de objetos mercáveis, de imagens de propaganda, de erotismo e sentimentalismo comerciais, de lugares-comuns díspares que entravam a linguagem, amenizando-lhe o tônus crítico e criador[40].

Nesse sentido, a modernidade passou talvez a definir a problemática central do homem contemporâneo. Como a expressão literária pode vislumbrar os acontecimentos *ex-ante*, poderemos conjecturar sobre o sentido das vagas futuras. Assim, o nosso objeto estaria privilegiando configurações culturais passadistas e repousaria no lapso de um tempo quase inteiramente perdido. Refletir sobre a identidade cultural dos mineiros, enfim, sobre a mineiridade, teria então alguma relevância? Pensamos que sim. Perseguimos, predominantemente, as raízes de certos significados culturais manifestos numa cultura política peculiar, numa densa literatura e na produção de um certo tipo de memórias. Buscamos também entender o porquê da mescla de gêneros discursivos, manifesta em falas políticas, em livros de memórias, em obras literárias. Tencionamos compreender os motivos que levam uma literatura fortemente enraizada a criar expressões marcadamente universais. Tentamos conhecer as razões da apropriação política da mineiridade no concerto nacional. Procuramos, finalmente, a vida social que pulsa e conforma, na sua fluidez, tais produções. Em síntese, trataremos de rastrear os componentes de um fenômeno que possui características de mito e de apalpar o rosto fugidio da identidade cultural.

Os significados culturais produzidos pelo pensamento mítico conferem aos seres sociais a possibilidade de tornarem-se proeminentes sobre a experiência vivida. A adesão mítica abre as portas de entrada para um plano de vida superior. Os homens julgam encontrar aí o repositório da sua identidade, sentindo-se enlevados pela sensação de possuírem a propriedade exclusiva da chave que os define. "Se tenho uma consciência mítica, em nenhum momento posso considerar minha existência como uma inicialidade absoluta"[41]. As crenças míticas inauguram, pois, a certeza de ter-se adentrado ao universo da história, onde se pode haurir o sentido das trajetórias particulares. O papel identificador desempenhado pelos mitos obriga-os a desenvolver operações de decantação da história, transformando "uma

---

40. Alfredo Bosi, *op. cit.*, pp. 528 e 535.
41. Leszek Kolakowski, *A Presença do Mito*, Brasília, Editora Universidade de Brasília, 1972, p. 23.

intenção histórica em natureza, uma contingência em eternidade"[42]. Motivados pela procura da identidade, podem os homens, finalmente, abraçar o paraíso, engolfados pela brisa da imortalidade.

As construções míticas, ao fornecerem o material para a elaboração das identidades culturais, caracterizam-se por forte logicidade, visível na coerência da sua fala sobre o real e manifesta na integração das partes que as compõem. São as motivações os êmulos essenciais dos mitos e, por meio delas, podem trabalhar "a analogia do sentido e da forma[43]. Nessa medida, os motivos embasadores das significações míticas encontram-se depositados na teia social abrangente. Evidentemente, o mito reterá apenas algumas dimensões da realidade e desprezará aquelas que poderiam introduzir ruídos estridentes, dilaceradores da sua harmonia, para cuja execução conta com a mesma habilidade do *bricoleur*[44]. Daí as explicações míticas adquirirem um conteúdo aparentemente a-histórico, referendado na própria afirmação da unidade intrínseca, porto seguro contra os ventos devastadores. No entanto, "o mito é uma fala escolhida pela história: não poderia de modo algum surgir da natureza das coisas"[45]. É a história a verdadeira atribuidora, então, de significados aos mitos. As expressões míticas excluem a multiplicidade das figuras e, mesmo quando se remetem para o conjunto, conseguem considerá-lo apenas na sua totalidade. "Este último caso é o da má pintura, toda ela baseada no mito do 'cheio' e do 'acabado' (é o caso inverso, mas simétrico, do mito do absurdo, onde a forma mitifica uma 'ausência': no caso da pintura mitifica um excesso de presença)"[46]. A abundância na colocação da paisagem abandona os tons matizados, concedidos pela veraz imagem do mundo. As filigranas são ainda desprezadas no decurso das transposições míticas e no palco onde se movimentam os atores das peças inexiste a perspectiva. A função desenrola-se representando "Molière inteiro num 'colarinho de médico'"[47].

Os mitos, dada a sua natureza de pura significação, colocam para o investigador a tarefa de estabelecer as conexões entre as falas por eles emitidas e a história de onde são originários. "Uma vez que se rechaça ao mito um reino independente das significações, o significado converte-se em objeto natural

42. Roland Barthes, *Mitologias*, 2. ed., São Paulo, Difusão Europeia do Livro, 1975, pp. 162-163.
43. *Idem*, p. 147.
44. Utilizamo-nos, de forma livre, da analogia estabelecida por Lévi-Strauss entre o trabalho do *bricoleur* e a reflexão mítica (Claude Lévi-Strauss, *El Pensamiento Salvaje*, México, Fondo de Cultura Económica, 1964).
45. Roland Barthes, *op. cit.*, p. 132.
46. *Idem*, p. 148.
47. *Idem, ibidem.*

da investigação sociológica"[48]. O principal empreendimento dos cientistas sociais preocupados com as elaborações míticas deve dirigir-se para o estabelecimento dos elos entre os problemas transpostos pelos mitos e a rede social que lhes atribui significado. O plano da significação diz respeito ao do próprio discurso mítico[49]. O nível do significado é formado no processo de análise, cujo produto esclarece o sentido real dos mitos. À logicidade da artesania mítica corresponde o surdo movimento da história que, mesmo nas manifestações menos cumulativas, convive com o gênio inovador, caminhando em direção da mudança[50]. Enfim, o objetivo da reflexão mítica

> [...] é fornecer um modelo lógico para resolver uma contradição (tarefa irrealizável quando a contradição é real); um número teoricamente infinito de camadas será criado, cada qual ligeiramente diferente da que a precedeu. O mito desenvolver-se-á como em espiral, até que o impulso intelectual que o produziu seja esgotado[51].

Daí, o processo de elaboração mítica pressupõe: 1º. a permanência de condições históricas que lhe ofertem o material; 2º. certa "criatividade social" capaz de fornecer-lhe a forma; 3º. a necessidade de responder a questões imediatas, mobilizando-as na prática social; 4º. a existência de produtores culturais como mediadores simbólicos; 5º. as "motivações" de determinados agentes sociais. Os dois últimos itens dizem respeito, predominantemente, às sociedades complexas, cujo ritmo acelerado cria uma forte cadeia de temporalidade, exigindo da criação mítica um constante reportar-se à memória, repositório primevo das invariâncias. Por isso, os mitos históricos encontram no passado o *locus* genuíno da sua substância, "a história evapora-se, permanece apenas a letra"[52]. Dessa maneira, trabalhamos numa linha de explicação distinta da estabelecida por Renato Ortiz, que separa mito e identidade. Para esse autor, o mito "se revela como o saber particular" enquanto a identidade "é uma entidade abstrata e como tal não pode ser apreendida na sua essência"[53]. Contrariamente, pensamos ser da essência dos mitos o caráter abstrato, ainda mais nítido quando repousa sobre a matéria-prima histórica das sociedades capitalistas, que criou uma crescente homogeneidade cultural,

---

48. Karl Mannheim, *op. cit.*, p. 102.
49. O termo discurso está sendo apropriado de forma corrente, sem nenhuma preocupação de caráter conceitual.
50. Retiramos de Lévi-Strauss a noção de história cumulativa (Claude Lévi-Strauss, "Raça e História", *Raça e Ciência*, São Paulo, Perspectiva, 1970).
51. Claude Lévi-Strauss, "A Estrutura dos Mitos", *Antropologia Estrutural*, Rio de Janeiro, Tempo Brasileiro, 1967, p. 265.
52. Roland Barthes, *op. cit.*, p. 139.
53. Renato Ortiz, *Cultura Brasileira e Identidade Nacional*, São Paulo, Brasiliense, 1985, p. 138.

subsumindo o particular num processo de integração totalizador[54]. De outro lado, cabe perguntar-se sobre a viabilidade da apreensão da essência do mito. Em si mesma, ela não nos parece possível, uma vez que a significação mobilizada pelos mitos "não existe no absoluto"[55]. As explicações míticas adquirem dimensão explicativa apenas quando conseguimos desvendar a interpenetração do social e do mental, vale dizer, quando somos capazes de dar conta das conexões entre elas e o histórico e de mostrar que, apesar de ecoar um discurso homofônico, os mitos são pré-formados na, história. Numa outra perspectiva, os mitos não poderiam reproduzir o particular na sua essencialidade, visto que apenas o categorizamos como tal, na teia de relações compostas por outros particulares. Todas "as compreensões comuns numa sociedade existem só na medida em que os grupos determinados sejam capazes de assegurar sua continuidade no tempo e no espaço"[56]. Do embate social advém o caráter histórico dos mitos e nele diferentes significados são gestados[57]. Para os dominantes garante-se a durabilidade, sob a condição de conseguirem articular uma fala que, sem perder o caráter genuíno, incorpore princípios emitidos por outras vozes. De fato "é da natureza do mito empregar sempre muitos códigos de cuja superposição retiram as regras da tradutibilidade. Sempre global, a significação de um mito não se deixa jamais reduzir àquela que se poderia tirar de um código particular"[58]. As nossas reflexões encaminham-se, portanto, para o estabelecimento da homologia entre identidade e mito. Evidentemente, a linha das gradações não é horizontal, mas entrecortada por pontos ascendentes e descendentes, numa toada composta por questões que a história põe e repõe, incessantemente, para o homem.

A identidade cultural e o pensamento mítico, embora intrinsecamente conectados, comportam, no entanto, um tipo de análise que realça as particularidades, ao invés de enfatizar as semelhanças. Cada fenômeno *per se* pode guardar propriedades singulares, cuja especificidade resulta menos do caráter intrínseco a cada um, do que do escopo pretendido pela análise. É óbvio que, em se tratando de sociedades menos complexas, a diferenciação entre ambos pode ser desimportante, uma vez que as construções míticas costumam recobrir todo

---

54. O livro de Everardo Rocha é um exemplo bem realizado de análise dos anúncios publicitários a partir do universo mítico (Everardo P. Guimarães Rocha, *Magia e Capitalismo. Um Estudo Antropológico da Publicidade*, São Paulo, Brasiliense, 1985).

55. Claude Lévi-Strauss, *La Potière Jalouse*, Paris, Librairie Plon, 1985, p. 258.

56. Karl Mannheim, *op. cit.*, p. 127.

57. "Os diferentes indivíduos só formam uma classe enquanto se veem obrigados a sustentar uma luta comum contra outra classe" (Karl Marx e Friederich Engels, *La Ideología Alemana*, Buenos Aires, Ediciones Pueblos Unidos, 1973, pp. 60-61).

58. Claude Lévi-Strauss, *La Potière Jalouse*, p. 245.

INTRODUÇÃO 33

o conjunto social e a identidade pode fluir de forma imediata, por não precisar articular diferenças marcantes. No caso das sociedades complexas o problema adquire outra natureza, tornando a dimensão da identidade crucial. Isto é, a cobertura empreendida pelos mitos seria parcial, se a dimensão da identidade não fosse sublinhada, numa tentativa ingente de se superpor às desigualdades. Referimo-nos, explicitamente, aos mitos da nacionalidade definidores do geral sobre o particular[59]. Tratando-se de sociedades como a brasileira, dadas as suas especificidades, como vimos, o problema fica superdimensionado. Aí, mitos e identidade podem caminhar juntos. A nacionalidade pensa-se de forma coletiva através de categorias universalizadoras, sorvendo avidamente, no passado, a seiva que nutre os arquétipos[60]. O Estado é a instituição que encarna o princípio da identidade; por isso, durante a centralização do poder na época moderna, as histórias nacionais nasceram embasadas na memória.

Assim, tem pois de ser encontrado para o Estado um princípio intelectual (*Gedankenprinzip*) que não é mais qualquer princípio de opinião, como o instinto social, a necessidade de assegurar a segurança da propriedade etc. [...]; nem um princípio piedoso, como a instituição divina da soberania, mas o princípio da certeza de que *é a identidade com minha consciência de mim*[61].

Nesse sentido, o Estado instaura a identidade universal do homem e, correlatamente, dirige-se à sociedade através de categorias abstratas e unitárias como as de povo e nação[62]. A vertente particularizadora dos mitos fica deslocada, quando o alvo são as sociedades complexas e a crítica ao caráter etnocêntrico da identidade universal provoca antes o impulso de questionamento, do que a procura dos traços singularizadores[63]. Consideremos o problema, a partir de outra bibliografia, num andamento de análise diverso.

---

59. O geral é por nós entendido como a forma ilusória do comum, ver Karl Marx e Friederich Engels, *op. cit.*, p. 35.

60. Não é casual que os arquétipos para Jung sejam termos mitológicos (*apud* Claude Lévi-Strauss, *Antropologia Estrutural, op. cit.*, também: C. G. Jung, "Cristo-Arquétipo", em Massimo Canevacci (org.), *Dialética do Indivíduo. O Indivíduo na Natureza, História e Cultura*, 2. ed., São Paulo, Brasiliense, 1984, pp. 89-100).

61. G. W. F. Hegel, *Leçons sur la Philosophie de l'Histoire*, 3. ed., Paris, Librairie Philosophique J. Vrin, 1970, p. 339. Grifos nossos.

62. Cf. Nicos Poulantzas, *Poder Político y Clases Sociales en el Estado Capitalista*, 2. ed., México, Siglo Veintiuno Editores, 1970, p. 240.

63. Para Jean-Marie Benoist, o tratamento da identidade "oscila entre dois pólos de uma identidade própria a cada uma das culturas ou a cada um dos sujeitos e, do horizonte de uma reinstalação da natureza humana sob a forma de uma identidade universal do homem em si" (Jean-Marie Benoist, "Conclusions", *L'Identité, Séminaire Dirigé par Claude Lévi-Strauss*, Paris, Presses Universitaires de France, 1977, p. 318).

A problemática da identidade não parece infensa ao marxismo. A rigor, já Hegel, ao postular a possibilidade da identificação entre o sujeito e objeto e entre pensamento e realidade, colocou para os marxistas, principalmente na vertente historicista, a questão da identidade[64]. A totalidade hegeliana que, no seu fluir contraditório, promove finalmente a reconciliação, desemboca no pensamento de Marx, na finalização da história com o comunismo, onde a transparência resultante transforma os homens em seres verdadeiramente livres[65]. Para Mannheim, Hegel recupera o *"Geist* como a alma da história e como o 'mais alto' tipo de razão, que também implica contemplação, volição e ação"[66]. O *Geist* ausente do constructo teórico marxista retorna na noção de consciência de classe do proletariado, já agora com outro significado, mas embasada na mesma ideia de universalidade. As análises sobre a consciência de classe em Lukács ilustram, sobremaneira, a ideia que vimos desenvolvendo até agora, pois aí estão presentes tanto a reconciliação promovida pela classe, quanto a sua consciência como encarnação do universal. Aliás, sem assumir-se a universalidade da consciência, nenhuma conciliação pode ser promovida. "O proletariado se realiza a si mesmo ao suprimir-se e superar-se, ao combater até o final sua luta de classe e produzir, assim, a sociedade sem classes"[67]. Enfim, a sua condição de classe universal torna-o portador do sentido da história, ao realizar a liberdade e promover "a unidade entre o pensamento e o ser"[68]. Que outros conteúdos poderíamos retirar dessas passagens, a não ser o da identidade universal de Hegel? Por isso, a partir da consciência do proletariado, a noção de identidade imiscui-se na abordagem marxista, evidentemente com novo encaminhamento, mas que se torna útil para nós, por procurarmos os nexos entre a construção da mineiridade e as suas formas identificadoras.

Nessa linha de interpretação, postulamos ser viável basear os nossos passos analíticos. No entanto, buscamos interligar certa expressão da identidade com a forma total que lhe diz respeito, mas rejeitamos qualquer

---

64. A distinção entre as vertentes historicista e estruturalista no marxismo está sendo entendida a partir de concepções diferentes da totalidade, tratada como processo ou como estrutura. Sobre o anti-historicismo da visão estruturalista, ver Paulo Silveira, *Do Lado da História (Uma Leitura Crítica da Obra de Althusser)*, São Paulo, Livraria Editora Polis, 1978, especialmente capítulo IV.

65. "É, pois, a existência de indivíduos livres, e não de um novo sistema de produção, que manifestará a fusão do interesse particular e do interesse geral. O fim é o indivíduo: este traço 'individualista' é uma das preocupações essenciais da teoria marxista" (Herbert Marcuse, *Raison et Révolution. Hegel et la Naissance de la Théorie Sociale*, Paris, Les Éditions de Minuit, 1968, p. 330).

66. Karl Mannheim, *op. cit.*, p. 199.

67. George Lukács, *Historia y Consciencia de Clase. Estudios de Dialéctica Marxista*, México, Editorial Grijalbo, 1969, p. 88.

68. Segundo Marcuse, a unidade "entre o pensamento e o ser" presentes nas obras do jovem Marx é aparentada da noção de razão em Hegel (Herbert Marcuse, *op. cit.*, p. 321).

possibilidade de hipostasiá-la na totalidade. Explicitando: para nós, a identidade é concebida enquanto síntese de traços sociais produzidos na realidade e incorporados por agentes determinados e não como expressão acabada do próprio movimento da sociedade. Assim, na nossa perspectiva, trata-se, ao mesmo tempo, de incorporar os componentes negadores daquela identidade, de tentar percebê-los na sua dinâmica que, no limite, a ultrapassariam. Julgamos poder encontrar, na literatura produzida pelos mineiros, subsídios para essa tarefa. Nessa medida, consideraremos também os seus conteúdos, não apenas a sua forma e experimentaremos o rompimento da "legalidade formal do pensamento"[69]. Significa, de outro lado, navegar nas expressões ideológicas, por serem norteadoras das práticas, intromissoras nas frases criadoras dos significados[70]. Queremos perceber, outrossim, como a concordância com um pensamento faz emergir a acomodação dos sujeitos[71]. Nesse passo, a adequabilidade ao modelo transforma-o numa camisa de força, difícil de ser rompida. Recorrer à gênese de tais significados é, concomitantemente, importante nesse estudo, uma vez que permitiria rastrear a lógica da sua apropriação, quer por agentes sociais, quer por instituições como o Estado. A identidade reduz-se à "forma originária de ideologia" quando, na sua firmeza, assume a pretensão de conter o movimento da história[72]. Quando fenômeno dessa natureza ocorre, a identidade reproduz o processo de dominação, como Ulisses nas garras do gigante que "não se limita a zombar dele, senão que lhe revela seu verdadeiro nome e sua origem, como se a pré-história tivesse ainda tanto poder sobre ele"[73]. Por tudo isso, a tentativa de sobrelevar as diferentes configurações da mesma matriz identificadora em manifestações culturais específicas constituirá a marca deste trabalho. E, de outro lado, encontraremos, por vezes, expressões particulares da identidade apoiada nas diferenças, frutos das distinções da teia social e não das similitudes[74]. O que resvalar à identificação geral, por pura mimese ou por pragmatismo, poderá

---

69. Conforme Theodor W. Adorno, *Dialéctica Negativa*, p. 62.
70. Retiramos de Althusser a noção de prática ideológica (Louis Althusser, *La Revolución Teórica de Marx*, 3. ed., Buenos Aires, Siglo Veintiuno Editores, 1971, especialmente capítulo VI).
71. "A identidade se converte em instância de uma doutrina da acomodação" (Theodor W. Adorno, *Dialéctica Negativa*, p. 151).
72. Expressão de Adorno, *Dialética Negativa*, p. 151.
73. T. W. Adorno e M. Horkheimer, *Dialéctica del Iluminismo*, Buenos Aires, Editorial Sur, 1971, p. 88.
74. A concepção de identidade parcial está presente na teoria freudiana, uma vez que o conceito de inconsciente "coloca em questão o caráter unitário da consciência" (André Green, "Atome de Parenté et Relations Oedipiennes", *L'Identité*, p. 82). Semelhantemente, a identificação operada no banquete totêmico é parcial, pois faz emergir o sentimento de culpa comum (Sigmund Freud, "Da Horda Primitiva à Família", em Massimo Canevacci (org.), *Dialética da Família. Gênese, Estrutura e Dinâmica de uma Instituição Repressiva*, 3. ed., São Paulo, Brasiliense, 1984, pp. 102-117).

caracterizar uma situação de domínio[75]. Questionaremos, aliás, a própria noção de identidade no decorrer deste trabalho. Poderíamos, por meio dela, encontrar um jeito de situar os agentes no âmbito da sociedade? Teria a identidade papel semelhante ao do totemismo nas sociedades simples?[76] De outro lado, a "ruptura das territorialidades humanas tradicionais"[77] tornaria viável falar-se, ainda, em identificações mesmo parciais? Seria a identidade uma atribuição do investigador, como cogita Lévi-Strauss, ou existe de fato como objeto de conhecimento[78]? Cabe perguntar-se, ainda, sobre a sedução mesma que o objeto exerce sobre o investigador. Não estaríamos enredados no nosso próprio tema? Nas palavras de Adorno:

> Expressão e rigor não são [...] possibilidades dicotômicas. Ambas se necessitam mutuamente, uma não existe sem a outra. O pensamento exime a expressão de sua contingência, preocupa-se da expressão e esta dele. O pensamento não é concludente até que esteja expresso na exposição verbal; o dito vagamente está mal pensado. A expressão obriga ao expressado a ser rigoroso[79].

À fluidez de certas experiências agregamos as densas memórias escritas em Minas Gerais. O memorialismo mineiro mobiliza as concepções da mineiridade, numa espécie de sacralização das lembranças da terra. Alguns exemplos chegam a beirar ao puro saudosismo, quando outros alcançam a altitude das boas expressões literárias. Se todos são igualmente importantes na nossa análise, representam, de outro lado, energias criadoras de intensidades distintas. Tentar dar conta dessas peculiaridades é, também, nosso objetivo. Ao mesmo tempo, as memórias constituem-se em rico material para o sociólogo. Através delas poderemos sentir as pulsações do social, acompanhar o ritmo da sociabilidade, recortar a personificação do regional, no ir e vir entre o objeto de conhecimento e a forma do conhecimento. Também os viajantes ressurgem como importantes, nessa sequência de análise. Os estrangeiros que se dirigiram ao Brasil no século XIX contemplaram-nos com páginas que se aproximam tanto de nós, chegando a inquietar, em muitas passagens, os modernos historiadores. Numa mescla de relatos, análises e observações pes-

---

75. T. W. Adorno e M. Horkheimer, *Dialéctica del Iluminismo*, pp. 76-77.
76. Para uma análise do totemismo enquanto sistema de classificação: Claude Lévi-Strauss, *O Totemismo Hoje*, Petrópolis, Vozes, 1975.
77. Felix Guattari, *Revolução Molecular: Pulsações Políticas do Desejo*, 2. ed., São Paulo, Brasiliense, 1985, p. 181.
78. "[...] A identidade é um tipo de morada virtual, à qual precisamos nos referir para explicar um certo número de coisas, mas sem que ela tenha mais existência real" (Claude Lévi-Strauss, *L'Identité*, p. 332).
79. T. W. Adorno, *Dialéctica Negativa*, p. 26.

soais, esses viajantes fundaram as bases das futuras interpretações do Brasil. Também por isso aparecem como fonte e explicação a um só tempo. No que diz respeito a Minas Gerais, as missões estrangeiras organizaram parte do material empírico e chegaram a observações tão argutas, mas também tão expressamente enlevadas que, não por mera causalidade, firmaram os pilares para a construção da mineiridade. Em sentido semelhante, os cronistas recompuseram o passado mineiro, entressachando observações dos viajantes, fontes históricas, informações colhidas *in loco* entre os contemporâneos e opiniões pessoais. *Memórias do Distrito Diamantino*, de Joaquim Felício dos Santos, é obra exemplar dessa vertente. Certos historiadores mineiros, ao caminharem no campo aberto pelos anteriores, não conseguiram esquivar-se da glorificação do passado mineiro. Bibliografia para a análise, grafaram, concomitantemente, parte dos traços que delineiam as visões sobre Minas. Foram os ensaístas, no entanto, os codificadores da mineiridade. Respaldados nas diversas fontes arroladas acima, granjearam para os mineiros o contorno da sua identidade. Os políticos mineiros ungiram-se no aroma identificador que exalava por todos os poros, transformando-se nos grandes emissários dessa construção. Com as suas ações aduziram novos tons à fotografia. As expressões políticas dos mineiros combinam memórias, alusões ao passado e arguta capacidade de análise, conformando um discurso original. Provavelmente, a maior originalidade mineira está na literatura. Tipicamente mineira no conteúdo manifesto das suas personagens, empurra a visão para além-montanhas. Mineira e universal, com um pé na terra e o outro após--fronteira. O fechamento do círculo é o seu esfumaçamento. A circularidade do tempo mítico, do ir e vir até a sua ultrapassagem, como nas palavras de Guimarães Rosa: "Os tempos mudavam, no devagar depressa dos tempos".

Buscar os tempos da mineiridade, recompor sua imagem, acompanhar os seus desdobramentos, vislumbrar a sua possível ruptura, eis a tarefa a que nos propusemos. Nessa linha, procederemos ao levantamento das fontes materiais, ou seja, das formas de expressão que vão conformando o perfil. No momento seguinte, empreenderemos a análise dos princípios reais, vale dizer, da história que pré-forma a figura. Caracterizando o objeto, poremos em revista a constituição das práticas sociais que tornaram a mineiridade mobilizável. Procuraremos entender as motivações subjacentes ao seu processo de apropriação. As condições da sua ressonância, enfim. Acompanharemos um pêndulo, que oscila de um extremo a outro, ao ponto da imobilização e, mesmo, do estilhaçamento. Em suma, a mineiridade desde a sua gênese, passando pelo seu desenvolvimento, até o seu esgarçamento, no compasso de um longo período de tempo.

O tempo de despedir-me e contar
que não espero outra luz além da que nos envolveu
dia após dia, noite em seguida a noite, fraco pavio,
pequena ampola fulgurante, facho, lanterna, faísca,
estrelas reunidas, fogo na mata, sol no mar,
mas que essa luz basta, a vida é bastante, que o tempo
é boa medida, irmãos, vivamos o tempo.

CARLOS DRUMMOND DE ANDRADE, "Os Últimos Dias".

1

As Fontes do Mito

No Rastreio do Regional

O fenômeno da mineiridade, objeto central desta obra, não se constituiu em tema privilegiado de reflexão acadêmica. A referência à mineiridade tem aparecido em trabalhos cujo núcleo de pesquisa é outro, num andamento de análise regido por questões distintas das nossas. Em certos estudos, voltados para a compreensão do processo partidário em Minas ou para as formas de articulação política da classe dominante regional, a mineiridade tem despontado apenas como componente explicativo[1]. São as relações entre a mineiridade e a identidade cultural, bem como as suas possíveis conexões com o estado que surgem como inspiração especial deste trabalho. Entre nós, o tratamento sistemático do regionalismo por cientistas sociais ocorre só nos anos recentes, enquanto os historiadores elaboraram em maior número trabalhos sobre o tema.

Na abordagem historiográfica, principalmente, o regionalismo foi compreendido como manifestação típica da federação brasileira no período de descentralização republicana. Desse ponto de vista, o federalismo radica-se nos preceitos liberais de estruturação do poder político, para os quais todas

---

1. Há dois trabalhos exemplificadores dessa linha: Otávio Soares Dúlci, "As Elites Mineiras e a Conciliação: A Mineiridade como Ideologia", *Ciências Sociais Hoje*, São Paulo, Editora Cortez, 1984, pp. 7-32; Heloísa M. Murgel Starling, *Os Senhores das Gerais. Os Novos Inconfidentes e o Golpe Militar de 1964*, Petrópolis, Vozes, 1986. Possivelmente a única exceção de trabalho acadêmico dedicado a rastrear a construção da mineiridade encontra-se no artigo atraente de Fernando Correia Dias, "Mineiridade. Construção e Significado Atual", *Revista Ciência e Trópico*, n. 13, pp. 73-89, jan./jun. 1985.

as formas de centralismo recendem a iniciativas constritoras da liberdade[2].
O federalismo, numa definição de cunho jurídico, diz respeito à realidade do
"Estado-soberano, formado de uma pluralidadede Estados, no qual o poder
do Estado emana dos Estados-membros ligados numa unidade estatal"[3].
No primeiro momento da estruturação do sistema republicano de governo,
o federalismo corresponde a um desfecho pragmático, amalgamador de
contrastes e não uma resposta adrede preparada[4]. Durante a primeira República, contudo, o federalismo cingiu-se às vozes dos proprietários rurais
brasileiros, configurando uma forma política solicita, promovedora dos ga-
lardões de alguns[5]. Por isso, "nosso federalismo, como em geral o federalismo
latino-americano, sempre foi tido como um tanto quanto artificial [...] Sem
embargo disso, o federalismo foi uma das importações políticas que mais
depressa se aclimataram em nosso país"[6]. A combinação entre artificialismo e adaptabilidade reporta-se à problemática geral da cultura brasileira,
que nas palavras de Roberto Schwarz gestou uma terra povoada por "ideias
fora do lugar"[7]. A vigência das tradições democráticas nunca passou, nesse
período, de petições de princípios, criando um descompasso entre a forma
institucional e uma prática verdadeiramente representativa[8].

A superposição do regime representativo, em base ampla, a essa inadequada
estrutura econômica e social, havendo incorporado à cidadania ativa um volumoso
contingente de eleitores incapacitados para o consciente desempenho de sua missão
política, vinculou os detentores do poder público, em larga medida, aos condutores
daquele rebanho eleitoral[9].

---

2. Sobre o tema podem-se consultar entre outros: Harold Laski, *El Liberalismo Europeu*, 3. ed.,
    México, Fondo de Cultura Económica, 1961; C. B. Macpherson, *The Political Theory of Possessive
    Individualism. Hobbes to Locke*, 8. ed., Oxford, Oxford University Press, 1979.
3. Ana Maria Brasileiro, "O Federalismo Cooperativo", *Revista Brasileira de Estudos Políticos*, n. 39,
    p. 84, jul. 1974.
4. Raymundo Faoro, *Os Donos do Poder. Formação do Patronato Político Brasileiro*, 5. ed., Porto Alegre,
    Globo, 1979, p. 563.
5. Para Amaro Cavalcanti o federalismo brasileiro era "uma espécie de patrimônio ou a presa exclusiva
    de certos indivíduos ou de um grupo que o explora irresponsavelmente, em nome de sua autonomia
    de estado federado" (Amaro Cavalcanti, "Regime Federativo e a República Brasileira", *apud* Oswaldo
    Trigueiro, "A Crise do Federalismo", *Revista Brasileira de Estudos Políticos*, n. 11, p. 39, jun. 1961).
6. Oswaldo Trigueiro, *art. cit.*, pp. 40-41.
7. A expressão "ideias fora do lugar" foi elaborada por: Roberto Schwarz, *Ao Vencedor as Batatas.
    Forma Literária e Processo Social nos Inícios do Romance Brasileiro*, São Paulo, Livraria Duas
    Cidades, 1977.
8. Cf. Oswaldo Trigueiro, *art. cit.*, p. 45.
9. Victor Nunes Leal, *Coronelismo, Enxada e Voto. O Município e o Regime Representativo no Brasil*,
    2. ed., São Paulo, Alfa-Ômega, 1975, p. 253.

AS FONTES DO MITO

A constituição de 1891 criou um federalismo de tipo "isolacionista ou dual", concorde com o desempenho da propriedade agrária e regido pelos estados mais poderosos[10]. Entretanto, tal andamento não correspondeu ao obscurecimento do poder central. A ausência de partidos com feição nacional prenuncia antes a fraqueza do que o revigoramento dos condutores da política no plano estadual. Tudo indica que o estado, paralelamente à convivência federativa, caminhou no sentido do seu fortalecimento[11]. O fenômeno do coronelismo, primorosamente analisado por Victor Nunes Leal, significa, essencialmente, a debilidade do poder municipal diante da crescente importância do plano federal[12]. Concomitantemente, no âmbito do município, o coronelismo "pressupõe [...] a decadência do poder privado e funciona como processo de conservação do seu conteúdo residual"[13]. Desse modo, o federalismo, se não significou a ruína do poder agrário, traduziu primordialmente um arranjo político, cujos compromissos se hospedaram no estado e foram por ele comandados. As obsessões autonomistas remanesceram no passado; o panorama futuro delineou o desenvolvimento crescente da soberania estatal. O Estado constituído em 1930 não encontrou óbices fundamentais ao reordenamento do domínio público e pôde redefinir a frio as suas ligações com os poderes locais[14].

Certos estudos sobre o regionalismo brasileiro transitam em diferentes momentos desse processo, às vezes considerando especialmente um aspecto, ora operando várias combinações, ou mesmo bordejando a ultrapassagem dessas marcas. Buscamos elencá-los segundo um critério que compreendesse as dimensões privilegiadas da realidade e as veredas interpretativas escolhidas, isto é, no prisma do recorte do objeto e da filiação teórica presente.

10. Expressão retirada de Ana Maria Brasileiro, *art. cit.*, pp. 93-94. A política dos governadores, durante a República Velha, manifestou os interesses dos Estados de São Paulo e de Minas Gerais. Sobre esse assunto: Amilcar Filho Martins, *A Economia Política do Café com Leite (1900- 1930)*, Belo Horizonte, UFMG/PROED, 1981.

11. Conforme Fernando Henrique Cardoso, "Dos Governos Militares a Prudente – Campos Sales", *História Geral da Civilização Brasileira*, dir. por Boris Fausto (Período Republicano), São Paulo, Difusão Europeia do Livro, 1975, tomo III, vol. 1, p. 175: "No tipo de federalismo brasileiro não só os Estados conservam muito poucos poderes próprios, como ainda o Governo Federal se reserva o direito, em caso de necessidade, de assumir a gestão das faculdades concedidas; é o exercício do direito de "intervenção", que constitui modalidade característica do federalismo da América Ibérica" (Jacques Lambert, *Os Dois Brasis*, 12. ed., São Paulo, Companhia Editora Nacional, 1984, p. 235).

12. Victor Nunes Leal, *op. cit.*, p. 20.

13. *Idem*, p. 252.

14. Cf. Luciano Martins, "A Revolução de 1930 e Seu Significado Político", *apud* Rosa Maria Godoy Silveira, *O Regionalismo Nordestino. Existência e Consciência da Desigualdade Regional*, São Paulo, Moderna, 1984, p. 27.

Conseguimos visualizar três grandes grupos. No primeiro, alinham-se os livros de John Wirth sobre Minas Gerais, de Robert Levine sobre Pernambuco, e de Joseph Love sobre São Paulo e Rio Grande do Sul[15]. As três primeiras obras foram produzidas em conjunto com o objetivo de "escrever história comparativa de um ponto de vista regional, isto é, apontando semelhanças e diferenças entre os três estados principais, identificando, ao mesmo tempo, modos de interação no nível nacional"[16]. A última teve precedência no tempo, constituindo-se na matriz dos livros concebidos a seis mãos. As obras guardam, portanto, uma estrutura formal comum, presente na própria distribuição dos capítulos, e as diversidades ficam por conta das especialidades históricas regionais no período de tempo delimitado.

O período em consideração começa com a devolução do poder às antigas províncias pelo Império centralizado, e acompanha o verso da gradual retomada da autoridade e da responsabilidade pela União, o que ocorreu nos cinquenta anos que se seguiram. A nova centralização começou muito antes que a República Velha (1889-1930) fosse abolida pela revolução de 1930. E foi anunciada de maneira formal – e estritamente – pela ditadura estadonovista, o regime unitário de Getúlio Vargas (1937-1945)[17].

No andamento global da análise, subjaz a relação entre a estrutura do poder constituída nos três estados e a dinâmica da política nacional. A luz, entretanto, detém-se nos estados enquanto "unidades tomadas para análise, porque são os focos das fidelidades políticas e da própria organização política. Não houve partidos nacionais ou multiestaduais no período em questão[18]".

O privilegiamento da dimensão "estado" transformou o âmbito federal em mero pano de fundo. Ato contínuo, no capítulo VI, comum às três obras indicadas – "Estado e País: Dimensões Políticas" –, o enfoque local direcionou a análise, circunscrevendo-se às demandas dos setores dominantes rumo ao poder central. Com efeito, os "brasilianistas" ora considerados escreveram sobre os estados mais importantes na federação republicana, distinguindo o papel das elites na feitura do tecido e dos matizes que a história adquiriu no período. O critério utilizado foi empírico: "A elite política é definida como

---

15. John D. Wirth, *O Fiel da Balança. Minas Gerais na Federação Brasileira 1889- 1937*, Rio de Janeiro, Paz e Terra, 1982; Robert. M. Levine, *A Velha Usina. Pernambuco na Federação Brasileira 1889- 1937*, Rio de Janeiro, Paz e Terra, 1980; Joseph Love, *A Locomotiva. São Paulo na Federação Brasileira 1889- 1937*, Rio de Janeiro, Paz e Terra, 1982 e *O Regionalismo Gaúcho e as Origens da Revolução de 1930*, São Paulo, Perspectiva, 1975.

16. A introdução dos três livros foi escrita a seis mãos. Quando as citações referirem-se a essa parte, usaremos o livro de Love como indicação. Joseph Love, *A Locomotiva...*, p. 7.

17. *Idem, ibidem.*

18. *Idem*, p. 10.

composta pelos ocupantes dos cargos mais importantes no governo e nos partidos dominantes, tanto a nível estadual como federal, entre 1889 e 1937"[19].

A partir daí, o andamento da análise gira em torno de um epicentro definido, obrigando a distribuição dos assuntos nos capítulos a partir, continuamente, do mesmo ponto. Quando tratam da ocupação territorial e da estrutura social, por exemplo, predominam dados geográficos, ou índices populacionais. A transformação da paisagem e o perfil societário são convertidos em *fenômenos em si*, faltando deslindar a força dos nexos sociais escondidos detrás da transformação da natureza e dos agregados estatísticos. Sediados nas elites, são impelidos a aprofundar as relações intracamada dominante, em detrimento dos laços entre camadas sociais. Como decorrência, o travejamento teórico básico estará assentado na noção de comportamento político.

Regionalismo é definido como um comportamento (político) caracterizado, de um lado, pela aceitação de uma unidade política mais abrangente, mas, de outro, pela busca de um certo favoritismo e de uma certa autonomia de decisão (em matéria política e econômica), mesmo ao risco de pôr em perigo a legitimidade do sistema político vigente[20].

O monopólio da vida política na República Velha por essa camada social transformou as elites no tema de análise, deixando entrever que a opção teórica fundou o objeto. Caberia considerar, por outro lado, que o relevo atribuído à ação política beira ao voluntarismo *stricto sensu*, convertendo o processo de dominação e o Estado em nuanças pálidas do conjunto. A teoria da modernização firmou os parâmetros últimos das pesquisas. Daí o uso das noções de comportamento político, de geração política, de elite e de massa. A ênfase na modernização consuma a vestimenta do voluntarismo politicista. A capacidade de fazer história, atribuída às elites, explica o retardamento ou o avanço sociais. No caso de Pernambuco, "devido à resistência à mudança da aristocracia de açúcar, as medidas tomadas para modernizar a economia deram resultados desiguais e incompletos"[21]. O processo de mudança social resta dependente do alcance do olhar de alguns.

Caberia considerar ainda que, a despeito do inegável interesse das obras que estamos analisando, elas parecem tender para uma visão externa ao Brasil republicano. Evidentemente, a inspiração teórica lançou a carta definitiva no jogo. O papel modernizador das elites reporta-se aos empreendedores schum-

---

19. *Idem*, p. 215.
20. *Idem*, p. 11.
21. Robert. M. Levine, *op. cit.*, p. 236.

peterianos autodeterminados, construtores da sociedade capitalista. Por isso, a comparação com os Estados Unidos não é simples casualidade: "Resumindo, houve um crescimento econômico, mas não o suficiente para energizar a sociedade no modelo norte-americano"[22]. Ao mesmo tempo, as noções de elite e o seu par conceitual – a massa –, de vasta tradição na literatura sociológica norte-americana, retratam concepções engendradas a partir de uma realidade social ausente do Brasil, pelo menos naquele momento[23]. O sentido último parece residir, de fato, numa imprópria compreensão das nossas especificidades, invalidando a cópia de modelos externos, descartando a possibilidade de repetirmos, no futuro, o passado das sociedades desenvolvidas. Convivemos com o federalismo sem um sistema de representação política desenvolvido, gestando certo artificialismo e sensação de deslocamento, rasto de todos os países dependentes. No segundo grupo dos estudos sobre o regionalismo brasileiro ordenam-se trabalhos cujo eixo da explicação se desloca das elites para as oligarquias. Nesse espaço, são representativos os trabalhos de Eul-Soo Pang sobre a Bahia e de Terezinha Oliva de Souza sobre Sergipe[24]. Os termos "oligarquia", "oligarca" e "coronéis", pululam nas páginas dos livros e orientam as análises. A obra sobre a Bahia explicita o primeiro vocábulo:

> [...] oligarquia é definida [...] como um sistema de domínio político por uma ou mais pessoas, representando um clã de grupo consanguíneo ou não, mantido unido por metas econômicas comuns, interesses políticos e crenças ideológicas e religiosas, ou pelo desejo coletivo de glorificação de um líder carismático, tudo para promover e defender o bem comum[25].

A despeito da heterogeneidade na definição, que combina desde a categoria clã até a noção de bem comum, compreendendo quase todas as gamas de poder, pretendemos realçar a dimensão domínio político. Mais adiante o autor estabelece a conexão entre oligarquia e coronelismo, fundamento da política de dominação oligárquica[26]. Interessante perceber o tratamento conferido à República Velha, enquanto período de transição, fruto de "crise de legitimidade e eficiência do governo", comum em épocas de mudança de regime e de passagem

---

22. John D. Wirth, *op. cit.*, p. 310.
23. O livro de Mills constitui um bom exemplo de análise nesse sentido (Wright Mills, *A Elite do Poder*, Rio de Janeiro, Zahar, 1962). Para uma crítica a essas noções, ver Gabriel Cohn, *Sociologia da Comunicação. Teoria e Ideologia*, São Paulo, Livraria Pioneira Editora, 1973.
24. Eul-Soo Pang, *Coronelismo e Oligarquias 1889-1934. A Bahia na Primeira República Brasileira*, Rio de Janeiro, Civilização Brasileira, 1979; Terezinha Oliva de Souza, *Impasses do Federalismo Brasileiro. Sergipe e a Revolta de Fausto Cardoso*, Rio de Janeiro, Paz e Terra, 1985.
25. Eul-Soo Pang, *op. cit.*, p. 7.
26. *Idem*, p. 9.

de "uma nação rural e agrária para uma nação industrial"[27]. Daí o coronelismo dizer respeito aos "aspectos sócio-políticos do monopólio do poder por parte das classes dominantes e auxiliares, nos regimes monárquico e republicano no Brasil"[28]. Em suma, o coronelismo é a forma de exercício do poder das oligarquias – "classes dominantes" – em períodos de transição, no caso entendidos como a época de metamorfose da situação agrária para um estágio industrial, em momentos nos quais o "Estado forte e centralizado" encontrava-se ausente.

Mesmo que discordemos do andamento da análise e de asserções pouco matizadas como a referente à natureza do Estado durante a primeira República, o recorte do objeto, ao incidir sobre o domínio oligárquico-coronelístico, permitiu a apreensão das características do poder rural no Brasil. Há, outrossim, transposições históricas inadequadas, presentes no manuseio de denominações como "clã" e "exército feudal" para pensar os senhores da terra e os seus jagunços[29], além do espectro da modernização rondar a cena da análise. De fato, distinguir a República Velha enquanto época de transição foi possível apenas porque entrecorta a fase arcaica da quadra moderna.

> À medida que o desenvolvimento e a modernização aumentarem, uma nova elite emergirá. O interior diminuirá e a cidade avançará em direção ao centro do poder. [...] O processo de mudança ainda está acontecendo, e em breve os coronéis, assim como os cangaceiros e os fanáticos, passarão à História como relíquias da Primeira República[30].

Subentende-se: rumo à sociedade industrializada, afluente, cujo poder central se encontra plenamente soberano. O regionalismo feito domínio político de oligarquias movidas por interesses particularistas traceja vigorosamente o poder local, mas deixa ainda na sombra a dinâmica das articulações entre a centralização do Estado e as autoridades pulverizadas.

Impasses no Federalismo Brasileiro, de Terezinha Oliva de Souza, desperta a atenção nesse conjunto de obras. Discute o federalismo a partir de Sergipe, estado periférico no conceito de poder republicano. O assunto é um momento específico da história republicana estadual.

A revolta de Fausto Cardoso é significativa de um momento de cisão na fração hegemônica da burguesia sergipana, momento crítico em que as camadas médias urbanas encontram condições de se pronunciar. O discurso antioligárquico das camadas médias urbanas é veiculado pela própria cisão oligárquica, que busca, no fundo, a

27. *Idem*, p. 20.
28. *Idem, ibidem*.
29. *Idem*, p. 24.
30. *Idem*, p. 235.

recomposição do poder. O movimento é compreendido assim na sua ambiguidade: o ataque ao caráter elitista, fechado e dominador do grupo no poder é a linguagem de que se serve também a dissidência situacionista[31].

A autora opera a identificação entre oligarquia e burguesia. Ressalta o uso das camadas médias urbanas efetuado pelo cisma oligárquico com vistas à simples transferência de grupos no poder. Chama a atenção para a participação política vicária dos pequenos estados, no plano federal, que só encontravam canais de expressão através do enfeudamento de suas oligarquias por outras mais fortes. Enfim, salienta o papel secundário de Sergipe, cuja "composição oligárquica se dera com a ajuda do Governo Federal, atendendo, num momento, aos desígnios do 'bloco'. Um dos saldos da Revolta foi promover o definitivo ajustamento de Sergipe ao novo centro de controle da 'política dos governadores' "[32]. Insinuam-se nessas passagens: determinado conceito de Estado enquanto *locus* de apropriação do setor mais forte da classe dominante, manifesto no enunciado "desígnios do Bloco"; a visualização da dependência nordestina resultante da debilidade das suas oligarquias; e, decorrentemente, a concepção de espaços regionais definidos por formas diferenciais de domínio político. Nesse novo veio interpretativo a modernização cedeu terreno à oligarquia transubstanciada em classe social, trabalhada a partir dos nexos entre as suas diversas facções. Delineia-se, pois, em caso-limite de aplicação da categoria "poder oligárquico" para desenhar o espaço regional.

No terceiro grupo de trabalhos sobre o regionalismo estão dispostos *Elegia para uma Re(li)gião*, de Francisco de Oliveira, *Regionalismo e Antirregionalismo no Paraná*, de Rubem César Keinert, e *O Regionalismo Nordestino*, de Rosa Maria Godoy Silveira[33]. O primeiro constituiu-se num juízo às estratégias de planejamento da Sudene e os dois últimos manejam a crítica da identidade regional. Os três espelham um tipo de abordagem onde o movimento global da reprodução capitalista confere sentido às regiões, redefinindo-as. O trabalho de Francisco de Oliveira inspirou as pesquisas subsequentes, orientando o andamento das análises de Keinert e de Godoy Silveira.

Na crítica à política de desenvolvimento regional implementada pela Sudene, o autor detém-se

31. Terezinha Oliva de Souza, *op. cit.*, p. 14.
32. *Idem*, p. 244.
33. Francisco de Oliveira, *Elegia para uma Re(li)gião. Sudene, Nordeste. Planejamento e Conflitos de Classes*, Rio de Janeiro, Paz e Terra, 1977; Rubem César Keinert, *Regionalismo e Antirregionalismo no Paraná*, Dissertação de mestrado apresentada à Faculdade de Filosofia, Letras e Ciências Humanas da Universidade de São Paulo, 1978, mimeografado; Rosa Maria Godoy Silveira, *op. cit.*

[...] no exame das tendências de homogeneização monopolística do espaço econômico, no exame do caráter diferenciado que pode persistir na reprodução do sistema global, no exame das contradições que esse caráter diferenciado pode colocar; neste sentido, as regiões seriam definidas pelo caráter diverso das leis de sua própria reprodução e pelo caráter de suas relações com as demais[34].

É, pois, sob o prisma da reprodução e do seu impacto sobre as particularidades que o regional é determinado. Nessa perspectiva, a região torna-se "o espaço onde se imbricam dialeticamente numa forma especial de lutas de classes, onde o econômico e o político se fusionam e assumem uma forma especial de aparecer no produto social e nos pressupostos de reposição"[35]. Deste modo, o regional perde o cunho de dado, transformando-se num processo cuja dinâmica retira a energia das determinações globais do todo social. A convivência de partes com ritmos desiguais de desenvolvimento desembocaria na subsunção das mais fracas pelas mais fortes, num processo que tende a aprofundar as desigualdades ao invés de superá-las. "A especificidade de cada 'região' completa-se, pois, num quadro de referências que inclui outras 'regiões' com níveis distintos de reprodução do capital e relações de produção"[36]. Daí opta-se por um enfoque que privilegia o entrelaçamento a partir do qual as partes são recortadas, descurando-se as definições que buscam detectar os traços intrínsecos às diferentes regiões. Nesse andamento, a expansão e as mudanças nas relações capitalistas na periferia são realçadas, constituindo-se dois planos de especificidades interligados. O primeiro diz respeito à própria reprodução periférica e o segundo às especialidades regionais.

Os trabalhos seguintes, centrados no fenômeno da identidade regional, partem do mesmo pressuposto. *Regionalismo e Antirregionalismo no Paraná* intenta perceber "como o regionalismo e o antirregionalismo jogam um papel importante no embate entre a reprodução de um capital que necessita do espaço nacional e os capitais que dominam determinadas circunscrições desse mesmo espaço"[37]. Os atritos advindos do tipo de enfrentamento delineado, portanto, são fundamentais à caracterização do regionalismo. "O estudo realizado [...] propõe-se a captar a especificidade da questão no momento em que o desenvolvimento das relações de produção capitalistas já garantia as condições de consolidação do Estado capitalista no Brasil"[38]. O processo de modernização é, aqui, substituído pela dinâmica capitalista e o Estado

---

34. Francisco de Oliveira, *op. cit.*, p. 26.
35. *Idem*, p. 29.
36. *Idem*, p. 28.
37. Rubem César Keinert, *op. cit.*
38. *Idem*, p. 7.

entra na cena das considerações, deixando o lugar secundário a que fora relegado nos trabalhos analisados acima. O próprio regionalismo constitui-se no nível da ideologia das classes dominantes nos estados, uma contrapartida à concentração e à centralização da política e da economia no âmbito nacional[39]. Por isso, o centro dos movimentos regionalistas no Brasil diz respeito a motivações essencialmente políticas e econômicas, reproduzindo uma forma de resistência à crescente absorção da parte pelo conjunto[40]. A identidade regional é a capa que agasalha aspirações de sobrevivência cuidadosamente acalentadas. A visão do espaço regional, dessa forma, constrói-se no curso da luta, onde os jeitos de enfrentamento e de acomodação entre distintas frações da classe dominante são fundamentais. Consequentemente, as condições de resistência derivam da força da classe dominante local frente às tendências abrangentes. O regionalismo é conduzido para o embate entre os segmentos sociais dominantes na dinâmica da história. É verdade que o autor aponta para certa inexorabilidade, presente na inevitável reprodução capitalista, que visa ao nacional. A tendência à perda ronda as circunscrições, que caminham enlevadas pelo todo. O discurso regional vira manifestação da resistência e tende a reescrever-se no andamento geral. Por isso, o autor trabalha com a categoria "formação regional", tentando captar as imbricações particulares a cada momento do processo de acumulação e reprodução capitalistas[41]. "[...] A formação regional não se explicaria por si mesma, ou seja, sem uma referência à formação social de que faça parte, necessária para explicar condições de reprodução não evidentes pela dinâmica interna da formação"[42]. Semelhantemente, nesse trabalho, o regional é recortado do conjunto, delineando-lhe a dinâmica, modelando-lhe a feição. *Regionalismo e Antirregionalismo no Paraná* e *Elegia para uma Re(li)gião* orientam-se por uma matriz teórica comum, mas o primeiro enfatiza as dimensões social e ideológica, enquanto o segundo transita marcadamente no espaço do movimento do capital que, como é óbvio, não as exclui, mas compreende aspectos distintos de privilegiamento.

O Regionalismo Nordestino examina as condições responsáveis pela emergência da consciência do espaço. Nos fins do século XIX, com o advento da República, "[...] o discurso regionalista começa a ganhar maior consistência", no momento da hegemonia consolidada do setor cafeeiro e das mudanças na reorganização produtiva do açúcar[43].

39. *Idem*, p. 28.
40. *Idem*, pp. 19-20.
41. Rubem César Keinert, *op. cit.*, pp. 20-21.
42. *Idem, ibidem*, p. 22.
43. Rosa Maria Godoy Silveira, *op. cit.*, p. 58.

A ideologia regionalista, tal como surge, é, portanto, a representação da crise na organização do espaço do grupo que a elabora. Uma fração açucareira da classe dominante brasileira, em vias de subordinação a uma outra fração hegemônica (comercial-cafeeira), se percebe no seu *locus* de produção e no relacionamento deste *locus* com outros espaços de produção, de forma predominante aquele da fração hegemônica[44].

Isto é, os produtores de açúcar divisam nitidamente a perda relativa e absoluta do seu significado no contexto do país e vislumbram a sujeição dos seus interesses frente a outros mais poderosos. À perda do espaço corresponde a articulação regional da "classe dominante". O regionalismo nordestino, produto da crise e da sua consciência, constitui-se uma matriz ideológica que articula "[...] o conceito de região como categoria interpretativa da realidade"[45]. Regionalismo e região – produções ideológicas da classe dominante – vinculam-se às transformações históricas provenientes do rearranjo do todo, constituindo-se em expressões concomitantes de reação e de enfrentamento. As elaborações regionais configuram-se, na mesma vertente analisada acima, em discursos de resistência.

Crise significa, então, um momento do processo histórico em que os elementos básicos componentes do espaço regional estão sendo reestruturados (substituídos ou transformados) em decorrência de condições internas e externas à região, e cujo sentido é conferir maior racionalidade à ordem capitalista mais ampla[46].

A inexorabilidade inerente ao capitalismo, já realçada na análise anterior, está presente em toda a sua pujança. O sentido imanente da racionalidade joga a criação regionalista na vala comum dos projetos fadados ao engano, por caminharem na direção oposta ao rumo da história.

Dessa maneira, as medidas que, no seu processo de transformação que se abate sobre seu espaço, embora se apoiem no passado para justificar a pretensão de uma volta ao "equilíbrio perdido", enredam *a classe dominante regional em uma armadilha que a joga no futuro, mas em um futuro sobre cujo desenrolar não exerce o controle principal*. Ou seja, quanto mais tenta escapar da armadilha do capitalismo, mais para ela caminha, muito embora se acredite dela se afastando[47].

O regionalismo nordestino, segundo a autora, aspira uma atmosfera enevoada por densas formações pré-capitalistas[48]. *O Manifesto Regionalista*

---

44. *Idem*, p. 17.
45. *Idem*, p. 18.
46. Rosa Maria Godoy Silveira, *op. cit.*, p. 55.
47. *Idem*, p. 232. Grifo nosso.
48. *Idem*, p. 234.

de 1926, expressão candente dessa perspectiva, reporta-se à "[...] ótica de um determinado grupo responsável por sua elaboração, as oligarquias rurais, (onde) Freyre formula uma idealização saudosista de tais valores, tentando preservá-los das mudanças em curso[49]".

O regionalismo configura, pois, a consciência infeliz das oligarquias decadentes. Não obstante, caberia considerar que a percepção das diferenças e dos descompassos regionais foi prenúncio do debate que desembocou no aparecimento posterior das políticas de incremento e de planejamento do Nordeste. No *Manifesto*, Freyre pede

> [...] estudos ou indagações dentro de um critério de inter-relação que, ao mesmo tempo que se amplie, no nosso caso, o que é pernambucano, paraibano, norte-rio--grandense, piauiense e até maranhense ou alagoano, ou cearense, em nordestino, articule o que é nordestino em conjunto, com o que é geral e difusamente brasileiro ou vagamente americano[50].

A autora encontra, nessa passagem, a perspectiva "de um patriarcado agrário açucareiro, identificado com o projeto nacionalista, em uma generalização esvaziadora das relações contrárias de classes e estamentos"[51]. Poderia, perfeitamente, localizar aí a esperança de suscitar a atenção do Estado brasileiro para os problemas nordestinos. O trecho parece apontar não para um distanciamento passadista; sugere, ao contrário, a ênfase no regional para conclamar à articulação. Nesse caso, a visão passadista conteria componentes seguramente modernos e o tratamento do discurso pressuporia entender a especial combinação dessa dupla face. Não seria esse um dos traços fundantes, sobejamente característico das elaborações culturais no Brasil?

Em suma, no tratamento regional sobressaem os momentos de criação ideológica da classe dominante, presentes no trabalho anterior, porém com intensidade mais fraca. A diferença afigura-se no peso conferido à ideologia. No livro em questão opera-se um certo deslocamento das criações mentais *vis-à-vis* da realidade. A abordagem da identidade regional supõe, no entanto, desvendar as elaborações produzidas por sujeitos sociais que não se constituem em meras ilusões, mas em momentos fundantes do próprio real. A constância dos discursos regionalistas testemunha a existência de um fenômeno cujo significado provoca o seu conhecimento. À permanente reinvenção devem corresponder múltiplos processos de

---

49. *Idem*, p. 24.
50. Gilberto Freyre, "Manifesto Regionalista de 1926", *apud* Rosa Maria Godoy Silveira, *op. cit.*, p. 23.
51. Rosa Maria Godoy Silveira, *op. cit.*, p. 23.

determinação, de enleamento do particular no geral. Pela variegada rede de significados responde a inextricável teia da história. No encalço desse dúplice movimento, consideraremos, na feitura da identidade regional, as invenções míticas que asseveram a uniformidade do quadro, rodeadas pelo espetáculo das diferenças.

Sensibilidade Romântica

A transferência da corte portuguesa para cá em 1808 inaugurou um período de conhecimento do Brasil. De fato, a literatura de viagens exprimiu, no plano da produção intelectual, o conjunto de transformações ocorrido na antiga colônia e, no que tange aos estrangeiros, significou a queda de barreiras que os impediam de adentrar o Brasil. As obras dos viajantes reintroduziram-nos no concerto internacional e reproduziram, em outro contexto, a atração que exercêramos nos dois primeiros séculos de nossa história, realizando uma verdadeira redescoberta do Brasil[52].

De modo que a curiosidade tão longamente sofreada pode agora expandir-se sem estorvo e, não poucas vezes, com o solícito amparo das autoridades. Nesses poucos anos foi como se o Brasil tivesse amanhecido de novo aos olhos dos forasteiros, cheio da graça milagrosa e das soberbas promessas com que se exibira aos seus mais antigos visitantes. Num intervalo de cerca de dois séculos, a terra parecera ter perdido, para portugueses e luso-brasileiros, muito de sua primeira graça e gentileza, que agora lhe vinha restituída. Pois é bem certo que uma familiaridade demasiada nos faz muitas vezes cegos ao que há de insólito em cada coisa, mormente nessas coisas naturalmente complexas como o são uma paisagem, uma sociedade, uma cultura[53].

Não se pode esquecer que o novo despertar brasileiro tingiu-se de cores pinceladas nas palhetas da cultura europeia de vanguarda.

Os viajantes abeberaram no pensamento ilustrado o gosto pela precisão, de feitio racional, mas estavam imbuídos sobretudo da vaga romântica que assomava avassaladoramente ao espírito dos europeus da época[54]. Amalgama-

---

52. "Há de ser homens de outras terras, emboabas de olho azul e língua travada, falando francês, inglês, principalmente alemão, os que se vão incumbir do novo descobrimento do Brasil" (Sérgio Buarque de Holanda, "A Herança Colonial – Sua Desagregação", *História Geral da Civilização Brasileira*, dir. por Sérgio Buarque de Holanda, 2. ed., São Paulo, Difusão Europeia do Livro, 1965, tomo II, 1º vol., p. 13).

53. *Idem*, pp. 12 e 13.

54. Para a relação entre os viajantes e o romantismo: Antonio Candido de Mello e Souza, *Formação da Literatura Brasileira (Momentos Decisivos)*, 1º volume (1750-1836), 5 ed., Belo Horizonte/São Paulo, Itatiaia/Editora da Universidade de São Paulo, 1975. Capítulo VIII, parte 2: "Pré-Romantismo Franco-Brasileiro".

ram a busca do conhecimento objetivo, empírico, com a vontade de aventura, sem cujos êmulos teríamos, talvez, perdido páginas importantes da nossa memória. De outro lado, a memória que se forjara da terra descoberta nos quinhentos e que fora retomada pelos viajantes dos oitocentos, se se pode concebê-la como uma ruptura, dado que introduz nova maneira de olhar a realidade, tem, ao mesmo tempo, um lastro comum característico da continuidade. A clivagem diz respeito à própria natureza do empreendimento que, muitas vezes, resultava de interesses científicos; havia também motivações econômicas, políticas e pessoais[55]. Os relatos obtidos manifestam-se numa forma documental, arvorando uma objetividade inerente a toda pretensão de espelhamento fidedigno do real. Em outras palavras, a produção dos viajantes distancia-se das concepções míticas que povoaram a mente dos europeus na época dos descobrimentos[56]. A persistência reside no fato de a memória confeccionada ser fruto dos "emboabas de olho azul e língua travada", recolocando o espinhoso problema de ter-se uma história formada por homens imbuídos de princípios culturais diferentes. Como a produção histórica possui o papel de orientar a feitura dos traços moduladores da identidade coletiva, também a nossa identidade teria, na sua gênese, raiz adventícia. Nos nossos dias, como já vimos, "brasilianistas" repetiram a trajetória dos estrangeiros do século XIX e pode não ser casual que alguns tenham se dedicado a estudar exatamente as particularidades regionais, redescobrindo, em parte, o tema para os brasileiros. Em qualquer dos casos, a identidade despontaria num quadro eivado de comparações, quer explicitamente no exemplo da literatura de viagens, quer embutidas nas orientações últimas das análises modernas. O enquadramento da identidade a partir do contraponto, se pode resultar em observações argutas, produzidas pelo próprio estranhamento, tem, também, o caráter de incompletitude, ao estar permeada pela ideia de uma história descompassada frente às nações hegemônicas. As nossas diferenças aparecem como afasia histórica, as nossas particularidades transmudam-se numa cultura vivenciada no avesso.

No percurso dos viajantes pelo Brasil sobrelevam-se as peculiaridades regionais, que por isso se encontram na base das elaborações imaginárias do tipo das que estamos considerando neste trabalho. Com certeza, porque

---

55. Sobre as várias motivações que dirigiram o interesse dos viajantes ver Ilka Boaventura Leite, *Negros e Viajantes em Minas Gerais – Século XIX*, tese de doutoramento apresentada ao Departamento de Ciências Sociais da Universidade de São Paulo, São Paulo, 1986, Capítulo I.

56. A respeito da mitificação das terras descobertas, consultar a obra clássica: Sérgio Buarque de Holanda, *Visão do Paraíso. Os Motivos Edênicos no Descobrimento e Colonização do Brasil*, 2. ed., São Paulo, Companhia Editora Nacional, 1969.

a diversidade foi muito maior no passado do que é hoje; e também porque alguns se deram conta da desuniformidade presente no período da emancipação. À sutileza de Saint-Hilaire, tal fato não escapou:

> Ao sistema monárquico que substituía um despotismo cujo resultado era de esgotar e desunir, não se soube aplicar instituições uniformes e monárquicas. O Brasil estava emancipado: como, porém, todas as minúcias do regime colonial subsistiram, não houve harmonia no conjunto da administração, e daí, como se verá alhures, os terríveis perigos que ameaçaram por um instante o Brasil e mesmo a maior parte dos embargos que encontrará por muito tempo o governo atual[57].

Tais palavras soam como profecia. Apontam para um Estado cuja soberania é discutível e alertam para as resistências à centralização do poder, que darão o tom do período regencial. Concomitantemente, ao constatar a desarmonia do todo, as suas reflexões necessariamente voltar-se-iam para as especificidades. Há, contudo, na raiz do romantismo, total rejeição às verdades generalizadoras e que se manifestam em princípios absolutos. Nesse sentido, a ênfase nas particularidades é inerente à imaginação romântica, centralizada na individualidade[58]. Para Blake, "generalizar é de idiota. Particularizar é a verdadeira distinção do mérito. Os conhecidos gerais são a propriedade do idiota"[59]. Noutro passo: "Que é a natureza geral? Existe tal coisa? Que é o conhecimento geral? Onde está isso? Estritamente falando, todo o conhecimento é particular"[60]. Aos românticos, portanto, o conhecimento subjaz na imanência do ser no mundo e, muito embora o trecho acima citado amolde-se à crítica da nacionalidade universal dos ilustrados, introduz a particularização, marca indelével do pensamento científico posterior. Nesses termos, se a crença na realidade racional e num sujeito dotado de razão são essenciais ao conhecimento científico, o desenvolvimento da ciência empírica pressupõe a observação particularizadora. Por isso, iluminismo e romantismo poderiam caminhar lado a lado na constituição da ciência moderna[61]. Foram as vertentes mais extremadas do romantismo que relegaram a razão a um plano inferior; em outras, ao contrário, o mundo sensível confecciona os elementos formadores da imaginação.

---

57. Auguste de Saint-Hilaire, *Viagem pelas Províncias do Rio de Janeiro e Minas Gerais (1816-1822)*, Belo Horizonte/São Paulo, Itatiaia/Editora da Universidade de São Paulo, 1975, p. 51.
58. Conforme C. M Bowra, *La Imaginación Romántica*, Madrid, Taurus Ediciones, 1972, p. 22.
59. William Blake, *Poetry and Prose*, em C. M. Bowra, *op. cit.*, p. 22.
60. *Idem*, p. 22.
61. A respeito do espírito científico presente no romantismo, ver J. L. Talmon, *Romantismo e Revolta. Europa 1815-1848*, Lisboa, 1967, p. 157.

Segundo Wordsworth a imaginação deve submeter-se ao mundo externo porque este não está morto, senão que vive e tem sua própria alma que é, ao menos na vida que conhecemos, distinta da alma humana. [...] Wordsworth cria que podia ajudar a estreitar os laços entre a alma da natureza e a do homem [...] que o mundo externo se ajusta à alma individual e esta à natureza do mundo externo[62].

Postula-se a separação entre o individual – manifesto na imaginação – e o mundo exterior, para depois buscar um ajustamento entre ambos. Assim, é possível entrever-se a emergência do *geist*, tão caro aos românticos, que é noção importante para se pensar os problemas de identidade. Daí identidade e nacionalismo serem concepções que caminharam *pari passu*. A nacionalidade transforma-se em repositório da identidade e pode ofertar aos homens a possibilidade de exprimirem-se de maneira genuína[63]. No Brasil, o movimento romântico perseguiu os princípios da constituição da nacionalidade que, para certos autores, "era a celebração da pátria, para outros o indianismo, para outros, enfim, algo indefinível mas que *nos exprimisse*"[64]. Os impulsos expressivos encontram no mundo externo a matéria-prima a partir da qual podem elaborar manifestações mais individualizadas; por conseguinte, ele é também o escoadouro das emoções grandiosas. A realidade visível modela a imaginação e é por ela conformada. A vida humana é concebida, na sua essencialidade, como uma rede na qual vibram, vigorosamente, os influxos internos. "O mundo representa para o romântico uma infinidade de ocasiões para experiências"[65]. A incessante busca de traços enriquecedores da existência adquire feições diferentes e aparece, numa das faces, sob o constante apelo à natureza[66]. A inquietação da procura do caminho da autoexpressão faz dos românticos homens seduzidos pelo exótico[67]. Não casualmente, o romantismo recuperou o encanto das memórias e deixou-se enlear pelo chamamento das terras distantes[68]. No processo, a América constituiu-se num dos polos de atração. Para Chateaubriand as terras americanas são "o novo

---

62. C. M. Bowra, *op. cit.*, pp. 30 e 31.
63. Conforme J. L. Talmon, *op. cit.*, p. 110.
64. Antonio Candido, *op. cit.*, vol. ii, p. 10. Grifo do autor. Todo o volume segundo dessa obra fundamental dedica-se à análise do romantismo brasileiro.
65. J. L. Talmon, *op. cit.*, p. 151.
66. Conforme J. L. Talmon, *op. cit.*, p. 145.
67. "[...] Os românticos foram buscar nos países estranhos, nas regiões esquecidas e na Idade Média pretextos para desferir o voo da imaginação" (Antonio Candido de Mello e Souza. *op. cit.*, p. 23).
68. Le Goff chama a atenção para a revivescência da memória pelo romantismo (Jacques Le Goff, "Memória", *Enciclopédia Einaudi: Memória e História*, Lisboa, Imprensa Nacional Casa da Moeda, 1984, vol. i, p. 37). Há uma conexão entre memória e identidade; os românticos devem tê-la valorizado por esse motivo.

universo onde recomeça o gênero humano"[69]. No espírito pré-romântico e do romantismo configurado, o Brasil foi redescoberto.

A literatura de viagens parece ter sorvido parte desse caldo de cultura. Evidentemente, não desprezamos os interesses imperialistas das nações mais desenvolvidas, para as quais o conhecimento do jovem país poderia constituir-se num fator importante para direcionar investimentos e encaminhar seus produtos para o mercado brasileiro[70]. No entanto, pensamos que, muito embora esse lado seja verdadeiro, a compreensão do significado de uma obra cultural não se esgota na detecção dos motivos mais explícitos, ainda que eles possam ser o móvel primeiro. A literatura de viagens é bastante expressiva, nem tanto pelo seu volume, mas pela riqueza das informações e pela sensibilidade na captação dos traços do Brasil oitocentista, constituindo-se em material imprescindível àqueles que se preocupam com problemas como os nossos. Além do mais, os viajantes representam uma ruptura nas formas dos europeus conceberem a América. "Só a contar do século XIX, porém, é que a América passou a ser encarada como realidade, tal como devia ser, pois até então era apenas campo de aventura ou de exploração econômica"[71]. À concepção paradisíaca da época do descobrimento seguiu-se uma visão infernal da terra.

> O Brasil, colônia portuguesa, nascia assim sob o signo do Demo e das projeções do imaginário do homem ocidental. [...] O primeiro movimento – o de Pedro Álvares – se fez no sentido do céu: a este acoplar-se-ia a colônia, não fossem os esforços bem-sucedidos de Lúcifer, pondo tudo a perder[72].

No século XVIII, predominou a visão da debilidade e imaturidade da América, que representa, no nível da percepção do continente, certa persistência da ideia de infernalização[73]. Contudo, há ao mesmo tempo alguma

---

69. F.-R. Chateaubriand, *Memoires d'Outre Tombe, apud* Antonio Candido de Mello e Souza, *op. cit.*, vol. I, p. 286. "Na segunda metade do século XVIII as novas áreas passaram a ser valorizadas intelectualmente. É que então começou a corporificar-se o pensamento romântico, que iria influir em todos os setores da atividade humana e criar novo espírito" (Francisco Iglésias, "Um Conceito Equívoco: A História Universal", *História e Ideologia*, São Paulo, Perspectiva, 1971, p. 24).

70. O trabalho de Ilka Boaventura Leite enfatiza, predominantemente, a dimensão imperialista das viagens. *op. cit.*, parte I. Para Elizabeth Mendes, a literatura de viagens é "uma das formas de conhecimento da burguesia" (Elizabeth de Camargo Mendes, *Os Viajantes no Brasil: 1808-1822*, Dissertação de mestrado apresentada ao Departamento de História da Universidade de São Paulo, São Paulo, p. 8, 1981).

71. Francisco Iglésias, *op. cit.*, p. 25.

72. Laura de Mello e Souza, *O Diabo e a Terra de Santa Cruz. Feitiçaria e Religiosidade Popular no Brasil Colonial*, São Paulo, Companhia das Letras, 1987, p. 28.

73. Retiramos a ideia de debilidade da América de Antonello Gerbi, *La Disputa del Nuevo Mundo. Historia de una Polémica: 1750-1900*, México, Fondo de Cultura Económica, 1960, p. 3.

ruptura, pois esta nascia de um pensamento mítico-religioso, enquanto aquela gestou-se no interior de outra concepção. De maneira mais explícita, queremos afirmar que, no primeiro caso, o predomínio de manifestações religiosas aloja-se no seio de uma cultura em processo de laicização e, no segundo, predomina a racionalidade configurada[74]. No meio do caminho, podem ocorrer a acentuação de um dos lados, ou a simbiose entre ambos[75]. A própria colônia teve um papel no desenvolvimento da cultura racional, pois o motor da exploração visou promover os "lucros excedentes – lucros monopolistas – que se acumulam entre os empresários metropolitanos"[76]. Tanto o pragmatismo inscrito na natureza da exploração, quanto os traços da mentalidade mágico-religiosa, são componentes fundamentais desse quadro de pensamento. Todavia, durante a época Moderna o racionalismo é crescente e, "desde os séculos XVI e XVII, dominou o Ocidente como parte da racionalização particular da vida civil, e que se tornou familiar nesta parte do mundo"[77].

A tese buffoniana sobre a inferioridade da América resultou da inviabilidade de aplicação direta do conhecimento haurido no estudo das espécies zoológicas europeias[78]. A crença no caráter unitário da razão encontrou no Novo Mundo todos os motivos para ser negada. Em vez de reconsiderá-la, o que seria provavelmente difícil para homens imbuídos da certeza de estarem encarnando os mais altos princípios da humanidade, resvalou-se para a inferiorização. Gestou-se, ao contrário, uma concepção hierárquica da natureza e dos homens, na qual a Europa se encontrava no cume e a América ocupava as posições inferiores[79]. Estabeleceu-se um nexo "segundo o qual a natureza americana é débil porque o homem não a tem dominado, e o homem não a tem dominado porque, por sua vez, é frio no amor e mais semelhante aos animais de sangue frio, mais próximo

---

74. Para a análise da racionalização da cultura ocidental: Max Weber, "A Psicologia Social das Religiões Mundiais", *Ensaios de Sociologia*, 2. ed., Rio de Janeiro, Zahar, 1971.

75. Deriva da primeira concepção o desenvolvimento da mentalidade quantitativa entranhada no universo mental da burguesia mercantil ascendente, como se pode depreender dos textos: Joaquim Barradas de Carvalho, "Sur l'Introduction et Diffusion des Chiffres Arabes au Portugal", *Bulletin des Études Portugaises et de l'Institut Français au Portugal*, Lisboa, 1957, vol. XX; Alexandre Koyré, *Études d'Histoire de la Pensée Philosophique*, Paris, Gallimard, 1961, especialmente o capítulo: "La Vie et l'Espace Infini au XIVᵉ Siècle", pp. 37-102.

76. Fernando A. Novais, *Portugal e Brasil na Crise do Antigo Sistema Colonial (1777-1808)*, São Paulo, Hucitec, 1979, p. 80.

77. Max Weber, *op. cit.*, p. 337.

78. Cf. Antonello Gerbi, *op. cit.*, p. 26.

79. *Idem*, p. 29.

à natureza aquática, e em putrefação"[80]. É como se estivéssemos alijados da vida histórica, animalizados portanto, visto ser a capacidade de transformar a natureza o fundamento da cultura. A ideia da natureza totalmente domada e submissa à vontade dos homens, tão acariciada pelos iluministas, desdobrou-se num procedimento poderoso de domínio sobre a sociedade[81]. A Europa iluminada não poderia escapar à brutalidade da colonização, nem à consciência de que esta nasceu dos seus espasmos. A colonização é um processo de violência sobretudo sobre homens; o escravismo é, em essência, a sua expressão mais forte. Ora, as concepções negativas do século XVIII podem servir àqueles apegados à permanência da condição colonial; de outro lado, manifestam também um tipo de consciência infeliz, pois minoraria a necessidade de absorver a ruptura, já então uma possibilidade real, nos fins do século XVIII. O reconhecimento das colônias como membros do corpo europeu era inevitável; no entanto, a sua identidade haveria de passar, necessariamente, por elas. Atribuir caráter mesquinho à América é útil em qualquer dos casos e esconjuraria, como vantagem, a participação dos europeus no conjunto. Em suma, os diferentes jeitos de apreender os homens de ultramar implicam em assumir postura proeminente e detentora das percepções.

Desde a descoberta da África e da América o homem selvagem é objeto, o homem-civilizado, o único sujeito; ele carrega consigo a civilização, ele a fala, ele a pensa e porque ela é o móvel da sua ação, ela torna-se o referente do seu discurso[82].

Articular as concepções civilizatórias pressupõe considerar o objeto a ser moldado e através deste o europeu "pode-se reconhecer e aprende a se conhecer"[83]. Reversivamente, nós não detemos o controle do nosso autoconhecimento. Na condição de objetos, vivenciamos a situação de uma humanidade aprisionada em mentes nutridas por influxos externos[84]. Nós e

---

80. *Idem*, p. 8.
81. A respeito da vocação iluminista para o domínio dos homens: T. W. Adorno e M. Horkheimer, *Dialéctica del Iluminismo*, Buenos Aires, Editoral Sur, 1970.
82. Michèle Duchet, *Anthropologie et Histoire au Siècle des Lumières. Buffon, Voltaire, Rousseau, Helvétius, Diderot*, Paris, François Maspero, 1971, p. 17.
83. *Idem*, p. 15.
84. As raízes desse fenômeno entranham-se na própria natureza do processo colonizador pela relação metrópole-colônia, na qual o movimento da reprodução não se completa endogenamente. Cf. Fernando A. Novais, *op. cit.*; José Jobson de Arruda, "A Produção Econômica", em Maria Beatriz Nizza da Silva (org.), *O Império Luso-Brasileiro, 1750-1822*, Lisboa, Estampa, 1986; João Manuel Cardoso de Mello, *O Capitalismo Tardio. Contribuição à Revisão Crítica da Formação e Desenvolvimento da Economia Brasileira*, São Paulo, Brasiliense, 1982.

eles somos elementos integrantes do todo, mas as rédeas escapam das nossas mãos. Excluídos da humanidade cristã fomos lançados, depois, nos braços da humanidade abjeta. Como decorrência, a literatura de viagens do século XIX representa um ponto de viragem, por gestar nova visão da América. Ter sido produzida na onda imperialista não é, por certo, desimportante, porém há profundo sentido na ultrapassagem das concepções detratoras; assim recuperamos, enfim, a condição de humanidade. Os novos viajantes realizaram, em outro prisma, a sua autoidentificação ao identificar-nos. Através das suas obras, também nós encontraríamos subsídios importantes para nos conceber. Se a aventura que empreenderam continuava, ainda, povoada por imagens do passado, ao lado delas abriam-se fendas que vertiam raios luminosos. As viagens foram a odisseia moderna do homem europeu[85]. No século XIX, provavelmente, nós estaríamos iniciando a nossa própria odisseia.

As Nuanças de Quixote

Nas imagens dos viajantes sobre as Minas Gerais evidencia-se, muitas vezes, o forte impacto que a paisagem lhes provoca, expressa no encadeamento das palavras e deixando-se transparecer na incontinência das expressões. É como se a paisagem mineira evocasse em suas mentes as lembranças mais caras, necessariamente sofreadas pelo longo afastamento e, de repente, brotassem a despeito das suas vontades. Tomados pela melancolia, que ocupa pessoas afastadas das suas querências, pintam a 'paisagem com sentimentos vigorosos.

O viajante que vai de São Paulo para Vila Rica, facilmente notará, com observação mais rigorosa, que a feição geral da região se vai pouco a pouco mudando, depois de haver transposto o divisor de águas que, para o Sul, dirige as do Rio Grande, ao troar do tumulto de sua queda, se despede aqui, por assim dizer, da montanha nativa para se dirigir às regiões baixas a Oeste, prepara o viajante, ao mesmo tempo, para grandiosos panoramas, que o esperam quando ele prossegue além para o Norte. As montanhas se vão tornando mais altas e escarpadas, os vales mais profundos; rochas maciças nos cumes ou no vale interrompem mais frequentemente as lindas encostas verdes e as campinas; as fontes precipitam-se mais rápidas embaixo; ora o viajante se acha em alto ponto de vista, de onde descortina panorama da maior diversidade de cumes isolados e vales profundos, ora se vê fechado entre paredes

---

85. "A história da descoberta do mundo assemelha-se a um romance: itinerários singulares e empresas desesperadas conferem um certo aspecto de Odisseia a estas viagens, a estes périplos, a estes reconhecimentos, onde muito é fruto de iniciativas individuais, como no tempo dos conquistadores" (Michèle Duchet, *op. cit.*, p. 39).

de montanhas, ameaçadoramente abruptas. *Tudo vai tomando sempre mais verdadeira feição alpina, heroico-romântica*[86].

Há, nitidamente, certo encantamento frente ao panorama que se abre diante dos seus olhos. Os "grandiosos panoramas" flutuam no relevo entrecortado que, por sua vez, oferecem experiências impenetráveis, "profundas", permitindo-lhes conviver com vasta gama de percepções: "[...] ora se acha em alto ponto de vista [...] ora se vê fechado entre paredes de montanhas". O poder da paisagem em suscitar sentimentos liga-se, no entanto, a uma visão particular, àquela que se assemelha à "feição alpina". O feitiço exalado pelo vivo ambiente – "montanhas altas e escarpadas" – transpira às experiências heroicas e inusuais, tão caras aos românticos. Heroísmo que é, provavelmente, de todos os atributos, o mais individualizado. Assim, a particularidade da visão mistura-se à peculiaridade da qualidade heroica e as duas parecem dotadas de carisma intrínseco. Se, para os viajantes oitocentistas, a trajetória que percorreram requer significativa dose de heroísmo, puderam encontrar no terreno alcantilado das Minas Gerais e nos precipícios divisados certa harmonia nos feitos. O andamento do discurso surge eivado pela correspondência entre ambiente e emoção. Aquele com o poder de criar o fascínio sobre eles, esta enquanto resultado da capacidade de deixar-se enlevar por estímulos inusitados. Nesse encontro, individualizam também a natureza. Não é qualquer imagem, mas aquela singular, forte e imaginativa, que transita em direção aos espectadores e foge destes para ela, num movimento circular. No percurso, fusionam-se os homens e a realidade, ficando difícil distinguir limites claros e precisos entre o humano e o natural, ocorrendo, pois, o verdadeiro processo de identificação. A operação identificadora, não obstante, prende-se aos fios da memória, tecidos em oficinas distantes e por mãos adestradas para seguir o ritmo de rocas que emitem ruídos absorvidos apenas por ouvidos previamente educados. Minas Gerais recupera "feição alpina"; ao assemelhar-se, identifica-se e, por meio dessa especial analogia, é transportada para a Europa.

De qualquer forma, a natureza tem sempre grande força sedutora. Toca a sensibilidade desses estrangeiros, imobiliza os seus sentidos, provoca gestos, produz descrições primorosas, cria um ritmo narrativo intenso e repassa ao leitor a sensação da descoberta.

---

86. Johann Baptist von Spix e K. Ph. von Martius, *Viagem pelo Brasil (1817- 1820)*, Belo Horizonte/ São Paulo, Itatiaia/Editora da Universidade de São Paulo, vol I, Livro III, 1981, p. 193. Grifo nosso.

De repente avistei o seu começo e pude vê-la em toda a sua extensão, ou pelo menos o máximo que podia ser visto do ponto onde nos achávamos. O espetáculo arrancou de José Mariano e de mim um grito de admiração. No ponto onde a água cai, há uma depressão no cume do paredão de rochas, formando um sulco largo e profundo que vai descendo em ziguezague até uns dois terços da altura da pedreira, segundo nos pareceu. De um ponto ainda mais elevado, onde termina a fenda, despeja-se majestosamente uma cortina de água, cujo volume é maior em um dos lados. O terreno que se estende abaixo da cascata é bastante irregular e um outeiro coberto de verdejante relva esconde a parte inferior da cortina de água. Do lado direito desce até ela uma mata de um verde sombrio. É essa a nascente do São Francisco [...] À noite, a luz de um luar soberbo que permitiu distinguir todas as coisas, como a cachoeira refletindo o clarão do fogo que devorava um pasto vizinho[87].

E em outra passagem:

A minha reação foi a da mais viva surpresa e admiração. Aquela extensão de campos a perder de vista dava uma imagem bem menos imperfeita do infinito do que o mar olhado de um ponto elevado, e a imagem ainda se tornava mais viva por ter eu acabado de emergir do meio de uma floresta primitiva, onde muitas vezes, *quase podia tocar com a mão* as formas que limitavam o horizonte[88].

Se a paisagem é digna de descrições emocionadas como estas, nem sempre os homens o são. Considerados comumente a partir do prisma das sociedades europeias, as diferenças são obscurecidas por concepções de cunho etnocêntrico:

Nos países civilizados a ausência de ensinamentos religiosos e morais conduz a um rude materialismo, ao passo que naqueles que ainda não se *civilizaram inteiramente*, essa falta geralmente leva à superstição. Assim é que os habitantes da região que descrevo agora acreditam em feiticeiros e lobisomens, e muitos chegam ao cúmulo de considerar heréticos os que se recusam a acreditar nisso[89].

Esses viajantes não são mais os mesmos homens que julgaram encontrar na América o paraíso. Distanciam-se, na mesma medida, dos europeus convencidos do nosso caráter infernal. Os demônios transportaram-se para o novo continente, aprisionando-nos no círculo das vivências mágicas. Lá, em compensação, deixaram as mentes soltas e livres para fruírem das explicações racionais do mundo. O eurocentrismo presente na disposição hierárquica

---

87. Auguste de Saint-Hilaire, *Viagem às Nascentes do Rio São Francisco (1816- 1822)*, Belo Horizonte/ São Paulo, Itatiaia/Editora da Universidade de São Paulo, 1975, p. 103.
88. *Idem*, p. 47. Grifo nosso.
89. *Idem*, p. 76. Grifo nosso.

dos povos, expresso no trecho acima, não corresponde mais à concepção da debilidade americana que inviabilizava qualquer projeto civilizador. Em poucos anos, a natureza tornou-se capaz de criar espantos, de alimentar emoções, de promover identificações. Mesmo o nosso país ascendeu à categoria de semicivilizado e, nesse percurso, conseguimos por fim afastar o estigma de humanidade desprezível. Além do mais, forjamos os nossos próprios demônios, nem Lúcifer ou Mefistófeles, mas os lobisomens, o dominguinhos, o tinhoso, o demo[90]. No universo da demonologia ocupávamos, ao mesmo tempo, lugar no espaço criativo.

A caracterização de Minas Gerais pelos viajantes desponta num quadro eivado por comparações, construído a partir de referências à Europa, como vimos, às outras regiões brasileiras, ou inserido no conjunto do país. Nos dois primeiros aspectos, o procedimento utilizado para a identificação baseia-se no realce das diferenças; já no último sobreleva o critério da integração. Nas primeiras comparações ganham contorno os aspectos regionais, desembocando na construção de um perfil definido dos mineiros. No caso derradeiro, são delineados os traços do caráter nacional, de onde os mineiros são pensados. "O distrito de Paraopeba poderá ser chamado o celeiro de Vila Rica [...] Mas aqui, o mineiro e o cultivador querem em um só ano tirar de seu terreno tudo o que ele pode produzir; é esse um dos traços do caráter nacional"[91]. O gosto pelo ganho fácil e sem muito dispêndio de energia assustava bastante os viajantes. O ócio aparecia-lhes como um componente do caráter nacional, sendo "efetivamente um vício [que] geralmente acarreta outros"[92]. Para homens formados na ética do trabalho, torna-se incompreensível o fato de que "ninguém aqui quer ganhar dinheiro"[93]. E, mesmo para um português, tal ociosidade configurava-se como um mal a ser exorcizado.

O país [Minas Gerais] que percorri, acha-se mui povoado, quando se compara com outros lugares da província. [...] [É preciso] se desterrar a ociosidade que muito impera em todo o Brasil, e principalmente nas Minas Gerais, em consequência da facilidade de se subsistir, graças à hospitalidade e generosidade da gente mineira[94].

---

90. Na região de Caratinga, no extremo norte da Zona da Mata mineira, a palavra "dominguinhos" é usada como sinônimo de demônio.

91. W. L. von Eschwege, *apud* Auguste de Saint-Hilaire, *Viagem pelo Distrito dos Diamantes e Litoral do Brasil (1816-1822)*, Belo Horizonte/São Paulo, Itatiaia/Editora da Universidade de São Paulo, 1974, p. 101.

92. Auguste de Saint-Hilaire, *Viagem às Nascentes do Rio São Francisco*, p. 92.

93. *Idem*, p. 97.

94. Raimundo José da Cunha Matos, *Itinerário do Rio de Janeiro ao Pará e Maranhão pelas Províncias de Minas e Goiás*, Rio de Janeiro, Typographia Imperial e Constitucional de J. Villeneuve e Cia., 1836, p. 71.

Por vezes o ócio era atribuído ao clima:

E por que iriam eles trabalhar, quando suas necessidades, ainda que mínimas, podiam ser satisfeitas? Nessas regiões o isolamento liquida com a emulação, e o calor do clima convida à ociosidade. A inteligência deixa de funcionar, a cabeça não raciocina mais e todos mergulham na mais lamentável apatia[95].

Em outras passagens, a explicação era remetida às relações de trabalho:

[...] os fazendeiros que possuem grandes extensões de terras dão permissão aos pobres para cultivarem o que quiserem, e estes sabem que com pouco trabalho conseguem o bastante para viverem o ano inteiro. Preferem ficar à toa ao invés de usufruir um lazer que lhes custou o suor do rosto[96].

Os trechos ora selecionados oferecem interessantes sugestões da caracterização das imagens externas do Brasil produzidas por esse tipo de literatura. Os simples pares ócio-hospitalidade, ócio-paternalismo e ócio-lazer são primorosos nesse sentido. À hospitalidade, de que é também qualidade, responsabilizam o caráter ocioso; o paternalismo, ao lavrar na mesma direção, deveria ser esconjurado, não por si mesmo, mas em nome de relações condutoras do trabalho "dos pobres"; e o lazer adquire o caráter de um espaço de tempo racionalizado em contraposição ao trabalho. Para a nossa análise, contudo, há dois aspectos merecedores de maior relevo: *1*. a ideia de sobrevivência desconectada da necessidade de grande dispêndio de trabalho; *2*. a noção de ócio como constante nacional.

O primeiro remonta às visões iniciais da terra onde, nas palavras de Caminha, "querendo-a aproveitar dar-se-á nela tudo"[97]. No caso das Minas, a fantasia em torno da terra assumiu a dimensão do sonho concretizado. A colonização portuguesa na América teve que esperar quase dois séculos para realizar o devaneio, longamente acalentado, do ouro. A procura do metal dourado perseguiu os portugueses, que mirificavam Potosi nas terras brasileiras[98]. Aos mitos da conquista juntava-se o do "Dourado do Vupabuçu e

---

95. Auguste de Saint-Hilaire, *Viagem às Nascentes do Rio São Francisco*, p. 118.
96. *Idem*, p. 97.
97. *Carta de Pero Vaz de Caminha*, Edição crítica de Jaime Cortesão, Lisboa, Editora Portugália, s.d., p. 256.
98. Cf. Sérgio Buarque de Holanda, "A Mineração: Antecedentes Luso-Brasileiros", *História Geral da Civilização Brasileira*, tomo I: *A Época Colonial*, São Paulo, Difusão Europeia do Livro, 1960, vol. 2, p. 237. "O ouro é o tesouro, e aquele que o possui tem tudo o que necessita nesse mundo, como tem também, o modo de registrar as almas do Purgatório e chamá-las ao Paraíso" (Fala de Cristóvão Colombo, *apud* Jean Delumeau, *Naissance et Affirmation de la Réforme*, Paris, Presses Universitaires de France, 1965, p. 54).

AS FONTES DO MITO

Paraupava, no Brasil, isto é, aquela mesma lagoa dourada, segundo todos os indícios, que Gabriel Soares saíra a procurar e em cuja demanda se finou"[99]. Semelhantemente, acreditava-se na existência de brilhantes montanhas nas partes central e sul da colônia, em cuja busca Fernão Dias se encaminhou[100].

Não é inverossímil que, mesmo entre os portugueses, a tendência para situar o Dourado às cabeças do São Francisco tivesse alguma coisa a ver com as sugestões edênicas provocadas pela aproximação entre esses dois rios, o Velho e o do Novo Mundo[101]. Já não fora dito do Senegal, desde que Dinis Fernandes chegara a sua foz, que era um braço do Gion e que, através deste, tinha as suas origens no Paraíso Terrestre?[102]

Foi o ouro das Minas Gerais que permitiu aos portugueses transformar uma criação mítica em realidade. Através dele, puderam os lusitanos recuperar um entre os fios que os conduziam ao paraíso e que foram perdidos nos primeiros séculos após o descobrimento. O achado, não obstante, dá-se após longa demora, encontrando já os portugueses conspurcados pelas imagens do inferno. Poderíamos, talvez, dizer que a descoberta do ouro, no final do século XVII, teve o condão de refazer em parte as visões edênicas. Nesses termos, as minas nasceram diferenciadas no conjunto da colônia. Vieram ao mundo envolvidas pela mística de Midas. Mesmo no futuro, quando o espaço regional estava delimitado, elas continuaram a ser pensadas como o coração a emitir fluxos vitais para o corpo.

E essa harmonia colossal não se dispersa nos anéis da musicalização centrífuga de bordão em boca de sino. Ela é centrípeta e seus círculos concêntricos vêm dos horizontes como vagas – que parecem entrar nos seus alicerces, levitar nossas igrejas e suspendê-las gigantescamente no ar de Minas[103].

As minas criaram a harmonia dos diversos timbres, deram centralidade às suas partes, atingindo-as com as suas raízes possantes. As Minas, que se acreditava terem o poder de recriar incessantemente no seu âmago as pedras preciosas[104].

---

99. Sérgio Buarque de Holanda, *Visão do Paraíso*, p. 34.
100. *Idem*, pp. 37-38.
101. O autor se refere ao Nilo-Gion, ao qual se atribuía "origens paradisíacas".
102. *Idem*, p. 64.
103. Pedro Nava, *Baú de Ossos*, 7. ed., Rio de Janeiro, Nova Fronteira, 1983, p. 129.
104. "Para descrever a riqueza dessas zonas, ainda hoje se repete com saudade que, quando se arrancava uma touceira de capim, e se sacudiam as raízes, caía ouro em pó de mistura com areia. *Os mineradores, deslumbrados, acreditavam que essas miríficas jazidas eram inesgotáveis*" (Auguste de Saint-Hilaire, *Viagem pelas Províncias do Rio de Janeiro e Minas Gerais*, p. 89, grifo nosso).

Também as Minas que eram o inferno, para outros[105]. Mas as Minas povoaram com ouro o espaço do Brasil colônia e criaram um universo de "cousas que valham"[106].

O segundo pincelou a autoimagem dos brasileiros, aparecendo nos mais diversos tipos de produção, de onde Macunaíma destaca-se na totalidade. Nascido sob a égide da preguiça, o herói "vivia deitado mas si punha os olhos em dinheiro, Macunaíma dandava pra ganhar vintém"[107]. A sedução pelo metal sonante enredava a personagem, criando uma analogia entre a pachorra e o ganho fácil. A mania nacional da preguiça provocava o aparecimento de muitos defeitos: "luxúria, cobiça: melancolia. Nos povos como nos indivíduos é a sequência de um quadro de psicopatia: abatimento físico e moral, fadiga, insensibilidade, abolia, tristeza"[108]. O próprio Macunaíma expressava, ardentemente, a combinação da luxúria com o mandrionismo.

O herói vivia sossegado. Passava os dias marupiara na rede matando formigas taiocas, chupitando golinhos estalados de pajuari e quando agarrava cantando acompanhado pelos sons gotejantes do cotcho, os matos reboavam com doçura adormecendo as cobras os carrapatos os mosquitos as formigas e os deuses ruins.

De noite Ci chegava rescendendo resina de pau, sangrando das brigas e trepava na rede que ela mesmo tecera com fios de cabelo. Os dois brincavam e depois ficavam rindo um pro outro.

Ficavam rindo longo tempo, bem juntos. Ci aromava tanto que Macunaíma tinha tonteiras de moleza.

– Puxa! Como você cheira, benzinho!

que ele murmuriava gozado. E escancarava as narinas mais. Vinha uma tonteira tão macota que o sono principiava pingando das pálpebras dele. Porém a Mãe do Mato inda não estava satisfeita não e com um jeito de rede que enlaçava os dois convidava o companheiro pra mais brinquedo. Morto de soneira, infernizado, Macunaíma, brincava para não desmentir a fama só, porém quando Ci queria rir com ele de satisfação:

---

105. "A escuridão, o pálido clarão das luzes, a falta de ar; o cheiro peculiar do enxofre e os cantos selvagens, com as paredes pendentes como o rochedo de Sísifo e a espada de Dámocles, tudo sugeria uma espécie de inferno material de Swendenborgian e o negrinho Chico balbuciou, quando perguntada a sua opinião: – Parece o Inferno" (Richard Burton, *Viagem do Rio de Janeiro a Morro Velho (1868)*, Belo Horizonte/São Paulo, Itatiaia/Editora da Universidade de São Paulo, 1976, p. 285).

106. *"Porque não possuem dinheiro de prata nem ouro, e não haviam nem ouro nem prata, ou por não haver dinheiro na terra, ou pelo pouco dinheiro que nela há, mandam os testadores que as esmolas e os legados sejam pagos em cousas que valham* [...]" (Alcântara Machado, *Vida e Morte do Bandeirante*, Belo Horizonte/São Paulo, Itatiaia/Editora da Universidade de São Paulo, 1980, p. 143, grifo do autor).

107. Mário de Andrade, *Macunaíma. O Herói sem Nenhum Caráter*, 21. ed., Belo Horizonte, Itatiaia, 1985, p. 9.

108. Paulo Prado, *Retrato do Brasil. Ensaio sobre a Tristeza Brasileira*, 2. ed., São Paulo, Ibrasa/MEC, 1981, p. 93.

– Ai! que preguiça!...
que o herói suspirava enfarado... Mas Ci queria brincar inda mais...
– Vamos brincar.
– Ai! que preguiça!...
E brincavam mais uma vez[109].

A indolência relacionada à sexualidade incontida aparecia, outrossim, conectada à sede do ouro nos versos da poetisa:

Que a sede de ouro é sem cura,
E, por ela subjugados,
Os homens matam- se e morrem
ficam mortos, mas não fartos[110].

Ou na prosa do ensaísta: "Olhos fixos na loteria da Mina surgindo de repente, a população vivia entre a mais abjeta indolência e frenesi de mineração desordenada"[111]. As Minas criavam anarquia, e a vil preguiça tinha, nelas, campo fértil para a expansão. Ao mesmo tempo, o "sensualismo e a paixão do ouro" dominavam absolutamente o caráter dos brasileiros criando, pois, uma concepção totalmente oposta à de Buffon, sobre a frieza amorosa dos americanos[112]. A síntese de todos esses sentimentos tidos como mesquinhos é a decantada tristeza do brasileiro conectada ao gosto incoercível por pedras e metais preciosos[113].

Ora, nos viajantes o fenômeno da indolência está, frequentemente, associado à esperança da redescoberta do ouro. John Mawe, referindo-se a Vila Rica, percebeu que a cidade conservava, na época da sua viagem,

[...] apenas uma sombra do antigo esplendor. Seus habitantes, com exceção dos lojistas, estão sem trabalho, desprezam a bela região que os cerca, que, devidamente

---

109. Mário de Andrade, *op. cit.*, p. 20.
110. Durante a sua viagem a Minas Gerais, Burton observou: "O clima não favorece a castidade; a raça, especialmente quando o sangue é misturado, é um material inflamável, e o que os escravos falam e fazem não concorre para que os jovens conservem a inocência. Não é preciso dizer que o celibato clerical é mera questão disciplinar [...]" (Richard Burton, *op. cit.*, p. 333). Os versos pertencem a Cecília Meireles, *O Romanceiro da Inconfidência*, Rio de Janeiro, Nova Fronteira, 1983, p. 23.
111. Paulo Prado, *op. cit.*, p. 73.
112. Cf. Paulo Prado, *op. cit.*, p. 90. Burton, provavelmente em defesa das empresas inglesas de mineração no Brasil, discorda da opinião de certos viajantes para os quais, "só o ouro incita as paixões"; lembravam o *auri sacra fames*, o *auro irrepertum, et sicum melius situm*, o *auri sanies* e "a maldição da raça humana..." (Richard Burton, *op. cit.*, p. 177).
113. "[...] O Brasil foi, entretanto, na lenda e na realidade, o país do ouro e das pedras preciosas." (Paulo Prado, *op. cit.*, p. 61). Para Eduardo Frieiro, o retrato pintado por Paulo Prado ressoa ao moralismo (Eduardo Frieiro, *O Brasileiro Não É Triste*, Belo Horizonte, Os Amigos do Livro, 1931, pp. 38-40).

cultivada, os recompensaria amplamente da parte das riquezas que seus antepassados arrancavam do seu âmago. [...] Sempre entregues à perspectiva de enriquecer subitamente, imaginam estar isentos da lei universal da natureza, que obriga o homem a ganhar o pão com o suor do seu rosto. [...] Os herdeiros dos homens que, saídos do nada, atingiram a opulência, seguem raramente seu exemplo, mesmo quando treinados para isso. Os negros constituem sua principal propriedade e eles os dirigem tão mal que os lucros do trabalho deles raramente compensam as despesas de sua manutenção; com o decorrer do tempo tornam-se velhos e incapazes de trabalhar, ainda assim o senhor continua a viver na mesma negligência e na ociosidade ou então cai num estado de inatividade absoluta, não sabendo o que fazer de manhã à noite[114].

No Tijuco constatou as mesmas características:

Existe nesta cidade uma classe numerosa de indivíduos, de sete a vinte anos de idade, que não dispõem de um meio visível de ganhar a subsistência e que não seriam mais laboriosos se aí se fundassem manufaturas. [...] O que afasta os habitantes desta cidade do hábito de uma indústria regular, é a esperança contínua que alimentam de se tornarem repentinamente ricos pela descoberta de minas. Estas ideias enganadoras [...] dão-lhes invencível aversão ao trabalho, embora vivam todos miseravelmente, e, muitas vezes, dos obséquios de outrem[115].

Dessa forma, as minas encontram-se no centro da ociosidade, engolfadas pela maré indômita do hábito do não trabalho. Os devaneios dourados foram os grandes responsáveis pela persistência de tal vício, ainda mais graves, dado o feitio democrático das invenções oníricas. Por isso, segundo essas opiniões, o acalanto do ouro provocava a paralisia do todo social, transformando as minas no pólo irradiador da preguiça nacional.

Provavelmente, foram os imigrantes estrangeiros os principais modificadores dessas concepções. Não parece casual que *Retrato do Brasil* e *Vida e Morte do Bandeirante* tenham sido escritos exatamente nos fins da década de 1920, momento no qual os primeiros imigrantes iniciavam o processo de ascensão social[116]. A partir de então difunde-se o valor da dedicação

---

114. John Mawe, *Viagens pelo Interior do Brasil (1808-1809)*, Belo Horizonte/São Paulo, Itatiaia/Editora da Universidade de São Paulo, 1978, p. 129. Outros viajantes preocuparam-se em descrever a preguiça dos mineiros: "Uma árvore tomba no caminho, faz-se um atalho na mata e recupera-se o caminho do outro lado" (Adolphe D'Assier, *Le Brésil Contemporain – Races – Moeurs – Institutions – Paysage*, Paris, Duranol et Lauriel Librairies, 1867, p. 206). "Eles são excessivamente indolentes, [...] e não parecem estimulados pela ideia de ganho" (Alexander Caldleugh, *Travels in South America During the Years 1819-20-21*, London, John Murray, 1825, vol. II, p. 200).

115. John Mawe, *op. cit.*, p. 173.

116. Para José de Souza Martins, "pode-se tomar como caso ilustrativo o trabalho de Alcântara Machado sobre o 'bandeirante', publicado em 1929, tendo-se como referência um trabalho anterior,

ao trabalho enquanto mola propulsora das transformações e criadora da modernidade brasileira. A ideologia do trabalho trazida pelos imigrantes e cultivada, especialmente, por aqueles que haviam ascendido afirmava-se em contraposição ao ócio[117]. Esses estrangeiros, transportados por outras vagas oníricas, ofereceram concretude ao ideal dos viajantes oitocentistas e, no Brasil, começávamos a embalar novos mitos.

A caracterização da estrutura física dos mineiros, levada a efeito pelos viajantes, é digna de nota.

O mineiro – no sentido do homem cujos antepassados, ou, pelo menos os pais, nasceram na região – *é facilmente reconhecido, mesmo entre os brasileiros*, e suas peculiaridades não podem ser explicadas *"pela basófia e pelo culto do dólar"*. É um tipo alto, magro, ossudo, que, quando exagerado, *representa nosso popular D. Quixote* esguio e macilento. Não há necessidade do "batismo intelectual", da inervação, vulgarmente chamada "sangue". O arcabouço é musculoso e bem adequado à atividade; *é reto como o do basco*, e não semelhante ao do sargento instrutor e *mesmo os trabalhadores não costumam curvá-lo*, como nossos camponeses de ombros abaulados. O pescoço é comprido e a laringe proeminente; ao tórax frequentemente falta espessura. Os quadris e a pelve são, em geral, estreitos; as juntas, punhos e calcanhares, finos como acontece muitas vezes entre as raças latinas, não são proporcionais aos braços na força. A obesidade é rara, como é entre os verdadeiros persas. [...] Muitas das mulheres têm formas cheias e arredondadas, que chegam aos extremos mais tarde, tornando-as gordas, por vezes excessivamente. Não poucas possuem aquela beleza frágil, graciosa e delicada, que todos os estrangeiros notam nas cidades da união. [...] A robusta frau alemã que desembarca no Rio de Janeiro parece três mulheres americanas ajuntadas em uma só[118].

Nessa descrição dos traços fisionômicos dos mineiros foi bastante ressaltada a sua aparência específica, tornando-os "facilmente reconhecidos" mesmo entre os da sua nacionalidade. Da distinção física passa-se, no entanto, a certos aspectos definidores de um tipo cultural. A alusão ao fato da "basófia e o culto ao dólar" não serem suficientes para particularizá-los remete à ideia de que, para os mineiros, o apego às aparências não é sedutor. Outros viajantes já haviam chamado a atenção para a

---

publicado no dobrar do século, de Silva Leme, *Genealogia Paulistana"* (José de Souza Martins, *Empresário e Empresa na Biografia do Conde Matarazzo*, Rio de Janeiro, Edição do Instituto de Ciências Sociais da Universidade Federal do Rio de Janeiro, 1967, p. 96).

117. "Cheguei ao Brasil há já quase quarenta e cinco anos, disse. Vinha com mulher e dois filhos. Da minha terra, no sul da Itália, trazia um pouco de dinheiro, mas pouco. Aqui desembarcado, com a bolsa cheia de vontade de trabalhar" [...] (Depoimento de Francisco Matarazzo, extraído de José de Souza Martins, *op. cit.*, p. 58).

118. Richard Burton, *op. cit.*, pp. 323 e 324, grifos nossos.

68 MITOLOGIA DA MINEIRIDADE

simplicidade dos mineiros e a sobriedade dos seus gestos[119]. O exterior ereto, que "mesmo os trabalhadores não costumam curvá-lo", além da relação com os bascos – povo tido como sobranceiro –, leva à imagem da altivez. Noutra passagem, o próprio Burton salientava o "caráter pacato, embora altivo, do mineiro"[120]. Na linha dessas considerações, Spix e Martius repararam

> [...] que os mineiros, embora isto surpreenda, *diferem inteiramente pelo caráter e pelo físico dos habitantes de outras capitanias, sobretudo dos paulistas*. O mineiro tem, em geral, estatura esbelta e magra, peito estreito, pescoço comprido, o rosto um tanto alongado, olhos pretos vivos, cabelo preto na cabeça e no peito; tem, por natureza, um certo garbo nobre e o seu modo de tratar é muito delicado, obsequioso e sensato; no gênero de vida é sóbrio e parece sobretudo gostar de uma vida cavalheiresca. Em todos esses traços, tem ele muito mais semelhança com o vívido pernambucano do que com o paulista pesadão. Tal como o primeiro, parece também ter certa predileção pelos produtos e vestuários da Europa. Como os ingleses, o mineiro faz muita questão do asseio no trajar e do terno branco, sobretudo nos dias de festa. O seu traje nacional de uso comum difere do dos paulistas[121].

Aos traços psicológicos descritos nos trechos anteriores acrescentam-se novos. Além da altivez, os autores enfatizam o garbo, a nobreza, a delicadeza, a obsequiosidade e a sensatez, que se fecham num perfil harmônico quando são comparados aos ingleses, conhecidos pelo cultivo da formalidade no trato. O círculo completa-se no entanto, quando, ao conjunto de qualidades, soma-se o gosto pela "vida cavalheiresca". Não por acaso, os mineiros são tidos como "*the tippical Don Quixote*"[122]. As mineiras são, em contrapartida, apresentadas como lindas Dulcineias, recatadas e vivendo num estado de semiexclusão, ardorosamente defendidas e desejadas pelos homens[123]. A

---

119. "Resulta do ajuntamento desses homens instruídos uma urbanidade sem afetação e um tom de boa companhia, que notam todos os viajantes que chegam ao arraial" [Tijuco] (Ferdinand Denis, *Brasil (1816- 1831)*, Belo Horizonte/São Paulo, Editora Nacional/Itatiaia/Editora da Universidade de São Paulo, 1980, p. 362). Também Saint-Hilaire notou: "[...] Vendo-se a sua propriedade não era difícil acreditar que pertencia a um homem que, segundo me garantiam, comprava todos os anos de cinco a oito mil bois para enviá-los à Capital. Sua casa, entretanto, que ele mesmo mandara construir, era pequena, baixa e de um só pavimento, [...] o luxo não tinha feito grandes progressos [...]" (Auguste de Saint-Hilaire, *Viagem às Nascentes do Rio São Francisco*, p. 56).

120. Richard Burton, *op. cit.*, p. 332, grifos nossos.

121. Spix e Martius, *Viagem pelo Brasil*, p. 195, grifos nossos.

122. James W. Wells, *Exploring and Travelling Three Thousands Miles Through Brazil from Rio de Janeiro to Maranhão (1885)*, London, Sampson Low, Marston, Searle & Rivington, 1886, vol. I, p. 238.

123. "As mulheres desta província, chamadas mineiras, são lindas. Esta opinião foi confirmada quando

dimensão quixotesca dos mineiros poderia ser conectada à própria natureza do empreendimento minerador, cujo caráter incerto recria constantemente a insegurança frente às necessidades da vida objetiva. O garimpo oferece, por vezes, e claramente após a ruína das jazidas, a impressão de uma luta travada contra moinhos de vento. Ao mesmo tempo, quando o fausto do ouro tornou-se passado, a decadência que se segue pode gerar certa rejeição em face do mundo, criando um lastro comum aos períodos decadentes[124].

> Por detrás daqueles morros,
> por essas lavras imensas,
> ouro e Diamantes houvera...
> – e agora só decadência,
> e florestas de suspiros,
> e campinas de tristeza...[125]

As palavras de Pedro Nava deixam esse aspecto no ar:

Minha Minas. Muito mais espanhola que portuguesa, muito mais cervantina que camoniana, goiesca que Nuno-Gonçalvina. Pelo tipo de teus filhos. Por tua porcentagem de ferro nas almas. Pelo auto de fé de teus crepúsculos vermelhos como Sevilha – como a Semana Santa Acesa de Sevilha. *Pelo teu gosto pela morte*[126].

---

entramos na casa, onde as moças apareceram com mais realce, eram sadias, de estatura mediana, o todo e os gestos extremamente graciosos" (John Mawe, *op. cit.*, p. 118). "As mulheres são as mais belas que já vi no Brasil" (George Gardner, *Viagem ao Interior do Brasil (1836- 1841)*, Belo Horizonte/São Paulo, Itatiaia/Editora da Universidade de São Paulo, 1975, p. 210). "A mineira vive no sistema de semi-reclusão, que atravessou o Atlântico, vinda da Ibéria. [...] Apenas nas famílias mais instruídas, a dona da casa e as filhas assentam à mesa com um estranho. [...] Os homens protegem as suas mulheres de duas maneiras: ou como os orientais, afastando-as da tentação; ou como fizemos, expondo-as livremente, mas com a luz da publicidade voltada inteiramente sobre elas..." (Richard Burton, *op. cit.*, p. 334).

124. Huizinga em sua obra clássica, *O Outono da Idade Média*, aponta três caminhos de negação do mundo, criados numa época que cultiva a "nostalgia de uma vida mais bela". "O primeiro conduz pelo regular fora do mundo: é o caminho da negação deste. [...] Este segundo caminho é o que conduz à melhoria e aperfeiçoamento do mundo. [...] O terceiro caminho que se dirige para um mundo mais belo, conduz através do país dos sonhos" (Johan Huizinga, *El Otoño de la Edad Media. Estudios Sobre las Formas de Vida y del Espíritu Durante los Siglos xiv y xv en Francia y en los Paises Bajos*, 6. ed., Madrid, Selecta de Revista de Occidente, 1965, pp. 58 e 60). Para uma relação entre D. Quixote e uma época de crise, ver: Pierre Villar, "El Tiempo del *Quijote*", *Crecimiento y Desarrollo. Economia e História. Reflexiones Sobre el Caso Español*, Barcelona, Ariel, 1964, pp. 131-449.

125. Versos de Cecília Meireles, *op. cit.*, p. 220.

126. Pedro Nava, *Chão de Ferro*, 2. ed., Rio de Janeiro, José Olympio Editora, 1976, p. 309, grifos nossos. "Cercados de frequentes perigos, a ideia de morrer era constante" (Augusto de Lima Júnior, *A Capitania das Minas Gerais*, Belo Horizonte/São Paulo, Itatiaia/Editora da Universidade de São Paulo, 1978, p. 92).

Novamente, aqui seria factível estabelecer-se mais uma analogia: Dom Quixote encarna a morte do mundo cavalheiresco, que vive ainda só nos seus delírios; nas Minas Gerais a mineração não teria, jamais, a mesma força ressuscitadora dos sonhos. Os mineiros como Quixote transitam no mesmo universo onírico.

O Grande Mentecapto, de Fernando Sabino, e *Lucas Procópio*, de Autran Dourado, constituem-se em exemplos notáveis, no plano da expressão literária, de obras inspiradas na figura quixotesca. O desvairio de *O Grande Mentecapto* tornou-se irreversível após a experiência da paixão:

> O amor agora lhe inspirava novas Andanças e Viramundo fiel ao seu destino de virar mundo, largou-se de Ouro Preto certa manhã, depois de se despedir do Cego Elias, e meteu o pé na estrada, empós de sua amada[127].

Nas suas desatadas andanças por Minas, não conseguiu, todavia, despir os mistérios que a recobrem, mas desvenda, para o escritor, o sentido da sua própria existência e repõe no seu íntimo a capacidade de revoltar-se diante da iniquidade do mundo:

> Ai, Viramundo de minha vida, que vira Minas pelo avesso sem revelar aos meus olhos o seu mais impenetrável mistério. Ai, Minas de minha alma, alma de meu orgulho, orgulho de minha loucura, acendei uma luz no meu espírito, iluminai os desvãos do meu entendimento e mostrai-me onde se esconde esse vagabundo maravilhoso, esse meu irmão oligofrénico que no fundo vem a ser o melhor da minha razão de existir. Foi ele, esse iluminado de olhos cintilantes e cabelos desgrenhados que um dia saltou de dentro de mim e gritou basta! Num momento em que meu ser civilizado, bem penteado, bem vestido e ponderado dizia sim a uma injustiça. Foi ele quem amou a mulher e a colocou num pedestal e lhe ofertou uma flor. Foi ele quem sofreu quando jovem a emoção de um desencanto, e chorou quando menino a perda de um brinquedo, debatendo-se na camisa de força com que tolhiam o seu protesto. Este ser engasgado, contido, subjugado pela ordem iníqua dos racionais é o verdadeiro fulcro de minha verdadeira natureza, o cerne de minha condição de homem, herói e pobre-diabo, pária, negro, judeu, índio, santo, poeta, mendigo e débil mental, Viramundo! que um dia há de rebelar-se dentro de mim, enfim liberto, poderoso na tua fragilidade, terrível na pureza da tua loucura[128].

Tal como Quixote, Viramundo é homem submetido ao signo da razão e contra ela revolta-se à sua moda.

---

127. Fernando Sabino, *O Grande Mentecapto. Relato das Aventuras e Desventuras de Viramundo e de suas Inenarráveis Peregrinações*, Rio de Janeiro, Record, 1979, p. 81.

128. Fernando Sabino, *op. cit.*, pp. 187-188.

AS FONTES DO MITO

A desrazão de Lucas Procópio ressurge após a decadência do ouro, que dirige a trajetória de sua família, "quando a província de Minas Gerais conheceu a sua longa noite de agonia, a densa hibernação de que tentava acordar"[129]. A peregrinação de Lucas Procópio pela província visando a ressuscitar nos mineiros o espírito dos dias gloriosos aproxima-se bem mais dos delírios de Dom Quixote: "E tudo começou a mudar dentro da gente. As nossas esperanças reviviam com as palavras do profeta da renascença das Minas Gerais. Se chegou ao desvairio de ir todas as tardes à igreja para ver Lucas Procópio falar"[130]. Mas, no conjunto, as pregações de Procópio repercutiam no vazio e apenas no leal companheiro encontrava eco para a sua missão:

> Você não gostaria de ser o meu fiel escudeiro, perguntou Lucas Procópio. Sancho Pança, não, mas escudeiro de certa maneira eu sou. O único lugar deste país das Minas onde o patrão conseguiu vencer foi Itapecirica. Eu sei que consegui, apesar daquela gente interesseira ter feito o que fez da minha vitória. É sempre assim, Sinhô, disse Jerônimo de Cara desanimada[131].

Em *O Grande Mentecapto* e em *Lucas Procópio* a desilusão é a alavanca da loucura, produto da rejeição imanente do mundo, mas sintoma de vida, finalmente, apesar dos seus projetos os terem conduzido à morte.

Simultaneamente, a referência às características cavalheirescas e a atração pela imagem da morte envolvem as minas numa atmosfera romântica. O "gosto pela morte", enquanto extensão da desesperança do presente e incerteza frente ao futuro, manifesta também, numa sociedade religiosa onde imperam os autos de fé, "amor apaixonado pela vida"[132]. Há um quê de sensualismo no "fascínio pelo corpo morto, tão chocante no século XVI e depois na idade barroca"[133]. Obrigados a conviver quotidianamente, com o fim paulatino dos seus sonhos, teriam os mineiros, por isso, desenvolvido afeição pela morte? Ou as visões sobre os mineiros foram concebidas a partir do núcleo minerador e da permanência do barroco? Na opinião de Gilberto Freyre,

> [...] pode-se hoje considerar Minas Gerais como sendo, de algum modo, a Castela do Brasil, e Ouro Preto sua Toledo. Como o castelhano da Espanha, o mineiro caracteriza-se pela sua austeridade e pela tendência à introspecção, ainda que não tenha o intenso misticismo e o individualismo do verdadeiro castelhano. Embora

---

129. Autran Dourado, *Lucas Procópio*, Rio de Janeiro, Record, 1985, p. 14.
130. *Idem*, p. 22.
131. *Idem*, p. 45.
132. Philippe Airès, *História da Morte no Ocidente. Da Idade Média aos Nossos Dias*, Rio de Janeiro, Livraria Francisco Alves Editora, 1977, p. 89.
133. *Idem*, p. 87.

aparentemente simples, o mineiro é complexo, sutil, e isto bem transparece no senso de humor que o leva a rir-se de si mesmo quando necessário; e não apenas dos outros[134].

Aqui o rosto dos mineiros aparece claramente esculpido na resistente matéria mineral. Na Juiz de Fora de Nava havia

> [...]toda uma estrutura social bem pensante e cafardenta que, se pudesse amordaçar a vida e suprimir o sexo, não ficaria satisfeita e trataria ainda, como na frase de Rui Barbosa, de forrar de lã o espaço e caiar a natureza de ocre. [...] Honrados, taciturnos, caridosos, castos e temperantes, esses ricos homens traziam geralmente na fisionomia um ar de contenção e de contraída tristeza que só não se via na face radiante daqueles que carregavam secretamente o remorso adquirido nas viagens frequentes ao Rio de Janeiro – onde muito se podia[135].

Daí a austeridade ser, neste caso, fruto de determinada classe social de perfil provinciano, e não produto de um traço geral, atribuído aos mineiros, ou de uma região determinada de Minas. Nas concepções generalizantes dos mineiros e definidoras do seu caráter, empreendidas pelos viajantes, o foco incide sobre os mineiros dos estratos sociais altos:

> [...] Depois daquele tempo (lutas pela independência) o mineiro tem estado tranquilo. O passado, porém, deve servir de advertência aos estadistas, no sentido de que uma raça tão altiva não deve ter motivos de queixa, se se espera que ela fique tranquila e satisfeita[136].

A altivez, como se sabe, é atributo exclusivo dos "bem-nascidos"; aos escravos e aos homens livres pobres, esta é prerrogativa totalmente vedada[137] Há nesta passagem, por outro lado, menção ao caráter político inquieto dos mineiros, pouco suscetíveis aos princípios da autoridade, cuja satisfação é o preço da quietude. Dentre as percepções dos mineiros, aliás, a sensibilidade pela política ganha notável realce. O movimento da Inconfidência e, principalmente, os significados que lhe foram atribuídos ulteriormente, encontram-se

---

134. Gilberto Freyre, *Interpretação do Brasil (Aspectos da Formação Social Brasileira como Processo de Amalgamento de Raças e Culturas)*, Rio de Janeiro, José Olympio Editora, 1947, pp. 167-168.

135. Pedro Nava, *Baú de Ossos*, pp. 20-21.

136. Richard Burton, *op. cit.*, p. 322, grifos nossos.

137. "Da soberbia utilizada e sublimada tem nascido a honra, norte da vida nobre [...] é o orgulho o grande móvel da aristocracia" (Johan Huizinga, *op. cit.*, p. 104). "Somando-se aos aventureiros e aos desclassificados que Portugal despejava nas Minas, toda uma camada de gente decaída e triturada pela engrenagem econômica da colônia ficava aparentemente sem razão de ser, vagando pelos arraiais, pedindo esmola e comida, brigando pelas estradas e pelas serranias, amanhecendo morta embaixo das pontes ou no fundo dos córregos mineiros" (Laura de Mello e Souza, *Desclassificados do Ouro. A Pobreza Mineira no Século XVIII*, Rio de Janeiro, Graal, 1982, p. 71).

na gênese da formação desse conceito. A associação entre a conjura mineira e o caráter politizado e rebelde dos mineiros inseminou uma percepção prenhe de ambiguidade, pois, ora acentua-se o lado libertário, romântico e incontido, ora realça-se a faceta prática, conciliatória e realista. Ao romantismo e intrepidez dos homens das minas combinou-se o extremo pragmatismo, deixando entrever que, na apropriação do projeto separatista dos inconfidentes, minimizou-se a dimensão quixotesca que, por vezes, aparece avivada:

Triste ano por estas Minas,
onde existem vários loucos
que do Príncipe esperavam
governo mais a seu gosto:
mações de França e Inglaterra,
libertinos sem decoro,
homens de ideias modernas,
coronéis, vigários, doutos,
finos ministros e poetas
que fazem versos e roubos.
Já plangem todos os sinos!
Já repercutem os morros.
(Deus sabe por que se chora,
por que há vestidos de nojo!
O padre que lê Voltério
é que vem pregar ao povo!
Estas Minas enganosas
andam cheias de maus sonhos.
Já ninguém quer ser vassalo.
Todos se sentem seus donos!)
Correm avisos nos ares.
Há mistérios, em cada encontro.
O Visconte, em seu palácio.
a fazer ouvidos moucos.
Quem sabe o que andam planeando,
pelas Minas, os mazombos?
A palavra Liberdade
vive na boca de todos:
quem não a proclama aos gritos,
murmura-a em tímido sopro[138].

---

138. Cecília Meireles, "Romance XXIII: Das Exéquias do Príncipe", *op. cit.*, pp. 76-77.

2

A Construção Mítica

A Apropriação das Origens

A ênfase no caráter politizado da vida social de Minas, onde "a liberdade vivia na boca de todos" e transpirava pelos poros dos seus habitantes, encontra-se presente já nas visões do século XIX. Os viajantes coloriram o vezo político dos mineiros e deram ênfase à sua revolta diante do jugo português:

> Acontece que, de todas as províncias desse imenso território, a mais fiscalizada, a mais oprimida, a mais explorada era, sem contradição, a de Minas Gerais. O rei, soberano de direito, percebia um quinto sobre os valores extraídos das Minas. Todo o terreno descoberto, contendo ouro ou diamantes, não era propriedade particular e passava para o estado[1].

A ideia de que a opressão fora muito mais cruel nas Minas, provocando a rebeldia mineira, percorre os textos de viajantes:

> Havia em 1789, nas Minas Gerais, um homem chamado Joaquim da Silva Xavier, conhecido por Tiradentes [...] bravo, inteligente, patriota. [...] Ao seu lado vivia na mesma província, um doutor de Coimbra, José Alves Maciel [...] espírito eminente, versado em estudos científicos [...] os dois conferenciavam. Compreendiam-se. Um era a atividade, a energia, a propaganda insana, a dedicação absoluta. O outro a ideia fria, a razão suprema, a prudência, o tato, o raciocínio. Havia em ambos um grande soldado e um grande chefe[2].

---

1. Charles Ribeyrolles, *Brasil Pitoresco*, São Paulo, Livraria Editora Martins, 1941, p. 50.
2. *Idem*, p. 51.

Neste trecho despontam dois componentes importantes para a caracterização de certos traços das visões futuras da mineiridade. De um lado, emerge a figura de Tiradentes, concebido como o mártir da liberdade brasileira, o homem que encarnou os princípios da pátria, fazendo nascer, com suas ações, a brasilidade política. De outro, esboça-se o conceito de que os artífices dos movimentos políticos importantes foram homens de "razão suprema". De fato, na conjuração mineira estiveram envolvidas personalidades cultas das Minas, com "febre de instrução" como o cônego Vieira da Silva[3]. "Homem instruído e noticioso", como a ele se referiu uma testemunha da inquisição-devassa, o cônego da Sé marianense era bem o tipo do leitor *à la page*, leitor surpreendente, pois "mesmo no interior da povoada capitania das Minas [...] e apesar do estado de pobreza em que vivia, soube encontrar alimento abundante e variado para o seu apetite livresco, a sua fome de saber"[4]. A utilização da imagem de Tiradentes e dos letrados da capitania dá-se, entretanto, de maneira a glorificá-los. Ao primeiro são atribuídas qualidades singulares de "heroico mártir em não se ter acovardado, diante de leis iníquas, nem de juízes prevaricadores"[5]; dos segundos, irradia uma aura romanesca, por serem poetas de "sonhos revolucionários"[6]. Dentre todos, Tiradentes obteve unanimidade que beira ao absoluto, pois seus eventuais detratores foram duramente combatidos e acoimados de estarem rodeados por "regionalismos idiotas", deixando de "encarar, acima de tudo, o Brasil"[7]. Joaquim José da Silva Xavier transformou-se no

> [...] modelo para nossos cidadãos; é o modelo para os nacionalistas, é o modelo para os patriotas. Tiradentes, pela sua atuação durante a Devassa, pelo seu anseio de libertação que arruinou toda a sua vida, pelo seu martírio, pelo sangue derramado pela Pátria, pelo estoicismo que o colocou num plano diferente de todos os demais inconfidentes, merece realmente tenha sua memória cercada pela auréola de glória e engrandecida permanentemente por todos os brasileiros[8].

---

3. Expressão extraída de Eduardo Frieiro, *O Diabo na Livraria do Cônego*, 2. ed., Belo Horizonte/ São Paulo, Itatiaia/Editora da Universidade de São Paulo, 1981, p. 37.

4. *Idem*, pp. 55-56.

5. Diogo de Vasconcelos, *História Média de Minas Gerais*, 4. ed., Belo Horizonte, Itatiaia, 1974, p. 336.

6. Expressão de Sílvio Romero ao referir-se a Tomás Antonio Gonzaga: "O poeta teve o sonho revolucionário", citada em Almir de Oliveira, *Gonzaga e a Inconfidência Mineira*, Belo Horizonte/ São Paulo, Itatiaia/Editora da Universidade de São Paulo, 1985, p. 144.

7. Waldemar de Almeida Barbosa escreveu um livro para responder a críticos de Tiradentes, acusados de tentarem "reclamar para Pernambuco a honra de ter sido o berço onde surgiu por primeiro a ideia de 'República'" (Waldemar de Almeida Barbosa, *A Verdade sobre Tiradentes*, Belo Horizonte, Edição do Instituto de História, Letras e Arte, s.d., p. 158).

8. *Idem*, pp. 170-171. Diogo de Vasconcelos, grande admirador de Tiradentes, não tem a mesma visão

Daí para a mais alta posição no panteão dos heróis nacionais resta um passo, apenas:

A 21 de abril de 1500 começaram a refletir-se nas águas as sombras do Monte Pascoal, e as primeiras gaivotas convidaram Pedro Álvares a tomar metade do mundo de Colombo. A 21 de abril de 1792 enforcaram no Rio o alferes Tiradentes, que assim deixou um patíbulo como centro de nossa história; o passado aí terminava; o futuro daí saía. Era o Monte Pascoal da liberdade, vulto projetado na superfície desse mar chamado despotismo, em cujo seio também há monstros e abismos e que tem por limites também as tempestades, as incertezas. As ideias do mártir partiram da cabeça exangue e se espalharam como as gaivotas, pilotando as Armadas do futuro[9].

Aqui, Tiradentes deixa de ser o mineiro mais ilustre, "o homem revoltado típico desse final de século nas Minas"[10] para transformar-se no marco da história moderna brasileira, um criador da verdadeira nacionalidade. Antes dele imperava o despotismo hediondo, mas após seu martírio teríamos o privilégio de manusear novos portulanos. Por meio dessa particular transposição, o alferes abandonou o horizonte limitado das montanhas mineiras pelo convívio ilimitado do espaço nacional. O tempo do conjunto passou a ser regido pelo ritmo das Minas Gerais, quando estas, de centro geográfico, começaram a ser vistas como o coração vigoroso da nacionalidade, como o berço da "rebelião patriótica"[11]. Através da revivescência do episódio da conjuração, Minas Gerais de novo diferencia-se do conjunto. No ciclo do ouro, bafejava-a a aragem da celebridade, e agora, quando os recursos esvaíam-se,

---

favorável de outros inconfidentes: "O coronel Alvarenga Peixoto, homem feliz e rico, apaixonado extremamente pela esposa e pelos filhos, é triste dizê-lo, acovardou-se de todo, mas se pôde por tão nobres sentimentos justificar-se não se lhe venha perdoar, contudo, a maneira de se livrar comprometendo os companheiros" (*op. cit.*, p. 333). Sobre as visões detratoras de Tomás Gonzaga e Maria Doroteia escreve Frieiro: "Mas devemos censurar duas criaturas tão simpáticas, como foram Maria Doroteia e Tomás Gonzaga, por haverem sobrevivido a si próprias?" (Eduardo Frieiro, *O Diabo na Livraria do Cônego*, p. 89). Na mesma obra, Frieiro comenta a bibliografia que busca negar certas crenças difundidas sobre as personagens da Inconfidência, como a do suicídio de Cláudio Manuel da Costa, que teria ocorrido na casa dos contos: "Ninguém deu ouvidos a esse desmancha-prazeres. E convenhamos, seria pena que a sempre discutível Verdade Histórica deixasse a perder uma das atrações turísticas da Cidade-Monumento [...] a poesia evocativa do passado opera do mesmo modo mágico na faculdade emocional dos confiados turistas. A verdade, no caso, só interessa a um que outro escabichador de miudezas da história" (p. 122). O tema – suicídio de Cláudio – foi retomado hodiernamente por K. Maxwell.

9. Diogo Vasconcellos, *op. cit.*, p. 337.
10. Carlos Guilherme Mota, *Atitudes de Inovação no Brasil: 1789-1801*, Lisboa, Livros Horizonte, s.d., p. 68.
11. Richard Burton, *Viagem do Rio de Janeiro a Morro Velho (1868)*, Belo Horizonte/São Paulo, Itatiaia/Editora da Universidade de São Paulo, 1976, p. 291.

"esta grande e heroica Província tem razão de sentir-se orgulhosa, por ser ele (Tiradentes) ligado diretamente à Independência do Brasil"[12]. À antiga mística mineira, sobrepôs-se "[...] a ideia da libertação pátria e da organização de um Estado soberano que permitisse, aos nacionais e aos lusos com eles solidários, o uso e o gozo dos valores e riquezas aqui existentes e passíveis de justa e inteligente apropriação"[13]. Para os geralistas, no entanto, urgia criar nova riqueza, simbolizada agora na imagem do seu filho mais dileto, uma vez que, nas circunstâncias presentes o

> Torrão, que do seu Ouro se nomeava,
> Por criar do mais fino ao pé das serras,
> Mas que, feito enfim baixo e malprezado,
> O nome teve de ouro inficcionado[14].

Nos ilustrados mineiros do século XVIII começava a despontar a consciência da enormidade do problema social engendrado pela atividade mineradora. Produto da própria natureza do empreendimento da mineração, desenraizador por excelência, mas fruto também das condições específicas da colonização das Minas. "As minas foram o espaço privilegiado da desclassificação social nos tempos coloniais, e isto se deveu tanto ao rápido afluxo populacional que lá se verificou como ao caráter específico da exploração das minas"[15]. Com a decadência, o quadro agudece. A percepção dos problemas mobilizou colonos e colonizadores, absorvidos pelas possíveis explicações do fenômeno e pela busca de diversas saídas. E de fato, na colônia, as manifestações comportaram vastas gamas, cobrindo desde as súplicas dirigidas ao rei de Portugal até os movimentos de cunho separatista, como o foi a Inconfidência[16]. Na metrópole, da mesma maneira, a consciência do problema apareceu sob a percepção da decadência do Reino, expressando-se no

---

12. *Idem*, p. 290.
13. Oiliam José, *Tiradentes*, Belo Horizonte/São Paulo, Itatiaia/Editora da Universidade de São Paulo, 1985, p. 221.
14. Santa Rita Durão, "Caramuru" (IV, 21), *apud* Antonio Candido, *Formação da Literatura Brasileira (Momentos Decisivos) (1750-1836)*, 5. ed., Belo Horizonte/São Paulo, Itatiaia/Editora da Universidade de São Paulo, 1975, 1º vol., p. 180.
15. Laura de Mello e Souza, *Desclassificados do Ouro, a Pobreza Mineira no Século XVIII*, Rio de Janeiro, Graal, 1982, p. 216.
16. Os habitantes do Tijuco dirigem-se ao Rei D. João V, alertando-o sobre o "[...] deplorável estado em que esta Comarca se ia pondo [...]" (*apud* Joaquim Felício dos Santos, *Memórias do Distrito Diamantino da Comarca de Serro Frio. Província de Minas Gerais*, 4. ed., Belo Horizonte/São Paulo, Itatiaia/Editora da Universidade de São Paulo, 1976, p. 62). Sobre a Inconfidência: Carlos Guilherme Mota, *Atitudes de Inovação no Brasil*; Kenneth Maxwell, *A Devassa da Devassa. A Inconfidência Mineira: Brasil – Portugal (1750-1808)*, Rio de Janeiro, Paz e Terra, 1978.

"reformismo ilustrado" português[17]. As *Cartas Chilenas* referem-se ao "drama que é a formação histórica de Minas"[18]:

Talvez, prezado amigo, que nós hoje
Sintamos os castigos dos insultos
Que nossos pais fizerão. Estes campos
Estão cobertos de insepultos ossos,
De ennumeráveis homens, que matarão

Que muito pois que Deus levante o braço,
E puna os descendentes de uns tiranos,
Que sem razão alguma, e por capricho
Espalharão na terra tanto sangue?[19]

Drama esse que já nascera banhado em sangue. Assim, a brutalidade do processo colonizador sobre os negros e os índios somou-se, em Minas Gerais, aos sanguinolentos episódios da guerra dos emboabas e do enforcamento de Tiradentes[20]. Igualmente por isso as Minas distinguem-se do conjunto – por terem germinado sob o signo da morte – "estado individualizador por excelência [...]"[21]. Nas elaborações posteriores tais eventos virão despidos da pura morbidez, absorvida pela feição libertária. Aliás, os significados conferidos a certos documentos oficiais sobre a capitania de Minas corroboram essa assertiva.

17. Embasamos na análise de Fernando Novais a ideia da percepção da decadência e da busca de soluções, no sentido de contornar o problema. No que diz respeito às minas, conforme Fernando Novais, as explicações do declínio apareciam conectadas ao baixo desenvolvimento da metrópole, à pobreza dos mineiros e ao atraso técnico (Fernando A. Novais, *Portugal e Brasil na Crise do Antigo Sistema Colonial (1777- 1808)*, São Paulo, Hucitec, 1979, pp. 236, 265, 281). Sobre o reformismo ilustrado na época pombalina ver Francisco José Calazans Falcón, *A Época Pombalina. Política Econômica e Monarquia Ilustrada*, São Paulo, Ática, 1982, especialmente pp. 201 e ss.

18. Augusto de Lima Júnior, *A Capitania das Minas Gerais*, Belo Horizonte/São Paulo, Itatiaia/ Editora da Universidade de São Paulo, 1978, p. 83.

19 *Cartas Chilenas*, fontes textuais organizadas por J. B. de Oliveira Tarquínio, São Paulo, Editora Referência, 1972, p. 238.

20 "Os vencidos saíram do bosque em direção aonde estava Amaral, que os recebeu de semblante jovial e sereno, em cuja presença foram entregando e depondo as armas. Concluída a entrega, porém, e logo que o monstro os viu a todos desarmados, transformou-se em fúrias e num brado medonho, fulminante, mandou-os à morte. Ele mesmo com os escravos, ameaçados de castigo, antes de qualquer intervenção de outros, começou com suas mãos a matança. Eram cerca de trezentos, todos imolados!" (Diogo Vasconcelos, *História Antiga das Minas Gerais*, 4. ed., Belo Horizonte, Itatiaia, vol. III, p. 59). "Tiradentes regou com seu sangue a árvore da independência" (Joaquim Felício dos Santos, *op. cit.*, p. 166).

21. Roberto da Matta, *A Casa e a Rua. Espaço, Cidadania, Mulher e Morte no Brasil*, São Paulo, Brasiliense, 1985, p. 119.

A noção de que as Minas Gerais eram incontroláveis, bastante enfatizada por seus administradores que vislumbravam, possivelmente, uma forma de valorizar os serviços prestados ao rei, aparece trabalhada depois, como exemplo do caráter libertário dos mineiros. As palavras do conde de Assumar, no início do século XVIII, são entendidas como sinônimo da inquietação natural dos mineiros:

> Das Minas e seus moradores bastava dizer o que dos do Ponto Euxino, e da mesma região, afirma Tertuliano – que é habitada por gente intratável, sem domicílio, e ainda que está em contínuo movimento, é menos inconstante que os seus costumes; os dois nunca amanhecem serenos; o ar é um nublado perpétuo; tudo é frio naquele país, menos o vício, que está ardendo sempre. Eu, contudo, reparando com mais atenção na antiga e continuada sucessão de perturbações que nela se veem, acrescento que a terra parece que evapora tumultos; a água exala motins; o ouro toca desaforos; destilam liberdade os ares; vomitam insolências as nuvens; influem desordens os astros; o clima é a tumba da paz e berço da rebelião; a natureza ainda inquieta consigo e amofinada lá por dentro, é como no inferno[22].

Até a natureza conspira nas gerais; na opinião de Assumar a rebelião é, enfim, contínua. Para os colonizadores, nem mesmo os ares podem possuir a liberdade de compor as suas formações, nem ao solo pedregoso da capitania é permitido o livre faiscar do ouro. A docilidade dos seus súditos será assim o requisito imprescindível à permanência da exploração aurífera. Daí ser necessário reprimir os desaforos revérberos do ouro.

Saint-Hilaire admirou-se do pouco senso de submissão dos mineiros: "Os comandantes das vilas exercem um poder despótico sobre seus subordinados, estes, sempre que podem, desafiam, mesmo quando tratados sem mostra de autoridade"[23]. Outrossim, eram refratários à autoridade eclesiástica:

> Ao chegar a São João encontrei as ruas apinhadas de gente. Foi celebrada uma missa cantada, [...] o padre [...] disse-me que não ia tomar parte na procissão porque ali, como em todas as paróquias da província, a confraria de São Francisco procurava subtrair-se à autoridade pastoral. Acrescentou que estava em guerra com a confraria havia dez anos e que tinha feito reclamações junto às autoridades do Rio de Janeiro,

---

22. *Apud* Sylvio de Vasconcellos, *Mineiridade. Ensaio de Caracterização*, Belo Horizonte, Imprensa Oficial, 1968, pp. 24-25.

23. Auguste de Saint-Hilaire, *Viagem às Nascentes do Rio São Francisco (1816- 1822)*, Belo Horizonte/ São Paulo, Itatiaia/Editora da Universidade de São Paulo, 1975, p. 92. "O povo [...] procura subtrair-se a tal autoridade que lhe fere o amor próprio" (Auguste de Saint-Hilaire, *Segunda Viagem do Rio de Janeiro a Minas Gerais e a São Paulo (1822)*, Belo Horizonte/São Paulo, Itatiaia/ Editora da Universidade de São Paulo, 1974, p. 40).

mas que seus adversários contavam com poderosos protetores, não se dignando as autoridades nem mesmo a lhe dar resposta[24].

Mesmo o clero parecia não sujeitar-se aos ditames da liturgia religiosa:

> Quando fui dar bons dias ao cura, contou-me que me esperava para dizer a missa. Apressei-me [...] imaginando que iríamos à igreja paroquial. Mas o cura disse-me que não sairíamos de casa. Efetivamente, ali rezou a missa. Eu e os seus negros fomos os únicos ouvintes[25].

Dessa forma, todos pareciam-lhe muito cientes de si, onde a Igreja estaria burlando os preceitos do culto. A apropriação do passado em instruções à capitania de Minas é feita da mesma maneira: "Entre todos os povos de que se compõem as diferentes capitanias do Brasil, nenhum talvez custou mais a sujeitar e reduzir à devida obediência e submissão de vassalos ao seu soberano como o foram os de Minas Gerais"[26]. Aqui, novamente, explicita-se a insubmissão dos mineiros, cuja mania de liberdade poderia colocar em risco a segurança das colônias portuguesas na América[27]. A visão de Minas enquanto centro de equilíbrio do país foi, aliás, haurida em parte nesse tipo de literatura. As instruções de Teixeira Coelho enfatizaram a importância de assegurar "tudo que mais eficientemente possa concorrer para a segurança, prosperidade e maior aumento da capitania, de cujas *bases dependem a tranquilidade*, riqueza e felicidade dos mesmos meus fiéis vassalos"[28]. Na mesma linha, Martinho de Melo e Castro considera as Minas a "alma das outras capitanias [...] Uma importantíssima colônia vantajosamente situada"[29]. Dos frios textos oficiais anteviu-se a ideia de que Minas é o "verdadeiro centro do Brasil"[30]. Conferidora da unidade brasileira, por haver contrabalançado

---

24. Auguste de Saint-Hilaire, *Viagem às Nascentes do Rio São Francisco*, p. 65.
25. Auguste de Saint-Hilaire, *Segunda Viagem do Rio de Janeiro a Minas Gerais e a São Paulo*, p. 43.
26. Instruções de Martinho de Mello e Castro ao Visconde de Barbacena (1788), *apud* Kenneth Maxwell, *op. cit.*, p. 108.
27. Documentos referentes à rebeldia dos colonos não foram exclusividade de Minas: "já o marquês de Lavradio, no seu famoso relatório, refere-se a colonos que 'tiveram uma má criação' [no caso os habitantes dos Campos dos Goitacazes] aparecendo lá um espírito inquieto, que falando-lhes uma linguagem que seja a eles mais agradável, convidando-os para alguma insolvência, eles prontamente se esquecem do que devem, e seguem as bandeiras daquele" (cf. Fernando A. Novais, *Portugal e Brasil...*, p. 164). O que demonstra claramente que a relação entre o ideal de liberdade e Minas provém de elaborações futuras dos documentos.
28. J. J. Teixeira Coelho, *Instrução para o Governo da Capitania de Minas Gerais*, *apud* Fernando A. Novais, *Portugal e Brasil...*, pp. 164-165, grifos nossos.
29. Instruções de Martinho de Mello e Castro ao Visconde de Barbacena (1788), *apud* Kenneth Maxwell, *op. cit.*, p. 126.
30. Jacques Lambert, *Os Dois Brasis*, 12. ed., São Paulo, Companhia Editora Nacional, 1984, p. 228.

as forças centrífugas durante a colônia?[31]. Resta simplesmente a passagem para conceitos como o de equilíbrio político, considerado vocação natural dos mineiros: "Ocupando o centro do país, contendo um pouco de todas as outras regiões, as Minas Gerais foram e continuam sendo a terra da ordem e da liberdade, das tradições e das esperanças"[32]. Enquanto síntese, Minas emerge ligada a um destino inelutável, qual seja o de garantir a ordem e a liberdade, a tradição e a esperança. Destarte, as Minas a tudo provêm, quer a segurança frente aos princípios dissolventes, tornada essência de liberdade, quer a preservação da herança, no âmbito das mudanças futuras. O tão decantado amor à liberdade, próprio dos mineiros mas bem agasalhado no interior do espaço da ordem, adquire, por vezes, tom redentor[33]. A dimensão salvadora das Minas reside "em verdadeira força integrada da unida-de nacional"[34]. Visto serem as Minas mera abstração política, tais profissões de fé atribuem aos políticos das Gerais papel prestigioso na preservação das instituições brasileiras. Durante o Império, por exemplo, considerou-se "os mineiros como chamados a desempenhar importante papel"[35]. Apelava-se a eles porque o "caráter democrático da Constituição do Império ofereceria aos mineiros oportunidades notáveis para porem em prática seu amor nunca desmentido à liberdade"[36]. Que as instituições imperiais brasileiras não fossem verdadeiramente democráticas, pouco importava; qualquer que fosse a natureza política da sociedade, na época respaldada na escravidão, aos mineiros *seria conferida sempre missão de destaque*. A alusão antiga à rebeldia dos mineiros transmudou-se, assim, nas falas de ordem, de equilíbrio e de preservação da unidade.

Os viajantes enfatizaram o relevo que os mineiros atribuíam às questões políticas: "Enquanto almoçávamos, em uma venda, [...] muito nos divertimos com a curiosidade da multidão de habitantes que se amontoavam na porta para nos olhar, fazendo-nos toda espécie de pergunta sobre política"[37]. E mesmo as mulheres demonstravam grande interesse por esses assuntos, pois as suas

---

31. Cf. Roger Bastide, *Brasil, Terra de Contrastes*, 10. ed., São Paulo, Difusão Europeia do Livro, 1980, p. 29.

32. João Camilo de Oliveira Torres, *História de Minas*, Rio de Janeiro, Record, 1963, p. 9.

33. "Criando novos interesses, no leste, no nordeste e no sul, as Minas Gerais realizaram o milagre de unificar o Brasil" (Waldemar de Almeida Barbosa, *A Capitania de Minas Gerais*, edição comemorativa dos 250 anos da capitania, Belo Horizonte, s.d., p. 30).

34. Waldemar de Almeida Barbosa, *op. cit.*, p. 32.

35. Ferdinand Denis, *Brasil (1888)*, Belo Horizonte/São Paulo, Itatiaia/Editora da Universidade de São Paulo, 1980, p. 352.

36. João Camilo de Oliveira Torres, *op. cit.*, p. 55.

37. John Mawe, *Viagens pelo Interior do Brasil (1808-1809)*, Belo Horizonte/São Paulo, Itatiaia/Editora da Universidade de São Paulo, 1978, p. 119.

cantigas de ninar reproduziam motivos patrióticos[38]. Também nos conflitos, a política estava entre os motivos principais: "Entre os ricos, os homicídios derivam de três causas: terras, questões políticas e negócios do coração"[39]. Os jornais, quando os há, dedicam-se quase exclusivamente a reproduzir material político:

A população (de Ouro Preto) é calculada em 8 000 almas. Há boas lojas, mas nenhuma livraria. Gaba-se, porém, de duas tipografias e quatro jornais, dois no ministério e dois na oposição. São de pequeno formato e o seu conteúdo é quase inteiro matéria política[40].

As querelas partidárias são bastante intensas: "O sentimento partidário é muito vivo em Ouro Preto, como o era entre nós quando os meninos de calças curtas perguntavam: 'És a favor de Pitt ou de Fox?'"[41] E a preocupação com os destinos do país ocupa muitas horas:

O tempo de folga será gasto, não na Ciência e na Filosofia, objetivos mais altos de sua vida posterior, mas nas funções religiosas e no ajustamento de suas questões políticas. [...] A mais completa característica de um povo jovem é a de penetrar nos "problemas da Nação"[42].

Seduzia-lhes os recentes acontecimentos políticos da França, principalmente a figura de Napoleão Bonaparte do qual "nunca se cansavam de ouvir e falar"[43], chegando ao ponto de pendurar sua estampa na parede[44]. Demonstravam acentuado sentido de participação civil:

38. "Acalanta- te, ó menino / Dorme lá para crescer, / Que o Brasil precisa filhos – / Independência ou morrer!" (Richard Burton, *Viagem do Rio de Janeiro a Morro Velho (1868)*, Belo Horizonte/ São Paulo, Itatiaia/Editora da Universidade de São Paulo, 1976, p. 326).

39. *Idem*, p. 331.

40. George Gardner, *Viagem ao Interior do Brasil (1836-47)*, Belo Horizonte/São Paulo, Itatiaia/ Editora da Universidade de São Paulo, 1975, p. 229. Em Diamantina, Burton observou: "Não há biblioteca, gabinete de leitura nem livraria, mas, naturalmente há um fotógrafo. Há cerca de três anos, deixou de circular o único jornal, *O Jequitinhonha*, que se dedicava apenas à política" (Richard Burton, *Viagem de Canoa de Sabará ao Oceano Atlântico*, Belo Horizonte/São Paulo, Itatiaia/Editora da Universidade de São Paulo, 1977, p. 93).

41. Richard Burton, *Viagem do Rio de Janeiro a Morro Velho*, p. 308.

42. *Idem, ibidem*.

43. Auguste de Saint-Hilaire, *Viagem às Nascentes do Rio São Francisco*, p. 87. "Sempre insistiam em falar sobre a nossa revolução de cujos fatos principais eles tinham bom conhecimento. Gostavam de falar também sobre Napoleão, sobre seus generais, enfim, sobre tudo o que havia ocorrido na França nos anos passados. [...] Mesmo nos pontos mais longínquos da Província de Minas, encontrei pessoas que a tinham estudado [história contemporânea da França] e se mostravam curiosas em conhecer pormenores sobre ela" (p. 66).

44. Richard Burton, *Viagem do Rio de Janeiro a Morro Velho*, p. 259.

Durante minha residência na cidade, chegou a notícia que causou sensação. D. Pedro II, o jovem Imperador, fora chamado a assumir as rédeas do governo, em oposição ao desejo do Regente. [...] Parece que o fato mereceu aprovação decidida da maior parte da população, havendo, por isso, manifestação de regozijo. À tarde houve missa cantada. [...] À noite houve iluminação pública e a guarda nacional desfilou pelas ruas principais, com banda de música à frente, acompanhada do Conselho Municipal e de todos os principais habitantes da cidade. Marchei com o Conselho. [...] Aqui e ali, fazia-se alto em frente à casa de algum cidadão respeitável [...] das sacadas as senhoras da casa atiravam flores perfumadas com água de colônia. Também de vez em quando a multidão cá em baixo era honrada com uma canção por uma das belas[45].

Em suma, a política inquietava os mineiros de condição social superior, já que aos escravos e aos excluídos essa face da vida societária não os comportava, restando-lhes, como saída, a fuga para os quilombos ou a evasão etílica[46].

A Fruição da Cultura

Traço marcantemente vincado na construção do perfil dos mineiros é o gosto pela cultura. Na opinião de D'Orbigny, "os habitantes do Tijuco são polidos, corretos, bem educados e mais instruídos que os do restante do Brasil"[47]. Saint-Hilaire, igualmente, achou os homens brancos de Sabará os "mais polidos e mais instruídos"[48]. Em Vila do Príncipe, mesmo após a decadência, os "seus habitantes distinguiam-se tanto pela instrução como por sua requintada polidez"[49]. Novamente no Tijuco, Saint-Hilaire, de forma penetrante, percebeu

[...] mais instrução que em todo o resto do Brasil, mais gosto pela literatura e um desejo mais vivo de se instruir. Vários moços, cheios de nobre entusiasmo, aprenderam o francês, sem terem mestres. [...] São particularmente notáveis na arte caligráfica e podem a esse respeito rivalizar com os mais hábeis ingleses. [...] Não são menos hábeis na arte musical[50].

45. George Gardner, *op. cit.*, p. 211.
46. Sobre os quilombos de Minas Gerais: Waldemar de Almeida Barbosa, *Negros e Quilombos em Minas Gerais*, Belo Horizonte, Itatiaia, 1972. "[...] Não somente os escravos que se entregam a esse vício: brancos de ambos os sexos, em quase todas as classes sociais, são também grandemente viciados" (George Gardner, *op. cit.*, p. 210).
47. Alcide d'Orbigny, *Viagem Pitoresca Através do Brasil (1826)*, Belo Horizonte/São Paulo, Itatiaia/ Editora da Universidade de São Paulo, 1976, p. 136. A respeito da relação entre a atividade mineradora e "o papel atribuído a mineiros e à mineração, qual seja, de serem estimuladoras da cultura [...]" (Klaus Ienfelde, "Cultura Mineira na Alemanha – Um Ensaio de Interpretação", *Revista Brasileira de História*, n. 15, set.-fev. 88, pp. 7-60).
48. Auguste de Saint-Hilaire, *Viagem pelo Distrito dos Diamantes e Litoral do Brasil*, p. 63.
49. Ferdinand Denis, *Brasil*, p. 371.
50. Auguste de Saint-Hilaire, *Viagem pelo Distrito dos Diamantes e Litoral do Brasil*, p. 33.

A CONSTRUÇÃO MÍTICA

Burton, em visita ao seminário de Mariana, relatou: "À uma hora da tarde, o sino tocou e fomos ao refeitório; havia ali doze alunos, número considerável durante as 'férias longas', e aqueles jovens conversavam em francês durante a refeição"[51]. Na aldeia de Cocais, John Mawe conversou com um "homem de talento e instruído"[52]. O vigário da Vila de Formigas possuía uma biblioteca, "embora pequena" continha boa seleção de obras em latim, português e francês[53]. Na comarca do Rio das Mortes, ainda que, na opinião de Saint-Hilaire, "a cortesia seja mais rara do que em outras partes da província"[54], ele próprio encontrou um mineiro que "fizera seus estudos em Coimbra e tinha conversação atraente"[55]. A música parecia exercer forte atração: em Sabará, não havia "menos gosto pela música que nas outras partes da Província de Minas"[56]. Sobre as representações teatrais em Vila Rica, há unanimidade quanto à qualidade dos atores considerados meramente "passáveis"[57] e "medíocres"[58]. O conteúdo das representações, no entanto, assim como as pinturas internas, inspiravam-se em cenas da história mundial, comportando gritantes anacronismos.

Existe, na verdade, uma casa de espetáculos em Vila Rica; [...] A cortina apresenta as quatro partes do mundo pintadas de modo grosseiro; [...] Os atores têm o cuidado de cobrir o rosto com uma camada de branco e vermelho; mas as mãos traem a cor que a natureza lhes deu, e provam que a maioria deles é de mulatos. Não têm a menor ideia de indumentária; e, por exemplo, em peças tiradas da história grega vi personagens vestidos à turca e heroínas à francesa[59].

Segundo a visão dos viajantes há, em Sabará e Serro Frio, grande preocupação com a educação e

[...] os pais fazem muitas vezes grandes sacrifícios para dar alguma educação aos filhos. Nesta de São João, liga-se muito menos importância à instrução. Isto provém de que os homens mais ricos desta região, [...] são europeus, que, nas suas pátrias, pertenciam às mais baixas classes da sociedade e nada aprenderam[60].

51. Richard Burton, *Viagem de Canoa de Sabará ao Oceano Atlântico*, p. 91.
52. John Mawe, *Viagens pelo Interior do Brasil*, p. 144.
53. George Gardner, *Viagem ao Interior do Brasil*, p. 195. "Não é raro encontrar-se em Sabará homens que receberam instrução e que sabem latim" (Auguste de Saint-Hilaire, *Viagem pelo Distrito dos Diamantes e Litoral do Brasil*, p. 76).
54. Auguste de Saint-Hilaire, *Viagem às Nascentes do Rio São Francisco*, p. 66.
55. Auguste de Saint-Hilaire, *Viagem pelo Distrito dos Diamantes e Litoral do Brasil*, p. 76.
56. *Idem*, p. 76.
57. John Mawe, *Viagens pelo Interior do Brasil*, p. 178.
58. G. M. Freireyss, *Viagem ao Interior do Brasil* [1814], Belo Horizonte/São Paulo, Itatiaia/Editora da Universidade de São Paulo, 1982, p. 44.
59. Auguste de Saint-Hilaire, *Viagem pelas Províncias do Rio de Janeiro e Minas Gerais*, p. 73.
60. Auguste de Saint-Hilaire, *Segunda Viagem do Rio de Janeiro a Minas Gerais e a São Paulo*, p. 67.

O conhecimento é minimizado entre os estrangeiros, podendo-se perceber, pois, que para os mineiros a aquisição de cultura reveste-se de importância. De fato, o mesmo autor dessas linhas afirmou que os geralistas costumavam se envergonhar de sua ignorância, constituindo-se em auspicioso indício do desejo de livrar-se dela prontamente[61]. Aos mineiros parecia incomodar a sua origem, composta predominantemente de aventureiros[62]. Por isso, os ricos procuram "mandar seus filhos à Europa e ao estabelecimento do Seminário de Mariana, onde os jovens recebiam boa educação, que há de ter, sem dúvida, contrabalançado consideravelmente as influências de uma origem nefasta"[63]. A educação pública surgia paulatinamente: "Entre as pessoas que vi em Sabará posso citar o professor de gramática latina, aí destacado em virtude da lei que determina que cada cabeça de Comarca tenha um professor de latim, pago pelo Governo"[64].

Do conjunto de imagens pinçadas pelos viajantes sobre o quadro cultural de Minas, percebe-se, nos estratos superiores, o realce conferido ao setor das humanidades. De fato,

[...] os conhecimentos intelectuais dos mineiros limitaram-se, principalmente, às humanidades. A ciência moderna não pode ser adquirida na província, a mecânica é desconhecida, mas as letras e humanidades estão abertas a todos. Como os neolatinos em geral, os mineiros aprendem os dialetos cognatos, e sua compreensão lesta, mas um tanto confusa, lhes permite familiarizarem-se com os vários ramos introdutórios da matemática[65].

Pela dificuldade de assimilação dos modernos conhecimentos científicos responde o parco desenvolvimento manufatureiro em Minas que, dado o predomínio da força de trabalho escrava, inviabiliza, desde logo, a possibilidade de grandes transformações técnicas.

As cidades mineradoras conviviam com uma elite ilustrada composta, basicamente, por "padres, intendentes, poetas"[66]. No quotidiano,

Os estudantes que partem.
Os doutores que regressam.

E as ideias[67].

---

61. Auguste de Saint-Hilaire, *op. cit.*, p. 47.
62. Auguste de Saint-Hilaire, *Viagem às Nascentes do Rio São Francisco*, p. 69.
63. *Idem, ibidem.*
64. Auguste de Saint-Hilaire, *Viagem ao Distrito dos Diamantes e Litoral do Brasil*, p. 76.
65. Richard Burton, *Viagem do Rio de Janeiro a Morro Velho*, p. 336.
66. Cecília Meirelles, *Romanceiro da Inconfidência*, Rio de Janeiro, Nova Fronteira, 1983, p. 70.
67. *Idem*, p. 71.

A CONSTRUÇÃO MÍTICA

Em torno desse grupo gerou-se toda uma mística, principalmente porque foi grande a participação de intelectuais no movimento dos inconfidentes. A junção entre a cultura e as aspirações separatistas estabelece o nexo entre o ideal libertário dos mineiros e o gosto pelas belas-letras.

> Eram intelectuais, que se reuniam em sessões, onde se debatiam coisas do espírito. Poetas e juristas e clérigos. *É natural que, num ambiente de inteligências polidas, afeitos ao trato de problemas humanos, surgisse a ideia de fazer-se de Minas, quiçá de todo o Brasil, um Estado livre* [...][68].

A partir de então, os fios entre a cultura e a política começam a ser urdidos:

> Belo Horizonte, Capital do Estado de Minas Gerais, simboliza a vitalidade do povo mineiro [...] mais moderna das capitais dos Estados do Brasil e por ser considerada uma cidade modelo da América do Sul [...] abrigou literatos e estadistas do país[69].

Aqui, a modernidade arquitetônica da cidade ficou responsável pela cultura e pela envergadura política dos mineiros. No passado, Vila Rica foi o cenário da imagem romântica de Dirceu[70]. Já Spix e Martius falavam do "mais celebrado poeta de Minas", cuja "coleção Marília de Dirceu [...] e muitas canções desse poeta andam na boca do povo"[71]. Daí para a frente, as lembranças de Minas estariam inextrincavelmente povoadas pela produção cultural de sua prole: "Minas produziu os dois pais da poesia épica brasileira, e seus filhos distinguiram-se nas artes e nas armas em todo o Império"[72]. À glória de ser concebida como o berço dos ideais de liberdade, agregou-se o ornamento de ser a matriz da mais nobre arte – a literatura. A partir do movimento literário mineiro, no século XVIII, floresceu toda uma geração embalada no gosto pela cultura, ou, pelo menos, representando um centro irradiador das "coisas da inteligência ou do saber"[73]. Dessa forma, às concepções de liberdade, vicejadas nos canteiros da cultura, agregou-se a ideia de

---

68. Almir de Oliveira, *op. cit.*, p. 36, grifos nossos.
69. Joaquim Nogueira de Paranaguá, *Do Rio de Janeiro ao Piauhy pelo Interior do Paiz*, Rio de Janeiro, Imprensa Nacional, 1905, p. 24.
70. Sobre a elaboração romântica da figura de Gonzaga, ver Eduardo Frieiro, *O Diabo na Livraria do Cônego*, pp. 91-95.
71   Spix e Martius, *Viagem pelo Brasil*, p. 189.
72. Richard Burton, *Viagem do Rio de Janeiro a Morro Velho*, p. 336.
73   Expressão de Sérgio Buarque de Holanda quando analisa a relação entre a fase mais profícua da mineração e a presença de estudantes mineiros em Coimbra. Para esse autor, a concentração de pessoas com cursos superiores coincidiria "com a maior difusão nelas da preocupação com as coisas da inteligência e do saber" (Sérgio Buarque de Holanda, "Metais e Pedras Preciosas", *op. cit.*, p. 302).

que o "Brasil se tornou uma pátria, por ter sido antes uma Arcádia"[74]. É bem verdade que o arcadismo valorizou os elementos' típicos da realidade imediata e, nos poemas de Cláudio Manuel da Costa, "o mais profundamente preso às emoções e valores da terra"[75], percebe-se claramente quase uma incoercível necessidade de retratá-la. E a circunstância concorreu no sentido de marcar a primazia de Minas na expressão intelectual brasileira, assim ultrapassando o significado original daquela corrente literária. Não se trata de negar, de forma alguma, a possível coerência da obra de Cláudio Manuel da Costa.

Assim, pois, a fixação à terra, a celebração dos seus encontros, conduzem ao desejo de exprimi-la no plano da arte; daí, passa à exaltação patriótica, e desta ao senso dos problemas sociais. Do bairrista ao árcade; dele ao *ilustrado* e deste ao inconfidente, há um traçado que se pode rastrear na obra[76].

E nem se deve descurar a importância da consciência das coisas do espírito na gestação de certas visões de conjunto, modeladoras às vezes de tendências à negatividade. Sem ser condição exclusiva, a crítica emerge do conhecimento. A associação entre mentes cultas e Inconfidência e desta com o ideal de liberdade resultou numa construção que caracteriza Minas como depositária do saber e da insubmissão da pátria e da nação.

A Vocação Democrática

Outro traço virtual, frequentemente decantado nas construções sobre Minas, diz respeito ao caráter democrático de sua sociedade. Lastreia-se esse traço nas características do empreendimento minerador, passando pela intensa miscigenação, até à brandura da escravidão nas Minas. O mulatismo, considerado como sintoma da incoercível tendência democrática, desponta em certos trabalhos como fenômeno gestador, quer do aprimoramento étnico, quer da possibilidade de criar expressões artísticas genuínas.

A espécie de igualitarismo, que neste caso se estabelece entre elementos de todas as classes e extrações, e, de outra parte, as largas possibilidades que a tantos indivíduos, alheios à empresa mineradora, se deixam para disporem de si mesmos e de seus atos, principalmente na esfera econômica, servirão de reforço, provavelmente, ao cunho democrático assumido pela ocupação do território nas Gerais, comparada à de outras partes do Brasil[77].

---

74. Roger Bastide, *op. cit.*, p. 119.
75. Antonio Candido, *Formação da Literatura Brasileira*, vol. I, p. 85.
76. *Idem*, p. 92 (grifo do autor).
77. Sérgio Buarque de Holanda, "Metais e Pedras Preciosas", *op. cit.*, pp. 295-296.

A CONSTRUÇÃO MÍTICA

Aqui, o aspecto democrático concentra-se nos setores agregados, subsidiários da mineração. Em outros exemplos, advém da própria atividade:

Se um africano, antes do fim de seu dia de trabalho, encontrava ouro suficiente para satisfazer seu senhor, este deixava-o trabalhar o resto do dia por conta própria, isto é, podia conservar em seu poder o ouro encontrado então, e que era guardado, geralmente, para empregar eventualmente na compra da liberdade. [...] Na região vizinha, que era o Distrito Diamantino, se um negro encontrava um diamante de dezessete quilates e meio, era coroado de flores, conduzido em procissão até o prédio da administração do Distrito e ali lhe concediam a liberdade[78].

Tais práticas, que efetivamente ocorreram em Minas, serviram para reafirmar as visões democratizadoras, além daquelas sobre a brandura da escravidão. É interessante perceber que mesmo os viajantes ressaltaram os dois lados da questão, ora salientando o aspecto democrático e a suavidade das relações escravistas, ora ressaltando o inverso. Como exemplo do primeiro caso, ocorrem descrições como a seguinte:

Esta raça infeliz é tratada aí com a bondade e a humanidade a que faz jus o seu bom procedimento; dão aos negros tanta terra quanta podem cultivar nos momentos de lazer (a lei lhes concede para esse fim os domingos e feriados) e podem dispor à vontade do produto de seu trabalho[79].

O que poderia ser entendido como necessidade de rebaixar os custos de manutenção da escravaria, fruto de uma economia com baixa capacidade acumulativa, passou a ser tido como indício da leveza das relações escravistas, que a alegria do africano atestaria[80]. A convivência racial que, para os viajantes, era produto das condições demográficas das Minas e um "mal necessário", foi assimilada como marca do caráter integrador da sociedade mineira[81]. Nas Minas,

[...] o filho do europeu com africana nascia um "europeu" na língua, nos costumes, na religião, na mentalidade, apagando-se na primeira geração os traços

---

78. Roger Bastide, *op. cit.*, pp. 116-117.
79. John Mawe, *op. cit.*, p. 139.
80. Gilberto Freyre sugere a brandura da escravidão no Brasil e a importância da alegria do negro, para contrastar a tristeza do português (*Casa-Grande & Senzala*, 13. ed., Brasília, Editora da Universidade de Brasília, 1963, especialmente p. 493).
81. "Posso mencionar o caso de uma cidade de Minas, onde, entre três mil, ou, incluindo os arredores, cinco mil almas, há apenas duas famílias de puro sangue europeu. No litoral, encontravam oportunidade de casar as filhas com homens vindos do Velho Mundo. [...] No interior, todavia, o mulatismo tornou-se um mal necessário [...]" (Richard Burton. *Viagem do Rio de Janeiro a Morro Velho*, p. 319). "Os habitantes de Minas são, em sua maioria mulatos e brancos" (Alcide d'Orbigny, *op. cit.*, p. 147).

intelectuais da raça de Cam, que só perdurava no tipo antropológico de transição. [...] Esses pardos europeus, inteligentes e fortes, física e economicamente, passaram em pouco tempo a influir na sociedade da época, dominando as câmaras e cargos públicos, provocando reações dos portugueses recém-chegados, que se rebelavam contra isso, para, dentro em pouco, apoiarem os mulatos, seus filhos [...][82].

Mário de Andrade mesmo encontrou na obra de Aleijadinho a manifestação cultural genuína da brasilidade no Império Português, cuja condição de mestiço propiciou-lhe "nas mãos o dengue mulato da pedra azul, fazia ela estorcer com ardor molengo e lento"[83]. Assim, Aleijadinho criaria "a solução brasileira da colônia. É o mestiço e é logicamente a independência"[84]. O escultor, aliás, não deixa de ser uma das figuras mitológicas de Minas, participando, ao lado de Tiradentes, do rol dos seus filhos ilustres[85]. Não por casualidade, ambos compartilharam da mesma existência trágica, o primeiro por sua doença repugnante – e ainda assim, capaz de produzir expressões artísticas sublimes – e o segundo por sua morte violenta – e por não fraquejar diante dos seus verdugos. Tiradentes foi visto como símbolo da liberdade e Aleijadinho assimilado como o gênio artístico da nação. Independentemente do valor real dos seus feitos, conta ressaltar a mística tecida em torno dessas personagens. A apropriação posterior da vida desses homens é, por isso, fenômeno de outra ordem, remetendo para o campo das elaborações míticas.

Nas obras obcecadas em perseguir o "caráter nacional" a questão da mestiçagem desponta com sinal positivo ou negativo. Os males advindos da miscigenação transpassam livros como *Os Sertões* de Euclides da Cunha, ou *Evolução do Povo Brasileiro* de Oliveira Vianna[86]. Na produção dos mo-

---

82. Augusto de Lima Júnior, *A Capitania das Minas Gerais*, Belo Horizonte/São Paulo, Itatiaia/Editora da Universidade de São Paulo, 1978, p. 76. "Foram essas Minas e as Fulas [...] as mulheres preferidas, em zonas como Minas Gerais, de colonização escoteira, para 'amigas', 'mancebas' e 'caseiras' dos brancos. Ilustres famílias daquele Estado, que ainda hoje guardam traços negróides, terão tido o seu começo nessa união de brancos com negras Minas, vindas da África como escravas, mas aqui elevadas à condição, segundo o testemunho de Vaía Monteiro, de 'donas de casa'" (Gilberto Freyre, *op. cit.*, pp. 351-352).

83. Mário Andrade, "O Aleijadinho", *Aspectos das Artes Plásticas no Brasil*, São Paulo, Livraria Martins Editora, s.d., p. 38.

84. *Idem*, p. 45.

85. Sobre a construção mítica de Aleijadinho ver: Washington Peluso Albino de Souza, "Aleijadinho – Símbolo da Cultura Autônoma", *Revista Brasileira de Estudos Políticos*, Belo Horizonte, n. 48, pp. 7-46, jan. 1979.

86. Euclides da Cunha, *Os Sertões*, Brasília, Editora da Universidade de Brasília, 1963; Oliveira Vianna, *Evolução do Povo Brasileiro*, 2. ed., São Paulo, Companhia Editora Nacional, 1933. Segundo Alfredo Bosi, as elites dos países que foram colônias assimilaram o "arianismo" que,

A CONSTRUÇÃO MÍTICA

dernistas, no entanto, a mistura racial foi apreendida em prisma positivo e o próprio Macunaíma, "preto retinto", era filho da "índia Tapanhumas"[87]. A rigor, a mistura de brancos com negros serviu mais às elocubrações sobre os efeitos da mestiçagem do que de brancos com índios. Já Antonil considera que

> [...] melhores ainda são, para qualquer ofício, os mulatos; porém, muitos deles, usando mal do favor dos senhores, são soberbos e viciosos, e prezam-se de valentes, aparelhados para qualquer desaforo. [...] O Brasil é inferno dos negros, purgatório dos brancos e paraíso dos mulatos e mulatas. [...] Bom é valer-se de suas habilidades quando quiserem usai bem delas, como assim o fazem alguns; porém não se lhes há de dar tanto a mão que peguem o braço, e de escravos se façam senhores. Forrar mulatas desinquietas é perdição manifesta, porque o dinheiro que dão para se livrarem, raras vezes sai de outras minas que dos seus mesmos corpos, com repetidos pecados; e, depois de forras, continuam a ser ruína de muitos[88].

A afirmação de que o Brasil é o paraíso dos mulatos pode ser interpretada segundo a ideia positiva da miscigenação. O hibridismo étnico seria mais adaptado à natureza física da colônia, pois os mulatos teriam aí nascido e, nesse sentido, constituindo-se nos verdadeiros homens do Brasil, são "melhores para qualquer ofício". Ao mesmo tempo, a degradação atribuída a esses mestiços soa à percepção da terra enquanto espaço de perdição. Principalmente, "há as mulatas, que vivem de vender seus encantos"[89]. As mulatas continuaram a incendiar a imaginação, chegando mesmo a conformar um gosto estético

---

na Europa, servia para justificar a expansão da segunda metade do século XIX, sob a forma do "não menos racista pessimismo dos mestiços" (Alfredo Bosi, *História Concisa da Literatura Brasileira*, 2. ed., São Paulo, Cultrix, 1977, p. 824). Sobre a crítica à noção de caráter nacional: Dante Moreira Leite, *O Caráter Nacional Brasileiro. História de uma Ideologia*, 3. ed., São Paulo, Pioneira, 1976.

87. Mário de Andrade, *Macunaíma*, p. 9. Gilberto Freyre afirma que a ama-de-leite propiciou aos brasileiros "a revelação de uma bondade porventura maior que a dos brancos" (*Casa-Grande & Senzala*, p. 277). Fernando de Azevedo tem uma visão positiva da miscigenação (Fernando de Azevedo, *A Cultura Brasileira. Introdução ao Estudo da Cultura no Brasil*, 4. ed., Brasília, Editora da Universidade de Brasília, 1963, Capítulo V: "Psicologia do Povo Brasileiro"). A respeito das obras de Gilberto Freyre e Fernando de Azevedo, ver Carlos Guilherme Mota, *Ideologia da Cultura Brasileira (1933- 1974)*, São Paulo, Ática, 1977, Capítulo II: "Cristalização de uma Ideologia: A 'Cultura Brasileira'. Também Dante Moreira Leite, *op. cit.*, Capítulo XV: "Em Busca do Tempo Perdido" e Capítulo XVI: "Cordialidade e Aventura".

88. André João Andreoni Antonil, *Cultura e Opulência do Brasil por suas Minas e Drogas* (texto da edição de 1711), Introdução e notas de Alice P. Canabrava, São Paulo, Companhia Editora Nacional, 1967, p. 60.

89 Auguste de Saint-Hilaire, *Viagem às Nascentes do Rio São Francisco*, p. 81. "Depois, vem Barbacena, célebre na região pelo grande número de mulatas complacentes que lá se encontram" (Alcide d'Orbigny, *op. cit.*, p. 159).

sensual. Suas virtualidades parecem forjadas no mundo do trabalho, onde viria seu corpo rijo. No final do século XIX, Afonso Arinos assim descrevia:

> Era uma mulata de estatura regular, cheia de corpo, cadeiras largas e braços grossos. Tremiam-lhe as nádegas a seu passo forte. [...] Ostentava invariavelmente o colo de Nhambu, descoberto, aparecendo os seios duros, saltitantes, presos no bico pela camisa alva. [...] Tinha a pele macia e carnuda cheia de viço que transnudavam seus lábios vermelhos, sempre úmidos. As linhas do rosto, corretas que eram, representavam no conjunto de seu corpo o cunho da raça caucasiana. Esse conjunto aliava à graça da "europeia a sensual indolência das filhas d'África. Era provocadora – a mulata![90]

O índio, nesse sentido, é mais ascético e quando Euclides da Cunha descreve o sertanejo como sendo "antes de tudo, um forte", por "não ter o raquitismo dos mestiços neurastênicos do litoral", não estaria tentando diferenciar o índio do conjunto, visto ser mais marcante no sertão a presença do indígena? Se é correta a nossa linha de indagações, haveria certa continuidade entre a exaltação do índio durante o romantismo e a consideração de Euclides, para quem os sertanejos são a "rocha viva da nacionalidade"[91].

Daí, somente a remetência ao universo das construções ideológicas permite que se compreenda o acentuamento dos traços mais democráticos de Minas e a brandura da escravidão, onde o mulatismo emerge como a face mais visível. Como vimos, as concepções em torno da suavidade dos laços sociais escravistas, ou da qualidade inquestionável da miscigenação, foram levantadas em diferentes regiões do Brasil. Dessa forma, as particularidades das minas, que de fato existiram, foram articuladas de outra maneira no plano dos significados. Bastaria atentar para certos trechos dos livros dos viajantes, onde a dimensão da violência da realidade escravista encontra-se bastante sublinhada:

> Ficam os escravos a infinita distância dos homens livres, são burros de carga a quem se despreza, acerca de quem se crê só podem ser levados pela arrogância e ameaças. Um brasileiro, assim, poderá ser caridosíssimo para com um homem de sua raça e ter muito pouca pena de seus negros a quem não considera como semelhante[92].

---

90. Affonso Arinos, *Pelo Sertão (1898)*, Belo Horizonte, Itatiaia, 1981, p. 49. Sobre as concepções da mulata brasileira, ver Teófilo de Queiroz Júnior, *Preconceito de Cor e a Mulata na Literatura Brasileira*, São Paulo, Ática, 1975.

91. Segundo Antonio Candido, Alencar foi "o único escritor da nossa literatura a criar um mito heroico, o de Peri". O índio transformado em herói assume atributos que o diferenciam de outras etnias (Antonio Candido, *Formação da Literatura Brasileira*, vol. II, p. 223). Retiramos as frases de Euclides da obra *Os Sertões*, 27. ed., Brasília, Editora da Universidade de Brasília, 1963, p. 94.

92. Auguste de Saint-Hilaire, *Segunda Viagem do Rio de Janeiro a Minas Gerais e a São Paulo*, p. 51.

O mesmo autor notou a aparente ambiguidade do comportamento dos brasileiros de alta extração social:

A dona da fazenda do retiro encheu-me de finezas até o último momento. No entanto, essa mulher, que para comigo parecia tão boa e tão meiga, mal entrara em casa já eu a ouvia berrar, a mais não poder, e exaltar-se com violência contra seus escravos. Estas normas que parecem contraditórias não o são, realmente, aos olhos dos brasileiros[93].

Isto é, não eram contraditórias apenas porque faziam parte integrante daquela sociedade que possuía "longa experiência" de convívio com a escravidão[94]. Não há como atribuir, assim, perfil mais ameno à escravidão em Minas Gerais; talvez a decadência da atividade mineradora possa ter provocado a necessidade de libertarem-se pelo menos os escravos de menor aptidão para o trabalho, que representavam contingente significativo de homens miseráveis:

De tudo quanto se viu acima, não se admirará se eu acrescentar que a mendicância é comum em São João. É aos sábados que os mendigos têm o costume de sair para pedir esmolas. [...] Esses são constituídos por negros e mulatos velhos [...] em má condição para o trabalho[95].

Em outra feita, parou "em casa de uma negra velha, cuja choupana situada no meio da mata era apertadíssima. Minha hospedeira estava livre e havia sido libertada por seu dono quando apresentou sinais de decadência"[96]. Ao pragmatismo, totalmente sincronizado com a realidade cultural da Europa de então, pode ser atribuída a seguinte observação:

Em lugar de se construírem igrejas teria sido mais cristão formar associações para melhorar a sorte dos negros que, quando libertos, não têm meios de prever e prover a própria subsistência, ou então para impedir que tantos rapazes se entreguem à vadiagem e tantas moças sejam levadas à prostituição[97].

Gardner encontrou uma "pequena aldeia chamada Espigão, com cerca de doze casas esparsas, pertencentes a gente de cor"[98]. Havia africanos que

---

93. *Idem, ibidem.*
94. Para Spix e Martius, a "longa experiência ensinou aos brasileiros que a concessão de ampla anistia, acompanhada do cálice de bebida, produz melhor efeito na índole do negro novo do que o castigo rigoroso" (*Viagem pelo Brasil*, p. 183).
95. Auguste de Saint-Hilaire, *Viagem pelo Distrito dos Diamantes e Litoral do Brasil*, p. 114.
96. *Idem*, p. 122.
97. Auguste de Saint-Hilaire, *Viagem às Nascentes do Rio São Francisco*, p. 81.
98. George Gardner, *Viagem ao Interior do Brasil*, p. 193.

possuíam pequeno negócio; "em duas Pontes [...] uma das casas era pequena venda, pertencente a um negro que me informou ser natural da África"[99]. Outrossim, para os mulatos, a pobreza era também inescapável: "Os habitantes dos termos são quase todos mulatos pobres e sem instrução"[100]. Reafirmar o caráter mais flexível da estrutura social das Minas é, nesse sentido, considerá-la "democrática na miséria que soube distribuir entre um maior número de indivíduos" e reconhecer a extrema opressão vivenciada pelos "pés-rapados"[101]. A distância social permanecia marcante, recriando todo um universo mental informador de práticas sociais díspares, já que movidas por naturezas simbólicas opostas:

Depois de jantar, cobriram a mesa de doces saborosos; quando, desejando erguer um brinde à dona da casa, elogiei suas habilidades e disse-lhe que, sem dúvida, as compotas tinha sido preparadas sob sua orientação imediata, ela assegurou-me o contrário, acrescentando que sua negra era encarregada de todas as espécies de trabalhos domésticos. Percebi, ou imaginei que se melindrara com a minha observação, e tentei justificar-me, dizendo que as senhoras inglesas se ocupavam pessoalmente de todos os afazeres domésticos[102].

Nas regiões de pecuária, contudo,

[...] os escravos são, com efeito, bem menos necessários do que naquelas onde se extrai o ouro e se cultiva a cana-de-açúcar. Não são necessários muitos braços para cuidar do gado, e quanto menos escravos há no lugar, menos pejo têm os homens livres de fazer trabalho pesado. [...] Os filhos dos fazendeiros se dedicam todos ao trabalho[103].

Quanto menor a presença do africano, maior a rusticidade e menor a possibilidade de se preocupar com o cultivo do espírito. Em

S. João, o povo geralmente mais sujo é também menos civilizado. Nesta última, os habitantes do campo aplicam-se mais à agricultura. Trabalham com seus negros e possuem, necessariamente, algo da rusticidade das ocupações. Os homens que, ao

---

99. *Idem*, p. 206.
100. Alcide d'Orbigny, p. 131. O autor refere-se aos termos das Minas Novas.
101. Laura de Mello e Souza, *Os Desclassificados do Ouro*, p. 216. Os "pés-rapados constituíam uma imensa multidão de oprimidos pelas extorsões de todos os gêneros" (Augusto de Lima Júnior, *op. cit.*, p. 82).
102. John Mawe, *op. cit.*, p. 115. "A nobreza de ofício e a do dinheiro eram evidentemente uma minoria que se concentrava nas vilas ou em suas imediações, nas grandes propriedades rurais" (Auguste de Lima Júnior, *op. cit.*, p. 82).
103. Auguste de Saint-Hilaire, *Viagem às Nascentes do Rio São Francisco*, p. 55.

A CONSTRUÇÃO MÍTICA

contrário, ocupam-se da mineração e apenas vigiam os escravos, nada trabalham e têm mais ocasião de conversar e pensar. Sua educação é mais cuidada e zelam mais pela dos filhos[104].

Não deixa de ser interessante o fato de esses viajantes estarem, em certos passos, bastante preocupados com a pouca disposição dos mineiros para o trabalho e, em outros, reconhecer que o tempo livre era condição para o desempenho de atividades tidas como superiores[105]. E de fato não surgem como incompatíveis a valorização do trabalho e o reconhecimento da superioridade das ocupações mentais. Formados pelo caldo cultural europeu, esses viajantes não aprenderam apenas a ética do labor; absorveram também como natural o processo de degradação do trabalho, isto é, a ética do trabalho já vincara os traços da sociedade europeia[106]; e o desenvolvimento das relações capitalistas aprofundara radicalmente a separação entre trabalho intelectual e processo material[107]. Imbuídos do reconhecimento da beleza civilizatória dessa dupla face da sociedade capitalista, quando esconjuram a indolência estão sempre se referindo àqueles cuja pertinência social escapa aos estratos dominantes. Os principais preguiçosos são os homens livres, sem lugar social definido; quanto aos escravos, labutam até "nos momentos de lazer"[108]. Assim, determinados atributos, tal como a hospitalidade reconhecida nos brasileiros em geral e nos mineiros em particular, são tidos como qualidades inerentes ao atraso, pois "os povos civilizados são menos hospitaleiros do que os povos atrasados"[109].

104. Auguste de Saint-Hilaire, *Segunda Viagem do Rio de Janeiro a Minas Gerais e a São Paulo*, p. 38. "Embora estes homens laboriosos se façam pelo caráter hospitaleiro, afetuoso, inimigo de querelas, neles há uma espécie de rusticidade grosseira que os torna bem diferentes dos habitantes de Minas Gerais" (Ferdinand Denis, *op. cit.*, p. 380).

105. Segundo Adorno, a recusa da cultura em relacionar-se com o processo real da sociedade apoia-se na "disposição sobre o trabalho de outros" (T. W. Adorno, *Prismas. La Crítica de la Cultura y la Sociedad*, Barcelona, Ediciones Ariel, 1962, pp. 14 e 15).

106. "O trabalho deve, ao contrário, ser executado como um fim absoluto por si mesmo – como uma 'vocação'" (Max Weber, *A Ética Protestante e o Espírito do Capitalismo*, São Paulo, Pioneira, 1967, p. 30).

107. Cf. Karl Marx, *O Capital. Crítica da Economia Política*, Livro Primeiro, vol. I, 2. ed., Rio de Janeiro, Editora Civilização Brasileira, 1971, especialmente p. 413. "Não é o operário quem utiliza os meios de produção; são os meios de produção que utilizam o operário" (*O Capital. Livro I, Capítulo VI*, São Paulo, Livraria Editora Ciências Humanas, 1978, p. 19).

108. "Formou-se, antes, uma 'ralé' que cresceu e vagou ao longo de quatro séculos: homens a rigor dispensáveis, desvinculado dos processos essenciais à sociedade. A agricultura mercantil baseada na escravidão simultaneamente abria espaço para sua existência e os deixava sem razão de ser" (Maria Sylvia de Carvalho Franco, *Homens Livres na Ordem Escravocrata*, 2. ed., São Paulo, Ática, 1976, p. 14). A expressão é de John Mawe, cf. nota 79.

109. G. W. Frieireyss, *op. cit.*, p. 50.

96 MITOLOGIA DA MINEIRIDADE

A Enunciação do Perfil

A diferença entre a afabilidade dos mineiros e a grosseria dos europeus instalados nas terras das Gerais foi realçada, sobremaneira, pelos viajantes:

> [...] apresentei-me à casa deste homem, a quem encontrei estendido sob o seu balcão. Nem mesmo se levantou para me receber. [...] Combinei com o homem voltar à noite, mas quando me apresentei, disse-me que estava deitado. [...] Não me espantei, porém, quando soube que o Sr. Machado era europeu[110].

Em se tratando, contudo, de homens de extração social modesta a polidez era notada:

> Em geral no tocante à polidez não é demais fazer o elogio dos soldados do regimento de Minas. Todas as vezes que me encontrei com alguns deles, deparei modos extremamente delicados e de todo diferentes dessa rusticidade grosseira que caracteriza frequentemente o soldado europeu[111].

Enfim, os viajantes julgaram encontrar "na terra hospitaleira de Minas Gerais" grande amabilidade, gentileza, educação, simplicidade e, muitas vezes, certa rusticidade, mas nunca frieza[112]. Dessa maneira, os mineiros poderiam ser enquadrados na construção de Sérgio Buarque de Holanda, para quem a "contribuição brasileira para a civilização será de cordialidade", centrada em comportamentos de natureza predominantemente emotiva e entendida a partir da ojeriza às práticas sociais ritualísticas[113]. Nesse sentido, talvez não fosse exagerado afirmar que os mineiros percebidos pelos viajantes situam-se no cerne de concepções de cunho cultural, como as que aparecem na obra de Sérgio Buarque de Holanda. Ou pelo menos que as considerações sobre Minas forneceram material importante para a confecção dos tipos culturais. É preciso ressaltar, todavia, que a cordialidade presente em *Raízes do Brasil* foi tecida a partir da noção de predomínio, no passado, dos "contatos primários" na vida social brasileira, mas já em franco processo

---

110. Auguste de Saint-Hilaire, *Segunda Viagem do Rio de Janeiro a Minas Gerais e a São Paulo*, pp. 42-43.

111. *Viagem pelo Distrito dos Diamantes e Litoral do Brasil*, p. 25.

112. Retiramos de Saint-Hilaire a expressão "terra hospitaleira de Minas Gerais" *Viagem às Nascentes do Rio São Francisco*, p. 61, "Não encontrei em nenhuma parte do Brasil sociedade mais acolhedora e mais agradável: pode-se dizer que é a corte do Distrito Diamantino" (John Mawe, *op. cit.*, p. 159).

113. Sérgio Buarque de Holanda, *Raízes do Brasil*, 4. ed., Brasília, Editora da Universidade de Brasília, pp. 136-137, 1963.

A CONSTRUÇÃO MÍTICA

de deslocamento por ideologias autoritárias e pelo Estado centralizador[114]. É por essa via que o autor caminha para a natureza dos princípios liberais no Brasil, que "tem sido uma inútil e onerosa superafetação", o que faz dessa obra menos uma análise do caráter nacional e mais uma reflexão, ao lado de tantas outras, das especificidades da formação social brasileira[115].

Na literatura de viagens do século XIX aparece em plano secundário um tipo social brasileiro; a ênfase está na caracterização dos perfis regionais, portanto, por vezes localizada em traços biológicos e sociais mais universais, frequentemente concentrada em tratar das particularidades psicossociais. Há descrições que perscrutam as semelhanças: "o mineiro, que, como seu antepassado, o paulista, ainda é o homem típico do Brasil"[116]. Em outras, buscam-se as singularidades: "os mineiros formam, por assim dizer, uma população à parte, entre a população brasileira"[117]; em algumas, desponta toda uma região: "até bem recentemente, o Distrito Diamantino era uma região misteriosa a respeito da qual corriam muitas lendas"[118]. No geral as singularidades são marcantes: o habitante de Minas

[...] não se distingue somente por sua sagacidade natural, por sua franqueza, por seus hábitos de hospitalidade, mas, depois do Rio de Janeiro, nenhuma região neste vasto império apresenta reunidos, melhor do que em Minas, tantos elementos próprios para desenvolver um movimento industrial favorável, e este graças a um juízo são, e uma perspicácia pouco comum[119].

Isto é, a agudeza e o equilíbrio próprio ao espírito dos mineiros fornecem-lhe o preparo para implementar mudanças, inclusive econômicas, por terem "imaginação pronta e espírito ativo"[120]. Além disso, o mineiro é "inteligente", "independente e confiante em si"[121]. A presença de tais atributos não exclui, contudo, grande reserva e certo acanhamento;

---

114. Especificamente página 136 de *Raízes do Brasil*. A respeito das ideologias autoritárias e do Estado centralizador, ver Capítulo VII.
115. Sérgio Buarque de Holanda, *Raízes do Brasil*, p. 184. Sobre as peculiaridades do liberalismo brasileiro pode-se consultar, entre outros: Roberto Schwarz, *Ao Vencedor as Batatas. Forma Literária e Processo Social nos Inícios do Romance Brasileiro*, São Paulo, Livraria Duas Cidades, 1977; Marco Aurélio Nogueira, *As Desventuras do Liberalismo. Joaquim Nabuco, a Monarquia e a República*, Rio de Janeiro, Paz e Terra, 1984.
116. Richard Burton, *Viagem do Rio de Janeiro a Morro Velho*, p. 319.
117. Ferdinand Denis, *op. cit.*, respectivamente pp. 352 e 370.
118. Alcide d'Orbigny, *op. cit.*, p. 136.
119. Ferdinand Denis, *op. cit.*, p. 352.
120. *Idem*, p. 360. "Minas Gerais se assinala, dizem, pela inteligência e energia de seus habitantes" (Luiz Agassiz e Elizabeth Cary Agassiz, *Viagem ao Brasil (1865-1866)*, São Paulo, Companhia Editora Nacional, 1935, p. 93).
121. Auguste de Saint-Hilaire, *Viagem às Nascentes do Rio São Francisco*, p. 119.

[...] o paulista, embora reservado, sente-se mais à vontade com os estrangeiros do que seu primo [mineiro]; este último pode ser descrito como acanhado. [...] Ambas as províncias são igualmente hospitaleiras [...] o paulista tira o chapéu, dá um bom dia cordial e responde de boa vontade a todas as perguntas. O mineiro nos olha bem antes de tirar o chapéu, muitas vezes sua mão fica suspensa [...] imaginando, infantilmente, se o estranho irá, ou não, corresponder ao cumprimento[122].

Durante a sua estadia em Vila Rica, Freireyss encontrou dificuldades para estabelecer relações fáceis com as pessoas que aí viviam, pois, "é necessário conhecer bem os costumes exteriores da vida, da religião etc., para viver bem com a população"[123]. Os sertanejos o demonstravam: "profunda indiferença por tudo que existe além da sua solidão, é o sinal distintivo do seu caráter"[124]. Nas pequenas vilas do interior, "a população habitual [...] é, em via de regra, composta de gente de cor, vendeiros e trabalhadores. Naturalmente sóbrios e estranhos às necessidades geradas por nosso clima"[125]. Os fazendeiros que, juntamente com os proprietários das minas, pertencem ao estrato social superior, vivem rodeados por muita simplicidade, levando uma vida que pode ser definida como sóbria:

[...] descrever uma das fazendas da comarca de S. João significa descrever todas, pois em geral são construídas segundo o mesmo modelo. Um muro de pedras rústicas mais ou menos da altura de um homem cerca um pasto bastante vasto, no fundo do qual se enfileiram as choças dos escravos, os galpões para beneficiamento ou depósito dos produtos agrícolas e a casa-grande. Esta, de pau a pique e coberta com telhas, é construída ao rés do chão. A sala é a primeira peça que se encontra ao entrar e seu mobiliário consiste unicamente de uma mesa, um par de bancos e uma ou duas camas descarnadas. Dificilmente deixa de haver, distribuídos ao redor da sala, vários porta-chapéus, onde se penduram também as selas, rédeas, chicotes etc.[126].

Nesse ambiente provinciano, seria natural que se desconfiasse dos estrangeiros: "ter-me-ia sido agradável ficar com eles mais um dia ou dois [...] mas me contive para não fazer pedido de tal ordem, porque desconfiei haverem suspeitado das minhas intenções"[127]. O provincianismo manifesta-se também na acentuada aversão por viagens marítimas, mas em compensação "gostam de viajar por terra"[128]. O desprezo pelo mar pode residir no desconhecimento das

---

122. Richard Burton, *Viagem do Rio de Janeiro a Morro Velho*, p. 335.
123. G. W. Freireyss, *op. cit.*, pp. 45-46.
124. Ferdinand Denis, *op. cit.*, p. 384.
125. Alcide d'Orbigny, *op. cit.*, p. 146.
126. Auguste de Saint-Hilaire, *Viagem às Nascentes do Rio São Francisco*, p. 56.
127. John Mawe, *op. cit.*, pp. 144-145.
128. Auguste de Saint-Hilaire, *Viagem às Nascentes do Rio São Francisco*, p. 85.

A CONSTRUÇÃO MÍTICA

grandes vastidões oceânicas, representando dificuldade de adaptação diante da volatilidade das ondas e apontando para a existência de um contexto social cuja "força dos costumes" é grandemente acentuada[129]. Daí, o apego às tradições que, no nível das relações familiares e intersexuais, redunda em moralismo:

> [...] falou-se muito sobre a França, e me perguntaram se era verdade que lá as mulheres eram tão livres quanto tinha afirmado um outro francês que por ali passara antes. Confirmei as palavras do meu compatriota, e as informações pareceram de tal forma estranhas a eles que um dos presentes exclamou, levando as mãos à cabeça: Deus nos livre de tamanha desgraça![130]

Em suma, a ambiência mineira retratada pelos viajantes apresenta características próprias de sociabilidade por reproduzirem, mormente nas zonas rurais, um quadro cultural que tende à cristalização. Na opinião de Denis, o fato de as Minas estarem situadas "no centro do Império, e, por este motivo, em contato menos imediato com os europeus, os velhos costumes portugueses têm-se aí conservado, ao menos em parte, na sua primitiva singeleza"[131]. Se é verdade que as capitanias litorâneas se encontravam melhor localizadas no sentido da abertura para o exterior, não se pode esquecer que a região mineradora era vista como a capitania mais importante, durante o século XVIII. Ainda que não respaldada pela realidade, a Coroa portuguesa voltava seu olhar de cobiça e suas preocupações predominantemente para o centro da colônia brasileira[132]. Por isso, uma vez que grande parte dos esforços dos colonizadores se dirigiam para aí, é de se supor que o isolamento não fosse tão grande, mesmo porque a sociedade mineira, primordialmente urbana, exigia o desenvolvimento de vasta rede de trocas, capaz de supri-la de alimentos e de produtos manufaturados[133]. Caso as Minas fossem verdadeiramente insulares, ficaria difícil explicar a

---

129. Expressão retirada de Saint-Hilaire, *op. cit.*, p. 132.
130. Auguste de Saint-Hilaire, *Viagem às Nascentes do Rio São Francisco*, p. 90.
131. Ferdinand Denis, *op. cit.*, pp. 369.-370.
132. "De verdade, é digno de nota o fato de que mesmo no momento em que as exportações atingiram o índice mais alto, em 1760, e o ouro atingiu o seu pico, o valor das exportações de açúcar ainda superou o valor do ouro, tanto que, do total de 4 milhões e 800 mil esterlinos, o açúcar produziu 2 milhões e 400 mil e, o ouro, 2 milhões e 200 mil" (José Jobson de Andrade Arruda, *O Brasil no Comércio Colonial*, São Paulo, Ática, 1980, p. 610).
133. "Pela primeira vez no Brasil aparece intenso comércio interno de artigos de subsistência; a circulação dos gêneros obrigou à abertura de vias de penetração no sertão, à criação de um sistema de transportes baseado no mar. Foi no oitocentos, em função do abastecimento das minas, que surgiram os mais importantes caminhos do Brasil Colonial" (Mafalda P. Zemella, "O Abastecimento da Capitania das Minas Gerais no Século XVIII", *Boletim* n. 118 da FFCL da Universidade de São Paulo e n. 12 da *História da Civilização Brasileira*, São Paulo, 1951, p. 263).

efervescência cultural setecentista ou, pelo menos, entender o caráter dos movimentos artísticos e literários, que produziram expressões genuínas a partir de molduras externas.

Pensamos, por isso, poder localizar nas peculiaridades mineiras uma tendência a resistir às mudanças. A tão decantada sovinice dos geralistas, cuja "mania de poupança não se coaduna absolutamente com o caráter em geral imprevidente dos brasileiros", deve resultar da combinação entre a falta de solidez da atividade mineradora e as especificidades da agricultura, desenvolvida após o período decadente[134]. O fato de certas particularidades serem assenhoreadas no plano das construções simbólicas faz originar concepções que tracejam tipos culturais definidos, capazes de produzir um esboço borrado – o caráter do brasileiro – ou um desenho nítido e nuançado – o caráter do mineiro. Entre um e outro criam-se subtipos: "um, expansivo, inflamável, categórico nas afirmações e o outro retraído, prudente e conciliador"[135]. Do desenvolvimento da segunda categoria emerge a figura do mineiro: retraída e prudente, ao estender as mãos em feitio cismarento e ao hesitar em esbanjar suas economias; conciliadora, nada categórica, quando "apesar de conservador era ajudado pelas autoridades liberais"[136]. A compreensão dessa matriz ideológica pressupõe percorrer as transformações que, no conjunto, respondem pela constituição de Minas e dos mineiros em personagens entremeadas numa teia complexa[137]. Profundamente entretecido na sua história, o "espírito de Minas" visita e hospeda a história brasileira[138]. Como, quando e por que coabitam é tema que estará no centro das nossas reflexões posteriores. Entendemos, portanto, que o "mundo social-histórico está indissociavelmente entrelaçado com o simbólico"[139]. Impõe-se, por isso, perscrutar a intimidade de uma história que subjaz a um tipo de discurso, buscando evitar explicações que derivam imediatamente o imaginário da sociedade.

Falamos do imaginário quando queremos falar de alguma coisa "inventada" – quer se trate de uma invenção "absoluta" (uma história imaginada em todas as suas partes), ou de um deslizamento, de um deslocamento de sentido, onde símbolos já

---

134. Auguste de Saint-Hilaire, *Viagem às Nascentes do Rio São Francisco*, p. 126.

135. Fernando de Azevedo, *op. cit.*, p. 229.

136. Richard Burton, *Viagem do Rio de Janeiro a Morro Velho*, p. 307.

137. Analogia inspirada em Braudel, para quem "uma nação em curso de se fazer, ou de se refazer não é uma personagem simples" (Fernand Braudel, *L'Identité de la France. Espace et Histoire*, Paris, Arthaud-Flammarion, 1986, p. 12).

138. Palavras de Carlos Drummond de Andrade, "Prece de Mineiro no Rio", *Poesia Completa e Prosa*, Rio de Janeiro, Aguilar, 1973, p. 304.

139. Cornelius Castoriadis, *A Instituição Imaginária da Sociedade*, 2. ed., Rio de Janeiro, Paz e Terra, 1986, p. 142.

A CONSTRUÇÃO MÍTICA

disponíveis são investidos de outras significações que não suas significações "normais" ou "canônicas". [...] Nos dois casos, é evidente que o imaginário se separa do real [...][140].

Nesse sentido, entre imaginário e simbólico estabelecem-se relações de dupla-mão, onde aquele se utiliza dos símbolos "para existir, para passar do virtual a qualquer coisa a mais", e este, inversamente, "pressupõe a capacidade imaginária"[141]. O imaginário mineiro pronto e elaborado – a mineiridade – que remanesce, por certo, no manancial da história de Minas, superpôs ao tempo inerente à vida o seu próprio tempo, esquadrinhando portas alheias.

Através de grossas portas,
sentem-se luzes acesas,
– e há indagações minuciosas
dentro das casas fronteiras:
olhos colados nos vidros,
mulheres e homens à espreita,
caras disformes de insônia,
vigiando as ações alheias.
Pelas gretas das janelas,
pelas frestas das esteiras,
agudas setas atiram
a inveja e a maledicência.
Palavras conjecturadas
oscilam no ar de surpresas,
como peludas aranhas
na gosma das teias densas,
rápidas e envenenadas,
engenhosas, sorrateiras.

E a vizinhança não dorme:
murmura, imagina, inventa.
Não fica bandeira escrita,
mas fica escrita a sentença[142].

---

140. *Idem*, p. 154.
141. *Idem, ibidem*.
142. Cecília Meireles, *op. cit.*, pp. 79-81.

3
O Enleio do Imaginário

Ritualismo

A sentença escrita e a bandeira abandonada vibraram sobre os mineiros como a espada de Dámocles. A identidade de Minas começou a ser gerada a partir da experiência de uma derrota, e, pois, dentre os elementos mais significativos da construção imaginária está o ideário da Inconfidência. Tiradentes sobretudo, mas também seus companheiros, foram rodeados pela aura que costuma envolver aqueles considerados heróis da nacionalidade. A personificação de Minas e a singularidade atribuída aos mineiros ficaram atravessadas pelo trágico destino dessas personagens, perseguidas pelos feitos dos seus antepassados e engolfadas pela história de quem "atrás do vício em liberdade corra"[1]. A ideia de que os mineiros reagem a todas as formas de despotismo, em nome da liberdade, foi inspirada nos acontecimentos desenrolados no final do século XVIII: "As minas, [...] desde cedo se inclinam ao autonomismo, se tornam insubmissas, prezando a autosuficiência"[2]. Autonomismo e insubmissão expostos de maneira tão abrangente podem servir aos mais diferentes desígnios, criando, em princípio, abertura no plano da significação; mas neste caso a tendência é para o fechamento do leque, uma vez que se agrega o advérbio "desde cedo". É possível entrever-se, também,

---

1. Tomás Antônio Gonzaga, "Lira 93", *Obras Completas,* edição Crítica de Rodrigues Lapa, Rio de Janeiro, 1942.
2. Sylvio Vasconcellos, *Mineiridade. Ensaio de Caracterização,* Belo Horizonte, Imprensa Oficial, 1968, p. 22.

a ligação com a origem: a economia do ouro e a tentativa separatista. Daí, os ensaios de interpretação de Minas verem as "manifestações do 'espírito de Minas' que se precisavam no século XVIII, quando do apogeu do ciclo do ouro"[3]. Foi na ambiência mineira setecentista que os ensaístas, codificadores definitivos da mineiridade, foram buscar a gênese desse imaginário entalhado no ouro que brotava das Minas, na exaltação dos inconfidentes mesclados num reconhecimento superlativizado da efervescência cultural. Os versos que se seguem são primorosos nesse sentido:

> Atrás de portas fechadas,
> à luz de velas acesas,
> entre sigilo e espionagem,
> acontece a Inconfidência.
> E diz o Vigário ao Poeta:
> "Escreva-me aquela letra
> do versinho de Vergílio..."
> E dá-lhe o papel e a pena.
> E diz o Poeta ao Vigário,
> com dramática prudência:
> "Tenha meus dedos cortados,
> antes que tal verso escrevam..."
> Liberdade, Ainda Que Tarde,
> ouve-se em redor da mesa.
> E a bandeira já está viva;
> e sobe, na noite imensa.
> E os seus tristes inventores
> já são réus – pois se atreveram
> a falar em liberdade
> (que ninguém sabe o que seja).
> Através de grossas portas,
> sentem- se, luzes acesas,
> e há indagações minuciosas
> dentro das casas fronteiras.
> "Que estão fazendo, tão tarde?
> Que escrevem, conversam, pensam?
> Mostram livros proibidos?
> Leem notícias nas gazetas?
> Terão recebido cartas?
> de potências estrangeiras?"
> (Antiguidades de Nêmes

---

3.   Miran de Barros Latif, *As Minas Gerais*, Rio de Janeiro, Agir, 1960, p. 212.

em Vila Rica suspensas!
Cavalo de La Fayette
saltando vastas fronteiras!
O' vitórias, festas, flores
das lutas da Independência!
Liberdade – essa palavra
que o sonho humano alimenta:
que não há ninguém que explique,
e ninguém que não entenda!)[4]

No sigilo das grossas portas fechadas nascia o ideário de liberdade dos inconfidentes – utopia prudente de poetas e do clero – que trouxeram Virgílio para a colônia, que ousaram saltar as fronteiras do isolacionismo cultural e político e criaram uma atmosfera carregada por pontos em suspensão, a reproduzir a vitória na derrota, a sobrevivência na morte, a tradição na ruptura. E de fato, a partir desses episódios, a "tradição de Minas é inventada", ao estabelecer uma ligação com o passado através dos fios da continuidade[5]. Em suma, a identidade de Minas nasceu de uma derrota e daí o seu caráter vitorioso, permitindo aos mineiros cultivar a sua própria permanência no desenlace da vida, de onde advém a tradição ritualizada. Dom Quixote, similarmente, buscou no ocaso de um estilo de vida a identidade cavalheiresca e, nesse passo, a conexão estabelecida pelos mentores da mineiridade entre Minas e Castela passa a ser entendida no plano da significação imaginária: "O mineiro, nos árduos trabalhos de lavra, adquiriu a imaginação e os arrojos de entusiasmo romântico de um verdadeiro Quixote"[6]. Concomitantemente, a prudência, que se manifesta no poema reproduzido acima sob prisma dramático, drama nascido da antinomia entre liberdade e ponderação, aparece, na literatura dedicada a elaborar o perfil dos mineiros, encarnada na personagem de Sancho Pança:

O "alteroso montanhês" também adquiriu as ponderações de Sancho. O ouro de Minas dera em Quixotes, quando na ânsia de achá-lo, e dera também em Sancho, quanto ao receio de perdê-lo. E sobre estes dois aspectos, a montanha – as "alterosas"

---

4. Cecília Meireles, "Romance XXIV", *Romanceiro da Inconfidência. Crônica Trovada da Cidade de San Sebastian*, Rio de Janeiro, Nova Fronteira, 1983, pp. 80-81.
5. "Por 'tradição inventada' entende-se um conjunto de práticas, normalmente reguladas por regras tácitas ou abertamente aceitas; tais práticas, de natureza ritual ou simbólica, visam inculcar certos valores e normas de comportamento através da repetição, o que implica, automaticamente, uma continuidade em relação ao passado" (Eric Hobsbawm, "A Invenção das Tradições", em Eric Hobsbawm e Terence Ranger (orgs.), *A Invenção das Tradições*, Rio de Janeiro, Paz e Terra, 1984, p. 9).
6. Miran de Barros Latif, *op. cit.*, p. 210. Sobre a segunda morte da cavalaria, ver: Arnold Hauser, *Historia Social de la Literatura y el Arte*, Madrid, Ediciones Guadarrama, 1969, pp. 63 e ss.

das plataformas políticas – conservou, até hoje, o "espírito das Minas" como precioso reservatório de valores humanos[7].

Passagens como esta ilustram como o imaginário sobre Minas vai sendo tecido, elucidando uma das dimensões significativas da construção, qual seja, aquela que enfatiza, como inerente aos mineiros, o papel de vislumbrarem o futuro, mas fugindo dos projetos que envolvam grandes riscos e dentro de parâmetros bem circunscritos, que implicam, portanto, moderação.

Das características especiais dos mineiros passa-se, nesses trabalhos, para as elocubrações sobre o papel dos políticos montanheses na sociedade brasileira:

> Quando políticos, os mineiros sempre temperaram o entusiasmo romântico – tão necessário para se vislumbrar e tentar alguma coisa, nesse imenso país ainda mal alinhavado – com a ponderação realista. Tornaram-se assim elementos de equilíbrio indispensáveis ao governo central[8].

Isto é, aos mineiros conferiu-se uma missão, que "não é apenas preservativa e conservadora. É reformadora"[9], nessas concepções, o equilíbrio dos mineiros moldaria o corpo do país, visto ter este feição inorgânica. Nesses casos, na simbiose entre Quixote e Sancho, a figura pesada do último teria proeminência sobre o primeiro, porque o pragmatismo, para ser predominante – não há reforma sem visão prática –, precisa desalojar os devaneios quixotescos. É interessante notar que se constrói o traço de equilíbrio dos mineiros sobre a seara de uma experiência que foi lida como a nossa grande utopia libertária. Ora, do ponto de vista lógico, tal combinação implica assumirem-se termos inerentemente contraditórios. Ou bem é liberdade e, nesse sentido, há uma tendência ao absoluto e, para parodiar o verso de Cecília Meireles, há algo de inapreensível, de inexplicável, nos fluxos absolutistas e que só pode ser apreendido no plano das sensações; ou bem é ponderação e equilíbrio, que implicam, sempre, o delimitar fronteiras. Nesse tipo de discurso perdeu-se o verdadeiro caráter da liberdade que a vivência da derrota poderia ter gerado. A liberdade permanece como ideal, exatamente quando é vencida, pois a fixidez do processo põe termo à dinâmica criadora, que se perde na cristalização[10]. Os

---

7. *Idem*, pp. 210-211.
8. *Idem*, pp. 211-212.
9. Alceu Amoroso Lima, *Voz de Minas. Ensaio de Sociologia Regional Brasileira*, São Paulo, Abril Cultural, 1983, p. 120.
10. Lembramos, nesse passo, as reflexões de Hannah Arendt sobre o tesouro perdido das experiências libertárias quando se consolidam (Hannah Arendt, *On Revolution*, London, Penguin Books, 1973, especialmente Capítulo VI: "The Revolutionary Tradition and Its Lost Treasure").

mineiros foram Quixotes no passado. Hoje são Sanchos e parecem não querer recompor os desatinos do cavaleiro andante. Recusam brandir as suas lanças em direção aos moinhos de vento; ao contrário, cavalgam seguros em busca dos alvos certeiros. Aliás, o mineiro-quixote, quando emerge nessas visões, faz-se acompanhar por seu fiel escudeiro e talvez não seja casual que, nas expressões literárias, o cavaleiro apareça solitário[11]. Em *Grande Sertão: Veredas* onde "o mundo idealizado da cavalaria faz parte indissolúvel da matéria tratada no romance"[12], Riobaldo, a figura central da obra, possui um quê de precaução que se expressa nas entrelinhas das suas hesitações. Ele não consegue rompê-las *in totum*, ultrapassa-as em parte quando estabelece o pacto com o demônio e, principalmente, pelo chamamento do indefinível encarnado em Diadorim, cuja essência feminina contida numa externalidade masculina cria o fluido espaço da ambiguidade. Por isso ele pode dizer: "Diadorim é a minha neblina"[13]. Tiradentes, em sentido contrário, não enevoou as montanhas de Minas, tornou-as, isso sim, mais translúcidas e grandiosas; por meio dele, elas tentaram fazer-se visíveis das planícies. Caberia indagar-se, então, por que dentre os movimentos separatistas foi exatamente o de Minas, o menos profundo do ponto de vista social, a permanecer na memória como a grande tentativa de erigir-se a liberdade do Brasil[14]. O fato de ter sido confeccionado por mentes ilustradas deve ter colaborado para isso; afinal, o saber cria a sua própria tradição, além de ser manifestação de poder[15]. Mas seria possível agregarem-se ainda outras considerações que se deve ligar às peculiaridades da sociedade brasileira, as quais tornam difícil a convivência com grandes dissensões; às especificidades regionais de Minas, que necessitam de um certo tipo de política, expressa nas práticas dos seus representantes; finalmente, ao fato mesmo de a Inconfidência haver se transformado em mito político nacional.

---

11. Remetemos para o trecho da obra *Chão de Ferro* de Pedro Nava, reproduzido na página 88 deste trabalho, cf. nota 125, cap. I.

12. Walnice Nogueira Galvão, *As Formas do Falso. Um Estudo sobre a Ambiguidade no Grande Sertão: Veredas*, São Paulo, Perspectiva, 1972, p. 61.

13. João Guimarães Rosa, *Grande Sertão: Veredas*, 18. ed., Rio de Janeiro, Nova Fronteira, 1985, p. 23.

14. Carlos Guilherme Mota aponta as diferenças na composição social dos integrantes do movimento mineiro e do baiano: *Atitudes de Inovação no Brasil: 1789-1801*, Lisboa, Livros Horizonte, s.d., p. 124. O mesmo autor, em outro livro sobre o movimento de 1817, diz: "[...] há que anotar a existência de diferenças de matizes dentro da tendência anticolonialista no Nordeste Revolucionário. *Para além da revolução descolonizadora dos proprietários havia uma outra, mais popular, mais radical*" (Carlos Guilherme Mota, *Nordeste 1817*, São Paulo, Perspectiva, 1972, p. 119, grifos do autor).

15. Retiramos de Foucault as relações entre saber e poder (Michel Foucault, *Microfísica do Poder*, em Roberto Machado (org. e introd.), Rio de Janeiro, Graal, 1979). Nas palavras de Bourdieu, seriam homens dotados de Capital Cultural (Pierre Bourdieu, *A Economia das Trocas Simbólicas*, org. e introd. Sergio Miceli, São Paulo, Perspectiva, 1974).

108 MITOLOGIA DA MINEIRIDADE

A existência do mito em si já constitui uma resposta simbólica aos dois problemas anteriores. Com o mito recria-se a tradição, por meio de "um processo
de formalização e ritualização, caracterizado por referir-se ao passado, mesmo
que apenas pela imposição da repetição"[16]. No processo de criação da tradição,
o uso sistemático da história serve de fonte legitimadora de práticas sociais e
de material que integra as diferenças[17]. Esses discursos que, ao mesmo tempo,
obscurecem e revelam a natureza da vida social, são momentos integrantes de
uma dimensão ritualizada das práticas. Entre os mineiros, uma manifestação
de cunho ritualístico expressa-se no gosto de falar sobre Minas[18].

Nesse sentido concordamos com Roberto da Matta, que considera toda a
vida social como sendo ritualizada ou, pelo menos, passível de ritualização,
dado o seu caráter convencional e simbólico[19]. Por isso, segundo essa formu-
lação, as distinções entre esfera do quotidiano e momentos rituais específicos
não são estabelecidas radicalmente, visto estarem ambos apoiados em convenções[20]. Os grandes eventos históricos, ou as personagens de relevo, saem da
quotidianidade e, ao voltarem-se para ela, tornam-se particulares e históricos[21].
Quer se trate do ritualismo presente na vida cotidiana – no nosso exemplo, a
necessidade do mineiro de falar sobre Minas –, quer se refira à ritualização
de um evento histórico – a morte de Tiradentes, comemorada nacionalmente
no dia 21 de abril – estabeleceram-se dois subprocessos sociais de conteúdos
significativos: *1*. proeminência da subcultura mineira em relação às demais; *2*.
aparecimento de fortes laços de integração social. Julgamos estarem presentes,
no conjunto do ritualismo mineiro, esses dois subprocessos. A própria atividade ritual atribui dignidade aos agentes e confecciona a integração social[22].

A descrição jocosa de Rubem Braga da dimensão ritualística no comportamento dos mineiros retrata, com fidelidade, o que vimos dizendo até agora:

> *Os mineiros*, eu conheço os mineiros. É de vê-los, os mineiros, quando uma tarde
> se telefonam e se dizem – que a Vanessa chegou. Durante dois, três dias, sempre que se

16. Eric Hobsbawm, *op. cit.*, p. 12.
17. *Idem*, p. 21.
18. Fala de Affonso Romano de Sant'Anna no painel "Minas, Não Há Mais?", *i Seminário de Econo-
    mia Mineira*, Diamantina, 1982. Folheto publicado em 1986, Cedeplar, Universidade Federal
    de Minas Gerais, p. 22.
19. Conforme Roberto da Matta, *Carnavais, Malandros e Heróis. Para uma Sociologia do Dilema
    Brasileiro*, 2. ed., Rio de Janeiro, Zahar, 1980, p. 56.
20. *Idem*, p. 57.
21. Cf. Agnes Heller, *Historia y Vida Cotidiana. Aportación a la Sociología Socialista*, México, Editorial
    Grijalbo, 1985, p. 42.
22. Cf. Émile Durkheim, *Las Formas Elémentales de la Vida Religiosa*, Buenos Aires, Editorial Scha-
    pire, 1968.

encontram na rua ou em um bar, eles se detêm um instante como duas formigas que se cumprimentam e anunciam que Vanessa está aí. Eu jamais vejo Vanessa, [...] Creio que nenhum deles namora Vanessa, mas a presença de Vanessa, e mesmo a simples iminência da presença de Vanessa, é uma espécie de senha que os faz estremecer. Às vezes vem Milton, às vezes vem Abgar, e sinto que Rodrigo telefona a Afonso e a Drummond. Ainda não me expliquei é como vem Emílio Moura. É difícil supor Emílio Moura numa poltrona de avião ou mesmo dentro de um trem. Parece que Emílio Moura se desencarna em Minas e se reencarna lentamente nas imediações da casa de Fernando Sabino. Então se faz anunciar. [...] Lentamente vão chegando Paulo Mendes Campos, Otto Lara Resende, Hélio Pellegrino, Marco Aurélio Matos, a quem Emílio diz com doçura – estive ontem com seu pai.

Uma vez eu estava presente – mas de súbito compreendi que ia se realizar um *rito exclusivamente mineiro* e achei melhor me retirar. Eles ficam sussurrando. [...] Fala-se pouco de literatura, alguma coisa de política, dá notícias de pessoas. [...] O mais que eles falam é segredo mineiro; suspeita-se de que debaixo do maior sigilo comentam, pessoas de Pernambuco, do Rio Grande do Sul e outros países estranhos e certamente bárbaros; tramam ocupar novos territórios capixabas e sonham com um porto de mar – pois assim são os mineiros.

No fim de dois, de três dias, eu já posso ser admitido à presença de Emílio Moura (à presença de Vanessa nunca fui) e quase sempre ele nesse momento está dando notícias [...] de algum filho de Minas. Eu fico quieto [...][23].

Ao longo desse trecho podem-se perceber determinadas ações que fazem parte integrante dos ritos. Logo de saída, opera-se uma clara identificação das figuras sociais participantes do cerimonial – os mineiros – que por estarem nomeados em forma genérica criam, entre o escritor e o leitor, a sensação de estarem trabalhando com um único código, através da atribuição do mesmo significado. Quando o cronista inicia seu texto num estilo coloquial, oferece a impressão de estar transitando por via conhecida, para onde se dirige naturalmente, visto serem desnecessárias maiores explicações. Em seguida, ao dizer – "eu conheço os mineiros" – exprime os seus contatos com a confraria, permitindo que se entreveja certo privilégio de compartir um segredo não extensível a todos. O passo seguinte explicita mais claramente: "é de vê-los". Aqui o mistério começa a rondar o texto, o escritor sugere conhecê-los, sendo, ao mesmo tempo, um convite aos leitores que deve ser reforçado, por se tratar de matéria para jornal, cuja leitura é seletiva e rápida. O deslanchar das palavras recria, noutro patamar, a ideia da confraria proprietária de um segredo: "sempre que se encontram [...] detêm um instante [...] e anunciam que Vanessa

---

23. Rubem Braga, "Almoço em Minas", *Diário Carioca*, 18 de janeiro de 1948. Reproduzido em Carlos Drummond de Andrade (org.), *Brasil, Terra e Alma. Minas Gerais*, Rio de Janeiro, Editora do Autor, 1967, pp. 102-103, grifos nossos.

está aí". Os mineiros, objeto em questão, são portadores de uma senha cuja simples menção provoca-lhes calafrios e podem identificar-se nos simples arrepios, porque eles conhecem Vanessa. A mulher, nesse caso, sugere o enigma desvendado apenas por iniciados, indecifrável às outras mentes. O início do rito está representado pela chegada de Emílio Moura, que já vem envolvido numa mística, quase com poderes extra-humanos, ao assemelhar-se aos espíritos que desencarnam e voltam a reencarnar-se. O rito começado é excludente em relação a estranhos: "achei melhor me retirar". No desenrolar do rito, impera o cuidado: "o mais que eles falam é segredo mineiro". Confabulam sobre os outros, mas falam principalmente de si mesmos. Há clara alusão aos laços de identificação comum e de extrema solidariedade do grupo: "debaixo do maior sigilo comentam [...] outros países estranhos e, certamente, bárbaros". A irmandade junta-se para maquinar, comportamento que os identifica, finalmente. A trama é da natureza dos mineiros: "pois assim são os mineiros". O cronista, após certo tempo, obtém a dádiva de ser aceito e é introduzido ao cerimonial: "eu já posso ser admitido à presença de Emílio Moura". Mas jamais participará da essência mais íntima da natureza ritual dos mineiros: "à presença de Vanessa nunca fui". Assim, resta-lhe o papel de coreógrafo: "eu fico quieto", isto é, eu não sou mineiro. A crônica termina com o mistério envolvendo novamente o leitor, que se perguntará por Vanessa. O autor renova a cerimônia ao repor o segredo, deixando entrever a possibilidade de repetição do ritual e o caráter ritualístico do quotidiano dos mineiros. Tecniçamente, a crônica beira à perfeição por suscitar a curiosidade do leitor, que provavelmente procurará com avidez nas páginas do dia seguinte o mistério de Vanessa. Em suma, é possível encontrar nessa descrição todos os componentes rituais. O estremecimento dos confrades, provocado pela imagem de Vanessa, assemelha-se às possessões místicas como as dos seguidores das religiões afro-brasileiras. Emílio Moura ocupa a posição de chefe do cerimonial, pois a sua chegada anuncia a iminência do ritual. Ocorre, também, clara identificação entre os membros da ordem; apesar de individualizados, todos têm uma identidade comum, expressa no fato de serem mineiros. Estabelece-se, de outro lado, uma clivagem entre o grupo e os estranhos. Os outros são estrangeiros e bárbaros e mesmo o autor do relato transita numa zona intermediária, não chega a conhecer todas as nuanças do ritual. Há nítida classificação dos seres, tal como no totemismo, cujas partes estão distinguidas e os contatos desenvolvem-se sempre que a integridade das partes seja obscurecida. Todavia, mantém-se a proeminência de uma das facções, aquela portadora do segredo, envolvendo os mineiros numa mística que trabalha na direção do reforço e não da neutralização. Por tudo isso, a crônica reproduz um rito que promove a *integração*, pois os laços

O ENLEIO DO IMAGINÁRIO

entre os seus membros tendem a reforçar os liames e a recriar a solidariedade comunitária[24]. Dessa forma, os iniciados vivem o universo da *communitas* em oposição ao da *societas*, gestando um tipo específico de solidariedade que se apoia nas semelhanças, por não nascer das diferenças[25]. Permanecem traços de um ritual de iniciação, apesar da incompletude na assimilação do estranho que, no caso, foi parcial. Por essa via, é possível recompor-se a escala da hierarquia social, onde o topo é ocupado pelo chefe do cerimonial e na base se aloja o estrangeiro. Nos ritos não ocorre total simetria das posições sociais; em todos os cerimoniais religiosos, como por exemplo os da Igreja Católica, a revivescência do sacrifício de Jesus durante a missa recoloca, para além da ideia da comunhão, as gradações do conjunto. Deus está no centro dos acontecimentos, a hierarquia religiosa desempenha papel de intermediação entre Ele e os fiéis, e estes, humilde e respeitosamente, obtêm o privilégio de fazerem-se presentes na cerimônia. Restaria, ainda, considerar a dimensão tradicional desse rito. O reforço das semelhanças e o afastamento das diferenças, a presença da comunidade em oposição à sociedade, a definição de um caráter específico dos mineiros – presentes na noção de trama –, insuflam as ondas de compreensão no sentido do adensamento do rito, definidoras de uma forma de sociabilidade apoiada em relações primárias. É por isso que da leitura dos rituais podemos retirar as relações fundamentais da vida social[26]. "O ritual é a colocação em foco, em *close-up*, de um elemento e de uma relação"[27].

A revivescência de Tiradentes retrata um rito de cunho político. O discurso de Tancredo Neves como presidente eleito pelo colégio eleitoral, em janeiro de 1985, é primoroso nesse sentido. "A História da Pátria, *que se iluminou através dos séculos com o martírio da Inconfidência Mineira*, que registra com orgulho a força do sentimento da unidade nacional sobre as insurreições libertárias durante o Império"[28]. Aqui, a história brasileira constitui-se em desdobramento do movimento da Inconfidência. Como não há Nação sem unidade nacional, foi a Inconfidência o berço do sentimento unitário e por meio dela clarifica-se a história do Brasil. A reafirmação da tendência mineira para constituir a nacionalidade, por ter sido o berço de Tiradentes, subjaz também nessas palavras: "A democracia, no seu traço mais sensível, que é a

---

24. Roberto da Matta analisa a comemoração do dia da pátria do ponto de vista do reforço da hierarquia (*op. cit.*, capítulo I, especialmente p. 54).

25. Cf. Émile Durkheim, *De la División del Trabajo Social*, Buenos Aires, Editorial Schapire, 1967.

26. Cf. Roberto da Matta, *op. cit.*, p. 65.

27. *Idem*, *ibidem*.

28. "Discurso de posse de Tancredo Neves no Colégio Eleitoral, em 15 de janeiro de 1985". Reproduzido em Vera Alice Cardoso Silva e Lucília de Almeida Neves Delgado, *Tancredo Neves. A Trajetória de um Liberal*, Petrópolis, Vozes/Universidade Federal de Minas Gerais, 1985, p. 290, grifos nossos.

liberdade, constitui, em Minas, uma predestinação histórica. *Curvemo-nos a esse imperativo que nos vem do passado* [...]"[29].

Filhos de Tiradentes – arquiteto da nação – são, os mineiros, os legítimos continuadores da obra iniciada por seus fundadores. Assim, os políticos mineiros confeccionam a grandeza da sua estirpe: "Ainda não expirava o século XVIII e Minas já era uma chama viva e incandescente de independência: de suas penhas e canhadas, de suas catas sangrando, *parte para o patíbulo e para a eternidade, intrépido e sereno, o Alferes Conjurado*"[30]. Com o advérbio 'ainda', tenta-se sublinhar a precocidade mineira na tessitura da independência. A frase seguinte consegue ser mais forte, com palavras que chamam a atenção para a intensidade do sentimento libertário dos mineiros, que não jorrava apenas do corpo do alferes esquartejado, mas também das suas minas e da sua "Terra toda mexida, a água toda revirada"[31]. O patíbulo ronda como um espectro a perseguir os mineiros. Estabelece-se, por associação, certa contiguidade entre o martírio do inconfidente e o sacrifício dos montanheses, despontando, na passagem, um signo do tipo metonímico[32]. No destemor, porém suave, elabora-se a personalidade básica dos mineiros, fruto da combinação permanente da impetuosidade na temperança, da força na serenidade, da harmonia na desorganização. "E o mineiro, sendo um conciliador, foi sempre um revolucionário. Todas as grandes revoluções do Brasil partiram de Minas. Desde Tiradentes até 1964"[33]. Haveria expressão maior para os mineiros, para além da glória de terem urdido os acontecimentos mais importantes da nação? Tiradentes, dessa forma, enleou no seu destino a história de Minas e a do Brasil e, ao ser inserido no novo domínio, escreveu o futuro com seu sangue, flutuando na sua condição de mito, riscando o desenho de sua trajetória de morto, que persiste vivo. A sina de viver a intemporalidade mítica, de movimentar-se na circularidade do tempo[34], de defrontar-se com

---

29. "Discurso de posse de Milton Campos ao Governo do Estado de Minas Gerais", em Milton Campos, *Compromisso Democrático*, Belo Horizonte, Secretaria da Cultura de Minas Gerais, 1951, p. 6, grifos nossos.
30. "Discurso de posse de Tancredo Neves na Academia Mineira de Letras, em 24 de fevereiro de 1983", *Academia Mineira de Letras*, Belo Horizonte, 1983, p. 12, grifos nossos.
31. Cecília Meireles, "Romance VII ou Do Chico Rei", *op. cit.*, p. 37.
32. Sobre os signos metonímicos: Eliseo Verón, *Ideologia, Estrutura e Comunicação*, São Paulo, Cultrix, p. 136, 1970, p. 136.
33. Entrevista de Tancredo Neves a Vera Alice Cardoso e Lucília de Almeida Neves Delgado, *apud Tancredo Neves. A Trajetória de um Liberal*, p. 105.
34. Sobre a circularidade do tempo mítico: A. Y. Gourevitch, "Le Temps comme Problème d'Histoire Culturelle", *Les Cultures et le Temps*, introdução de Paul Ricoeur, Paris, Payot/Unesco, 1975, pp. 257-275.

– amáveis sombras
que aqui jogastes
vosso destino
na obrigatória,
total aposta
que às vezes fazem
secretas vidas
por sobre- humanas
fatalidades?[35]

Obrigados a aceitar seus corpos cobertos

de musgo e líquens,
paralisados
no frio tempo,
fóra das sombras
que o sol regula[36],

os inconfidentes tiveram seus rostos esculpidos nos marcos da nacionalidade
e foram progenitores de numerosa prole, pois inseminaram as Minas e fecun-
daram o solo brasileiro, de onde brotou, posteriormente, vasta descendência
legitimada[37].

Em todo caso, o futuro, rompido como destino, pode ser experimentado no
presente; assim, um homem prometido à morte, é marcado pelo avanço de seu
empreendimento; ele projeta sua sombra sobre si; pode-se tatear sobre seu corpo as
feridas que receberá na próxima batalha; ele "sente" o cadáver. Numa tal atitude em
relação ao tempo, não há nítida demarcação entre o passado, o presente e o futuro[38].

Compreende-se, agora, por que Tiradentes "parte para o patíbulo e para
a eternidade", por ter aberto a porta da afirmação política dos mineiros
no concerto nacional e por haver sido assimilado como herói do conjunto.
Por tudo isso, a inconfidência mineira adquire caráter ritual. De um lado,
a comemoração da morte de Tiradentes está formalizada na presença do

---

35. Cecília Meireles, "Fala à Antiga Vila Rica", *op. cit.*, p. 66.
36. *Idem, ibidem*.
37. "Tiradentes, à luz de documentos incontestáveis, pode e deve ser incorporado à galeria dos
maiores pró-homens nacionais e até mesmo à dos Mártires universais da ideia de liberdade.
Merece – avanço mais – pela grandeza de seu destino, inconter-se na História e subir à lenda
[...]" (Wellington Brandão, *Caminhos de Minas (Cousas & Vultos)*, Belo Horizonte, Editora Livraria
Oscar Nicolai, 1958, p. 136).
38. A. Y. Gourevitch, *op. cit.*, p. 260.

feriado nacional e nas celebrações que a acompanham. De outro, porque a sua revivescência no discurso político dos mineiros assume a dimensão de rito. Estamos, assim, diante de um rito que busca legitimar de forma incontestável o lugar dos mineiros no Brasil, principalmente nos momentos cruciais, nas fases de transição entre o fim de uma época e a abertura de outra. Nos períodos intermediários, as alusões à decantada vocação libertária dos mineiros, concebida no passado, voltam: "a liberdade constitui, em Minas, uma predestinação histórica". A predestinação, em essência, exclui a história, enquanto as quadras transitórias são repletas de historicidade. Na linha das considerações que estamos seguindo, seríamos levados a afirmar que à temporalidade social mescla-se uma atemporalidade mítica "onde a história se anula nela mesma"[39]. Aprisionar a história é impedi-la de correr de acordo com as "invenções" da prática humana coletiva. É querer cristalizá-la no passado, o que demonstra "de fato um interesse pelo presente; ligando-o firmemente ao passado, cremos tomar o presente mais durável, arrumá-lo para impedi-lo de fluir e de tomar-se ele mesmo o passado"[40]. Daqui advêm outros desdobramentos: quando os mineiros constroem miticamente o seu passado, querem preservar sua influência; quando o passado mineiro é absorvido e entra como componente ideológico dos períodos de transição, parece estar por trás a vontade de conservar o presente. Reversivamente, se um espaço regional necessita mobilizar toda uma mística para manter a sua influência no todo, provavelmente o seu poder estará se esvaindo; se um projeto nacional remonta-se ao passado, em busca de inspiração ou de legitimidade, deve-se, quiçá, desconfiar da sua verdadeira natureza progressista. Em qualquer dos casos, o que se quer é conformar a história e preservá-la dos ventos tempestuosos.

> O país da Arcádia
> jaz dentro de um leque:
> existe ou se acaba
> conforme o decrete
> a Dona que o entreabra,
> a sorte que o feche[41].

Considerar o apossamento mítico da Inconfidência e o destaque conferido a Tiradentes faz retornar às indagações que nos fizemos, páginas

---

39. Claude Lévi-Strauss, "Le Temps du Mythe", *Annales. Économies, Sociétés, Civilizations*, n. 3 e 4, p. 537, maio-ago., 1971.
40. *Idem, ibidem.*
41. Cecilia Meireles, "Do País da Arcádia", *op. cit.*, p. 68.

atrás, sobre os motivos que os tornaram parte integrante do país, ao serem associados à nacionalidade. Talvez não fosse exagero afirmar que certas compreensões de vezo nacionalista têm, nos episódios do setecentos mineiro, um ponto de referência, na medida em que compõem, ao lado de outros, o quadro dos símbolos nacionais. Se assim é, dentre as "tradições inventadas", "altamente aplicáveis no caso de uma inovação histórica comparativamente recente, a nação", a conjura mineira teria lugar de destaque[42]. Das outras sedições pouco ficou na memória nacional e aos motivos que arrolamos páginas atrás, acrescentaríamos outros: primeiro, em nenhuma ocorreu tal concentração de carisma –pois não tiveram poetas apaixonados e chorosos, quando do abandono de suas amadas, e nem um herói que passou à história como tendo chamado para si toda a culpa; segundo, por ter sido um projeto gestado na roda das elites ilustradas, porém com um participante tido como de origem popular – sobre quem a pena recaiu mais duramente, deixando espaço para a construção futura do herói; terceiro, a combinação dos ilustrados com uma figura mais popular – que durante o processo demonstrou denodo e generosidade, adquirindo contorno de personagem romântica – é interessante aos projetos vindouros, que não podem se descurar absolutamente das classes dominadas, bem ao contrário, têm que buscar formas de assimilá-las, mesmo em posição subordinada[43]; quarto, a perseverança da produção cultural brasileira em perseguir a identidade, se se lastreia na condição de dependência, baseia-se, também, na dificuldade de se integrarem as classes populares no espaço da cidadania: a consagração de um líder popular, no interior de um projeto elitista, entranha-se, suavemente, nas mãos controladoras do Estado[44]; quinto, como o regionalismo mineiro se encontra conectado à simbologia da nacionalidade, a sua expressão não consegue desconhecer a unidade. Por isso, os componentes da mineiridade

---

42. Eric Hobsbawm, *op. cit.*, p. 22. "Porque, em pura verdade, não há um só fato, uma única presunção sequer, no conjunto e na sequência das provas daquele escandaloso processo, que importem negação de que Tiradentes haja morrido na plena identificação de uma 'ideia' de liberdade nacional – com coragem, com resignação e acima de tudo com dignidade humana exemplares. Que mais queriam tão ilustres restricionistas *num homem cem por cento povo, alvo único da pena de morte numa conjura que envolvera a fina flor da intelectualidade de Minas?*" (Wellington Brandão. *Caminhos de Minas (Cousas & Vultos)*, p. 135.

43. Cf. Nicos Poulantzas (org.), "As Transformações Atuais do Estado, a Crise Política e a Crise do Estado", *O Estado em Crise*, Rio de Janeiro, Graal, 1978, p. 26.

44. "O Tiradentes já não dizia que, se se encontrassem alguns mais como ele, o Brasil não seria uma grande nação? [...] É a opinião corrente de quase todo mundo. Mas essencialmente falsa, convém lembrar. [...] Não haveria instituições: um homem de carne e osso apenas" (João Camilo de Oliveira Torres, *Interpretação da Realidade Brasileira*, 2. ed., Rio de Janeiro, Livraria José Olympio Editora, 1975, p. 137).

116　　MITOLOGIA DA MINEIRIDADE

movimentam-se entre dois pólos, por transitarem da identificação particular para a identidade do todo, mesmo sem esgotá-la. Daí as características do regionalismo mineiro serem diferentes das de outros estados.

Se tentarmos comparar o regionalismo mineiro com o gaúcho, por exemplo, veremos grandes diferenças entre ambos. "O Rio Grande do Sul, por suas peculiaridades é um caso *sui generis* de regionalismo, com uma experiência separacionista, inclusive"[45]. No que tange ao mineiro, as tentativas mais sérias de fragmentar a região como as do sul de Minas, nos fins do século passado, durante o governo de Cesário Alvim, jamais adquiriram contornos drásticos[46]. "Diz Afonso Arinos de Melo Franco, falando desta rebelião, que Cesário Alvim renunciou porque sentiu que, se não renunciasse, as pressões federais levariam à separação de Minas. Ele preferiu perder o cargo do que comprometer a unidade do seu estado"[47]. O regionalismo gaúcho mostrou-se mais isolacionista, enquanto o mineiro se afirma na integração. A revivescência do gauchismo nos últimos anos "pode ser encarada como uma reação – a nível da cultura – à centralização que o Estado Nacional vem gradativamente impondo à sociedade brasileira"[48]. Contrariamente, o regionalismo mineiro amolda-se aos desígnios do Estado:

> Podemos assimilar sempre nas agitações em torno da independência até nossos dias uma presença de Minas, ora como fator de estímulo e arrancadas mais ou menos audazes, ora como freio a conduzir o País ao caminho da ordem e do bom senso, sempre atuantes, mas, seja como for, dificilmente se poderá escrever a História do Brasil, nos momentos culminantes, sem subir as montanhas[49].

Fica nítido, nessas palavras, o que dissemos acima. Minas está sempre mesclada ao conjunto, ao terreno comum, e as suas mãos de escrivã tentam urdir a História do Brasil. Não deixa de ser curioso que o estado de Minas, provavelmente o mais diferenciado do ponto de vista interno, produza uma visão regional tão integrada. Apenas para exemplificar, a formação das sub-regiões mineiras seguiu um processo de dentro para fora e vice-versa. Na época do ouro imperou a constituição externa; após a decadência, a diáspora mineira partiu do centro para a periferia; no período seguinte, ocorreu uma assimilação das

---

45. Ruben George Oliven, "A Fabricação do Gaúcho", *Ciências Sociais Hoje – 1984*, São Paulo, Cortez, 1984, p. 66.
46. Fala de Antonio Candido no painel "Minas Não Há Mais?", *op. cit.*, p. 31.
47. *Idem*, pp. 31-32.
48. Ruben George Oliven, *op. cit.*, p. 67.
49. João Camilo de Oliveira Torres, *apud* Tancredo de Almeida Neves, *Discurso de Posse na Academia Mineira de Letras*, p. 14.

O ENLEIO DO IMAGINÁRIO

regiões periféricas aos estados contíguos. Até as demarcações costumeiramente conhecidas do estado não correspondem às administrativas. Tal não acontece com São Paulo, cujas sub-regiões correspondem ao fluxo do desenvolvimento econômico, que avança nas zonas pioneiras[50] e mantém certa harmonia entre as denominações comuns e as administrativas. Os mineiros diferenciam-se

> [...] no modo de falar, no modo de comportar e nas características das diferentes regiões. São Paulo, por exemplo, historicamente, só tem duas grandes divisões, que são o paulista e o taubateano. [...] O taubateano é chamado por todo mundo de Norte do estado. O paulista era o outro. Os que dependiam da Vila de São Paulo e os que dependiam da Vila de Taubaté[51].

Os viajantes perceberam nitidamente as diferenciações de Minas:

> O terreno que fica entre o Rio de São Francisco e o Paranaíba, a que vulgarmente se dá o nome de Sertão ou Deserto, apresenta tantos caracteres físicos, civis e políticos diferentes de outras porções de território das Minas Gerais, que quase se pode afiançar, que não é o mesmo país, por não haverem os mesmos e idênticos usos e costumes em várias circunstâncias da sociedade[52].

No próprio centro minerador as gradações eram notadas: "já disse que a civilização do Rio das Mortes era inferior à das Comarcas de Sabará e Serro Frio"[53]. A construção de uma imagem unitária de Minas possui alguma verossimilhança com as necessidades de junção das disparidades internas. Por isso, "o mineiro se define realmente por meio de um sistema de admissões e de restrições. A meu ver, a força de Minas vem daí. [...] Esses preconceitos locais não chegam a ser os grandes preconceitos. Mas são um mecanismo de exclusão e de readaptação"[54]. A criação de Belo Horizonte teve algo a ver com a tentativa de inverterem-se as forças discursivas[55]. No início, para o sul de Minas,

---

50. Para uma análise da expansão pioneira em São Paulo, ver Pierre Monbeig, *Pioneiros e Fazendeiros de São Paulo*, São Paulo, Hucitec e Polis, 1984.
51. Fala de Antonio Candido no Painel "Minas Não Há Mais?", *op. cit.*, p. 28.
52. Raimundo José da Cunha Matos, *Itinerário do Rio de Janeiro ao Pará e Maranhão pelas Províncias de Minas Gerais e Goiás*, Rio de Janeiro, Typografia Imperial, 1836, p. 93.
53. Auguste de Saint-Hilaire, *Viagem pelo Distrito dos Diamantes e Litoral do Brasil: (1816-1822)*, Belo Horizonte/São Paulo, Itatiaia/Editora da Universidade de São Paulo, 1974, p. 112.
54. Fala de Antonio Candido no Painel "Minas Não Há Mais?", *op. cit.*, p. 33.
55. "Belo Horizonte é uma tentativa, inicialmente vã, de conciliar divergências, atraindo para um centro de gravidade neutro as áreas diversificadas. Deixa a montanha mas não mergulha no campo. Prefere o pé da serra, a posição intermediária: a sombra de uma, batida pelos ventos de outra. Ainda assim, as Gerais continuam a preferir o além-fronteira e voltam as costas à nova Capital" (Sylvio Vasconcellos, *op. cit.*, pp. 194-195).

Belo Horizonte existia como um mito, inclusive o nome que era admirável. Um nome descritivo, Belo Horizonte. Aquele nome muito bonito, dava a impressão de uma cidade extraordinária, mas inacessível. Ninguém ia lá. Só algum funcionário público, quando precisava. [...] O jornal mineiro, o único que havia, era o Minas Gerais, totalmente esmagado pela concorrência dos grandes jornais do Rio e São Paulo. O Minas Gerais só tinha aquela página adiante, onde escreviam alguns escritores interessantes e tal. Então, Belo Horizonte começou a se tornar aquele mito. Era lindo o mito de Belo Horizonte. Então, no Sul de Minas e penso que em outros lugares, também, a importância que a ficção feita em Belo Horizonte teve para reforçar o encanto da cidade, e portanto o desejo de estar ligado a ela foi muito grande[56].

Como a ficção, que produziu o desejo por Belo Horizonte, a mineiridade, ao urdir a essência do ser mineiro, conseguiria anular as exclusões, admitindo a todos igualmente no seu âmago. Por tudo isso, se é próprio das elaborações míticas reverberar o som da integração, no que diz respeito à produzida por Minas, o reforço da unidade necessita de recorrência redobrada. De tanto reter o sangramento das suas veias, de abafar a polifonia das suas vozes, de esconder a poligrafia das suas escritas, a mineiridade teria desenvolvido a vocação para desempenhar o mesmo papel no conjunto do país. A uma produção cultural como a brasileira, que se seduz pela procura da identidade, Minas apresenta resposta acabada. Ao Estado centralizador que necessita manejar muitas rédeas ao mesmo tempo, sugere a segurança do caminho plano e reto. Aos momentos de imprevisibilidade política e social, oferta as soluções conciliatórias. Aos devaneios coletivos de transformação, exibe a experiência da liberdade. Contempla a todos indiferentemente, aos Querubins e a Lúcifer, a Deus e aos homens. Encaminha, enfim:

E a direção do olhar. E o espaço antigo
para forma do gesto e do vestido.
E o lugar da esperança. E a fonte. E a sombra.
E a voz que já não fala, e se prolonga.
E eis a névoa que chega, envolve as ruas,
move a ilusão de tempos e figuras.
– A névoa que se adensa e vai formando
nublados reinos de saudade e pranto[57].

---

56. Fala de Antonio Candido no Painel "Minas Não Há Mais?", *op. cit.*, p. 34.
57. Cecilia Meireles, "Cenário", *op. cit.*, p. 65.

Codificação

A partir da análise dos ritos tentamos apreender o universo das práticas que subjazem ao imaginário de Minas. "A inteligibilidade das práticas, dos rituais, é condição necessária para a compreensão do discurso mítico, vale dizer, o discurso enquanto *opus operatum* encobre por meio de suas significações reificadas o momento constitutivo da prática"[58]. Nesse sentido, o entendimento do imaginário se dá no âmbito das múltiplas relações na sociedade. São os sujeitos que, no desenrolar das suas ações, produzem, animam e reforçam as elaborações simbólicas. A figura do mineiro encontra-se acabada, de forma definitiva, primordialmente nas obras dos ensaístas. Foram eles os codificadores terminais da construção; através das suas páginas materializa-se o "espírito dos mineiros". As reflexões desses autores exprimem, mas obscurecem, os princípios estruturadores das concepções sobre Minas. A individualidade dos montanheses ressalta-se do conjunto:

À medida que se verificava a fusão das raças e das culturas no cadinho do novo *environnement*, o aglomerado adquiria consistência e homogeneidade, dele emergindo uma individualidade capaz, por sua vez, de influir, como de fato influiu, não só na história do Brasil como na história universal[59].

Nota-se que a tentativa de definir o particular não escapa da inserção no todo. A harmonia de caráter dos mineiros que resulta, aqui, da mescla racial, sugere a existência de um entrecruzamento étnico equilibrado, senão dificilmente ocorreria a homogeneidade. Os mineiros adquiriram sua individualidade ao estabelecerem uma conveniente homogeneidade na integração adequada de suas diferentes origens, gestando uma síntese singular do homem brasileiro, produto da convivência do africano, do índio e do europeu. "Realmente, o mineiro, na aparência simples, teve um caráter complexo. Apresenta complexidades que só se explicam pela persistência do sangue e da mente indígenas[60]." A principal manifestação da herança indígena reside na transumância:

Nomadismo que representa a persistência da mentalidade e dos hábitos dos indígenas. O mineiro não emigra como o nordestino, com intenção de voltar. Como índio, ele parte, levando a família, os animais, as sementes, para fundar nova taba e aí se estabelecer[61].

---

58. Sergio Miceli, "A Força do Sentido", *A Economia das Trocas Simbólicas*, *op. cit.*, p. 50.
59. Daniel de Carvalho, "A Formação Histórica de Minas Gerais", *apud* Carlos Drummond de Andrade, *Brasil Terra e Alma. Minas Gerais*, p. 91.
60. *Idem*, p. 92.
61. *Idem*, p. 93.

Retiraram também dos paulistas, possuidores de forte herança indígena, alguns componentes: "Dos paulistas tiraram o amor à independência, a altivez, a probidade e a energia posta nos empreendimentos"[62]. Retocaram esses traços no confronto com uma realidade própria:

> Os mineiros não têm o arrojo dos paulistas, porque uma parte da energia daqueles ascendentes se transmudou em tenacidade para vencer os embaraços do meio, a pobreza das minas e das terras agriculturáveis[63].

Habilidosos na modelagem dos traços oriundos de Piratininga, conseguiram adaptá-los ao novo meio:

> Somos montanheses desconfiados, contemplativos, cautos, frios, brutos, impassíveis, com certo desdém pelo aparato material da civilização. Os pregoeiros das novidades e grandezas costumam ser recebidos com sorriso de ironia. Herança do índio, de biótipo e temperamento esquizóide, a quem devemos as bases da agricultura, a propensão para a música e nomadismo em busca de terras virgens. Aliás, para a cautela e lentidão, muito concorre o meio geográfico, a montanha, com os obstáculos opostos à marcha pelas anfractuosidades, riscos e imprevistos[64].

De outros povos, herdaram certos traços de personalidade: "O judeu também deixou ao mineiro a marca da sua índole. Reforçou a tenacidade nos propósitos, acentuou os hábitos de poupança trazidos pelos lavradores do norte de Portugal e deu-nos a sutileza, a discrição, o espírito de exatidão, análise e decomposição das coisas e ideias e ainda o gosto pelo trato dos metais, das pedras preciosas e do dinheiro"[65]. Os colonizadores contrabalançaram as forças dispersivas: "Os portugueses, lavradores do Minho e das Beiras, arraigaram e fortaleceram o fundo de probidade e de amor à família e à terra, opondo-se à tendência ao nomadismo do índio. Inocularam no sangue dos geralistas disposições para a parcimônia, a sobriedade, e a frugalidade que cem anos de penúria iriam consolidar"[66]. Nortistas, nordestinos e negros compensaram a ridigez de certas tendências:

> Os baianos, pernambucanos e mais nortistas vieram trazer um pouco de sol, de entusiasmo, de poesia e de gosto pela dança e pelo bate-papo para alegrar a tristeza dos montanheses caladões e levantá-los da apatia herdada do aborígene e aumentada

---

62. *Idem, ibidem.*
63. *Idem, ibidem.*
64. *Idem, ibidem.*
65. *Idem, ibidem.*
66. *Idem, ibidem.*

pelo isolamento e pela melancolia da paisagem que os conduz a intensa vida interior. Os negros, de temperamento siclóide, concorreriam com a sua afetividade, sua doçura, sua fantasia, sua fidelidade e sua vocação para a música e para as festividades e folguedos, além da resistência ao trabalho duro das lavras e das roças, ao sol e à chuva, sem olvidar sua resignação diante do inevitável e sua paciência nas privações[67].

Em conclusão: o mineiro é um resumo do "homem brasileiro", por conter todos os seus elementos prefiguradores; só ele os contém, já que os outros tipos regionais não desfrutaram da oportunidade de estabelecer um caldeamento étnico em dosagens equivalentes. Ele embaralhou no seu cadinho étnico os vários tipos sociais, amalgamou as diversas etnias, retocou a massa e confeccionou uma escultura original, último traço a compor um perfil fatal de produtos heterogêneos. A originalidade resulta do arranjo na composição e do trabalho artesanal minucioso, de ourivesaria, que retira da mesma peça mineral ornatos de valores desiguais.

A história de Minas contribui para a lapidação de certos traços:

> Depois veio o drama da Inconfidência, com o escol da capitania colhido na rede da espionagem e das denúncias, as prisões de homens eminentes, sacerdotes encarcerados, duas devassas aterradoras e afinal a sentença da Alçada mandando enforcar Tiradentes, condenando a degredo perpétuo estimados cidadãos e declarando suas memórias infames, e infames também seus filhos e netos. Esse conjunto de vexames e afrontas havia necessariamente de robustecer nos mineiros o complexo de desconfiança[68].

Nasceu daí, provavelmente, a preocupação dos mineiros com a política:

> Tudo isso se amalgamou em dezenas de anos de porfias, lutas, tumultos, em que permanecem em linha alta e senso grave da ordem, paralelamente à resistência à tirania, ao arbítrio e à opressão[69].

Amante da ordem, mas resistente à tirania, o mineiro é o homem do centro, plenamente identificado à sua centralidade geográfica e obrigado a reelaborar as contradições das quais é alvo, "com a permanência de características essenciais"[70]. A essencialidade mineira deriva da concepção e concorre para a preservação do brasileiro: "A Inconfidência Mineira foi

---

67. *Idem, ibidem.*
68. *Idem*, p. 92.
69. *Idem*, p. 94.
70. Dario de Almeida Magalhães, "Discurso de Saudação a Walther Moreira Sales", *apud* Carlos Drummond de Andrade, *op. cit.*, p. 97.

uma amostra de como já *começara a aparecer o povo brasileiro em Minas*"[71]. Se da Inconfidência origina-se o povo no Brasil, através dela adentramos à História Universal. "Vila Rica estava dentro da esfera de influência do movimento *"Aufklarüng"* e a *Inconfidência Mineira [...]* é *um capítulo da História da Revolução Francesa à Conquista do Mundo*"[72]. Com base nessas afirmações, destacaríamos uma das peculiaridades na construção da mineiridade, qual seja, a sua dimensão extrovertida. Diversamente da identidade regional gaúcha que se introverte, procurando "manter a distinção entre o Rio Grande do Sul e o resto do Brasil"[73], assistimos em Minas ao aparecimento do caráter regional a partir da identificação no nacional. A mineiridade diferencia-se ao integrar-se, particulariza-se quando se funde no todo.

Há concepções que procuram realçar o matiz de Minas, na miríade das cores regionais. "E, assim como a Capitania vive isolada do resto da colônia, o mineiro se diferencia num caso à parte, dentre as outras populações brasileiras"[74]. O espírito mineiro encontra-se profundamente entretecido na história: "E o ambiente fortemente condicionador criado pelas senzalas junta-se à influência da terra e do trabalho nas lavras, para a formação do espírito mineiro"[75]. Com a decadência dos veios auríferos certas tendências são acentuadas:

A Província de Minas Gerais fecha-se num regime autárquico e isola, em suas montanhas, o único tipo brasileiro realmente montanhês, diferente do nordestino, do homem da orla litorânea, de Pernambuco ao Rio de Janeiro, ou do homem do sul de São Paulo ao extremo Rio Grande[76].

Em outros autores, é possível encontrar-se a mesma ênfase:

Considere-se a atitude particularíssima dos mineiros diante dos forasteiros que os procuram no recesso amorável das suas montanhas. Sentireis ali as influências sutis e delicadas do lar, modelando uma das mais amenas e doces índoles de povo que tenho conhecido[77].

---

71. João Camilo de Oliveira Torres, *O Homem e a Montanha. Introdução ao Estudo das Influências da Situação Geográfica para a Formação do Espírito Mineiro*, Belo Horizonte, Livraria Cultura Brasileira, 1944, p. 113, grifos nossos.

72. *Idem*, p. 183 (grifos nossos).

73. Ruben George Oliven, *op. cit.*, p. 59. Na nossa análise, opostamente, vimos mostrando que a inclusão dos mineiros no conjunto *é elemento fundamental da mineiridade*.

74. Miran de Barros Latif, *op. cit.*, p. 175.

75. *Idem*, p. 57.

76. *Idem*, p. 195.

77. Francisco José de Oliveira Vianna, *Pequenos Estudos de Psicologia Social*, São Paulo, Companhia Editora Nacional, 1942, p. 135.

Repisa-se a leveza nos contatos com os mineiros:

> Louve-se nos mineiros, em primeiro lugar, a sua presença suave [...] ao importuno os mineiros chamam de "entrão". Não têm arroubos nem arrogâncias nem contam vantagem. Donos de terra tão rica e tão ilustre, mostram uma espécie de humildade naquela posse, e ao mesmo tempo uma segurança tranquila, que não lhes deixa margem para basófias. Os tesouros deles a gente é que os tem de descobrir; pois na sua discrição, o gosto dos mineiros é fingir que os ignoram[78].

A discrição dos mineiros, também denominada sobriedade, desdobra-se em concepções que procuram sublinhar as especificidades:

> Nossa habilidade no adiamento, nossa inteligência na procrastinação e nosso gênio na combinação. Nosso amor à conversa, nosso "tédio à controvérsia", nossa aversão à chalaça, nosso gosto pelo *humour*, nossa anteposição à intimidade e nossa decorosa predileção pela cerimônia. Nossa desconfiança, nossa timidez, o jeito arisco, o ar esquivo, um pouco de ronha, muita soberba mas [...] a "cabeça baixa". Nossas qualidades todas, nossos defeitos também. E nossa linguagem. [...] Esse nosso sotaque [...] a dar cunho letrado e volta elegante até à frase dos homens mais simples[79].

A utilização recorrente do pronome possessivo de cunho particularizador, ao excluir a possibilidade de outrem apropriar-se das suas qualidades intrínsecas, delineia feitio comum a todos os montanheses. Nessa passagem trabalha-se o caráter integrado dos mineiros, borrando-se as singularidades intrarregionais. Procedimento de tal ordem não acontece sempre.

Há trabalhos que deslizam no sentido de apreender a origem das especificidades da alma mineira:

> Essas feituras da alma mineira, essa singeleza, essa sobriedade, essa reserva, esse espírito patriarcal, esse culto ao lar, donde lhe vem? Não é difícil responder. Vem do campo; é na formação rural do próprio povo que elas buscam as suas origens e o cunho que as distingue[80].

O caráter mineiro reverbera, assim, as emanações rurais:

> O vinco rural é tão forte, tão estrutural no caráter mineiro, que é fácil reconhecê-lo mesmo nos indivíduos sujeitos à pressão de um meio altamente urbanizado, como é Belo Horizonte. Os que construíram essa esplêndida cidade quiseram talvez urbanizar a alma mineira. Deram-lhe então o luxo suntuoso das avenidas, a impo-

---

78. Rachel de Queiroz, "Mineiros", *100 Crônicas Escolhidas*, Rio de Janeiro, José Olympio, 1955, p. 82.
79. Pedro Nava, "Brasil-Médico", *apud* Carlos Drummond de Andrade, *Minas Gerais*, p. 96.
80. Francisco José de Oliveira Vianna, *op. cit.*, p. 47.

nência dos belos palácios, até a maravilha de uma iluminação elétrica, que faz dessa cidade, crepitando em miríades de glóbulos rutilantes, uma cidade de conto feérico, como se o céu de Minas, tão tranquilo e tão lúcido, a recobrisse com o estendal das suas estrelas. Mas, a alma mineira, [...] entra essa cidade e, ao invés de se deixar absorver por essas maravilhas, derrama, ao contrário, sobre essas praças, tão radiosamente batidas do sol, a sua frugalidade, o seu isolamento, o seu doce espírito familiar, elaborado nas suas herdades rurais, onde só habitam o sossego, a modéstia e a paz[81].

O estereótipo do mineiro nasceria na zona rural:

Esses "geralistas" [os mineiros de agora], pelo feitio acanhado de seu gênio pouco expansivo, retraídos e sisudos: gente de falar pausado e comedido e de hábitos modestos, a começar dos trajes característicos, que outrora usavam, com o infalível capotão de baeta azul, nas viagens, durante o tempo frio, nublado ou chuvoso, através das estradas montanhosas de sua terra natal: esses habitantes dos *geraes* receberam dos litorâneos algumas alcunhas expressivas. [...] Desdenhando a zombeteira irre-verência com que são alvejados, nas desfrutáveis revistas teatrais e na insulsa crítica literária dos que só vivem nas capitais e desconhecem por inteiro a gente boa e forte que moureja no interior do Brasil, arroteando campos, pastoreando rebanhos, plan-tando e cultivando a terra[82].

Neste exemplo, insere-se um quadro esfumaçado das particularidades dos mineiros, típicas dos interioranos, dos provincianos em geral, dos homens umbilicalmente ligados ao universo rural. Mas, ainda aqui, constrói-se o modelo de provincianismo a partir dos mineiros e se compartilha as suas características com outros que serviram de base para tais elaborações.

A imagem ladina dos mineiros floresceu da semente caipira:

Ser mineiro é esperar pela cor da fumaça. É dormir no chão para não cair da cama. É plantar verde para colher maduro. É não meter a mão em cumbuca. Não dar passo maior que as pernas. Não amarrar cachorro com linguiça. Porque o mineiro não prega prego sem estopa. Mineiro não dá ponto sem nó. Mineiro não perde trem. Mas compra bonde. Compra e vende pra paulista[83].

O acentuamento da esperteza pode ser entendido no prisma do discurso da resistência às concepções detratoras do provincianismo mineiro e no âm-bito da perda significativa da importância de Minas frente a São Paulo. Não casualmente, são os paulistas o principal alvo da astúcia mineira. Valoriza-se

81. *Idem*, pp. 48-49.
82. Nelson de Senna, *A Terra Mineira*, Rio de Janeiro, Pimenta de Mello, 1923, pp. 224-225.
83. Fernando Sabino, "Minas Enigma", *A Inglesa Deslumbrada*, 7. ed., Rio de Janeiro, Record, 1982, pp. 71-72.

O ENLEIO DO IMAGINÁRIO

a cautela para advertir, enfatiza-se a pachorra dos movimentos para afirmar que, com precaução, se chega à frente. Planta-se vagarosa e cuidadosamente para obter-se, no fim, colheita mais substanciosa. Poder-se-iam estabelecer outras analogias: a combinação entre a morosidade do ritmo e a ladinice opõe-se à cadência intensa e à ingenuidade. A imagem do paulista encontra-se inextricavelmente ligada aos bandeirantes e pioneiros e, modernamente, ao ideário da vocação para o trabalho[84]. São todos figuras de empreendedores, prendem-se todos à imagética do movimento. Ora, o ritmo acelerado impede a fruição do tempo, exclui a possibilidade de "esperar pela cor da fumaça". Apenas o quotidiano modorrento cria espaço para o usufruir da inconstância das nuvens. No final, o que se pretende é aprisionar a fumaça, não para contemplá-la, mas como elemento constitutivo de ações pragmaticamente concebidas. O matuto mineiro ultrapassaria, assim, o moderno paulista, ao derrotá-lo com suas artimanhas, ao destruí-lo em sua primazia. O círculo discursivo fecha-se com a alusão à simplicidade paulista, ante a astúcia do mineiro, que se torna o condutor último da relação. A ideia da capacidade dirigente dos mineiros lateja na cultura popular:

> Pelas estradas silenciosas de minha aldeia natal – lembro-me bem! da luz doce dos seus grandes luares – os pequenos Carusos ruraes passavam cantando, numa toada semelhante à canção dos tropeiros: (diziam com voz trêmula e longa, alagando de melancolia a solidão da noite iluminada).

> Vou-me embora para Minas,
> Mineiro está me chamando.
> Mineiro tem mau costume:
> Chama a gente, e vai andando![85]

Na construção mitificada de Minas, é comum encontrar-se o juízo de que o espírito mineiro forjou-se na zona mineradora, ou que o quadrilátero mineral conteria as raízes primevas da mineiridade:

---

84. Monbeig estabelece a relação entre o pioneiro e o bandeirante: "Quando se quer celebrar um fazendeiro, desbravador de matas, plantador de cidades, nenhum título melhor a deferir-lhe que o de bandeirante" (Pierre Monbeig, *op. cit.*, p. 121).

85. Francisco José de Oliveira Vianna, *op. cit.*, pp. 31-32. Para Afonso Arinos, a quadra popular "retrata o nosso feitio, entre solitário e condutor" (Apresentação ao livro de Sylvio Vasconcellos, *Mineiridade*, p. 9). Para Miran de Barros Latif, os versos deixam "sempre uma saída aberta", denotando "apenas desconfiança" (*op. cit.*, p. 172). Acrescentaríamos o aspecto sedutor, pois segue-se ao chamamento, como se fora natural. Os versos reproduzidos por Miran Latif e Afonso Arinos são um tanto diferentes: "Minha gente vou me embora, / Mineiro tá me chamando. / Mineiro tem esse jeito / Chama a gente e vai andando..."

As gerais são periféricas em relação às minas e continuam a civilização rural litorânea da qual provieram e dependem. Não lhes interessa contato maior de intimidade com as minas. O contraste é visível em tudo: senhores e plebe, ricos e pobres, aristocratas e plebeus, arte erudita recolhida às Casas-Grandes e arte popular fluindo da artesania miserável[86].

Haveria, pois, duas porções de Minas estranhas entre si, convivendo de forma justaposta mas sem laços a amarrá-las. Ou, talvez, o importante nas Minas Gerais fosse a região mineradora:

No fundo, o Brasil para nós é uma expressão administrativa. O próprio resto de Minas, uma convenção geográfica. O Triângulo já não quis se desprender e juntar-se a São Paulo? Que se desprendesse. [...] E o norte já não pretendeu separar-se num estado que se chamaria Nova Filadélfia e teria Teófilo Otoni como Capital? Que se separasse. [...] Tudo o que quiserem, porque a terra em que andamos puxados pelos pés, querendo deitar raízes, homens-árvores como no mito de Dafne, é a das serras em formas de chaminés, cabeças, barbacãs, lanças, seios, anátemas, agulhas, cidades, manoplas, entrepernas, ereções, castelos, torreões, navios – azuladas, pela manhã, quando emergem do mar de bruma, dos cavalos, refulgentes ao sol do meio-dia e recortando-se, cor de sinopla, sobre os tons de cobre, ouro e púrpura do entre-dia-e-noite. Serras, serras, picos [...][87].

Define-se, aqui, a essencialidade de Minas, fincada nas montanhas minerais, imantada dos pés que, de lá, não mais se movem. A terra mítica e úbere envolta pela volatibilidade feminina, que se transforma ao passar das horas, assumindo as tonalidades do tempo preservado. As serras que se enfeitam ao correr do dia, regularmente, repetindo a mesma vestimenta sem surpresas. As montanhas remetendo para o interior, à centralidade preservada, apesar do fluxo das suas veias dirigir-se para fora do seu imo:

Serras de cujas encostas descem os rios que vão ao São Francisco e ao Paraíba para soltar no Atlântico o nosso sangue mineral. [...] Rios que levam até o sabor de Belo Horizonte, Sabará, Caeté, Mariana, Ouro Preto, Congonhas do Campo, Santa Bárbara do Mato Dentro. Rios que pela vida subterrânea dos lençóis-d'água drenam do solo das igrejas e da terra dos cemitérios a substância calcária dos meus parentes [...] – contido naquele círculo que começa e acaba em Queluz, tendo Rio Acima como centro do seu raio. Não contando os que estão deitados nos dois lados do Caminho Novo – [...] Essas áreas não posso chamar de pátria, porque não as amo civicamente. O meu sentimento é mais inevitável, mais profundo e mais alto porque vem da

---

86. Sylvio Vasconcellos, *op. cit.*, p. 194.
87. Pedro Nava. *Baú de Ossos*, 7. ed., Rio de Janeiro, Nova Fronteira, 1983, p. 129.

O ENLEIO DO IMAGINÁRIO

inseparabilidade, do entranhamento, da unidade e da consubstanciação. [...] Essa é minha terra. Também ela me tem e a ela pertenço sem possibilidade de alforria[88].

Se as montanhas seguram, dão unidade, entranham, os rios jorram a infidelidade, aos esvaírem com a seiva fértil. Como identificar-se com os rios que no seu fluir criam a inconstância, os momentos fugidios e escapáveis? A identidade exige que se deitem no solo profundas raízes, possíveis apenas em terra firme. Nos leitos escavados dos rios a vegetação não encontra guarida e tudo é levado, sem resistência, pela força incoercível da corrente. A substância vem da terra e, quanto mais altos os seus píncaros, maior a proximidade com o universo etéreo, forma impalpável de um plano de vida superior. Os rios ao correrem nos vales criam a facilidade do acesso e nada resiste ao seu tempo insustentável. Nas montanhas substanciosas, reside "simplesmente a terra de nascimento, vida, paixão e morte do mineiro"[89].

Os momentos da construção são recompostos aí. O imaginário mineiro nasceu, em grande parte, do drama de Tiradentes, banido das serras rumo ao litoral, repetindo os episódios da via-sacra. O caminho do Inconfidente assemelha-se aos passos dolorosos de Jesus; Tiradentes, reeditando- a paixão de Cristo, saiu, igualmente, da experiência da morte para a imanência da vida. Há, assim, analogia entre as duas trajetórias, ilusoriamente conectadas. "A ilusão é filha da analogia. O pensamento mítico é o pensamento humano pensando a realidade por analogia"[90].

Reversivamente, se os altos cumes emanaram vida das suas entranhas, perpetuada na elaboração mítica, só o fizeram após a morte de seu filho mais ilustre, cujo desenlace prenuncia o passamento do tipo de vida social confinado no interior das escarpas. Novamente, recria-se, noutro plano, a vivência da paixão, nascida no reconhecimento da perda consumada, no fornecimento dos tempos áureos, no desatado fluir do "sangue mineral". Os rios não buscam as minas. Seduzidos pelo exterior, serpenteiam por solos não mineiros, carreando "a substância calcária dos parentes". Impossível a fixação, quando os próprios ascendentes não mais dormitam nas suas moradas eternas. Por isso, urge voltar à Pátria, sorver as últimas gotas da sua seiva, confundir-se com seu solo escavado, espojar-se no mineral que brota das suas entranhas. Quem sabe poder recuperar-se, por fim, os fios, embora frouxos mas ainda presos a ela, parcialmente rompidos no longo exílio, tentando-se a condição de

---

88. *Idem*, p. 130.
89. *Idem, ibidem.*
90. Maurice Godelier, "Mythe et Histoire. Réflexions sur les Fondements de la Pensée Sauvage", *Annales. Ec., Soc., Civ.* n. 3 e 4, 1971, número especial *Histoire et Structure*, p. 544.

se apresentar como "simplesmente a terra de nascimento". Toda a complexa operação tenciona fazer das Minas a terra da vida e da paixão mítica, bloqueando o tempo, que os rios teimam carregar, impedindo o advento da "morte do mineiro". O Brasil e as Gerais não passariam, assim, de meras convenções, pois só as minas seriam a Pátria verdadeira, a terra mitificada, emanadora de fluidos que se condensariam, para fundar o caráter dos mineiros.

Em certas vertentes literárias, principalmente em *Grande Sertão: Veredas*, a recriação de Minas não se faz pela excludência de partes, mas antes pelo acentuamento de uma delas. O sertão cortado pelo "Rio do Chico", contrariamente à última concepção analisada, redobra-se "nos internos deste nosso Estado nosso, custante viagem de uns três meses [...]"[91]. Nesse sentido, o rio não destrói a interioridade, torna-se o centro de um mundo que se define pela concentração e pela permanência. Para voltear o rio é preciso adentrar-se no "nosso Estado nosso", que fica tanto mais possuído quando duplicado o possessivo. Daí o sertão' assumir dimensão mais abrangente, pois se o contorno do rio impõe percorrer caminhos que cruzam em terras distantes, as águas levam-nos, ao mesmo tempo, para o interior do "nosso Estado nosso", e circunscrevem um mundo que extrapola o imediatamente vivido. O sertão encontra-se dentro de Minas, quase que a ocupa inteiramente, mas localizando-se fora dela e além dos seus espaços demarcados, aloja-se no seio do universo, fazendo com que, também ela, por analogia, possua um lugar no vasto cosmo[92]. Pode-se recuperar o próprio tempo mítico presente nessa saga, pois se o sertão é ele, ao ser o mundo mescla-se ao conjunto, perdendo historicidade intrínseca e assumindo a imutabilidade das etéreas vastidões. A ótica nucleada no sertão visa a permanência da identidade quer do autor, quer da vida social contida no seu espaço, onde ambos se fusionam num amálgama destruidor das partes, "porque este pequeno mundo do sertão, esse mundo original e cheio de contrastes, é para mim o símbolo, talvez mesmo o modelo, do meu universo"[93]. Passa-se do todo restrito à individualidade para as grandes inserções universais:

---

91. João Guimarães Rosa, *op. cit.*, p. 8.
92. Inspiramos, essa passagem na análise de Walnice Galvão, sobre *Grande Sertão: Veredas*, onde se encontra a ideia de que na obra, "as coisas aparecem dentro de outra" (Walnice Nogueira Galvão, *op. cit.*, especialmente Capítulo IX: "O Certo no Incerto: O Pactário"). A respeito da transformação do regional em universal na obra de Rosa: Vera Mascarenhas de Campos., *Borges Guimarães. Na Esquina Rosada do Grande Sertão*, São Paulo, Perspectiva, 1988, esp. Parte 2: "Síntese Contextual: Regionalismo e Universalismo."
93. Entrevista de João Guimarães Rosa a Günter W. Lorenz em Gênova, jan. 1965. Reproduzida em *Exposição do Novo Livro Alemão no Brasil, 1971*, org. Ausstellungs – und Messe – GmbH des Börsenvereins des Deutschen Buchhandels de Frankfurt em colaboração com o Instituto Cultural Brasileiro-Alemão, p. 272.

Goethe nasceu no sertão, como Dostoievsky, como Tolstoi, como Flaubert e Balzac; ele foi como os outros [...] um homem que vive para a língua e que pensou na eternidade. Eu acho que Goethe foi mesmo o único poeta da literatura mundial que não escreveu para o dia, que escreveu para a infinidade. Ele era sertanejo. Zola, como exemplo oposto arbitrário, provinha apenas de São Paulo[94].

Assim, o sertão deixa de ser um lugar, vira um cosmo, uma condição do espírito, onde podem conviver todos os grandes escritores que não romperam com a dimensão mágica e que absorveram, por isso, a ambiguidade da vida. A exclusão de Zola e de São Paulo fica, portanto, mais clara. Ambos representam o vívido ritmo do tempo, dos dois ausenta-se a inativa e prolongada permanência do universo, como nas visões de Minas, onde a história apenas as atravessa e resta a paralisia do infinito. A coerência dessa construção permanece, mesmo quando se ultrapassam as fronteiras do núcleo gerador e transbordam os limites do espaço que reflete. O problema da onipresença do sertão em Minas e no mundo pode ser relacionado à ideia da mineiridade conformar o Brasil, abarcando-o e atingindo-o integralmente. Para Riobaldo, "lugar sertão se divulga: é onde os pastos carecem de fechos"[95]. Também as Minas vertem para fora o sumo das suas montanhas: "O ensimesmado mineiro tem suas antenas voltadas para fora. [...] O universalizar-se é uma de suas constantes"[96]. Nesse passo, poderíamos estabelecer nova analogia: o jagunço Riobaldo, filho do sertão, é tão universal como o são todos os mineiros. Estabelece-se, pois, equivalência e embaralhamento entre eles. Transitam no mesmo espaço, demonstram conformidade nas suas vocações, sendo unos na multiplicidade. Riobaldo simboliza todos os mineiros "mais sensíveis às aspirações das demais regiões do País"[97]. A tendência universalizadora dos mineiros faz deles, igualmente, homens do mundo: "As Minas, ainda informadas do iluminismo, continuam somando contradições para resolvê-las em resultantes ideais"[98]. A terra mineira entranhada pelos raios externos universaliza-se sem possibilidade de retorno. Também Riobaldo medita: "Eu queria minha vida própria, por meu querer governada"[99]. Mas não consegue nortear sua existência: "Tudo na vida cumpre essa regra"[100]. A ele, do mesmo modo, a volta ao estado interior configura-se impossível; não

---

94. Entrevista de João Guimarães Rosa a Günter W. Lorenz, *op. cit.*, p. 296.
95. João Guimarães Rosa, *Grande Sertão: Veredas*, *op. cit.*, p. 7.
96. Sylvio Vasconcellos, *op. cit.*, pp. 95-96.
97. *Idem*, p. 95.
98. *Idem*, *ibidem*.
99. João Guimarães Rosa, *Grande Sertão: Veredas*, p. 331.
100. *Idem*, p. 498.

se anula o vivido após ter sido tocado por experiências que se embrenham atavicamente na memória. Daí, para a cristalização da vida, resta um passo. Riobaldo rumava seus pensamentos "para outros pontos: o Urucuia – lá onde houve matas sem sol nem idade. A Mata-de-São-Miguel é enorme – sombreia o mundo [...]"[101]. Para onde quer que caminhasse se dirigia "a um lugar só: às Veredas-Mortas. [...] De volta, de volta"[102]. O eterno retorno às origens vitais, das quais não se consegue mais desligar, para onde os pensamentos voam a despeito da vontade. Ferido de morte pelo sentimento amoroso, a memória torna-se inelutável, já que é a base da sua formação[103]. Iluminadas indelevelmente, as Minas não conseguem escapar do seu destino, que se repete de forma incessante, até o ponto em que a obtenção da "unidade nacional" custa-lhes "seu sacrifício"[104]. Minas e Riobaldo revivem os seus respectivos sacrifícios, aquela repetindo o calvário de seu mártir e este rememorando o seu próprio calvário.

Até agora, vimos analisando como é possível localizar-se, nas diversas sub-regiões, inspiração para a feitura da construção de Minas. Chegamos mesmo a refletir sobre um exemplo extremo, cujo desenvolvimento quase a supera, embora ainda a contenha. Cabe assinalar – o que pretendemos tentar agora – de que forma, e independentemente dos acentuamentos, alcança-se uma visão unitária. A pluralidade de Minas não foi obscurecida no percurso da elaboração. Guimarães Rosa reconhece, que "Minas Gerais é muitas. São, pelo menos, várias Minas"[105]. A origem pode ser localizada no centro minerador:

> Essa – tradicional, pessimista ainda talvez, às vezes casmurra, ascética, reconcentrada, professa em sedições – a Minas geratriz, a do ouro, que invoca e informa, e que lhe tinge o nome; a primeira a povoar-se e a ter nacional e universal presença, surgida do acampar dos bandeirantes e dos arruados de fixação do reinol, em Capitania e Província que, de golpe, nos Setecentos, se provê de gente de todas as regiões vivas do país, mas que, por conta do ouro e dos diamantes, por prolongado tempo se ligou diretamente à Metrópole de além-mar, como que através de especial tubulatura, fluindo apartada do Brasil restante[106].

---

101. *Idem, ibidem.*
102. *Idem*, p. 561.
103. Para a relação entre o amor e a memória: Jacques Le Goff, "Memória", *Enciclopédia Einaudi*, vol. I: *Memória e História*, Lisboa, Imprensa Nacional – Casa da Moeda, 1984, especialmente p. 31.
104. Sylvio Vasconcellos, *op. cit.*, p. 95.
105. João Guimarães Rosa, "Minas Gerais", *Ave Palavra*, 3. ed., Rio de Janeiro, Nova Fronteira, 1985, p. 270.
106. *Idem*, pp. 270-271.

O ENLEIO DO IMAGINÁRIO

Mas as Minas desdobram-se em várias outras, formando a Minas Gerais, terra povoada por contrastes porém una:

É a Mata, cismontana, molhada ainda de marinhos ventos, agrícola ou madeireira, espessamente fértil. É o Sul, cafeeiro, assentado na terra-roxa de declives ou em colinas que europeias se arrumam, quem sabe um das mais tranquilas jurisdições da felicidade neste mundo. É o *Triângulo*, saliente, avançado, forte, franco. É o *Oeste*, calado e curto nos modos, mas fazendeiro e político, abastado de habilidades. É o *Norte*, sertanejo, quente, pastoril, um. tanto baiano em trechos, ora nordestino na intratabilidade da caatinga, e recebendo em si o Polígono das Secas. É o *Centro* corográfico, do vale do rio das Velhas, ameno, claro, aberto à alegria de todas as vozes novas. É o *Noroeste*, dos chapadões, dos campos-gerais que se emendam com os de Goiás e da Bahia esquerda, e vão até o Piauí e ao Maranhão ondeantes[107].

Em suma, Minas é plural mas integrada; sua unidade advém do fato de haver recolhido e guardado pedaços do Brasil. A inteireza de Minas não provém de si mesma, ainda que haja um núcleo primal; promana antes do exterior, do acolhimento de vária origem: "lá se dão encontro, concordemente, as diferentes partes do Brasil. Seu orbe é uma pequena síntese, uma encruzilhada"[108]. Haveria então o mineiro, dada a multiplicidade de Minas? Seria possível distinguir-se um tipo característico em meio à variegada formação regional? Para o autor, o mineiro brota do "paradoxo. De Minas, tudo é possível"[109]. A coerência mineira resulta da originalidade na combinação, na soldadura dos contrastes, da junção dos opostos: "sendo assim o mineiro há. Essa raça ou variedade, que, faz já bem tempo, acharam que existia"[110]. Isto é, a existência do mineiro encontra-se condicionada ao pensamento que se criou sobre ele, ao imaginário tecido sobre Minas Gerais e também à cristalização da lembrança, "de não navios, de não ver navios, longe do mar"[111]. Construída por vagas estranhas, Minas deve agora fechar as suas portas aos devaneios espúrios, distanciar-se das notícias transportadas pelas correntes marinhas. Minas viverá, enquanto os seus ecos sonoros reproduzirem uma harmonia perfeita e ressoarem repetidamente nos ouvidos de seus filhos, povoando suas mentes: "Minas sem mar, Minas em mim; Minas comigo. Minas"[112].

Em trabalhos de cunho mais analítico, predominantemente ensaísticos, a diversidade de Minas permanece acentuada, muito embora se localize nos

107. *Idem*, pp. 271-272.
108. *Idem*, p. 270.
109. *Idem*, p. 273.
110. *Idem*, p. 272.
111. *Idem*, p. 275.
112. *Idem, ibidem.*

mineiros espírito particular. As diferenças, nesse caso, baseiam-se na permanência das tradições locais e no aparecimento do progresso a modernizar as cidades:

> Tenho até agora acentuado os aspectos sociais da profunda transformação por que estão passando as cidades mineiras sob a ação dos dois grandes focos – o horizontino e o carioca. Quanto aos materiais desta transformação, a situação é diversa. Há cidades que se transformam – como Juiz de Fora, que é quase uma miniatura do Rio senão um subúrbio dele; mas, há outras que mantêm o seu tipo tradicional, insensíveis à influência urbanizadora daqueles dois grandes centros. É o caso de Ouro Preto. Esta cidade é a mais característica da Minas da Tradição[113].

A variedade de Minas perdeu, nessa reflexão, as nuanças, tornando-se bipolar presente na clivagem entre a Minas conservadora, introvertida, antiga e outra mais flutuante, extrovertida, moderna. A passagem da primeira à segunda não se faz sem estupor:

> Não era preciso mais nada para sentir que a região em que estava já era outra. O contraste fora brusco, violento, flagrante. Não tive o sentimento de uma transição; tive antes a impressão de um salto. Eu saltara, realmente, de um cenário para um outro[114].

Essas duas partes de Minas mal se tocam, inexiste uma zona intermediária a conferir gradações ao trânsito, a oferecer ao viajante a possibilidade de preparar-se para adentrar ao novo universo. Apesar disso, o autor considera que o caráter mineiro subsiste, na qualidade de haver conservado os traços antigos da nacionalidade, o que significa, por se tratar de alguém com fortes tonalidades conservadoras, a *preservação, em Minas, da essência da brasilidade*:

> Esses costumes, essas tradições, esses modos, essas feituras da velha alma mineira, assim tão repassados do nosso espírito nacional e do calor do nosso solo, souberam à minha sensibilidade, ao meu espírito, aos meus instintos nativistas, como ao paladar dos entendedores os vinhos caros de uma frasqueira: quanto mais antigos, tanto melhores no sabor, na limpidez e no perfume[115].

O sentimento, ora presente, cerca-se de eflúvios positivos, etéreos "na limpidez e no perfume" e preciosos aos paladares refinados. A especiosidade mineira persiste na conservação do conjunto inalterado, remanesce ao guardar o "nosso espírito nacional" exalado "do calor do nosso solo". Novamente,

---

113. Francisco José de Oliveira Vianna, *op. cit.*, p. 64.
114. *Idem*, p. 57.
115. *Idem*, p. 53.

o elo entre Minas e o Brasil ressurge, garantindo a recriação mítica, agora enquanto manifestação de dois espíritos enleados, como se fora o outro e ambos possuíssem a mesma imagem refletida no espelho: "A estes jogos de espelhos, reflexos que se enviam a um e a outro, não corresponde jamais um objeto real"[116]. A busca de analogia entre fenômenos particulares é intrínseca ao pensamento mítico[117].

A recorrência da ideia de que Minas zela pela unidade brasileira e até a subsume, responde, em parte, pela amarração final do discurso. Na comparação de Minas com os outros estados ressalta-se sobremodo esse aspecto: "Quando São Paulo pretendeu manter o espírito ruralista, embora enfocado na industrialização, as Minas buscaram apoio nacional para fazer predominar a unidade e a cultura urbano-liberal"[118]. Daí a vocação de Minas revelar os mais altos desígnios da nação: "por alheios aos interesses imediatos e concretos, dedicam-se muito mais aos problemas genéricos e teóricos do País"[119]. Os mineiros sacrificariam os seus interesses "imediatos e concretos" para cultivar o conjunto, diferentemente de São Paulo, que se voltou à realização da sua vontade particular. Os mineiros, por isso, são homens talhados para a prática política generosa, desenvolvendo verdadeira vocação para os problemas públicos: "dos mineiros ainda se poderá esperar também, e quiçá, o equilíbrio, a ponderação, a palavra de paz, o desejo de síntese, a lógica e a verdade, que sempre constituíram a mais alta expressão de sua maneira peculiar de ser"[120]. A atividade política em sua dimensão nobre ressurge, aqui, enquanto produto de um caráter específico, quase como potencial biológico que, uma vez herdado, torna-se parte integrante do ser. A atração pela política foi naturalizada, por não resultar da própria vida social e muito menos das relações sociais que se alojam e conformam a organização da sociedade. Ao espírito de Minas, em suma, remete-se a razão política, elemento constitutivo de sua própria memória, fundido no ouro das lavras, revivido nos campos como atavio dos anos esplendorosos:

> Este "espírito de Minas", já muito antes de se iniciarem as grandes lavras, vinha encabeçando a procura do ouro; consolidou-se, depois, durante mais de um século, na posse do ouro, para, finalmente, ainda perdurar durante o outro século na saudade deste mesmo ouro[121].

---

116. Claude Lévi-Strauss, *La Potière Jalouse*, Paris, Librarie Plon, 1985, p. 227.
117. Conforme Claude Lévi-Strauss, *op. cit.*, p. 227.
118. Sylvio Vasconcellos, *op. cit.*, p. 196.
119. *Idem*, p. 95.
120. *Idem*, p. 197.
121. Miran de Barros Latif, *op. cit.*, p. 213.

Perdurado o devaneio do ouro, criou-se a soldadura entre as Minas e as Gerais, unidas no universo onírico, seduzidas por idêntico imaginário, capaz de evitar qualquer cissiparidade. Como na novela de Cervantes, cujas personagens se complementam na diversidade, o imaginário mineiro originou-se da associação de Quixotes e de Sanchos.

Existem Dons Quixotes e Sanchos por toda parte e ambos são necessários a qualquer gênero de vida, por corriqueira que seja. Mas o que há de realmente apreciável no homem é a simbiose destes dois aspectos num equilíbrio sábio que os mineiros, nas cumeadas das suas "alterosas", praticaram como verdadeiros equilibristas e sempre possuíram como ninguém. Foi sob este aspecto, tão necessário ao bom andamento dos negócios do governo, que os mineiros se firmaram na política, não apenas da sua província como do país todo[122].

Esse trecho é primoroso no explicitamento da armadura da construção, na qual os traços culturais específicos dos mineiros, oriundos das várias sub-regiões, encontram ressonância. Pensar o mineiro a partir da combinatória Quixote-Sancho tem o condão de contemplar a todos, por ser suficientemente genérica. Ora, o habitante das Minas teria tanto o perfil obstinado de Quixote – quando faísca o ouro e se deixa enlear pelo sonho dos metais –, quanto o prosaico de Sancho – ao ser obrigado a aquilatar a produção da sua data e a ponderar sobre o peso dos seus impostos. Aos geralistas é possível atribuírem-se características semelhantes: não foram eles os homens que formaram as fazendas, desbravaram os sertões, lutaram contra as proibições da Coroa de desenvolverem a agricultura, além de serem, principalmente, os filhos da decadência? Não tiveram que mobilizar a sensatez de Sancho para conseguir o mínimo êxito nos seus empreendimentos? As herdades que plantaram não resultaram num produto pouco vivaz, um tanto modorrento? E os homens do sertão não têm, ao mesmo tempo, muito de Quixote no enfrentamento solitário das adversas condições e bastante de Sancho, ao conseguirem sobreviver em tais espaços? Em suma, a fantasia guardada do antigo fausto, sintoma por si só de eras decadentes, coordena a capacidade de sobrevivência e possui muito da ponderação pragmática. A fusão de Quixote e Sancho teria ainda a conveniência de conter, pelo menos, dois tipos distintos, onde o primeiro representaria as classes dominantes e o segundo as populares. Cria-se, por analogia, a imagem de uma sociedade harmonicamente representada, pois um não existe sem o outro, antes se complementam e retratam a unicidade na duplicidade. Quixote procede do mundo cavalheiresco, da nobreza de

---

122. *Idem, ibidem.*

sangue, inquestionável na sua genealogia de bem-nascido; Sancho ao contrário é filho do populacho, de origem vulgar. Para o aristocrata Quixote a hierarquia constitui-se em valor inquestionável; já para Sancho, a ruptura da gradação social faria parte do seu universo. Também por isso, tal concepção contemplaria as mais diversas aspirações. Todavia, o destempero possível, encarnado na personalidade conturbada de Quixote, teria raio restrito de atuação, uma vez que a rigidez hierárquica coíbe os movimentos para além de certo ponto. A ponderação, por ser o traço central da personagem Sancho, refreia os seus eventuais arroubos democratizantes. Resulta pois uma situação de equilíbrio permanente, onde as ações quixotescas não ultrapassam os limites considerados suportáveis, e as possíveis atitudes de Sancho nem chegariam a se explicitar, contidas que estão por marcos ponderáveis. O uso do mundo criado por Cervantes visa integrar dimensões significativas na construção da mineiridade. De saída, poderíamos propor a relação entre a revivescência de personagens consagradas na literatura mundial e a imagem de Minas fertilizada pelo gosto da cultura. A aura dos poetas-inconfidentes é, apenas, uma das faces dessa simbologia. A proposta de liberdade dos mineiros surgiu banhada na mística cultural, assim como a sua derrota foi, em larga medida, dirigida contra mentes superiores e ilustradas. Nesse sentido, *a mineiridade integra- se num imaginário ilustrado*. Quixote atua na linha da liberdade romantizada, irrealizada, levado pelo seu desvario. A decadência das Minas, análoga à de Quixote, sugere o fenecimento de uma época ao término da Inconfidência, sua obra-mater. Sancho é o tempero de bom senso aos projetos ensandecidos. Elabora-se, por isso, um estado de equilíbrio, em perene suspensão, vivenciador da atemporalidade característica das construções míticas. O equilíbrio remete à integração sem mudanças, enquanto o movimento navega no mar das contradições, que gera o embate de onde emergem náufragos. A supremacia de qualquer parte romperia a harmonia, assunção impensável a um espaço regional construído por facções tão diferenciadas. Clarifica-se, agora, outro efeito, qual seja o de permitir a junção de várias sub-regiões de Minas Gerais, compondo o mosaico por via do imaginário, modelando a identidade do mineiro. De outro lado, no plano da política nacional, decanta-se o equilíbrio manifesto no discurso conciliatório, na integração das diferenças, isto é, na sugestão de correções sem as implicações perigosas da ruptura. Pensamento dessa ordem nutre os projetos voltados à reconstrução dentro da permanência. Nessas concepções encontra-se, em sua inteireza, a ideia da missão de Minas.

A obra de Alceu Amoroso Lima, *Voz de Minas*, gira em torno de um eixo central que organiza toda a análise, qual seja, o de ressaltar o papel de

Minas no Brasil. Não por casualidade, o último capítulo do livro intitula-se "Missão de Minas". Interessante perceber que os parâmetros salientados por nós delimitam o perfil da obra e o desenvolvimento analítico. Logo no início, a atemporalidade inerentemente mítica, embora não seja assumida, encontra-se marcada: "Esse gosto pelas coisas essenciais é um dos pontos que o *intemporalismo* do mineiro mais nos impressiona. Chamo intemporalismo esse *desdém pelo tempo* que se manifesta nas menores coisas, em Minas"[123].

Em sequência, ao analisar os traços do caráter mineiro, compõe um tipo psicossocial recuperador das personalidades de Quixote e de Sancho:

> Quanto ao retrato psicológico do mineiro, vimos que nele predomina acima de tudo a sobriedade. Economia, simplicidade, reserva, discrição nos gestos, nas palavras, no pensamento, nos sentimentos e na vontade. [...] Junto a essa sobriedade, – *a fleuma*. É o homem do *self-control*. É o homem que se domina, que sabe praticar por temperamento a mortificação dos sentidos. [...] Ao lado desse fleuma, o *humour*. O mineiro não ri muito em público, mas tem esse riso interior do *humour*, que é uma verdadeira atitude perante a vida. O *realismo*, amor das coisas concretas e positivas, é outro traço psicológico do homem mineiro, que o levou a desdenhar as coisas supérfluas e ir de preferência ao essencial. [...] Esse realismo não o leva ao materialismo, por ser recompensado por um profundo sentimento do *mistério*. [...] Vejo também que o mineiro é extremamente malicioso e jeitoso, parecendo sempre o contrário. [...] Daí o seu inato *esprit de finesse*, como dizia Pascal, e a sua negação do espírito geométrico no sentido de rigidez, dogmatismo, ausência de plasticidade e compreensão[124].

Até esse momento, na *mélange* de Quixote e Sancho os caracteres do primeiro parecem mais evidentes, já que as qualidades se originam de figuras de um elevado "universo social". A combinação explicita-se mais flagrantemente:

> *Bom senso, idealismo e utopia* – são três planos do espírito mineiro que ora se excluem, ora se completam. Junto ao *espírito de distinção* – que leva o mineiro a não aceitar as pessoas e as coisas em bloco – manifesta-se o *espírito de moderação*. [...] *Antiextremismo e anti- romantismo*, traços psicológicos do mineiro, marcam bem aquele *centrismo*. [...] O *intemporalismo* mineiro. [...] Pois é justamente esse *desdém* pelo tempo que vem corroborar o intemporalismo mineiro, pois a subordinação ao tempo é que caracteriza o homem de temperamento moderno e não eterno. [...] A *presença do passado e o respeito pelos mortos* vimos serem outros sinais da psicologia mineira, que finalmente se resume naquela *naturalidade* espontânea com que o homem de Minas manifesta, com tanto tato e tanta singeleza, a sua *personalidade*[125].

---

123. Alceu Amoroso Lima, *op. cit.*, p. 37.
124. *Idem*, p. 39.
125. *Idem*, pp. 39-40

O ENLEIO DO IMAGINÁRIO 137

Se agruparmos as características aí desfiadas noutra disposição, veremos emergir as figuras do Cavaleiro Andante acompanhada por seu Fiel Escudeiro: "Bom senso", "espírito de moderação", "antiextremismo e antirromantismo" conformariam o perfil de Sancho; "idealismo", "utopia", "espírito de distinção", "intemporalismo", "presença do passado e respeito pelos mortos", modelariam a feição de Quixote. Na explicação sociológica de Minas, derivada do seu contorno psicológico, precisam-se essas relações: "Toda sociologia mineira é dominada por três elementos de espírito que poderíamos chamar – *continuidade, fidelidade, temperança. Continuidade*, quanto ao passado. *Fidelidade*, quanto ao presente. *Temperança*, quanto ao futuro"[126]. Nesse passo, embaralham-se de tal forma as duas personagens, que a desmontagem da construção assemelha-se à arte do *bricoleur*. "Continuidade", "fidelidade" e "temperança" valem para os dois, sob diferentes formas. Continuidade significa para Quixote a permanência do ideal cavalheiresco e para Sancho a possibilidade de contar com o seu lugar demarcado nesse universo social. O comedimento de Sancho atesta o fato de este não se deixar seduzir por perspectivas futuras, eventualmente alvissareiras, dado o seu caráter incerto. Prefere, ao invés de se arriscar no jogo das possibilidades, conservar sua posição, pois poderia dispender energias à toa, além de perder a convivência íntima com o seu senhor. Ambos representam, portanto, a continuidade quanto ao passado. Fidelidade, para Quixote, traduz-se na mantença imaginária do seu mundo perdido e para Sancho na lealdade a seu amo. Os dois são fiéis ao presente, porque o vivenciam como passado. Conservarem-se ligados a ele traduz a possibilidade de permanecerem integralmente enleados. Na temperança encontram-se indelevelmente unidos. O comedimento frente ao futuro expressa, intimamente, um e outro. Os dias vindouros revelam a morte do par, presos que estão a um mesmo destino, do qual não se escapa. Por isso, a morte entra pela porta dos fundos nessa construção, pois o futuro é a sua esfinge. Nesse passo, sugestões de várias ordens podem ser desenvolvidas. É da natureza das elaborações míticas a exclusão da temporalidade, pois se o futuro exprime a história, absorvê-la ocasionaria a sua ruína. O mito "pode ser casualmente ligado à história em cada uma das suas partes mas tomado no conjunto, resiste a seu curso [...]"[127]. O mito – uma fala do presente, ainda que referida ao passado – contém a vocação do domínio incontestável do tempo. O acontecido é como as "horas antigas que ficaram muito mais perto da gente"[128]. Embaralhar as diversas

126. *Idem*, p. 43.
127. Claude Lévi-Strauss, "Le Temps du Mythe", *Annales*, p. 540.
128. João Guimarães Rosa, *Grande Sertão: Veredas*, p. 92.

dimensões do tempo é da natureza do pensamento mítico. O futuro não é realmente assimilável, daí a moderação diante dele. Em tal contexto, entende-se o porquê dos princípios sociológicos de Minas, elaborados por Alceu Amoroso Lima, basearem-se na permanência: "o primado da *concentração* sobre a irradiação; o primado da *lentidão* sobre a velocidade; o primado da *qualidade* sobre o número"[129]. O movimento encontra-se de todo excluído, permitindo o fechamento da circularidade mítica. E a missão que "Minas tem [...] a cumprir no Brasil e no mundo contemporâneo"[130], é de preservar os valores humanos genuínos. Para o autor, significa primordialmente a manutenção do humanismo cristão: "a esse primado de Deus se segue, na filosofia mineira da vida, o primado do homem"[131]. A invocação de Deus repõe, noutro plano, a natureza mítica da construção, criando um *analogon* entre a infinitude divina e a atemporalidade do caráter mineiro[132]. Nesse passo, volta-se para o ponto inicial e recomeça-se a percorrer os caminhos já trilhados.

É no bojo desse universo mítico que se pode compreender o tão aludido enigma de Minas. Alceu Amoroso Lima concebe a sua obra como ensaio de deciframento do caráter misterioso do estado: "Esse sortilégio do humanismo mineiro é que pretendi traduzir nas páginas que aí ficam. Seu papel não é outro senão uma tentativa de decifração do enigma mineiro; não é outro senão um convite à meditação de Minas sobre si mesma"[133]. Sem pretender decifrar, o autor acaba concorrendo ao incremento da ideia de que, para se compreender Minas, são necessárias as artes do adivinho. Ao mesmo tempo, ao conclamar à automeditação, excita novas mentes a retecer os fios do imaginário social, repondo-o, visto não ultrapassá-lo e nem mesmo desejar fazer isso. Assumido o mistério que envolve Minas, fica excluída a possibilidade do seu deciframento: "MINAS: patriazinha. Minas a gente olha, se lembra,

---

129. Alceu Amoroso Lima, *op. cit.*, p. 65.
130. *Idem*, p. 115.
131. *Idem, ibidem*. Para uma análise da dimensão religiosa na obra de Alceu Amoroso Lima, ver Fernando de Azevedo (org.), "A Sociologia e a Antropologia no Brasil", *As Ciências no Brasil*, São Paulo, Melhoramentos, s.d., vol. II, p. 381).
132. De Minas, Eduardo Frieiro critica a análise de Alceu Amoroso Lima: "Minas não é nem podia ser como a vê e entende o Sr. Alceu Amoroso Lima: gente de uma só face, um idêntico temperamento, uma condição única, uma mesma alma, um gesto uniforme, fáceis de serem surpreendidos e fixados em análises e caracterizações totalitárias. A voz de Minas, é claro, não tem um timbre só, que se possa captar e classificar dentro da gama dos timbres que compõem o coral da nação. É pluritonal, como todas as vozes coletivas" (Eduardo Frieiro, "Fantasias em Torno do Mito de Minas", *Páginas de Crítica e Outros Escritos*, Belo Horizonte, Itatiaia, 1955, p. 420).
133. Alceu Amoroso Lima, *op. cit.*, p. 124.

sente, pensa. Minas – a gente não sabe"[134]. Em suma, o enigma é de natureza mítica, inexiste temporalidade no mundo das coisas secretas.

Prefiro estancá-las no tempo a exaurir-me em impressões arrancadas aos pedaços, e que aos poucos descobririam o que resta do mistério da minha terra, desafiando-me como à esfinge com seu enigma: decifra-me, ou devoro-te. Prefiro ser devorado[135].

Isto é, opto por navegar no mar das ilusões, prefiro continuar a ser o mineiro que conceberam e que ora reforço, desejo conservar a minha identidade. Por isso, permito que a minha mente reste engolfada pela vaga mítica. Decifrá-la seria destruí-la. Só posso senti-la e acolhê-la em meu pensamento:

As condições de aparecimento do mito são as mesmas de todo pensamento, pois este não é mais que o pensamento de um objeto e um objeto não existe simplesmente e despojado da forma como o conhecemos, mas existe no fato de constituir o sujeito como sujeito e a própria consciência como consciência de uma relação[136].

A certeza de pertencer a Minas firma a consciência da identidade: "Sou mineiro dos que dizem – mineiro graças a Deus"[137]! Fundamenta a firmeza quando vive o exílio: "Todas essas baldas essenciais do mineiro, que não perdi, vivendo fora de Minas a metade de minha vida. E cem anos que eu viva, não as perderei"[138]. Marca-o, indelevelmente, para a vida inteira: pois nada "tira do mineiro que emigra sua qualidade de natural da sua terra, nem seu direito de estremecê-la mais que a todas as outras. Sempre lá ficaram o umbigo e o primeiro dente de leite, sempre ele guardará seu sotaque, a música de sua falação, sua frase ambígua e o seu – Uai! Afrânio de Melo Franco dizia "tomém" por "também" – até morrer"[139]. O mero exercício de concretizar o espírito de Minas empurra os decifradores, inebriados pela aragem do indefinível, novamente à imersão mítica: "[...] não há coisa melhor que tentar definir o indefinível"[140]. Daí as intenções do cercamento dos eflúvios de Minas só perderem o tom abstrato quando se voltam para a natureza física do Estado:

---

134. João Guimarães Rosa, "Minas Gerais", *op. cit.*, p, 269.
135. Fernando Sabino, "Minas Enigma", *op. cit.*, p. 75.
136. Claude Lévi-Strauss, "Le Temps du Mythe", *op. cit.*, p. 534.
137. Pedro Nava, *Galo das Trevas. As Doze Velas Imperfeitas*, Rio de Janeiro, José Olympio, 1981, p. 6.
138. Pedro Nava, "Marca Indelével", *op. cit.*, p. 96.
139. Pedro Nava, *Círio Perfeito*, 2 ed., Rio de Janeiro, Nova Fronteira, 1983, p. 413.
140. Alceu Amoroso Lima, *op. cit.*, p. 86.

O mar – como o deserto, ou mesmo a planície – é elemento unificador, enquanto que a montanha diversifica depressa, para depois conservar diferente. Assim, entre as montanhas persistem vestígios ilhados de raças, hábitos, antigas culturas[141].

O relevo passa a determinar o caráter dos habitantes de Minas: "[...] o fato é que a montanha traz ao mineiro a consciência da gravidade da vida. E lhe dá aquele 'melancolismo' [...]"[142]. Rege os princípios da produção cultural dos mineiros:

[...] antes de mais nada temos que concordar que os efeitos de uma paisagem constituída por montanhas negras dominando o conjunto, montanhas que parecem estarem pesando sobre o coração dos homens, só poderiam realçar os efeitos da tristeza produzida pelo clima e pelo solo. O mineiro é triste. Se alguém tomasse o trabalho de estudar a melancolia na poesia mineira certamente teria o seu trabalho recompensado com o reconhecimento de que todos (ou quase todos) os poetas de mais importância em Minas foram irremediavelmente melancólicos[143].

Visto ser o meio físico um fator compulsório, a ênfase no seu papel conformador do caráter faz conceber seres com personalidades semelhantes. Se a função modeladora das montanhas não se transforma, tende a produzir homens aparentados em suas vocações. Idêntica paisagem e efeitos sempre idênticos recriam a paralisia do tempo e tendem à mitificação. O perfil dos mineiros adquire assim tal permanência, por ter sido cinzelado no ambiente que o envolve e do qual é fruto. Por isso, jamais o caráter fica apagado, mesmo quando o mineiro, nas suas andanças, se encontra afastado de seu hábitat natural, tendo em vista a própria força da escultura a vincar-lhe fortemente o rosto com impressões indeléveis.

A magia em torno de Minas advém, em parte, dessas concepções. A mística tecida em volta da terra de Minas, embasada no solo prolífico em pedras e metais preciosos, assume dimensões de grande exaltação amorosa:

Minas é um negócio estranho. O Rio de Janeiro, por exemplo, que tem o mar, São Paulo, tem mar. Diamantina, por exemplo, já foi mar. É um negócio muito, mas muito mais. É milenar, é uma sabedoria incrível. Quando inundar o Rio de Janeiro aí é que eles vão chegar ao pé da gente[144].

---

141. Miran de Barros Latif, *op. cit.*, p. 160.
142. Alceu Amoroso Lima, *op. cit.*, p. 53.
143. João Camilo de Oliveira Torres, *O Homem e a Montanha*, p. 31.
144. Participação de Fernando Brant no Painel "Minas Não Há Mais?", *op. cit.*, p. 27.

A paisagem tornada personagem afastada dos homens engendra a capacidade de fiarem a sua própria história. Em parte, a própria dificuldade de precisar as características do solo arestoso caminha rumo ao indefinível:

O que é, ao certo, uma montanha? Pouco ajuda para a definição um conceito simples como, por exemplo, o conjunto das terras mediterrânicas, de altitude superior a quinhentos metros, até porque se trata de escalas humanas de valor, escalas incertas, difíceis de referenciar nos mapas. De resto, já há muito Raoul Blanchard lançara o aviso: "Uma definição de montanha que seja clara e compreensível é, em si mesma, quase impossível de formular"[145].

As montanhas teriam, portanto, natureza análoga à do tempo, cuja periodização pressupõe sempre o estabelecimento de recortes criados a partir de convenções.

A dimensão mítica da mineiridade resulta de uma apropriação particular da infinitude do tempo. À sensação de permanência ofertada pelas montanhas mineiras corresponde, no interior do discurso, uma proposta de segurança diante da volatilidade dos eventos históricos. A especial assimilação da história pelo pensamento mítico faz nascer um mundo uno e indivisível, fundador de uma representação particular da realidade. As práticas sociais dos sujeitos desenrolar-se-ão no interior de um palco concebido nas artimanhas do imaginário.

O pensamento mítico [...] tira seu impulso da vontade de *conhecer* a realidade, mas, no seu processo, desemboca numa explicação ilusória do encadeamento de causas e efeitos, que fundam a ordem das coisas[146].

As elaborações míticas, dessa forma, nascem no movimento de apreensão do real por parte dos "sujeitos sociais", cujo impulso se reverte sobre a sua própria origem, ao passar a comandar as representações e as condutas dos agentes. No processo, obscurece-se a própria percepção do tempo histórico, impedindo que se localize na história a gênese dos discursos míticos, que tendem a se absolutizar. A configuração de Minas durante o século XIX engendrou uma sociabilidade específica, que se inclina à mitificação. A profundidade da fotografia de Minas revelada posteriormente por seus intérpretes, encontra aí a principal fonte inspiradora, ao combinar-se de forma original com o seu passado. Nesse arranjo reside, em grande parte,

---

145. Fernand Braudel, *O Mediterrâneo e o Mundo Mediterrânico na Época de Filipe II*, Lisboa, Martins Fontes, 1983, vol. I, pp. 40-41.
146. Maurice Godelier, *op. cit.*, p. 546.

o segredo de Minas, decantado por seus codificadores e oniricamente rea-lizado na pena magistral dos seus poetas:

Minas é uma palavra montanhosa
Minas não é palavra montanhosa.
É palavra abissal. Minas é dentro
e fundo.
As montanhas escondem o que é Minas.
No alto mais celeste, subterrânea.
É galeria vertical varando o ferro
para chegar ninguém sabe onde.
Ninguém sabe Minas. A pedra
o buriti
a carranca
o nevoeiro
o raio
selam a verdade primeira, sepultada
em eras geológicas de sonho.
Só mineiros sabem. E não dizem
nem a si mesmos o irrevelável segredo
chamado Minas[147].

---

147. Carlos Drummond de Andrade, "A Palavra Minas", *As Impurezas do Branco*, 3. ed., Rio de Janeiro, José Olympio, 1976, p. 112.

4

Imaginário e Sociedade

Temporalidade e Representação

A compreensão da mineiridade – como mito, como história – pressupõe o esclarecimento das diversas dimensões de tempo nela presentes. Caracterizamos a construção mítica a partir do seu caráter atemporal, pois os momentos do tempo – passado, presente e futuro – convivem harmonicamente, encontram-se mesclados e indiferenciados. O pensamento mítico, todavia, constitui uma elaboração a partir de um fluxo histórico determinado e nele encontra sua fonte inspiradora. Em essência, o próprio mito expressa um rearranjo de elementos históricos que, ao se combinarem de forma particular, traduzem uma elaboração coerente e ordenada da vida social. Isto é, o mito superpõe ao tecido maleável e distendido da história uma visão unitária. Nesse sentido, a elaboração mítica não se confunde com a história, mas fala sobre ela de maneira enviesada, reordenando certos significados que aí são gerados. Por isso, o desvendamento mítico exige uma imersão nos processos históricos, matrizes últimas das significações mas, principalmente, a detecção dos sujeitos sociais a quem mais diretamente estas correspondem, sobretudo quando se trata de construções saídas de sociedades diferenciadas. Esse aspecto tem especial importância para o objeto que ora estudamos.

Nas sociedades simples, onde a diferenciação não é a tônica, os mitos recobrem-nas em conjunto. No que tange às sociedades complexas, mesmo aquelas sem uma estrutura de classes configurada – caso de Minas nos séculos XVIII e XIX – a vestimenta mítica adequa-se, com mais propriedade, a certos agentes sociais, ainda que no processo de assimilação ocorra, eventualmente, ultrapassagem do quadro social gerador. Na tarefa de codificação do mito alguns colaboradores originam-se de outras regiões; a percepção externa dos mineiros, nos moldes propostos pela construção, exprime o seu transbordamento. Assim, na linha da exemplificação. poderíamos detectar "efeitos estranhos" quer a sujeitos históricos específicos, quer ao espaço regional. A natureza de tais operações residiria, provavelmente, na própria força mítica, haurida na coerência da sua articulação, mas também na presença de certos contextos históricos – internos e externos a Minas – que criam situações favoráveis à introjeção do mito. Nessas ocasiões, o pensamento mítico adquire caráter mais abrangente, preenchendo espaços sociais mutuamente exclusivos, assumindo o aspecto de densa capa social a envolver o conjunto.

O entendimento mais profundo, mais detido desse processo, pressupõe distinguir a atemporalidade mítica do tempo histórico inerente a Minas[1]; cabe, além disso, separá-los das transações representativas e imaginárias que se elaboraram no percurso da história. Nos capítulos anteriores, viemos perseguindo os fios da mineiridade, o que nos permitiu deslindar, na coerência da sua construção, a qualidade mítica. Recapitulemos, pois: o pensamento mítico revelou-se adequado para caracterizar a mineiridade, ao expressar um grau de complexidade e articulação capaz de conter no seu interior uma visão de toda a trama social. A complexidade advém do objeto que pretende dominar, isto é, a história dos homens. Deriva daí a necessidade de forte coerência interna, presente na articulação, sem a qual o indispensável poder de convencimento restaria anulado. A dimensão atemporal – evidente na mineiridade – resulta da natureza mítica: a história é objeto do mito, assim não se pode confundir com ela; na sua pretensão de dominá-la precisa superá-la, aparecer como se sobre ela pairasse. O núcleo do pensamento mítico gira em torno da origem. Na mineiridade foram os inconfidentes, vivendo em ambiente ilustrado, os fundadores dos mineiros. Nesse nível de ambição, "origem" e "causa" não se distinguem. Finalmente, cabe ao mito promover a identificação. Esse aspecto decorre dos outros mas, ao mesmo tempo, explica-os, na medida em que abre caminho para a *praxis*. A mineiridade, ao criar a figura abstrata dos mineiros identifica-os; estes, ao moverem-se nos quadros de suas propostas, visíveis nos momentos rituais, reforçam-na. Manifesta-se, nesse passo, o papel emulador do mito no direcionamento das práticas sociais. Aqui, expressam-se as virtualidades do mito.

---

1. "O ritmo da vida social está na base da categoria tempo" (Émile Durkheim, *Las Formas Elementales de la Vida Religiosa*, Buenos Aires, Editorial Schapire, 1968, p. 449).

A presença da identidade pode dar origem a certas práticas ou comportamentos conformadores de situações sociais. Quando tal fato ocorre, forjam-se representações particulares do mito, resultando em práticas ideológicas que, às vezes, se manifestam. As representações ligam-se ao mito de forma especial. Em essência, constituem-se numa camada simbólica conformada a partir de apropriações específicas do mito. Nesse sentido, a representação diz respeito a certo rompimento do domínio mítico, pois inaugura uma nova fase de significações. Enquanto o mito pressupõe a analogia, fundado na relação de similitude entre o seu discurso e os seres sociais que busca identificar, a representação quebra de alguma maneira a força da identificação primária, ao propor renovadas operações identificadoras, baseadas na diferença[2]. Seria possível estabelecer, nesse passo, aproximações entre o mito e a natureza da cultura ocidental até o século XVI.

Até fins do século XVI, a semelhança desempenhou um papel constitutivo no saber da cultura ocidental. Foi ela quem orientou, em grande parte, a exegese e a interpretação dos textos: foi ela que organizou o jogo dos símbolos, permitiu o conhecimento das coisas visíveis e invisíveis, guiou a arte de as representar. O mundo enrolava-se sobre si mesmo: a terra repetindo o céu, os rostos mirando-se nas estrelas e a erva envolvendo nas suas hastes os segredos que eram inúteis ao homem. A pintura imitava o espaço. E a representação – quer fosse um prazer ou uma lição – oferecia-se como uma repetição[3].

Em contrapartida, a representação lastreada na diferença assemelha-se à cultura de época clássica, "devido a uma ruptura essencial ocorrida no Ocidente, já não se trata das similitudes, mas.sim das entidades e das diferenças"[4]. Daí, a representação relacionar-se a apropriações particulares do mito, por agentes sociais envolvidos em momentos históricos definidos. Intrinsecamente, as representações estabelecem a passagem do mito para a prática ideológica, quando os homens são capazes de romper a fixidez do elo entre um pensamento e o objeto que lhe corresponde. Em termos concretos, a representação da mineiridade manifesta-se ao assumir a maleabilidade das práticas sociais, atestando o esfacelamento da rigidez significativa.

---

2. Estamos pensando, nessa passagem, na distinção estabelecida por Durkheim entre consciência coletiva – característica das sociedades que se apoiam nas similitudes –, e representações coletivas – típicas das sociedades organizadas com base na diferença (cf. Émile Durkheim, *De la División del Trabajo Social*, Buenos Aires, Editorial Schapire, 1967).

3. Michel Foucault, *As Palavras e as Coisas. Uma Arqueologia das Ciências Humanas*, Lisboa, Editora Portugália, 1967, p. 34.

4. *Idem*, p. 75.

O uso da imagem de Quixote na construção do mito da mineiridade teria o condão de ensejar a emergência das apropriações representativas. A própria personagem expressa, tragicamente, a impossibilidade de atribuir-se a um mundo, já agora múltiplo, as correspondências forjadas no passado.

> *D. Quixote* é a primeira das obras modernas, pois nela se vê a razão cruel das identidades e das diferenças zombar incessantemente dos signos e das similitudes; pois a sua linguagem rompe a velha intimidade com as coisas, para entrar nessa soberania solitária de ser abrupto, donde só sairá convertida em literatura[5].

A coerência mítica só emerge ao combinar Quixote com Sancho, pois a fidelidade do último e a sua temperança põem termo à probabilidade de as circunstâncias tragarem mais vorazmente o seu amo. Sancho recompõe a certeza do passado ao identificar os objetos que os rodeiam de forma fixa. Por isso, os devaneios são exclusivos de Quixote e o bom senso, respaldado na convicção, define Sancho. Se Quixote abre fendas para a passagem das representações, Sancho fecha-as, organizando um ambiente sem sombras. Por isso os atributos dos mineiros contidos no mito, embora possam ser localizados nas duas personagens, são mais tipicamente de Sancho[6]. Na combinação entre ambos, o escudeiro obteve primazia. Quixote desponta na vanguarda, predominantemente nas obras literárias cuja natureza pressupõe a ruptura da fixação. Dessa forma, o cavaleiro desempenha as funções representativas e imaginárias que, não obstante as semelhanças, diferenciam-se por tratarem de absorções específicas do mito.

O imaginário, tal como o estamos concebendo neste trabalho, corresponde a uma elaboração significativa reduplicada. Isto é, aos significados míticos atribui-se nova significação. Nesses termos, o mito seria a concepção central e unitária de Minas. O imaginário resultaria tanto de uma "sofisticação" da vertente representativa, mas afastada da "imediaticidade" prática, quanto de certa "historicização" da leitura do pensamento mítico, fruto da agregação de novos significados, em diferentes momentos. No limite, a abertura do leque de significados empurra para a ultrapassagem mítica, o que ocorre efetivamente em algumas expressões literárias. Trabalhamos, portanto, inspirados na noção de imaginário periférico elaborada por Castoriadis: "Ele corresponde a uma segunda ou enésima elaboração imaginária dos símbolos a sucessivas camadas de sedimentação"[7]. O imaginário oscila entre

---

5. *Idem*, p. 73.
6. Remetemos o leitor para o Capítulo 3 deste trabalho.
7. Cornelius Castoriadis, *A Instituição Imaginária da Sociedade*, Rio de Janeiro, Paz e Terra, 1986, p. 158.

IMAGINÁRIO E SOCIEDADE

uma grande proximidade com o mito – quase confundindo-se com ele – e o extremo afastamento – quando rompe o seu círculo fechado. Nessa medida, a representação apresenta maior fixidez, ao estabelecer as mediações entre o mito e a prática ideológica. O imaginário não desemboca, necessariamente, em práticas sociais concretas, representando, antes, "o reaparecimento da linguagem num pulular múltiplo"[8]. Está-se nesse passo, essencialmente, no universo da significação, daí a polissemia. Haveria aqui uma conexão entre o imaginário e as novas questões produzidas pela cultura ocidental, a partir do início do século XIX, equacionadas magistralmente por Foucault:

> [...] tendo-se separado a lei do discurso da representação, o ser da linguagem ficou como que fragmentado. Mas elas tornaram-se necessárias quando, com Nietzsche, com Mallarmé, o pensamento foi reconduzido, violentamente, para a própria linguagem, para o seu ser único e difícil[9].

Quanto mais puramente linguagem, maior o afastamento do imaginário em relação ao mito; quanto mais chegado à construção mítica, maior a possibilidade de o imaginário ligar-se às representações e transformar-se em ideologia. O imaginário da Restauração Pernambucana é exemplar nesse sentido: "Ao longo de dois séculos e meio, nosso sistema de representações mentais sobre o período holandês teria de sofrer, por sua vez, as repercussões inevitáveis das conjunturas políticas, econômicas e sociais por que passou o sentimento nativista em Pernambuco"[10]. A aproximação quanto ao mito evidencia-se na presença da origem: "[...] a restauração torna-se como que a experiência fundadora da identidade provincial"[11]. O afastamento advém das constantes "releituras" do movimento, a partir de realidades históricas distintas[12]. Diferentemente do mito que exclui a história, o imaginário pode absorvê-la.

Subjazem, todavia, tênues diferenças entre expressões imaginárias e as representações ideológicas. Para efeito deste trabalho, as distinções são extremamente importantes, sob pena de sermos levados a confundir produções culturais essencialmente diversas. Há obras que transitam próximas da órbita mítica: certos livros de historiadores e de cronistas, por exemplo, que não possuem *essencialmente* a natureza das práticas políticas orientadas por representações específicas do mito. A produção literária inspirada na

8. Michel Foucault, *op. cit.*, p. 395.
9. *Idem*, p. 399.
10. Evaldo Cabral de Mello, *Rubro Veio. O Imaginário da Restauração Pernambucana*, Rio de Janeiro, Nova Fronteira, 1986, p. 11.
11. *Idem*, p. 14.
12. A esse respeito, consultar Evaldo Cabral de Mello, *op. cit.*, p. 11.

construção mítica constitui o caso extremo de oscilação imaginária, porque contém significados que a transbordam e até a superam. Nos dois primeiros exemplos as diferenças, que são à primeira vista sutis, tornam-se mais visíveis quando conseguimos entrever práticas envolvidas na confecção de projetos políticos determinados. Ainda aqui, estas distinguem-se de outras práticas ideológicas, pois encontram-se vinculadas, nas mais variadas gradações, ao pensamento mítico. Em tais momentos, as virtualidades do mito adquirem concretude nas práticas, ao exprimirem e representarem "algo mais". Estamos, nessas situações, *vis-à-vis* dos desígnios de grupos e/ou classes sociais que se utilizam das evocações de imagens para implementar seus propósitos e/ou para perpetuar certas condições. Percebe-se, nesses momentos, a conexão entre o mito e o *fazer histórico*.

É possível reconhecer, na história de Minas, pelo menos duas dimensões temporais nítidas: a primeira emerge no século XVIII, correspondendo ao apogeu da mineração, quando a riqueza das minas produziu uma época de fulgor cultural, presente na intensa vida urbana, inusual para os padrões de colônia; a segunda inicia-se já nos fins do setecentos, após a retração mineradora, quando a economia mineira ruraliza-se, estendendo-se por todo o século XIX e adentrando décadas do século XX. Haveria ainda uma terceira etapa, iniciada a partir de meados do século XX e plenamente configurada nos últimos dez ou quinze anos, referente à industrialização em Minas[13]. Tal fase, no entanto, não conforma uma temporalidade expressiva à compreensão da emergência do mito e dos elementos por ele articulados. Por isso, as nossas referências a ela ocorrerão, basicamente, ao analisarmos a instrumentalização do pensamento mítico, persistente até hoje, mas apenas quando tratarmos do seu esgarçamento e superação.

A temporalidade da sociedade mineira, rompida com a decadência da mineração, se tem importância intrínseca para o desenvolvimento da mineiridade, é profunda do ponto de vista da criação de um ritmo histórico particular. A capitania de Minas, no século XVIII, vivia imersa numa temporalidade regida externamente. A condição de supridora de metais e pedras

---

13. Francisco Iglésias propõe a seguinte periodização para a História de Minas: "*1*. 1693 a 1770, com a atividade mineratória, seu surgimento, esplendor e declínio, suas vicissitudes, enfim: *2*. de 1770 a 1830, declínio da mineração e busca de outra atividade; *3*. de 1830 a 1939, economia agrícola, com o predomínio da produção do café; *4*. de 1939 aos nossos dias, com a diversificação da economia, não só da produção agrícola, mas também industrial" (Francisco Iglésias, "Periodização da História de Minas", *Revista Brasileira de Estudos Políticos*, XXIX, p. 192, jul. 1970). Nossas preocupações estão voltadas, predominantemente, para as grandes linhas da temporalidade. Nesse sentido, as ritmações mais precisas, embora muito importantes, ultrapassam as necessidades deste trabalho.

IMAGINÁRIO E SOCIEDADE   149

preciosas fez das Minas o centro das preocupações do Império Português. Assim, a personalidade da capitania sopitou-se imersa na rigidez do controle da metrópole, combinada à vida social que despontara nos centros urbanos, criadora de sociabilidade específica e, por fim, no ambiente de insatisfação e resistência às normas ferrenhas. Em suma, a cadência das Minas reverbera os sons da partitura tocada na Europa. A pequena metrópole portuguesa perdera há muito a sua importância, inserindo-se de forma subordinada no concerto europeu[14]. Portugal não detinha nas suas mãos a riqueza produzida em suas colônias; mesmo o ouro da sua capitania dileta adornava, infielmente, outros corpos[15]. Em decorrência, a temporalidade das Minas encontrava-se, nos movimentos de expansão capitalista, subjugada às gradações do ritmo europeu. Posteriormente, a partir dos fins do século XVIII e claramente ao longo do XIX, a temporalidade de Minas assume novo compasso.

Ao esgotamento das lavras segue-se a ruralização, transformando a fazenda mineira em microcosmo do universo material, social e cultural[16]. É o centro da vida e, portanto, o fulcro da história de Minas. Se pensarmos a sua permanência na história da região, trata-se de uma longa duração, um núcleo polarizador da vida social mineira. Pensamos aqui a longa duração na *acepção braudeliana*, mas já agora descolada do movimento da história europeia[17]. Nas Minas, a ritmação fora marcada por sua condição colonial que, por isso mesmo, se manifestara surpreendentemente acelerada, de tal sorte que, às durações seculares europeias se configuravam, aqui, durações semisseculares[18]. Noutros

14. "Pequena Metrópole de extensos domínios ultramarinos, Portugal não acompanhara, na época da acumulação originária, o ritmo do crescimento econômico das grandes potências colonizadoras europeias" (Fernando Antônio Novais, *Portugal e Brasil na Crise do Antigo Sistema Colonial (1777-1808)*, São Paulo, Hucitec, 1979, p. 135).

15. "A perfeita conexão entre a idade do ouro do Brasil e as transformações na economia inglesa possibilitaram o impulso do capitalismo industrial na Inglaterra" (Virgílio Noya Pinto, *O Ouro Brasileiro e o Comércio Anglo-Português. Uma Contribuição aos Estudos da Economia Atlântica no Século XVIII*, São Paulo, Companhia Editora Nacional, 1979, p. 334).

16. "Mesmo quando o boom do café atingiu seu apogeu, a fazenda, o sítio, a roça de subsistência, e a fazenda de gado, não a *plantation*, formou o coração e o volume da vida econômica" (Roberto Borges Martins, "Slavery in a Nonexport Economy: Nineteenth Century Minas Gerais Revisited", *The Hispanic American Historical Review*, vol. 63, n. 3, p. 559, Aug. 1983).

17. Para a recomposição e crítica das durações braudelianas, ver José Jobson de Andrade Arruda, "O Século de Braudel", *Novos Estudos Cebrap*, vol. 2, n. 4, pp. 37-43, abr. 1984, completado por José Jobson de Andrade Arruda, "O Mediterrâneo de Braudel", *Anais do Museu Paulista*, tomo XXXIII, pp. 57-64, 1984. Para o repensar de suas próprias durações, ver Fernand Braudel, *La Dynamique du Capitalisme*, Paris, Arthaud, 1985, sobretudo o último capítulo: "Le Temps du Monde", pp. 81-121. Este livro foi escrito originalmente em 1979 e antecedeu a publicação de *Civilization Matérielle, Économie et Capitalism*, 3 vols.

18. "No Brasil, o ritmo é duas vezes mais rápido. Cada século possui seu impulso e seu declínio,

termos, a secularidade da Europa reduzia-se à metade na colônia, fruto do próprio dinamismo das economias do Novo Mundo, adaptadas ao ritmo externo e respondendo às atividades que se gestavam fora. No conjunto, as fazendas mineiras diferenciavam-se nitidamente das suas congêneres localizadas no litoral, ou em outras partes do território brasileiro. Sua natureza específica definia-se por seu caráter isolado, autossuficiente e diversificado. A história de Minas Gerais torna-se marcada pelo predomínio da duração centrada na fazenda. Uma duração bisecular. Nada desprezível, mesmo em termos das longas durações braudelianas. O ritmo do tempo, nessas condições, adquire outra intensidade; torna-se modorrento, quase parado, pois não flui com intensidade. Nada de realmente novo parece acontecer, tudo reduz-se à longa duração do quotidiano, aprisionado e contido no predomínio das relações sociais imediatas. Essa "paralisia" do tempo histórico possui grande analogia com a intemporalidade mítica. De outro lado, a configuração oitocentista – chamêmo-la assim –em si mesma não parece fecunda; situações sociais semelhantes ocorreram, sem que nada de particular resultasse. O peculiar provém da junção do passado urbano e cultivado nos segmentos sociais superiores com o universo rural e um tanto rústico da fazenda. Dessa ligação particular brotam as condições para a tessitura do mito da mineiridade: "Há muitas minas, mas foi a mineração, superposta ou justaposta a outras atividades econômicas e a trechos de outras regiões culturais, que marcou decisivamente a subcultura regional"[19]. Desse encontro nasceu a concepção de Minas, imbuída de forte sentimento regional e característico do Estado.

Nem sempre se cruzam regionalismo e divisão geográfica. No Nordeste brasileiro, a região ultrapassa os limites estaduais; em Minas, encontram-se superpostas.

Minas, capitania autônoma desde o início do século XVIII, tornou-se depois Província e Estado. Cada estruturação político-institucional deixou traços marcantes na fisionomia mineira. E, embora a região não se confunda com os limites político-administrativos, não se nega que a emergência precoce de um quadro institucional diferenciado do ponto de vista jurídico ou do sociológico, nessa área brasileira, haveria de contribuir, em qualquer medida, para o sentimento regional[20].

---

    caracterizando-se como um 'ritmo *miséculaire* brasileiro'" (Frédéric Mauro, "A Conjuntura Atlântica e a Independência do Brasil", em Carlos Guilherme Mota (org.), *1822 Dimensões*, São Paulo, Perspectiva, 1982, p. 39).

19.   Fernando Correia Dias, *A Imagem de Minas. Ensaios de Sociologia Regional*, Belo Horizonte, Imprensa Oficial, 1971, p. 20.

20.   *Idem*, p. 21.

IMAGINÁRIO E SOCIEDADE

A autonomia relativa de Minas oitocentista, expressa no universo da fazenda mineira, abriu espaço às invenções da tradição, vivendo-a como se fora eterna. O século XIX mineiro está repleto de sugestões nesse sentido. As palavras de Braudel, quando se pergunta sobre a identidade da França, amoldam-se, com perfeição, à realidade mineira:

> Então, o que entender por identidade da França? Senão um tipo de superlativo, senão uma problemática central, senão um controle nas mãos da França dela mesma, senão o resultado vivo disto que o interminável passado depositou pacientemente em camadas sucessivas, como o depósito imperceptível de sedimentos marinhos criou, pela força da permanência nas poderosas fileiras de pedra da crosta terrestre? Em suma, um resíduo, um amálgama de adições, de misturas. Um *processus*, um combate contra si mesma, destinado a se perpetuar[21].

A presença do mito expõe certa "vocação" de Minas à perpetuação. A perpetuidade da vida, gerada na cadência morosa do tempo.

A Produção da Vida Material

No bojo da arrancada aurífera dos inícios do século XVIII, deu-se a ocupação econômica do espaço mineiro. Nesse contexto teve lugar o deslocamento maciço de contingentes populacionais rumo ao eldorado brasileiro[22]. Que epopeia! A epopeia vital brasileira? A princípio, os portugueses arranharam a costa como caranguejos, escreveu Frei Vicente do Salvador. Agora, era enfrentar as enormes dificuldades representadas pela travessia das serras, numa sucessão infinita de montanhas, de morros alcantilados, de rios extrovertidos a sangrar o coração das gerais. O autor de *Monções* descreve de forma ímpar a soberba aventura que foi atar os cordéis entre os centros abastecedores, mais próximos do litoral, e os núcleos de mineração[23]. Celso Furtado pensou

---

21. Fernand Braudel, *L'Identité de la France. Espace et Histoire*, Paris, Arthaud, Flammarion, 1986, p. 17.
22. Caio Prado Jr. fala da revolução demográfica provocada pela descoberta do ouro em Minas Gerais, responsável pela reorientação das linhas de povoamento da colônia, que adquire novo ímpeto, assumindo uma nova feição. Segundo ele "durante toda a primeira metade do século, em que se sucedem as novas descobertas e também as explorações e tentativas malogradas, assistimos a deslocamentos bruscos e violentos que agitam e transformam a cada momento a estrutura demográfica da colônia" (Caio Prado Jr., *Formação do Brasil Contemporâneo*, 6. ed., São Paulo, Editora Brasiliense, 1961, pp. 65-66).
23. O livro de Sérgio Buarque de Holanda foi editado em 1945 pela Casa do Estudante do Brasil. Somente trinta anos depois saiu a segunda edição de *Monções*, São Paulo, Editora. Alfa-Ômega, 1976. Uma terceira edição, revista e ampliada por Sérgio Buarque de Holanda foi publicada postumamente pela Editora Brasiliense em 1989.

os polos da ocupação econômica do Brasil Colonial, revelando sua precária integração: uma "constelação de sistemas" na qual a economia mineira e a economia açucareira – os dois centros principais – ligavam-se, respectivamente, às pecuárias sulina e nordestina[24].

O ensaio de caracterização da economia mineira do século XVIII, empreendido por Celso Furtado, teve por referencial o Nordeste açucareiro, culminando na feitura de pares de oposição. De um lado, pequenos e médios empreendimentos, baixo capital imobilizado, maior mobilidade espacial da empresa, elevada rentabilidade, alta concentração de recursos, intenso fluxo de renda, renda média per capita inferior, menor concentração de renda, maior importação de bens de consumo, alto custo de transporte, impacto econômico interno mais intenso. De outro, grandes empreendimentos, maior capital, menor mobilidade espacial da empresa, menor rentabilidade, baixa concentração de recursos, fluxo de renda menos intenso, renda média per capita superior, maior concentração de renda, maior importação de bens de luxo, baixo custo de transporte, reflexos econômicos locais menores. A resultante dessa montagem de características conduz à constituição de um centro dinâmico, no núcleo mineiro, com potencialidade endogeneizante. Opostamente, o centro dinâmico do núcleo açucareiro externalizara-se.

A produção aurífera em Minas Gerais atingiu números significativos por volta de 1755[25], momento máximo da arrancada produtiva, cujo impacto em escala mundial não foi em nada desprezível[26]. Talvez, por isso mesmo, tenha ofuscado intérpretes da realidade mineradora, que supervalorizaram o papel do ouro na economia colonial brasileira. Reciprocamente, passaram a considerar o final do século XVIII como um momento de prostração, de perda de substância material, em suma, de decadência no seu sentido mais

---

24. Cf. Celso Furtado, *Formação Econômica do Brasil*, Rio de Janeiro, Editora Fundo de Cultura, 1963, primeira edição de 1959, especialmente o capítulo XIII: "Povoamento e Articulação das Regiões Meridionais", pp. 91 e ss. Segundo Paul Singer, em *Desenvolvimento Econômico e Evolução Urbana*, São Paulo, Nacional, 1974, p. 201: "A economia mineradora irradiava sua influência por quase todo território da colônia, por mais que as autoridades metropolitanas procurassem encaminhar o ouro por um só escoadouro".

25. O ouro das Minas Gerais atinge o máximo de sua produção no quinquênio 1735-1740 e é mantido em níveis altos na década seguinte. O ponto máximo da produção aurífera brasileira, contudo, somente foi atingido no quinquênio 1750-1755, exatamente pelo aumento da produção em Mato Grosso e, sobretudo, Goiás (cf. Virgílio Noya Pinto, *O Ouro Brasileiro e o Comércio Anglo-Português*, p. 115).

26. Tomando por base as informações contidas, sobretudo, nas gazetas holandesas, ver Michel Morineau, *Incroyables Gazettes et Fabuleux Métaux. Le Retours des Trésor Americans d'après les Gazettes Hollandaises (XVᵉ et XVIIᵉ Siècles)*, Cambridge, Cambridge University Press et Editions Maisons des Sciences de l'Homme, Paris, 1986, especialmente Capítulo 2: "Or Brésilien et Gazettes Hollandaises (1699-1806)", pp. 120-217.

IMAGINÁRIO E SOCIEDADE 153

amplo e irrestrito[27]. Essa perspectiva tem sido gradativamente nuançada, a partir da evidência de que o potencial de crescimento interno fora maior nos fins do século XVIII, apesar da menor renda de exportação. Em decorrência do processo de diversificação das exportações coloniais promoveu-se a redistribuição mais intensa da renda interna, reduzindo-se a sangria externa do fluxo econômico das Minas. A colônia, no seu conjunto, exibe renda per capita mais elevada no final do que em meados do século XVIII[28].

Na verdade, as análises de Celso Furtado sobre a economia açucareira nortearam a sua visão da economia mineira. Exemplo da transposição desse viés explicativo é o vínculo entre o setor de subsistência e o setor exportador, ao considerar que, nos momentos de atrofiamento do setor exportador, o núcleo de subsistência a ele acoplado retrograda a padrões de autoconsumo, sem se transformar. Tal transposição acaba por desconsiderar as especificidades da história de Minas[29].

De fato, baldados foram os esforços da política econômica metropolitana em relação às Minas, com vistas a manter seu isolamento, facilitando a recepção dos direitos de entrada e ao mesmo tempo concentrando as forças produtivas na extração dos minérios[30]. Desde o início, "o alto preço dos mantimentos significava que as pessoas [...] tinham uma fazenda ou roça, nas quais plantavam legumes, criavam aves, porcos, etc., para elas e seus

27. Talvez o exemplo mais marcante seja do próprio Celso Furtado no capítulo "O Maranhão e a Falsa Euforia do Fim da Época Colonial", *op. cit*, pp. 109-113. Nesse passo o autor tece conjecturas sobre os níveis de renda na economia colonial, estabelecendo comparações entre os anos de 1750 e 1800, concluindo que neste último a renda *per capita* não ultrapassaria cinquenta dólares, muito abaixo dos índices presumíveis para os meados da centúria.

28. A partir dos cálculos ponderados por José Jobson de Andrade Arruda, *O Brasil no Comércio Colonial*, São Paulo, Ática, 1980, p. 653, a renda per capita média nas sete regiões brasileiras, em 1800, atingiria 58,12 dólares, sendo que, em algumas regiões tais como Maranhão/Piauí e Bahia/Sergipe, ultrapassava a casa dos cem dólares.

29. Para Celso Furtado, *op. cit.*, pp. 84-86, a crise da mineração produziu o atrofiamento da economia, com consequente descapitalização e retrocesso a padrões de subsistência, tendo como corolário da baixa produtividade a decadência urbana, a dispersão populacional e a regressão geral da economia mineira. Os problemas desse esquema explicativo apoiado na economia açucareira nordestina e atribuído à economia mineira foram apontados por Maria Yedda Linhares, *O Problema do Abastecimento numa Perspectiva Histórica*, Rio de Janeiro, 1978 (exemplar mimeografado). Nos mesmos termos foi reproduzido em *História do Abastecimento; Uma Problemática em Questão (1530-1918)*, Rio de Janeiro, Binagri (Biblioteca Nacional da Agricultura), 1979, p. 61. E também em Maria Yedda Linhares e Francisco Carlos Teixeira da Silva, *História da Agricultura Brasileira. Combates e Controvérsias*, São Paulo, Brasiliense, 1981, pp. 116-117.

30. "É preciso considerar que, ao lado da atividade no setor de Mercado Externo (mineração) se desenvolveu um amplo setor de Subsistência (lavoura e pecuária) no território do atual Estado de Minas. Esse desenvolvimento não se deu apenas após a decadência da mineração, porém durante o seu apogeu e, em parte, condicionado por ele" (Paul Singer, *Desenvolvimento Econômico e Evolução Urbana*, p. 202).

escravos, vendendo o excesso para o consumo da cidade, com bons lucros"[31]. Efetivamente, os primeiros a tomarem a iniciativa para erigir roças e lavouras foram os possuidores de considerável cabedal e de numerosa escravaria, forçados pela falta de gêneros e seus elevados preços. "Produziam, assim, para a própria subsistência e para o sustento dos seus familiares e escravaria. E, havendo sobras, negociavam-nas"[32].

Nem mesmo foi observada a estrita proibição da produção de aguardente e açúcar em engenhos de cana, estabelecida por lei régia de 1715, com o definido propósito de evitar o desvio da mão de obra escrava destinada à mineração. Tão logo as Minas foram descobertas e começaram a ser povoadas, criou-se, imediatamente, grande número de engenhos. "Todas as providências foram inúteis. [...] E são raras as fazendas, ainda que pequenas, onde os não há; e por isso se vende a aguardente de cana por um preço ínfimo"[33]. A política econômica da Coroa apresentava elevado grau de indecisão. Nem poderia ser de outra forma. De um lado, necessitava manter a produtividade das Minas, o que seria impossível sem abastecimento adequado de gêneros de primeira necessidade; de outro, não poderia estimular a produção desses mesmos gêneros sem correr o risco de ver diminuída a própria atividade mineradora, além do que, e sobretudo, caía ruidosamente seu poder de vigilância sobre o quinhão aurífero.

Concretamente, porém, as Gerais alcançavam relativo grau de autossuficiência em termos de suas necessidades de subsistência a partir da segunda metade do século XVIII[34]. O ano de 1770 marca uma clivagem nítida[35], uma reviravolta na orientação da política econômica, que passa a definir instrumentos legais capazes de estimular a produção agrícola na região das

---

31. C. R. Boxer, *A Idade de Ouro do Brasil*, São Paulo, Editora Nacional, 1969, p. 207.

32. João André Andreoni Antonil, *Cultura e Opulência do Brasil por suas Minas e Drogas*, texte de l'édition de 1711, traduction et commentaire critique par A. Mansuy, Paris, Institut des Hautes Études de l'Amérique Latine, 1968, p. 394. Alguns autores consideram que a crise de fome de 1700 a 1701 foi um importante fator na expansão territorial que se operou no segundo quartel do século XVIII (cf. Basílio Magalhães, *Expansão Geográfica do Brasil Colonial*, Rio de Janeiro, Epasa, 1944, p. 312).

33. José João Teixeira Coelho, "Instruções para o Governo da Capitania de Minas Gerais. (1780)," *Revista do Arquivo Público Mineiro*, vol. VIII, p. 558. Citado por Miguel Costa Filho, "Engenhos e Produção de Açúcar em Minas Gerais", *Revista de História da Economia Brasileira*, n. I, ano I, p. 46, jun. 1953.

34. Para Paul Singer, o desenvolvimento do setor de Subsistência foi quase concomitante ao desenvolvimento do setor Exportador. Considera que "As Gerais alcançaram relativa autossuficiência agrícola a partir da segunda metade do século" (Paul Singer, *Desenvolvimento Econômico e Evolução Urbana*, p. 203).

35. Francisco Iglésias. *Três Séculos de Minas*, Belo Horizonte, 8 Festival de Inverno, s.d., p. 25.

Minas. De certa forma, essas normas significam uma retomada das medidas protecionistas estabelecidas no ano de 1703, destinadas ao estímulo à formação de um cinturão pecuário em torno dos terrenos auríferos, através da distribuição de sesmarias aos que se comprometessem a instalar currais[36]. A Carta Régia de 1777 consagra ao novo princípio o postulado que reconhece a importância da agropecuária no conjunto das atividades econômicas nas áreas de mineração[37], resgatadas do limbo, da condição de atividades ancilares. No encerramento do século XVIII e no alvorecer do século XIX, chega-se mesmo à criação do Jardim Botânico de Vila Rica, com a finalidade de aclimatar plantas indígenas e exóticas[38].

A mudança de atitude por parte das autoridades governamentais do Reino corresponde, na realidade, à avassaladora crise da produção aurífera depois dos anos sessenta. Impunham-se novos caminhos à economia de Minas, capazes de dar sustentação aos significativos contingentes populacionais que lá haviam se estabelecido na primeira década do século XVIII. Por outro lado, essa mudança de orientação na política econômica, visando praticamente responder às transformações das condições concretas, evidencia acuidade da administração portuguesa no Brasil, respaldada na mentalidade ilustrada que dominava a Corte e se manifestava, concretamente, na produção da Academia de Ciências de Lisboa[39]. Ganha relevo, nesse passo, a temática da decadência das Minas. "Estão as Minas cansadas; os seus jornais já não cobrem as despesas do ferro, aço, alimento e vestuário dos escravos e por isso o mineiro já desesperado se passa a lavrador ou criador de gado ou erige um engenho d'aguardente e açúcares"[40]. Nada mais expressivo da decadência da mineração. Restam a alternativa agrária, as atividades agrícolas e pastoris, sem abandonar completamente as lides da mineração, que jazem como o "sonho dourado", nas quais os proprietários, frequentemente, "empregavam todo o produto de suas lavouras em pesquisas inúteis, em terrenos que se recusavam

---

36. Cf. Mafalda P. Zemella, "O Abastecimento da Capitania de Minas Gerais", *Boletim 118 da FFCLUSP*, São Paulo, p. 235, 1951. Sobre a mesma temática, ver ainda Myriam Ellis, *Contribuição ao Estudo do Abastecimento das Áreas Mineradoras no Brasil do Século XVIII*, Rio de Janeiro, MEC, 1960.

37. Cf. Gilberto Querzoni Filho, *Política e Crise do Sistema Colonial em Minas Gerais (1768-1808)*, Universidade Federal de Ouro Preto, 1986, p. 107.

38. Hélio Vianna, "A Economia Mineira do Século XVIII", *Primeiro Seminário de Estudos Mineiros*, Belo Horizonte, 1956, p. 86.

39. Fernando A. Novais, *Portugal e Brasil na Crise do Antigo Sistema Colonial (1777-1808)*, São Paulo, Hucitec, 1979, pp. 215 e ss.

40. "Memória de J.M. Siqueira", *apud* Sérgio Buarque de Holanda, *Monções*, Rio de Janeiro, Casa do Estudante Brasileiro, 1945, p. 224.

a oferecer metal"[41]. A divisão social do trabalho revelava, contudo, um novo momento da economia de Minas Gerais[42]. Os escravos trabalhavam, sendo deslocados para a mineração nos interstícios da faina agropastoril. Tivera lugar a primeira inversão da economia de Minas: a inversão agrícola. Aos viajantes não escapou a imediata relação entre decadência aurífera e avanço da agricultura:

> Já se verificando nesta época a diminuição dos produtos das Minas, viu-se o capitão Bom Jardim obrigado a voltar suas vistas para a agricultura. [...] Seus vizinhos teriam feito melhor se tivessem seguido exemplo tão louvável, em vez de desertar o país, quando o ouro desapareceu[43].

O resultado, no plano demográfico, foi uma segunda inversão no processo ocupacional do território mineiro. As populações que convergiam para Minas no século XVIII, num movimento centrípeto, dispersaram-se, no sentido contrário, obedecendo a uma direção centrífuga[44]. É perceptível, pelas sesmarias concedidas, a fuga dos mineiros já esboçada em meados do século XVIII. De vários centros mineradores os indivíduos partem no afã de criar suas fazendas no sertão. "Eram famílias isoladas ou pequenos grupos que iam tentar nova experiência"[45].

Ao ingressar no século XIX, "a mineração passa a segundo plano, a agricultura se sobrepõe às demais atividades e Minas se integra no ritmo comum do país. É uma 'província agrícola', como proclama na mensagem à Assembleia Legislativa, em 1835, o Presidente Limpo de Abreu"[46]. Indubitavelmente, o

---

41. Mafalda P. Zemella, *op. cit.*, p. 244.
42. "Não obstante repousarem os serviços principais no braço escravo, é inegável que se operou no sertão brasileiro uma 'divisão de trabalho' muito mais intensa do que permitia a organização social do nordeste brasileiro" (Roberto C. Simonsen, *História Econômica do Brasil (1500/1820)*, São Paulo, Editora Nacional, 1969, p. 291).
43. John Mawe, *Viagens pelo Interior do Brasil*, Belo Horizonte/São Paulo, Itatiaia/Editora da Universidade de São Paulo, 1978, p. 199. Para outro viajante, Ferdinand Denis, "Os habitantes [das Minas] tiveram o bom senso de se darem com eficiência à agricultura" (Ferdinand Denis, *Brasil*, Belo Horizonte/São Paulo, Itatiaia/Editora da Universidade de São Paulo, 1980, p. 376).
44. Washington Peluso A. Souza, "As Lições das Vilas e Cidades de Minas Gerais", IV *Seminário de Estudos Mineiros*, Belo Horizonte, 1977, p. 109.
45. Waldemar de Almeida Barbosa, *A Decadência das Minas e a Fuga da Mineração*, Belo Horizonte, Universidade Federal de Minas Gerais, p. 25, 1971. No plano literário, essa diáspora mineira foi primorosamente captada na novela *Lucas Procópio*, de Autran Dourado, citada no capítulo I deste trabalho. Sobre o refluxo das populações mineiras em direção a São Paulo, ver Mário Leite, *Paulistas e Mineiros Plantadores de Cidades*, São Paulo, Edart, 1964.
46. Cf. Francisco Iglésias, *Política Econômica do Governo Provincial Mineiro (1835-1889)*, Rio de Janeiro, Instituto Nacional do Livro, 1958, pp. 61-62.

IMAGINÁRIO E SOCIEDADE

esgotamento das Minas foi o fator decisivo da conversão agrícola da província. Os contemporâneos, todavia, agregaram razões mais imediatas: o elevado preço dos produtos de primeira necessidade, escravos abundantes e a baixo preço, a economia de ferro, de aço e de pólvora, as condições mais salubres para o trabalho dos cativos, a possibilidade de aproveitamento dos cativos idosos, a diminuição da mortalidade escrava dado o trabalho agrícola, e a possibilidade de "ir renovando e aumentando com casais"[47].

Minas encetava, então, a sua *terceira inversão*. Revertia-se o quadro dominante no século XVIII, no qual fora centro carente de produtos de primeira necessidade e para o qual convergiam as tropas abastecedoras provenientes de São Paulo, Rio de Janeiro e Bahia, para constituir-se num celeiro interior, do qual partiam as bestas carregadas, agora em direção aos mercados litorâneos, sobretudo da Corte do Rio de Janeiro[48]. A manutenção do ritmo de captação dos dízimos, já na época da Inconfidência Mineira revelava a preservação do fluxo da circulação mercantil[49]; o crescente movimento das tropas oriundas de Minas em direção ao Rio de Janeiro, bem como o papel destacado desempenhado pelos comerciantes dedicados a essas mesmas atividades e envolvidos no aparelho do poder da Corte – artífices e beneficiários da comercialização de excedentes alimentícios nos mercados litorâneos –, demonstram a constituição de uma economia mercantil de subsistência. A nova realidade econômica de Minas, longe de exibir estagnação, evidencia certo potencial, menos fulgurante, é verdade, porém mais resistente[50].

---

47. José Vieira Couto, "Memória sobre a Capitania de Minas Gerais", *Revista do Instituto Histórico e Geográfico Brasileiro*, vol. CXXV, p. 421. A preocupação com a reprodução da força de trabalho escrava parece ter frutificado em algumas fazendas mineiras: "O capitão-mor dedicava grande parte de seu tempo aos escravos. Assim as cabanas eram limpas e bem arrumadas e penso ter visto todas as mulheres com uma criança. O capitão-mor assegurou-me que, devido aos seus cuidados os escravos duplicaram em quinze anos [...]" (Alexander Caldleugh, *Travels in South America, during the Years 1819-20-21; Containing an Account of the Present State of Brasil, Buenos Ayres, and Chile*, London, John Murray, 1825, vol. II, p. 245).
48. "Memória de J. M. Siqueira", *apud* Sérgio Buarque de Holanda, *Monções*, p. 223.
49. De fato, a queda das exportações de ouro não foi acompanhada pela redução na captação dos dízimos e pelo movimento do comércio através das estradas, que manteve o mesmo ritmo da década de 1750 (cf. Kenneth Maxwell, *A Devassa da Devassa. A Inconfidência Mineira: Brasil e Portugal 1750-1808*, Paz e Terra, Rio de Janeiro, 1978, p. 112).
50. Nessa linha de raciocínio desenvolve-se o consistente estudo: Alcir Lenharo, *As Tropas da Moderação*, São Paulo, Símbolo, 1979. Com base em Lenharo, Maria Yedda Linhares tece as seguintes considerações: "[...] Os produtores mais distantes terão de subordinar-se às normas estabelecidas pelas firmas de fazendeiros-comerciantes que pouco a pouco assumem posição de destaque na praça do Rio de Janeiro e nos negócios políticos da Corte. Tais firmas, por sua vez, *vinculadas à produção de Minas Gerais*, da baixada e do litoral fluminense, assumirão uma importância cada vez maior na distribuição para os outros centros de consumo do país" (Maria Yedda Linhares, *História do Abastecimento: Uma Problemática em Questão (1530-1918)*, pp. 163-164, grifo nosso).

Articulava-se, pois, um movimento progressivo, lento, mas seguro[51]. Em outras palavras, "Minas crescia em silêncio", na expressão feliz de Roberto Martins.

As fazendas mineiras, como já dissemos, eram bastante específicas. Em muitas oportunidades, essas fazendas integravam o engenho de açúcar com a mineração, ou esta com a pecuária. "Muitos latifúndios de Minas tinham lavra aurífera, grande lavoura e engenhos de açúcar e de farinha"[52]. Dessa forma, a especialização econômica estava ausente do universo rural mineiro:

> A principal característica da fazenda mineira foi sua diversificação interna e autossuficiência. Sua produção para o mercado era limitada e praticamente não tinha conexões com mercados distantes. A produção era consumida localmente ou vendida para vilarejos e cidades da vizinhança. A fazenda mineira não era um negócio: tinha colheitas mercantilizáveis, mas nunca especializou-se em produzir para o mercado; e suas decisões econômicas somente parcialmente foram determinadas por forças do mercado[53].

Portanto, os traços essenciais que estavam sendo moldados no final do século XVIII permaneceram essencialmente os mesmos, ou foram reforçados, durante o XIX e, em muitos lugares, permaneceram quase intocados até o século XX[54].

Para Roberto Martins, Minas Gerais constituía, nesse momento, um verdadeiro paradoxo, pois retinha o maior contingente de força de trabalho escravo numa economia não exportadora, contingente este em contínua expansão. Sem que se possa pensar num ritmo mais acelerado de reprodução interna da população escrava, tem-se que dar a essa economia um elevado potencial importador. A população escrava de Minas Gerais expandia-se vigorosamente, passando de 170 mil em 1819 para 380 mil em 1873, tendo Minas sozinha, fora da grande lavoura de exportação e da mineração, mais escravos do que qualquer outra sociedade escravista da América Latina, com exceção de São Domingos e Cuba nos seus dias de glória. O autor argumenta

---

51. Como se pode depreender da leitura de John Wirth, *O Fiel da Balança Minas na Federação Brasileira 1889-1937*, Rio de Janeiro, Paz e Terra, 1982. Ou ainda os trabalhos inéditos de Peter Louis Blasenheim, *A Regional History of the Zona da Mata Mineira 1870-1906*, Ph. D., Stanford University, 1982, exemplar xerografado. E, finalmente, Ana Lúcia Duarte Lanna, *A Transformação do Trabalho. A Passagem para o Trabalho Livre na Zona da Mata Mineira 1870-1920*, Campinas, Editora Unicamp, 1988, que revela o dinamismo da economia matense, especialmente centrada na produção cafeeira.

52. Kenneth Maxwell, *A Devassa da Devassa. A Inconfidência Mineira: Brasil e Portugal 1750-1808*, p. 111.

53. Roberto Borges Martins, *Growing in Silence: The Slave Economy of Nineteenth-Century Minas Gerais, Brazil*, Nashville, Vanderbilt University, 1980, p. 315.

54. Roberto Borges Martins e Amílcar Martins Filho, "Slavery in a Nonexport Economy: Nineteenth--Century Minas Gerais Revisited", p. 562.

ainda que Minas não foi mercado supridor de mão de obra escrava para as demais províncias brasileiras produtoras de café. A região cafeeira mineira era um verdadeiro enclave, com reduzido impacto sobre o sistema escravista da província. Nestes termos, o "isolamento em relação ao mercado externo, diversificação e autossuficiência eram suas principais características"[55].

A grande dispersão de escravos nas atividades agrícolas, manufatureiras e domésticas, muito mais do que no setor das plantações cafeeiras, demonstra a introversão produtiva mais do que sua destinação ao mercado[56].

Em suma, as teses de Martins resumidas por Robert Slenes e Francisco Vidal Luna conduzem à conclusão de que, no final do século XIX, a taxa de crescimento do plantel escravista de Minas Gerais era positiva e elevada; que seu plantel era o maior entre todas as províncias do País; que era reduzido o emprego de escravos na economia cafeeira da província; que era pequeno o grau de mercantilização da economia mineira; que era relativa sua capacidade de importar escravos, dado o pequeno setor mercantilizado da economia[57].

Sem nos atermos às numerosas e frutíferas polêmicas geradas por essas posições, seja em relação à massa de capital-dinheiro capaz de manter o ritmo das importações de escravos[58]; à reprodução natural como forma de manutenção do estoque[59]; à importância relativa do setor exportador[60],ou, ainda, à dimensão relativa da propriedade cafeeira e a forma de trabalho

---

55. *Idem, ibidem*. Para Douglas C. Libby havia em 1872, em Minas Gerais, 367.443 cativos (cf. Douglas C. Libby, *Transformações e Trabalho em uma Economia Escravista. Minas Gerais no Século XIX*, São Paulo, Brasiliense, 1988, p. 48).

56. "Assim, *mesmo na estrutura rural de autoconsumo*, na qual o porcentual de domicílios com escravos era o mais baixo, os cativos faziam-se presentes em mais de um terço dos domicílios (exatamente em 36,1% deles). Na estrutura urbana cerca de dois quintos (39,3%) dos domicílios abrigava mancípios" (Francisco Vidal Luna e Iraci del Nero Costa, *Sinopse de Alguns Trabalhos de Demografia Histórica Referentes a Minas Gerais*, III Encontro Nacional da Abep, Vitória, 1982, p. 53, grifo nosso).

57. Francisco Vidal Luna e Wilson Cano, "A Reprodução Natural de Escravos em Minas Gerais (Século XIX) – Uma Hipótese", *Economia Escravista em Minas Gerais*, n. 10, p. 1, Cadernos do IFCH Unicamp, 1983.

58. *Idem*, pp. 1-14. Sobre a estrutura financeira na economia da mineração, ver Maria Bárbara Levy, "Crédito e Circulação Monetária na Economia da Mineração", *III Seminário de Estudos Mineiros*, Diamantina, 1986, pp. 45-62.

59. Wilson Cano, "Padrões Diferenciados das Principais Regiões Cafeeiras (1850-1930)", *Estudos Econômicos*, n. 15, vol. 2, pp. 291-306, maio/ago. 1985. Um bom resumo das questões demográficas em Minas Gerais aparece em Clotilde Andrade Paiva e Maria do Carmo Salazar Martins, "Minas Gerais em 1831: Notas Sobre a Estrutura Ocupacional de Alguns Municípios", *III Seminário de Estudos Mineiros*, Diamantina, 1986, pp. 65 e ss. Para a demografia mineira no século XVIII, ver Iraci del Nero Costa, *Populações Mineiras*, IPE-USP, 1981 e Francisco Vidal Luna, *Minas Gerais: Escravos e Senhores*, IPE-USP, 1981.

60. Cf. Robert W. Slenes, "Os Múltiplos de Porcos e Diamantes: a Economia Escravista de Minas no Século XIX", *Cadernos IFCH Unicamp*, pp. 39-80, Campinas, 1985, especialmente p. 61.

aí dominante, é evidente a especificidade da economia mineira. Mesmo se considerarmos a importância relativa da cafeicultura na Zona da Mata mineira, que no ano de 1885 passa a contribuir com 29% das exportações brasileiras de café[61], é interessante perceber que ela retinha apenas 25% do contingente total de mão de obra disponível, equivalendo dizer que, entre os anos de 1872 e 1880, os restantes 250 mil escravos (correspondendo a 75% do plantel ativo) encontravam-se dispersos nas regiões cuja economia era escassamente mercantilizada[62]. Por essa razão, "a parceria, basicamente na forma da meação, foi adotada na quase totalidade dos municípios da Zona da Mata após a abolição"[63]. O latifúndio foi retalhado em pequenas proprie-dades, sendo estas as unidades produtivas dominantes, onde as exceções eram raras, como demonstra o censo de 1920[64]. A ampla dominância do café na Mata não impediu, contudo, o desenvolvimento da produção de açúcar e fumo em pequenas quantidades, para consumo local, especialmente nos municípios de Ubá, Rio Branco e Ponte Nova, além da inevitável produção de subsistência intercalada aos cafezais, sob a forma de milho, feijão, abóbora etc.[65] Mesmo os autores que se dão conta da importância do setor de mercado interno conservam uma inelutável atração pelo "ouro verde", como se pode depreender desta afirmação de Paul Singer:

> O café não somente reconstitui o Setor de Mercado Externo da economia mineira, como representa, na realidade, o seu único ramo de alguma expressão. O restante das exportações mineiras é, em sua maior parte, constituído por excedentes de produção no Setor de Subsistência[66].

O café acentua ainda as forças centrífugas, "acabando por reforçar o dilaceramento da Província, que se divide cada vez mais profundamente em regiões autônomas, estanques entre si, e que se entrosam com economias circunvizinhas, agrupadas ao redor de pólos de crescimento exteriores a Minas Gerais"[67].

---

61. Peter Louis Blasenheim, *A Regional History of the Zona da Mata Mineira 1870-1906*, p. 37.
62. Wilson Cano, "Padrões Diferenciados das Principais Regiões Cafeeiras (1850-1930)", p. 295.
63. Ana Lucia Lanna, "A Organização do Trabalho Livre na Zona da Mata Mineira: 1870-1920", *III Seminário de Economia Mineira*, Diamantina, 1986, p. 134. Ver também Wilson Cano, *op. cit.*, p. 296, na qual sugere também a incorporação de "homens livres que viviam à margem da ordem escravocrata".
64. João Heraldo Lima, *Café e Indústria em Minas Gerais 1870-1920*, Petrópolis, Vozes, 1981, pp. 37-38.
65. Peter Louis Blasenheim, *A Regional History of Zona da Mata Mineira 1870-1906*, p. 37.
66. Paul Singer, *Desenvolvimento Econômico e Evolução Urbana*, p. 211.
67. *Idem*, p. 213.

IMAGINÁRIO E SOCIEDADE

Nesse quadro, é inevitável o acatamento das teses de Roberto Martins, para quem a economia mineira fundava-se na relativa autossuficiência e no vasto contingente de mão de obra escrava; mesmo que os números reais indicados pelo autor sejam exagerados[68], cabe aceitar o caráter essencialmente diferente de Minas. É inegável, mesmo para seus críticos mais sólidos, que "dificilmente poder-se-ia escapar da conclusão de que Minas *was unusual*"[69]. Se o papel do setor cafeeiro não pode ser desprezado, tampouco ele exercia um *leading role* no conjunto da economia provincial[70]. Portanto, quaisquer que sejam os arranhões sofridos pela sua construção, parece-nos que, na sua arquitetura básica, nas suas linhas mestras, no seu arcabouço fundamental, permanece de pé. Aceitar a evidência de que o setor cafeeiro não concentrava mais do que 25% da mão de obra escrava em 1873 significa admitir, reversivamente, a presença dos restantes 75% no setor de subsistência e exportador não clássico, isto é, o que visava ao mercado nacional. Se essa população escrava não produzia exclusivamente para o autoconsumo, como quer Martins e, mesmo que uma parcela significativa dessa produção fosse destinada ao comércio local, baseado na produção dos gêneros de primeira necessidade, não se pode negar o seu papel no plano do abastecimento e, nessa medida, na constituição dos próprios mercados interno e nacional. Tudo isso não invalida a estrutura mais geral, apenas confirma a sua especificidade, particular em relação à dinâmica preponderante da economia brasileira em todo seu percurso histórico, notavelmente marcada pelo caráter extrovertido. A economia mineira tem um significativo contingente de população livre e, sobretudo, escrava, em setores não claramente integrados ao mercado internacional. Nestes termos, é forçoso concordar que "a escravidão em Minas Gerais, no século XIX, foi, certamente, *unlike that of the costal areas*"[71]; é impossível negar que "a sociedade mineira *may look diferent when we have detailed studies of its social relations*"[72].

Já no final do século XVIII, notava Maxwell, os produtos das fazendas mineiras atendiam às necessidades tanto do comércio interior da capitania quanto dos vales fluviais, em direção às capitanias vizinhas.

Os comerciantes que traziam animais de São Paulo voltavam com algodão, tecidos e açúcar. [...] Havia intenso comércio interno de cachaça, doces, queijo de Minas,

---

68. Robert W. Slenes, "Comments on Slavery in a 'Nonexport Economy'", *The Hispanic American Historical Review*, vol. 63, n. 3, p. 570, 1983.
69. *Idem, ibidem.*
70. *Idem*, p. 582.
71. *Idem*, p. 584.
72. Stanley L. Engerman e Eugene D. Genovese, "Comments on Slavery in a Nonexport Economy'", *The Hispanic American Historical Review*, vol. 63, n. 3, p. 590, 1983.

162   MITOLOGIA DA MINEIRIDADE

algodão local da zona de Montes Claros e fibras de linho do Rio Grande e do Rio das Mortes. [...] São João d'El Rei, na primeira década do século XIX, transformara-se em 'distrito cerealista' e produzia milho, feijão e um pouco de trigo em suas terras férteis, além de exportar para o Rio de Janeiro e outras comarcas queijo, banha, aves, açúcar, algodão e cachaça[73].

Segundo cálculos aproximativos de Paul Singer, nada menos de quatro quintos da população ativa de Minas Gerais deveriam estar integrados no setor de mercado interno, aglutinando comerciantes, tropeiros, artesãos e, principalmente, todo o *setor de subsistência*[74]. Em meados do século XIX, "nos exercícios financeiros de 1839/1840 ou 1842/1843, a exportação de gado vacum, suínos, cavalos, toucinhos, queijos e couros foi mais rendosa do que a do café, fumo e açúcar"[75].

Entre as culturas que se distinguiram em Minas merecem referência: café, milho, cana-de-açúcar, tabaco, algodão, arroz, mandioca, feijão. Além de produzir para o consumo, a Província exportou em quantidade apreciável [...] farinhas, fubá, rapaduras, aguardente, tecidos[76].

As quais poder-se-iam somar outras culturas, tais como trigo, chá, linho, centeio, cevada, uvas. Vários produtos receberam isenção tributária do governo provincial mineiro, visando ao estímulo da sua produção, como os derivados do leite, no fim do período provincial[77].

Os produtos de origem pecuária mantêm sua importância, se bem que decrescente, durante todo o período compreendido entre 1818-1819 a 1890-1892. Além dos produtos principais dentro dessa categoria (suínos, bovinos, toucinho e queijos), contavam-se também couros e solas, muares, equinos, caprinos, ovinos, aves domésticas etc. Já na participação dos produtos de origem agrícola, excluído o café, apenas o fumo aparece com alguma importância, uma vez que a participação do açúcar é insignificante, apesar da grande produção de rapaduras, aguardentes e outros derivados para o mercado interno. O algodão, amplamente cultivado, todavia tem importância nula na pauta de exportações. Arroz, feijão e milho, produtos essenciais na cesta básica da alimentação quotidiana dos habitantes de Minas Gerais, praticamente não eram exportados, indicando que "99 por cento da produção mineira desses

73. Kenneth Maxwell, *A Devassa da Devassa. A Inconfidência Mineira: Brasil e Portugal 1750-1808*, p. 112.
74. Paul Singer, *Desenvolvimento Econômico e Evolução Urbana*, p. 204.
75. Francisco Iglésias, *Política Econômica do Governo Provincial Mineiro (1835-1889)*, p. 62.
76. *Idem*, p. 70.
77. *Idem*, pp. 77 e 89.

cereais era consumida internamente". Dentre as manufaturas, os têxteis de algodão ocupavam o primeiro lugar, pois os panos produzidos em Minas Gerais eram consumidos em várias províncias brasileiras, calculando-se a parcela exportada em aproximadamente um terço da produção total[78]. Com toda evidência, o café comandou a pauta de exportações mineiras no século XIX, partindo do quase imobilismo em 1818 (1,7%), para metade em 1850 (56,1%) e a quase totalidade do valor em 1890 (84,6%). O impacto do crescimento da cafeicultura, entretanto, precisa ser redimensionado, pois

[...] permaneceu praticamente confinado a uma pequena faixa da Zona da Mata, ao longo da fronteira com o Rio de Janeiro. Nem mesmo toda essa zona cafeeira: seus municípios interiores (Ponte Nova, Piranga e Santa Rita do Turvo) permaneceram largamente à margem da cultura do café nesse período, [pois] pouco teve a ver com a vida econômica da Província[79].

A indústria metalúrgica e, especialmente, a produção de ferro de Minas Gerais, permanecem como objeto constante de estudos[80] e de pesquisas verticalizadas[81]. "A colônia constituiu-se nessa pobre máquina de extrair excedente, incapaz de retê-lo produtivamente, seja pelo manto espesso do colonialismo que lhe asfixiava, seja mesmo pelo caráter do mercantilismo português"[82]. Faltou portanto uma política protecionista eficientemente conduzida e um decidido apoio no plano estatal[83]. O resultado foi o rotundo fracasso das tentativas de produzir ferro em larga escala nas regiões ferríferas de Minas Gerais, iniciativa que, se bem sucedida, poderia ter resultado no aparecimento de um pólo de apoio importante ao processo mais amplo de industrialização[84]. Subsistiam, em decorrência, um número considerável de

---

78. Cf. Roberto Borges Martins e Maria do Carmo Salazar Martins, "As Exportações de Minas Gerais no Século XIX", *Revista Brasileira de Estudos Políticos*, n. 58, pp. 117-120, jan. 1984. Número especial sobre a economia mineira.

79. *Idem*, pp. 109-110.

80. Pensamos no estudo preliminar de João Antônio de Paula, "Os Limites da Industrialização Colonial: A Industrialização em Minas Gerais no Século XVIII", *Revista Brasileira de Estudos Políticos*, n. 58, pp. 63-104, 1984.

81. As ideias que orientam um estudo mais aprofundado da indústria siderúrgica e têxtil em Minas Gerais aparecem em dois estudos publicados para circulação restrita, em caráter provisório, em João Antônio de Paula, *Minas Gerais no Século XVIII: Esboço de História e Economia*, Belo Horizonte, Cedeplar, s.d. e *Dois Ensaios Sobre a Gênese da Industrialização em Minas Gerais: A Siderurgia e a Indústria Têxtil*, Belo Horizonte, Cedeplar, s.d.

82. João Antônio de Paula, *Minas Gerais no Século XVIII. Esboço de História e Economia*, p. 33.

83. João Antônio de Paula, *Dois Ensaios Sobre a Gênese da Industrialização em Minas Gerais: A Siderurgia e a Indústria Têxtil*, p. 26.

84. Paul Singer, *Desenvolvimento Econômico e Evolução Urbana*, p. 206.

pequenas forjas de caráter artesanal, com produção reduzida e, provavelmente, destinada ao consumo local. Em 1853, J. A. Monlevade informava:

> [...] desde o município de Ouro Preto até a cidade de Itabira existem 84 oficinas onde se funde o ferro, sem contar as numerosas tendas onde se elabora o ferro comprado nas fábricas, as quais entre forros e cativos empregam ao menos 2 000 pessoas e produzem anualmente de 145 a 150 mil arrobas de ferro[85].

No período anterior, entre 1815 e 1821, com base na produção de ferro das fábricas de Congonhas do Campo e Pilar e de outras forjas criadas pelos mineiros, apesar da modéstia de seus resultados, "iam se suprindo os mineradores, os agricultores e os artífices, em geral, da Capitania, depois Província de Minas Gerais, *de quase tudo que lhes era necessário para se manterem em grau de razoável atividade*"[86]. Vê-se, pois, que a tônica dominante na indústria do ferro é a pequena produção, quase de autoconsumo se considerarmos o seu alcance e reduzido volume, necessariamente limitado ao atendimento das necessidades de uma pequena comunidade, no máximo de um município. Nesse particular, a indústria metalúrgica mineira lembrava muito sua congênere portuguesa, como se pode depreender do texto clássico de Jorge Borges de Macedo sobre a indústria portuguesa no século XVIII[87].

A manufatura têxtil, sobretudo a do algodão, era uma árvore de raízes perenes fincadas nas Minas Gerais, resistindo a toda pressão para extirpá-la, até mesmo às medidas governamentais como o alvará de 1785[88], ainda mais que o dito instrumento legal permitia a produção de tecidos rústicos de algodão, exatamente o tipo de produto generalizado na paisagem urbana e rural de Minas Gerais[89].

A indústria de tecidos tinha como fundamentos as plantações de linho, algodão e alguns rebanhos de carneiros. O linho vicejava nas margens do Rio Grande, nas

---

85. J. A. Monlevade, *Memória, de 12-12-1853*, Apêndice à Mensagem 1854 de Francisco Diogo Pereira de Vasconcelos, *apud* Francisco Iglésias, *Política Econômica do Governo Provincial Mineiro (1835-1889)*, p. 97.

86. Marcos Carneiro de Mendonça, "A Economia Mineira no Século XIX", *Primeiro Seminário de Estudos Mineiros*, Belo Horizonte, 1957, p. 133.

87. Jorge Borges de Macedo, *Problemas da Indústria Portuguesa no Século XVIII*, Lisboa, Associação Industrial Portuguesa, 1963.

88. Segundo Fernando A. Novais, o alvará de 5 de janeiro de 1985, "revela antes as contradições e dilemas da política colonial da ilustração portuguesa" (cf. "A Proibição das Manufaturas no Brasil e a Política Econômica Portuguesa no Fim do Século XVIII", *Revista de História*, n. 67, pp. 145-166, 1966).

89. João Antônio de Paula, *Dois Ensaios sobre a Gênese da Industrialização em Minas Gerais: A Siderurgia e a Indústria Têxtil*, p. 30.

margens do Rio das Mortes e nas imediações de Barbacena. O algodão era cultivado intensamente na região de Minas Novas e nas cercanias de Paracatu; mas, em todas as partes da Capitania de Minas, havia pequenas plantações de algodão e algumas cabeças de carneiro, suficientes para fornecer a matéria-prima aproveitada em centenas de fusos e teares domésticos existentes em todas as fazendas mineiras[90].

O conhecido Roteiro do Maranhão[91] afirma que as Minas "produzem linho, lã, algodão e produzirão também seda", sendo que seus habitantes não paravam de construir no interior de suas casas toscos e rudes teares semelhantes ao de Guimarães, das Ilhas e da Guiné, nos quais trabalhavam com suas famílias. Com a decadência das minas de ouro, essa tendência acentuou-se, difundindo-se a plantação de algodão e a proliferação dos teares manuais[92]. As autoridades portuguesas sentiam-se impotentes diante do volume e da dispersão das unidades de produção, uma vez que estabeleceram "os particulares nas suas fazendas fábricas e teares com que se vestiam a si e a sua própria família e escravatura, fazendo panos e estopas e diferentes outras drogas de linho e ainda de lã"[93], tornando absolutamente impossível destruir a "infinidade de pequenas fábricas instaladas em cada fazenda"[94]. Num antigo centro aurífero, agora decadente, John Mawe encontrou como alternativa para a população, nada rarefeita, a manufatura do algodão, "que se fia à mão e com o qual se fazem panos grosseiros para camisas"[95]. Em todas as cidades, as mulheres dos negros libertos "fiavam para o fabrico de tecidos grosseiros"[96] e até mesmo nas cabanas mais humildes "mulheres teciam algodão"[97]. Um ex-inconfidente, o padre Manuel Rodrigues da Costa, montou uma fábrica de tecidos e chegou a fornecer pano para o fardamento da polícia do Rio de Janeiro[98].

---

90. Mafalda P. Zemella, *O Abastecimento da Capitania das Minas Gerais no Século XVIII*, p. 254.
91. "Roteiro do Maranhão e Goiás pela Capitania do Piauí (Fins do Século XVIII)", *Revista do Instituto Histórico e Geográfico*, t. LXII, parte 1, p. 115, 1900.
92. Cf. Heitor Ferreira Lima, *Formação Industrial do Brasil (Período Colonial)*, Rio de Janeiro, Editora Fundo de Cultura, 1961, p. 153 e Daniel de Carvalho, "O Algodão em Minas", *Anais da Primeira Conferência Algodoeira*, vol. III, *apud* Heitor Ferreira Lima, *História Político-Econômica e Industrial do Brasil*, São Paulo, Editora Nacional, especialmente 1970, p. 54.
93. Cf. "Relatório do Marquês de Lavradio", *apud* Visconde de Carnaxide, *O Brasil na Administração Pombalina*, p. 308.
94. "Relatório do Marquês de Lavradio", p. 309.
95. John Mawe, *Viagens pelo Interior do Brasil*, p. 149.
96. Auguste de Saint-Hilaire, *Viagem às Nascentes do Rio São Francisco*, Belo Horizonte/São Paulo, Itatiaia/Editora da Universidade de São Paulo, 1975, p. 148.
97. John Mawe, *Viagens pelo Interior do Brasil*.
98. Américo Jacobina Lacome, "Origem da Indústria de Tecidos em Minas Gerais", *Digesto Econômico*, São Paulo, jul., 1947, *apud* Heitor Ferreira Lima, *História do Pensamento Econômico no Brasil*, São Paulo, Editora Nacional, 1976, p. 72.

166 MITOLOGIA DA MINEIRIDADE

As fontes indicam uma considerável diversificação e afirmam que as qualidades mais finas eram usadas para a confecção de roupas masculinas e roupa de baixo, além das conhecidas toalhas de mesa, lençóis e colchas e a produção de alguns lugares rivalizava em qualidade com as mais finas importações[99].

Saint-Hilaire, na sua segunda viagem ao Rio de Janeiro, Minas e São Paulo, relata que, ao chegar a Baependi, pôs-se a analisar as plantas, quando percebeu um vívido e incômodo interesse dos curiosos locais, que conjecturavam sobre a finalidade de seus trabalhos. Deu-se conta de que a atração por suas plantas se devia ao fato de que elas "se destinavam a servir de padrões novos para chitas"[100], o que demonstra uma sensibilidade toda especial para a arte da fiação e tecelagem e a remota lembrança da sempre presente "manufatura inglesa". Em 1878, a produção têxtil, sob a forma de indústria caseira, prosperava em quase todos os municípios da província, "sendo 22 deles apontados como grandes produtores, não contando aqueles onde havia fábricas têxteis em operação"[101] e Minas produzia cerca de 20% do total importado da Inglaterra sob a forma de têxteis[102].

O grosso da mão de obra empregada nos teares das grandes propriedades era certamente constituído por escravos adultos e crianças, com a possível supervisão das mulheres da família senhorial; no setor camponês, sítios e roças, assim como nas aldeias e vilas, o trabalho era realizado sobretudo pelas mulheres da família, ficando para as crianças as tarefas auxiliares[103]. Era, igualmente, enorme a dispersão da força de trabalho empregada na indústria têxtil, pois o censo de 1873 registra a presença de trabalhadores dessa indústria em nada mais do que 55 dos 72 municípios existentes[104]. Todos aqueles que fiavam e teciam como parte de suas atividades domésticas aparecem no censo rotulados como "serviçais domésticos", ou ainda classificados como "sem profissão". Esse universo social era extremamente significativo quando mensurado, pois os 70 548 artesãos (dos quais 64 093 livres e 6 455 escravos) representavam 50,7% de toda força de trabalho têxtil do Brasil, na época[105]. O mais notável, entretanto, era a intensa articulação entre o setor artesanal,

---

99. Roberto Borges Martins, *A Indústria Têxtil Doméstica de Minas Gerais no Século XIX*, Belo Horizonte, Cedeplar, s.d., p. 83.

100. Auguste de Saint-Hilaire, *Segunda Viagem do Rio de Janeiro a Minas Gerais e São Paulo*, Belo Horizonte/São Paulo, Itatiaia/Editora da Universidade de São Paulo, 1974, p. 63.

101. Roberto Borges Martins, "A Indústria Têxtil Doméstica de Minas Gerais no Século XIX", p. 84.

102. *Idem*, p. 88.

103. *Idem, ibidem*.

104. *Idem, ibidem*.

105. *Idem*, p. 89.

manufatureiro de algodão, e as atividades agrícolas, pois a fiação e tecelagem do algodão pouco interferia no cultivo de alimentos para subsistência. Na verdade, a indústria algodoeira em Minas Gerais adequava-se perfeitamente à estrutura de produção camponesa autossuficiente, constituindo-se, ademais, numa produção que poderia ser facilmente comercializada. De fato, boa parte da produção era mercantilizada, não se limitando à condição de indústria de subsistência[106], mesmo que a maior parte das mercadorias fosse trocada por outras, em dias de feira, em virtude da escassez de dinheiro.

Recria-se aqui, em condições coloniais ou semicoloniais, a estrutura social básica presente na produção manufatureira da Inglaterra, na Pré-Revolução Industrial. Lá, o camponês (*yoemen*) era extremamente resistente às mudanças por apoiar-se em dois distintos modos de produção: a atividade agrícola e a artesanal. Nesse universo camponês, ficava tolhida qualquer possibilidade de intensificação da divisão social do trabalho, impedindo, nestes termos, a transformação da estrutura produtiva. Foi a Revolução inglesa do século XVII que transformou essas relações através dos cercamentos, destruindo a economia camponesa da *yeomanry*. Seria este o caso de Minas Gerais? Isto é, o entrave à sua industrialização seria fruto dessa dualidade camponesa?[107]

A produção açucareira não é exceção à regra geral dominante nas manufaturas têxteis e de ferro. Aqui também predomina a pequena produção, dispersa por todo o território da capitania e da província: é a realidade do "microengenho".

Criou-se em Minas um novo tipo de agroindústria de açúcar no Brasil, caracterizado pelo pequeno engenho ou engenhoca, pela disseminação da produção já nos primórdios da civilização mineira, entre dezenas, mais tarde centenas e, finalmente, milhares de pequenas fábricas[108].

E todos os esforços do governo provincial mineiro para superar esta realidade foram baldados, seja pela introdução de novos aparelhos de força centrífuga destinados a purgar e clarificar o açúcar (que os fazendeiros não queriam receber nem de graça), seja pela criação de engenhos centrais,

---

106. *Idem*, p. 85.

107. Devo esta relação a José Jobson de Andrade Arruda. O desdobramento desses raciocínios no quadro da Revolução Industrial inglesa podem ser conferidos em *Raízes do Industrialismo Moderno*. Tese de livre docência, exemplar xerografado, São Paulo, 1982, especialmente as páginas 106 e ss. Uma visão compacta aparece em *Revolução Industrial e Capitalismo*, São Paulo, 1984.

108. É preciso, contudo, ter cautela em relação aos produtos dos engenhos, pois nem sempre produziam açúcar, apesar de rotulados por 'engenhos', na documentação. "Grande número desses últimos engenhos eram provavelmente fábricas de farinha de mandioca, de fubá, de milho etc." (Miguel Costa Filho, "Engenhos e Produção de Açúcar em Minas Gerais", *op. cit.*, p. 50).

168 MITOLOGIA DA MINEIRIDADE

como o de Rio Branco, instalado em 1885, que somente trouxe prejuízos para o governo provincial, a quem cabia arcar com o ônus representado pela garantia de juros. Segundo Francisco Iglésias, era forte o apego às práticas rotineiras[109], sintomático do "estado de espírito" de uma sociedade. Assim, "a realidade [...] foi mesmo o 'microengenho'"[110].

O núcleo vital e definidor da economia mineira, como vimos, é a fazenda.

Essas fazendas são aldeias isoladas, em tamanho reduzido. Abastecem a vizinhança de artigos de primeira necessidade, carne seca, carne de porco e toucinho, farinha de mandioca e de milho, rapadura e cachaça, fumo e óleo, tecidos grosseiros e fios de algodão, café e vários chás de caparrosa e folha de laranja. Importam: ferro, para ser transformado em ferraduras; sal, vinho e cerveja, charutos e cigarros, manteiga, louça, drogas e poucas outras coisas. Em geral dispõem de ferraria, sapataria, chiqueiro [...] e um grande terreiro de galinhas[111].

Também Saint-Hilaire notou a realidade autossuficiente das fazendas:

Todos os agricultores plantam milho, não só porque sua farinha substitui o pão, como ainda porque ele é, para os animais de carga, o que é para nós a aveia, e é empregado também para engordar as galinhas e, sobretudo, os porcos. Se o feijão é cultivado mais universalmente ainda, é porque não encontra o que o possa substituir em parte alguma, enquanto que no deserto do Rio S. Francisco utiliza-se a farinha de mandioca em vez da de milho"[112].

Das fazendas mais opulentas, como aquelas descritas pelo viajante John Mawe[113], àquelas que apresentavam apenas sinais do antigo esplendor[114], poucas diferenças havia em relação às descrições apresentadas mais tarde, pelo viajante Richard Burton, que referem

[...] a casa solarenga tendo na frente uma grande varanda, da qual o proprietário pode ver a destilaria e o engenho, cuja roda nos mostra que a cana-de-açúcar é o produto principal da fazenda, bem como os demais departamentos. No fim da varanda

109. Francisco Iglésias, *Política Econômica do Governo Provincial Mineiro (1835-1889)*, p. 113.
110. *Idem*, p. 111.
111. Richard Burton, *Viagem de Canoa de Sabará ao Oceano Atlântico*, Belo Horizonte/São Paulo, Itatiaia/Editora da Universidade de São Paulo, 1976, p. 16.
112. Auguste de Saint-Hilaire, *Viagem pelas Províncias do Rio de Janeiro e Minas Gerais*, Belo Horizonte/São Paulo, Itatiaia/Editora da Universidade de São Paulo, 1976, p. 106. "O verdadeiro pão da terra" era a farinha de milho (cf. Sérgio Buarque de Holanda, *Caminhos e Fronteiras*, 2. ed., Rio de Janeiro, José Olympio, 1975, p. 217.
113. John Mawe, *Viagens pelo Interior do Brasil*, p. 133.
114. "A fazenda apresentava ainda sinais da primitiva opulência e da grandeza de que gradualmente decaíra, à medida que as lavagens de ouro [...] se esgotavam" (*idem*, p. 136).

IMAGINÁRIO E SOCIEDADE   169

fica a Capela de Nossa Senhora do Carmo. [...] As senzalas são, como sempre, casas térreas no interior da praça, a qual geralmente tem no meio uma alta cruz de madeira e uma plataforma alta para secar açúcar e milho[115].

Na opinião dos viajantes, a fazenda encontra-se em condições de satisfazer as mais ingentes necessidades da vida, condição que influi favoravelmente no bem-estar e na moralidade dos seus habitantes, notando-se efeitos positivos sobre os escravos, que se revelam "alegres e saudáveis"[116]. Afastados de todo e qualquer auxílio externo, os fazendeiros são obrigados a ensinar ofícios e profissões a seus escravos, tais como de sapateiro, alfaiate, tecelão, serralheiro, pedreiro, oleiro, caçador, mineiro, lavrador, cabendo ao fazendeiro o papel simultâneo de governador, juiz, médico e até mesmo de padre. Tomavam o máximo cuidado para "aumentar o número de escravos, o capital da fazenda, e protegê-los contra as doenças"[117]. O pomar fornecia incrível variedade de frutas que poderiam ser comidas ao natural ou transformadas em doces e compotas. Completava, ao lado das hortas, o tripé básico da alimentação autossuficiente das fazendas, fossem elas grandes ou pequenas[118]. A alimentação básica consistia de "feijão preto misturado com farinha de milho e um pouco de torresmo de toucinho frito ou carne cozida", ou "um pedaço de porco assado", ou ainda "galinha com arroz". A sobremesa é infalivelmente representada por canjica e doces, terminando toda refeição invariavelmente com uma xícara de café excessivamente adocicado pela mistura de rapadura[119].

A dimensão da propriedade era muito variável. Ao lado das grandes fazendas que poderiam atingir enormes proporções e conter centenas de escravos, existiam pequenos sítios explorados geralmente pelo agricultor e sua família,

---

115. Richard Burton. *Viagem de Canoa de Sabará ao Oceano Atlântico*, p. 45.

116. Cf. Spix e Martius, *Viagem pelo Brasil 1817-1820*, Belo Horizonte/São Paulo, Itatiaia/Editora da Universidade de São Paulo, 1981, vol. 1, Livro III, pp. 184-185.

117. *Idem*, vol. 2, p. 18.

118. Cf. George Gardner, *Viagem ao Interior do Brasil*, Belo Horizonte/São Paulo, Itatiaia/Editora da Universidade de São Paulo, 1975, p. 209. Também em James W. Wells, *Exploring and Travelling three Thousand Miles through Brazil from Rio de Janeiro to Maranhão*, London, Sampson Low, Marston, Searle & Rivington, vol. I, 1886, especialmente p. 163.

119. Cf. Richard Burton, *Viagem do Rio de Janeiro a Morro Velho*, Belo Horizonte/São Paulo, Itatiaia/Editora da Universidade de São Paulo, 1976, pp. 101-102. O *menu* tradicional de Minas aparece também em John Mawe, *Viagens pelo Interior do Brasil*, p. 138 e Auguste de Saint-Hilaire, *Viagens Pelas Províncias do Rio de Janeiro e Minas Gerais*, p. 96. Quanto ao costume de adoçar excessivamente o café com derivados do açúcar, João Domas Filho diz: "A engenhoca ou 'arrebenta-peito' [...] é ingerida ou levada ao fogo para temperar o café dos camponeses pobres" (*Aspectos da Economia Colonial*, Rio de Janeiro, Biblioteca do Exército Editora, 1958, p. 143).

com a ajuda de uns poucos cativos[120]. Nas regiões onde dominava a pecuária os escravos eram bem menos numerosos comparativamente às fazendas localizadas em regiões auríferas ou de produção açucareira. E quanto menos escravos houvesse num determinado lugar, menor vexame sentiriam os homens brancos e livres em fazerem trabalho pesado, ficando por conta de seus filhos a quase totalidade das tarefas rurais[121]. Nas regiões onde dominava a lavoura os fazendeiros trabalhavam duramente ao lado de seus escravos, passando a maior parte do tempo nas plantações; o resultado era uma rusticidade maior, quando comparada às maneiras dos fazendeiros das regiões das lavras[122]. Evidentemente, os brancos livres recusavam-se a qualquer tipo de trabalho considerado de baixa extração, exceto em sua própria terra, fosse na lavoura ou na criação de gado. Dessa forma, eram numerosos os homens livres e ociosos, constituindo uma verdadeira "classe de vadios"[123].

No seio da multidão pobre e sem ocupação, apenas os casados cultivavam terras alheias, resignando-se, assim mesmo, a trabalhar apenas alguns dias por semana, o necessário para viver e ficar o resto do ano sem nada fazer. Disso resultava que os solteiros, em menor número, perambulavam de casa em casa, vivendo às custas de compadres e comadres e, no limite, da caça[124]. Até os escravos tinham possibilidade de cultivar a terra nos momentos de folga, podendo dispor, nessas ocasiões, do produto do seu trabalho, o que lhes permitia vestirem-se com o algodão aí mesmo plantado e fiado[125]. Não faltavam, ainda, os "indolentes e desocupados [que] às vezes matam e furtam o gado das fazendas, pouco se preocupando com o castigo que os ameaça"[126].

Entre as fazendas e as cidades, pólos opostos mas complementares na paisagem social mineira, existem vilas representadas por uma única rua[127]. Nessas aldeias, frequentemente, a principal casa de comércio – uma venda –

---

120. Cf. James W. Wells, *Exploring and Travelling Three Thousand Miles through Brazil, from Rio de Janeiro to Maranhão*, pp. 163-165.
121. Cf. Auguste de Saint-Hilaire, *Viagem às Nascentes do Rio São Francisco*, p. 55.
122. *Idem*, pp. 54-55.
123. Spix e Martius, *Viagem pelo Brasil (1817-1820)*, p. 186.
124. Cf. Auguste de Saint-Hilaire, *Viagem às Nascentes do Rio São Francisco*, pp. 76-77.
125. Cf. John Mawe, *Viagens pelo Interior do Brasil*, p. 139. Considerando-se que a somatória de domingos e feriados atingia a cifra de 134 dias no ano, cf. Silvia Hunold Lara, *Campos da Violência, Escravos e Senhores na Capitania do Rio de Janeiro, 1750-1808*, Rio de Janeiro, Paz e Terra, 1988 p. 230, aduz-se importantes achegas à brecha camponesa no sistema escravista, conforme Ciro Flamarion Cardoso, *Agricultura, Escravidão e Capitalismo*, Petrópolis, Vozes, especialmente, 1982, pp. 133 e ss.
126. Alcide d'Orbigny, *Viagem Pitoresca Através do Brasil*, Belo Horizonte/São Paulo, Itatiaia/Editora da Universidade de São Paulo, 1976, p. 36.
127. Auguste de Saint-Hilaire, *Segunda Viagem do Rio de Janeiro a Minas Gerais e a São Paulo*, p. 36.

pertence ao proprietário de uma grande fazenda na vizinhança, geralmente confiada a uma pessoa do circuito mais íntimo do fazendeiro[128].Estamos "ante a realidade dos `povoados', dos `arruados', marchando para as 'vilas' e as cidades"[129]. Na maioria dos casos, as cidades são extensões da vida rural, pois somente aos domingos recebem a população que, nos dias de semana, trabalha nos campos.

> Durante a semana a maioria das casas de Araxá fica fechada. Seus donos só ali aparecem aos domingos para assistirem à missa, passando o resto do tempo em suas fazendas. Só permanecem na cidade, nos dias da semana os artesãos [...], as pessoas sem profissão, alguns comerciantes e prostitutas[130].

E esta é uma afirmação que se pode generalizar a todos os arraiais da Província de Minas. Estamos diante da *quarta inversão*. A inversão urbana. Das cidades medulares da vida econômica e social às cidades-apêndices, extensões da vida rural, em cujo diapasão cadenciavam, mas com a marca indelével do passado cultural legado pela civilização urbana, que os "anos dourados" haviam esculpido.

Define-se, portanto, uma estrutura horizontalizada, onde preponderam as minúsculas células sociais e nas quais, apenas raramente, sobressai uma cidade do porte de Barbacena, muito frequentada por habitantes do interior, onde se poderiam encontrar as mais diferentes mercadorias, especialmente tecidos leves de lã, panos de algodão, quinquilharias de ferro, sal e grande variedade de produtos manufaturados ingleses[131]; ou da Vila do Príncipe, sede do poder político-administrativo da comarca, cidade que contava com mais de cinco mil habitantes nos inícios do século, em cuja estrutura ocupacional caracteristicamente urbana sobressaíam lojistas, artesãos, fazendeiros, mineiros e mesmo trabalhadores urbanos[132]. Nenhuma delas igualava-se, entretanto, a Diamantina. Suas lojas assemelhavam-se às do Rio de Janeiro no aspecto e no sortimento, mas não nos preços, que eram geralmente vinte por cento mais altos. Todas as

---

128. Cf. George Gardner, *Viagem ao Interior do Brasil (1836-1847)*, Belo Horizonte/São Paulo, Editora da Universidade de São Paulo/Itatiaia, 1975, p. 197.
129. Washington Peluso Aleixo de Souza, "As Lições das Vilas e Cidades de Minas Gerais", *op. cit.*, p. 111. Sobre as cidades mineiras, ver Yves Leloup, *Les Villes de Minas Gerais*, Institut de Hautes Études de L'Amérique Latine, Université de Paris, 1970. Sobre as vilas coloniais, consultar Floriano Peixoto Paula, "Vilas de Minas Gerais no Período Colonial", *Revista Brasileira de Estudos Políticos*, n. 19, jul. 1965.
130. Auguste de Saint-Hilaire, *Viagem às Nascentes do Rio São Francisco*, p. 130. Praticamente o mesmo diz Alcide d'Orbigny, *Viagem Pitoresca Através do Brasil*, pp. 53-54.
131. Cf. John Mawe, *Viagens pelo Interior do Brasil*, p. 117.
132. Cf. *idem*, p. 150.

mercadorias aí chegavam vindas do Rio de Janeiro em lombo de burro, com exceção de uns poucos produtos que procediam da Europa, via Bahia[133]. No Tejuco as lojas eram pródigas em todo tipo de tecido. "Nelas se encontravam também chapéus, quinquilharias, louças, vidros e mesmo grande quantidade de artigos de luxo, que causam admiração sejam procurados a uma tão grande distância do litoral"[134]. As lojas estão abarrotadas de mercadorias de fábricas inglesas[135]. Os proprietários dessas lojas ficam com parte considerável do lucro produzido na atividade mineradora, muito mais do que os próprios mineiros, pois negociam diamantes e ouro em pó que receberam das mãos daqueles em troca de suprimentos necessários à sua própria subsistência e à sobrevivência dos escravos[136]. Nos limites da civilização, na boca do sertão, jazem as cidades de porte menor, a exemplo de Formiga, que contava com não mais do que mil habitantes e integrava, sobretudo, a população marginalizada, os fora-da-lei que procuravam refúgio nesses lugares afastados[137].

Uma evidência estatística significativa da preponderância das atividades agrícolas sobre as de mineração na província de Minas Gerais é o fato de que 30% de suas cidades tiveram origem em núcleos de atividade rural, contra 33% em núcleos de atividades mineradoras[138]. Os pousos de bandeirantes, ou pontos estratégicos de paradas das tropas, foram responsáveis por 9% das cidades surgidas em Minas Gerais[139]. George Gardner descreve uma dessas instalações precárias, que poderia ser reproduzida para centenas ou milhares de sítios semelhantes:

---

133. "Afora uns poucos vegetais produzidos nas hortas em volta da cidade, todo o alimento aqui consumido vem de distâncias de dez e vinte léguas e vende-se em duas grandes feiras chamadas Intendências" (George Gardner, *Viagem ao Interior do Brasil*, p. 208).

134. Auguste de Saint-Hilaire, *Viagem pelo Distrito dos Diamantes e Litoral do Brasil*, p. 29.

135. Cf. John Mawe, *Viagens pelo Interior do Brasil*, pp. 158-159.

136. George Gardner, *Viagem ao Interior do Brasil*, p. 209. Saint-Hilaire fizera a mesma constatação: pelo *Distrito dos Diamantes e Litoral do Brasil*, p. 111.

137. Cf. Auguste de Saint-Hilaire, *Viagem às Nascentes do Rio São Francisco*, p. 91. Esta opinião é compartilhada por Alcide d'Orbigny, *Viagem Pitoresca através do Brasil*, p. 121, e por George Gardner, *Viagem ao Interior do Brasil*, p. 195.

138. Outros núcleos originadores de cidades foram: estações ferroviárias (4%), refúgio de marginais (2%), refúgio de perseguidos políticos (2%), quilombos (2%), postos de fiscalização (2%), postos de catequese de índios (2%), localização de indústrias (2%), colonização dirigida, doações, promessas, iniciativa da administração ou particular (3%) (cf. Washington Peluso Aleixo de Souza, "As Lições das Vilas e das Cidades Mineiras", p. 171).

139. Sobre a importância das tropas na formação histórica do Brasil, ver José Alípio Goulart, *Tropas e Tropeiros na Formação do Brasil*, Rio de Janeiro, Conquista, 1981. Do mesmo autor: *Brasil do Boi e do Couro*, Rio de Janeiro, Edições GRD, 1966. Vide também Alfredo Ellis Jr., "O Ciclo do Muar", *Revista de História*, São Paulo, 1950.

IMAGINÁRIO E SOCIEDADE

173

Como não havia qualquer estalagem, instalei-me no rancho público, grande casa bem construída e destinada expressamente à acomodação das tropas. [...] Pela acomodação o proprietário cobra quatro vinténs (cerca de dois pence) por noite a cada tropeiro. Junto do rancho, tem ele uma venda grande para fornecer provisões e milho e subentende-se que os tropeiros aí comprem o de que precisam para si, seus homens e mulas[140].

O rancho era, evidentemente, o ponto de encontro para os viajantes.

Negros, alguns deitados, outros agachados em torno de uma fogueira, faziam os preparativos para a refeição vespertina, enquanto outros ferravam mulas e as levavam ao pasto. Debaixo do barracão preparavam-se as redes para o sono da noite. Negros vendiam quitandas[141].

Dada a pequenez do espaço disponível, os tropeiros arrumam a bagagem da melhor forma possível. Cada tropa em separado prepara sua própria refeição, durante a qual trocam ideias conversando sobre os trechos que haviam percorrido, ou falando de suas aventuras amorosas. Divertem-se cantando e tocando violão e depois adormecem sobre as enxergas de couro espalhadas pelo chão, envolvidos em rudes cobertores[142]. Não somente os pousos considerados "oficiais" deram origem a cidades. Muitas vezes simples casebres, choças paupérrimas dispostas pelos caminhos, tiveram o mesmo destino. Humildes habitações estabelecidas em pontos estratégicos, com o propósito de vender refresco aos viajantes e milho para dar aos animais[143]. As dificuldades que se apresentavam no caminho eram as mais imprevisíveis. Não raro, os atoleiros engoliam as mulas e suas cargas, sendo comum encontrar restos putrefatos de animais no meio do trajeto[144].

Cavalos e mulas eram o transporte quase obrigatório[145] mesmo para as mulheres, que montavam como os homens, sendo para tanto obrigadas a usar calças, sobre as quais vestiam uma longa saia de montar[146]. Para o transporte urbano, contudo, preponderava o uso do carro de bois[147]. Era exatamente

140. George Gardner, *Viagem ao Interior do Brasil*, p. 215.
141. Alcide D'Orbigny, *Viagem Pitoresca Através do Brasil*, p. 109.
142. Cf. Auguste de Saint-Hilaire, *Segunda Viagem do Rio de Janeiro a Minas Gerais e a São Paulo*, p. 49.
143. Cf. John Mawe, *Viagens pelo Interior do Brasil*, p. 112.
144. Cf. João Domas Filho, "Tropas e Tropeiros", *Primeiro Seminário de Estudos Mineiros*, Belo Horizonte, 1957, p. 103.
145. Cf. Ferdinand Denis, *Brasil*, p. 370.
146. Cf. G. M. Freireyss, *Viagem ao Interior do Brasil*, 1982, p. 24.
147. Sobre o tema ver Bernardino José de Souza, *Ciclo do Carro de Bois no Brasil*, São Paulo, Editora Nacional, 1958.

174 MITOLOGIA DA MINEIRIDADE

nesses veículos de rodas maciças e excessivamente barulhentas que famílias inteiras iam à vila ou arraial aos domingos ou nos dias de festas, sobretudo Páscoa e Natal. Era, verdadeiramente, um carro patriarcal[148].

A configuração peculiar da sociedade mineira no século XIX marcou indelevelmente o movimento de sua história em todo o processo ulterior, invadindo mesmo o século XX. A natureza de sua sociedade foi responsável por uma especial sociabilidade, forjada nas catas, nos vilarejos do ouro, nos arruados rurais, nas grandes e pequenas fazendas, nos casebres de beira de estrada, nos pousos. O substrato material desse espaço privilegiado de sociabilidade fundava-se, na economia mineira, em duas configurações nítidas e bem demarcadas no tempo: da Minas abastecida, no apogeu do ouro, à Minas abastecedora, na crise da mineração. Entre as Gerais de 1750 e as de 1850 medeava uma diferença qualitativa. Em 1872 a estrutura da força de trabalho, comparativamente à das províncias de São Paulo e Rio de Janeiro demonstra essa diferença qualitativa, pois apresenta 32,5% de sua população ativa dedicada a serviços domésticos[149], constituindo o exemplo antitético da grande *plantation* escravista. Nas palavras de Roberto Borges Martins,

[...] o grosso da economia de Minas no século dezenove, onde a vasta maioria dos escravos estava empregada, não se compunha de *plantation* nem era orientada para exportações. Isolamento de mercados externos à província, diversificação e autossuficiência, eram suas características principais. Minas tinha um dos mais baixos níveis de exportações per capita do país, e esse nível declinou em termos reais ao longo do século. A grande lavoura exportadora permaneceu confinada a uma pequena área e o cerne da economia provincial consistia em unidades agrícolas diversificadas internamente – produzindo para seu próprio consumo e vendendo os excedentes eventuais em mercados locais e regionais[150].

Dada a nova configuração histórica de Minas, diametralmente oposta à do século XVIII, caberia talvez caracterizá-la como tipicamente decadente. Novas questões se colocam, nesse passo. Haveria decadência na história, ou ela resultaria de um juízo elaborado *a posteriori*, por homens que olham o passado? Caso a última assertiva seja a mais correta, caberia ainda indagar por que atribuímos a determinados períodos a condição de decadente? Para

---

148. Cf. Ferdinand Denis, *Brasil*, p. 370. Saint-Hilaire faz observações na mesma linha em *Viagens às Nascentes do Rio São Francisco*, p. 98.
149. Cf. Roberto Borges Martins, *Growing in Silence: The Slave Economy of Nineteenth-Century Minas Gerais, Brazil*, p. 322.
150. Roberto Borges Martins, "Minas Gerais, no Século XIX: Tráfico e Apego à Escravidão numa Economia Não-Exportadora", p. 209.

que se possa assinalar o caráter decadente de uma sociedade, basta que ela seja assim percebida pelos homens que a viveram? Em suma, eis um conjunto de questões de difícil equacionamento.

O eminente historiador Fernand Braudel não credita nenhum "valor à palavra e ao conceito de decadência"[151]. Já outro historiador francês, Pierre Chaunu, busca precisar o significado do fenômeno:

> Haveria, pois, decadência objetiva quando, no quadro de um universo enclavado ou de uma economia-mundo, se assistisse a uma redução apreciável da população e a uma redução mais considerável ainda da aquisição cultural, da soma de informações acessíveis[152].

Minas Gerais, no final do século XVIII, não poderia ser enquadrada em nenhuma dessas situações, pois nem se constituíra num "enclave" (pelo contrário, sua dinâmica fora predominantemente definida do exterior), nem era uma economia-mundo[153]. Nesse sentido, a noção de decadência ser-lhe-ia totalmente estranha. Todavia, talvez não fosse desmesurado dizer que, a partir da primeira inversão da economia de Minas, quando as atividades agrícolas substituíram as mineradoras, o novo contexto social tivesse assistido a uma perda cultural substantiva. A ruralização da vida social mineira estaria acompanhada pelo cerceamento dos contatos culturais, pela emergência de padrões societários rebaixados, quando comparada às fases anteriores. Teria ocorrido em Minas, dessa forma, um panorama cultural de nítida decadência.

Nas suas andanças por Minas, os viajantes não se cansaram de chamar a atenção para os aspectos decadentes da sociedade: "A aldeia de Conceição me pareceu bastante grande para conter dois mil habitantes. A maior parte deste esgotado distrito caminhava rapidamente para a decadência"[154]. Se a expressão da decadência, nesse trecho, aparece conectada ao esvaziamento populacional, em outras passagens deriva do esgotamento das minas: "A fazenda apresentava ainda sinais da primitiva opulência e da grandeza de que gradualmente decaíra, à medida que as lavagens de ouro [...] se esgotavam"[155]. A percepção do caráter decadente das minas despontara já no setecentos,

---

151. Fernand Braudel, *L'Identité de la France*, p. 154.
152. Pierre Chaunu, *Histoire et Décadence*, Paris, Librairie Académique Perrin, 1981, p. 154.
153. A propósito da concepção de "economia-mundo", ver Immanuel Wallerstein, *El Moderno Sistema Mundial. La Agricultura Capitalista y los Orígenes de la Economía-Mundo Europea en el Siglo XVI*, 2. ed., México, Siglo Veintiuno, 1979. Para uma reposição crítica, cf. José Jobson de Andrade Arruda, "Immanuel Wallerstein e o Moderno Sistema Mundial", *Revista de História*, n. 15, pp. 167-174, jul.-dez. 1983.
154. John Mawe, *Viagens pelo Interior do Brasil*, p. 149.
155. *Idem*, p. 138.

nas mentes dos próprios homens que o vivenciavam. Nas *Cartas Chilenas*, tanto a exaustão das lavras quanto a tendência ruralizadora acham-se postas claramente:

> Em quanto, Dorotheo, a nossa Chile
> Em toda a parte tinha à flor da terra
> Extensas, e abundantes minas de oiro[156].

À consciência de perda do fulgor do ouro, segue-se o percebimento da mudança do eixo econômico da capitania:

> Já chega, Dorotheo, o novo dia,
> O dia em que se correm bois e vaccas.
> Amigo Dorotheo, é tempo, é tempo
> De fazer- te excitar no peito brando
> Affectos de ternura, de odio, e raiva[157].

Assim, a apreensão do tempo, definida na consciência do passado e na emergência de outra fase – núcleo de todo pensamento absorvido pela ideia da decadência[158] –, jaz inteira nesses versos. Daí, pensamos poder-se afirmar que, pelo menos no plano das percepções dos agentes, é possível falar em decadência, mesmo que o vocábulo ali não se encontre[159]. A noção de tempo em crise é informada pela imagem da decadência e, por isso, as *Cartas Chilenas* adequam-se plenamente, como expressão dos penosos momentos vividos na capitania de Minas nos fins do setecentos.

Poder-se-ia argumentar que a decadência de Minas é relativa, pois, muito embora na inversão da economia mineira houvesse certa tendência ao isolamento, este nunca foi absoluto. Após a ocupação das novas áreas, em pleno século XIX, Minas Gerais passou a prover de produtos outros mercados provinciais. Daí, não haveria decadência efetiva, mas apenas a confecção de nova etapa da vida humana coletiva.

---

156. *Cartas Chilenas. Fontes Textuais*, edição e comentários críticos de Tarquínio J. B. de Oliveira, São Paulo, Referência, 1972, p. 118.
157. *Idem*, p. 150.
158. Cf. Pierre Chaunu, *Histoire et Décadence*, p. 22.
159. "Nós partimos de uma palavra. Nós veremos que ela é relativamente recente. No sentido preciso, concreto, da decadência, não mais de uma família, de uma casa, de um homem mas de um Estado, de uma civilização, ela data do século XVIII, a rigor do século XVII, quando ela se aplica a um reino, aos destinos do Império, do século XVIII quanto ela é remetida a uma civilização, a uma cultura" (*idem*, p. 14).

IMAGINÁRIO E SOCIEDADE   177

Acostumamo-nos a pensar o capitalismo como o sistema do progresso tecnológi-co, do desenvolvimento extraordinário das comunicações, dos transportes, como sinal de civilização. Mas nos assustaríamos com uma outra cara do capitalismo, primitiva, atrasada, desconhecida, uma cara marcada pelo atraso e pela miséria extrema, pela ausência do progresso tecnológico, pela permanência do passado. Nos assustaríamos mais ainda se descobríssemos que esse mundo estagnado e pobre, tão aparentemente isolado do outro, do mundo "das luzes e do progresso", na verdade, foi inventado pelo capital; que nele o atraso, a decadência, o imobilismo são o avesso do movimento e do progresso técnico[160].

A concepção de decadência seria, então, produto de uma época determi-nada, marcada por uma dinâmica de contínuo progresso. Quando falamos em decadência teríamos assim, como contraponto inevitável, a sociedade capitalista. A ideia da falta de substância em certas sociedades resultaria, antes, do desenvolvimento mundial do modo de produção capitalista, re-criador do atraso. Falar em decadência poderia significar, pois, nostalgia em relação ao passado. De fato, a apreensão dos períodos como decadentes pode estar permeada por tais concepções. Caberia, no entanto, considerar que o reconhecimento da decadência conteria traços negadores dos princípios capitalistas. Ora, ao ritmo histórico do capitalismo, extremamente intenso, é inerente a destruição de formas de convivência humana, da natureza e dos objetos. Assim, a ideia de decadência, que é por certo valorativa, encer-raria virtualidades negadoras do capitalismo. A crença na modernização irreversível encontra-se enfraquecida. "O homem de hoje não está mais convencido nem da superioridade da modernidade [...], nem da cultura que parece ter preparado a modernidade"[161]. Ocorreria certa desilusão frente ao poder destruidor do capitalismo, além da rejeição da sua norma máxima, representada no princípio do eterno progresso. Assumir a decadência pode ser assumir posturas negadoras da sociedade, expressas tanto no saudosismo passadista e, por isso, reacionário, quanto na possível busca de uma sociedade futura. Tudo depende, pois, do lugar social de onde estamos falando e do tom que atribuímos ao nosso discurso. É provável que os homens do século XVIII mineiro estivessem falando a partir do primeiro exemplo. Os viajantes, opostamente, pareciam exprimir os ditames do progresso, absorvidos que estavam pela ideologia imperante nos seus países de origem. Dessa maneira,

---

160. João Antônio de Paula, "Os Limites da Industrialização Colonial: A Industrialização em Minas Gerais no Século XVIII", p. 104.
161. Philippe Ariès, "L'Histoire des Mentalités", *La Nouvelle Histoire. Les Encyclopedies du Savoir Moderne*, sob a direção de Jacques Le Goff, Roger Chartier e Jacques Revel, Paris, CEPL, 1978, p. 420.

a caracterização de uma época como decadente tem raiz em diversas visões valorativas. Se para os viajantes a decadência deixava-os perplexos, pois viam-se obrigados a aceitar a interrupção do fluxo histórico, resolviam entretanto o dilema a partir de novas assertivas de cunho ideológico: "Parece existir a máxima entre os habitantes, de que é preferível andar nu que trabalhar para vestir-se"[162]. Neles está afirmada a natureza capitalista do trabalho. Os mineiros do século XVIII e até do XIX manifestam claro afastamento desse princípio. Aqui ocorreria um encontro entre o saudosismo e o pensamento conservador, visto serem ambos formas negadoras particulares; em outro patamar, compartilham com as visões atuais, efetivamente transformadoras, a mesma dimensão utópica[163].

Independentemente da forma como caracterizamos a perda de vigor da atividade mineradora e a passagem para uma economia agrícola centrada na fazenda mineira, que a sintetiza, precisamos reconhecer as especificidades desse processo e do universo rural de Minas. No século XIX, a fazenda mista encontra-se difundida por todo o território das Gerais. No sul, semelhantemente às outras regiões de Minas, a fazenda mista dominava: "trata-se de grandes propriedades escravistas voltadas para o abastecimento interno. Criada para o abastecimento das Gerais no século XVIII, a economia regional manteria a mesma natureza através do direcionamento do fluxo do seu excedente para o mercado do Rio de Janeiro"[164]. A fazenda mineira, brotada no terreno da retração aurífera, produziu frutos não usuais: "o fato de um sistema escravista ter sobrevivido e se expandido vigorosamente, por mais de um século, tem uma importância que transcende o escopo da história de Minas Gerais"[165]. Provavelmente, o grande interesse de Minas resida menos nas particularidades do seu século XIX que, em si mesmo, foi bastante curioso no conjunto do Brasil, e mais na combinação entre um passado urbano, criador de padrões societários originais para a colônia e uma vida predominantemente rural, na qual era esporádico o convívio citadino. As palavras de modernos historiadores americanos captam, com acuidade, esse processo:

---

162. John Mawe, *Viagens pelo Interior do Brasil*, p. 149.

163. Para uma análise da mentalidade utópica conservadora, ver Karl Mannheim, *Ideologia e Utopia*, Rio de Janeiro, Zahar, 1968, Capítulo IV.

164. Alcir Lenharo, *As Tropas da Moderação*, p. 36. Vide também, do mesmo autor, "Rota Menor – O Movimento da Economia Mercantil de Subsistência no Centro-Sul do Brasil (1808-1831)", *Anais do Museu Paulista*, São Paulo, tomo XXVIII, 1977-1978.

165. Roberto Borges Martins, "Minas Gerais no Século XIX: Tráfico e Apego à Escravidão numa Economia Não-Exportadora", p. 209.

Por volta de 1750, o ouro começou a declinar, mas os padrões de vida já estavam estabelecidos. Estimulados pelo forte mercado local dos tempos de expansão, as fazendas mistas de gado, mineração, e agricultura desenvolveram-se, em contraste com o litoral, e os alimentos produzidos localmente e os produtos manufaturados estavam disponíveis na cidade[166].

A mescla, durante o século XIX, entre o passado urbano não totalmente excluído e uma sociedade predominantemente rural confere a diferença específica de Minas. O urbano, resgatado pela memória e recriado nas pequenas vilas e arruados, impediu de certa maneira o desaparecimento absoluto dos antigos estilos de convivência social. Recuperar esses traços e recompor o espaço de sociabilidade aí gerado constitui, pois, tarefa fundamental.

O Microcosmo da Vida Social e Cultural

Tratar das características da vida social e cultural de Minas no passado pressupõe distinguir, nitidamente, pelo menos os seus dois momentos mais típicos – a fase mineradora e a etapa na qual predominam as atividades agrícolas – uma vez que expressam, como vimos, ritmos sociais diferentes, respaldados numa natureza diversa de sociabilidade. Assim, se as Minas produziram uma sociedade essencialmente urbana, no século XIX o quadro social foi principalmente rural e as cidades deixaram de ser autônomas, transformando-se em prolongamento dos empreendimentos agrícolas. O burburinho do espaço urbano foi substituído pela modorra do mundo rural.

Como se vê, é confusa a sociedade mineira, de difícil domínio, o que se explica pelo caráter de aventura que é típico da mineração. Ela não forma ordem estável como na zona agrícola, que exige tranquilidade para sobrevivência: agricultura é segurança, estabilidade, labor contínuo e em terras contíguas, enquanto mineração, sobretudo em moldes primitivos, como se praticava, é insegurança, movimento – a cata impõe a mobilidade, vai-se onde há riqueza logo esgotada, procura-se outra terra. A atividade pode ser desempenhada por um ou por muitos: alguém, de sorte, acha o que é apreciável, enquanto outro, com escravaria numerosa, pode nada encontrar[167].

Assim, no urbano mineiro a constante dinâmica delineou traços societários radicalmente diferentes da permanência rural, gestando, cada qual de *per se*, um convívio social próprio.

---

166. Stuart B. Schwartz e James Lockhart, *Early Latin America. A History of Colonial Spanish America and Brasil*, New York, Cambridge University Press, 1983, p. 379.
167. Francisco Iglésias, *Três Séculos de Minas*, p. 15.

Em Minas, dadas as especificidades da estrutura rural da província, manifesta-se certa tendência ao acentuamento e cristalização dos traços agrários. Por isso, a clivagem entre esses dois momentos adquire feição bastante radical, pois uma coisa é caminhar da vida rural para a urbana e outra recuar para o universo mais limitado do campo, tendo já passado pela urbe. Nesse sentido, haveria alguma decadência presente nesse movimento, mesmo que do ponto de vista do processo histórico as fases posteriores jamais se iniciassem de uma escala zero, e se articulassem, de alguma forma, com o passado. No caso de Minas, é claro "que houve uma decadência e um esgotamento da mineração e sobre isso todos concordam"[168]. Caberia, talvez, questionar o caráter inelutável e absolutamente homogêneo da decadência econômica mineira[169]. Vale dizer, o reconhecimento do esgotamento das lavras não constitui, por si só, sintoma suficiente para afirmar-se a perda de substância econômica da região, mesmo porque, do ponto de vista dos indicadores quantitativos, tal poderia não ocorrer[170]. Consideramos todavia que, inexistindo real declínio das atividades produtivas, visto terem elas se rearticulado de novo modo, isso não exclui a percepção da crise pelos agentes sociais, ou a existência de perda cultural mais ampla e de deterioração do antigo viço urbano. Na dimensão cultural, parece ser complicado negar o enfraquecimento: "Os escritores da geração anterior representam o ponto máximo da contribuição brasileira ao Arcadismo da literatura comum; comparados a eles, os que veremos doravante marcam acentuado desnível, levando-nos a refletir sobre o fato que, nas correntes literárias, fastígio é frequentemente véspera do declínio"[171]. No que diz respeito ao espaço urbano, John Mawe salientou o visível decaimento de Vila Rica: "A cidade é de extensão considerável, mas menos povoada que nos tempos das minas ricas. Poucos habitantes, excetuando os lojistas, têm ocupação [...]"[172]. Além do mais, caberia provavelmente considerar que, no plano do imaginário, a presença da mística do ouro levava aqueles homens

---

168. Maria Yedda Leite Linhares, "O Brasil no Século XVIII e a Idade do Ouro: A Propósito da Problemática da Decadência", *Seminário sobre a Cultura Mineira no Período Colonial*, Belo Horizonte, Conselho Estadual de Cultura de Minas Gerais, 1979, p. 166.

169. Maria Yedda Linhares pondera: "Voltamos a interrogar-nos sobre a visão indiferenciada de uma decadência inexorável e monolítica, sem atentar para as infinitas diversificações locais" (*idem*, p. 168).

170. "Mas os efeitos do estancamento das lavras não poderiam ter levado a um apagamento tão definitivo da capitania no cenário colonial, mormente se tivermos em conta que ela já possuía, naquele momento, uma população de cerca de 600 000 habitantes" (*idem*, p. 167).

171. Antonio Candido de Mello e Souza, *Formação da Literatura Brasileira (Momentos Decisivos)*, 5. ed., 1º vol. (1750-1836), Belo Horizonte/São Paulo, Itatiaia/Editora da Universidade de São Paulo, 1975. (p. 191.

172. John Mawe, *Viagens pelo Interior do Brasil*, p. 123.

a perceberem a agricultura como inferior. Por isso, imbuídos da magia do eldorado, para os mineiros "a atividade agrícola parece constituir [...] apenas pálido substitutivo"[173]. Até as famílias de muitas gerações de agricultores não escapam da nostalgia do ouro:

> [...] ocuparam as terras próximas de Januária por muitos mios e foram agricultores nos bons e velhos tempos da mineração e da colônia; agora, (dizia o agricultor) somos plantadores e comerciantes e produzimos mais do que, lucrativamente, podemos aproveitar[174].

Inclusive na Zona da Mata, que sempre tivera seus olhos voltados para o mar, a atração pelo metal luzidio deixara rastros.

A ilusão do novo Eldorado deixou ali a sua marca nas denominações geográficas. Como nos primórdios de 1800 alguns aventureiros teriam extraído de um ribeirão meia pataca de ouro, ele se chamou Meia Pataca. Esse ribeirão, nas cabeceiras conhecido como Neblina, recebe pela margem esquerda um afluente, o Córrego das Lavras. [...] "O lugar [do ribeirão e do Córrego] se chamava Porto dos Diamantes, nome que, segundo a tradição, se originou da presunção de que existiam aí, ou teriam existido antes, em abundância, aquelas pedras preciosas, mas que, infelizmente nunca foram encontradas", lamenta-se um dos historiadores de Cataguases[175].

A fase áurea persistiria então ilusoriamente no universo dos mineiros, de forma a perseguir as gerações subsequentes e a conformar seus eflúvios oníricos. Essa peculiaridade não escapou à argúcia de Saint-Hilaire, ao observar que

> [...] as oportunidades aventurosas da procura de ouro e pedraria exaltaram entre os mineiros esse espírito de inquietação natural a todos os homens, como jogadores se deixam arrastar pela menor luz de esperança, e estão sempre prontos a sacrificar o que há de mais real às quimeras de sua imaginação[176].

Efetivamente, e sobretudo após a exaustão das minas no último quartel do século XVIII, a vida dos mineiros abeberou-se dos sonhos, repostos quotidianamente:

---

173. Maria Yedda Leite Linhares, "O Brasil no Século XVIII e a Idade do Ouro: A Propósito da Problemática da Decadência", p. 159.
174. James Wells, *Exploring and Travelling Three Thousand Miles Through Brazil from Rio de Janeiro to Maranhão*, p. 4.
175. Paulo Emilio Salles Gomes, *Humberto Mauro, Cataguases, Cinearte*, São Paulo, Perspectiva, 1974, pp. 6-7.
176. Auguste de Saint-Hilaire, *Viagem pelas Províncias do Rio de Janeiro e Minas Gerais*, p. 92.

182 MITOLOGIA DA MINEIRIDADE

[...] meu pai diz que o serviço dá muita esperança e que a formação é muito boa, mas a água é que é pouca. Assim mesmo eles esperam salvar o prejuízo do ano passado e ficar com bom lucro este ano. Mas mamãe diz que está muito acostumada com vida de mineiro; tira da terra num ano e torna a enterrar no ano seguinte[177].

À índole da atividade mineradora que, intrinsecamente, comportava grande imprevisibilidade, agrega-se a indelével fluidez daqueles empreendimentos fadados a nascerem mortos. Sem verdadeiro respaldo na realidade, a faina nas lavras esgotadas teria, como única razão de ser, a persistente imagem do passado. Os dias esplendorosos das minas flutuavam como fantasmas a perseguir o presente, imiscuíam-se nos espaços de convivência social das cidades agora esmaecidas. Os mineiros dos antigos centros urbanos mineradores tentavam imitar, como num pastiche, os momentos esplendorosos da vida social setecentista, numa espécie de galardão empobrecido.

Referenciais básicos foram as duas grandes festas do apogeu aurífero no coração das minas: o *Triunfo Eucarístico* e *Áureo Trono Episcopal*[178].

O primeiro documento de interesse literário a reportar às manifestações de um estilo de vida barroco na sociedade mineradora do século XVIII é o *Triunfo Eucarístico*, opúsculo publicado em Lisboa em 1734. Nele, Simão Ferreira Machado descreve as festividades que, no ano anterior, assinalaram a inauguração da nova matriz de Nossa Senhora do Pilar [...] e a solene trasladação para esse templo da Eucaristia, provisoriamente depositada na igreja Nossa Senhora do Rosário[179].

A esplendorosa festa de Vila Rica foi seguida por outra, não menos magnificente, realizada em 1748 para comemorar

[...] a posse de Dom Frei Manoel da Cruz, bispo com cuja investidura se instala solenemente [...] a diocese de Mariana. O cônego Francisco Ribeiro da Silva, do cabido da Nova Fé, faz editar em Lisboa, em 1749, ao qual se seguia uma coletânea de peças literárias alusivas ao acontecimento. Trata-se do *Áureo Trono Episcopal*[180].

Interessante notar, para além da grandiosidade das festas, a preparação que durou dias a fio. A abertura das festividades, em Mariana, fez-se acompanhar por um estilo teatralizado:

---

177. Helena Morley, *Minha Vida de Menina. Cadernos de uma Menina Provinciana nos Fins do Século XIX*, 7. ed., Rio de Janeiro, José Olympio, 1963, p. 106.

178. Affonso Ávila, *Resíduos Seiscentistas em Minas. Textos do Século do Ouro e as Projeções do Mundo Barroco*, Belo Horizonte, Centro de Estudos Mineiros, 1967, 2 vols.

179. *Idem*, p. 11.

180. *Idem*, p. 25.

IMAGINÁRIO E SOCIEDADE

Pelo decurso de oito dias sucessivos, e precedentes ao da solemnidade, sahião de tarde pela Cidade toda várias mascaras, differentes nos trajes, e na jocosidade dos gestos, os quaes em graciosos bandos, e poezias, que espalharão ao povo, avisavão por célebre estylo a futura festividade[181].

Já no início da comemoração percebem-se traços inusuais nas festas religiosas, presentes nas paródias, no tom trocista, que mais lembravam os folguedos profanos. De fato,

[...] a partir de 28 de novembro de 1748 iniciam-se as festas, que se estenderão até o decorrer do mês de dezembro, entre procissões, desfiles alegóricos, jogos de iluminação, missas solenes, encenações teatrais e oralizações poéticas, num misto espetaculoso de ritual católico, comprazimento intelectual e divertimento público[182].

Igualmente, em Vila Rica, as comemorações apresentaram a mesma *mélange* do sagrado com o profano:

Servirão à festividade deste dia. Muitas danças, e mascaras, ricamente vestidos; e continuarão aos olhos sempre vario, e agradável espectáculo, ordinariamente de dia; aos ouvidos sonora e contenciosa armonia de musicas, principalmente de noite; até vinte e quatro de mayo, dia da trasladação[183].

Danças, máscaras e música conferiam dinâmica toda especial à festa, que adquire ritmo estranho à quietude das solenidades tipicamente religiosas. "Estabelece-se, nos desfiles descritos e que precedem a procissão de 24 de maio, uma conotação de *féerie* coreográfica com o moderno carnaval carioca, pela profusão do colorido e pelo movimento e monumentalidade dos quadros. Há na concepção da coreografia, tal como relata Simão Ferreira Machado, qualquer coisa que se aproxima, guardadas as devidas proporções, do espe-táculo cinemascópio ou do balé de nossos dias[184]." A presença de figuras da mitologia pagã talvez horrorizasse aqueles apegados aos cânones rígidos do catolicismo tridentino:

Se dilatava outra vistosa dança, composta de músicos em cujas figuras era o ornato todo tellas, e preciosas sedas de ouro, e prata: pertencido-lhe dous carros de madeira de singular pintura; hum menor, que levava patente aos olhos huma

181. *Idem*, p. 29.
182. *Idem, ibidem*.
183. *Idem*, pp. 15-16.
184. *Idem*, p. 16.

184 MITOLOGIA DA MINEIRIDADE

serpente, outro mayor, de artificio elevado em abobeda, que occultava hum ca-
valleiro: este, abrindo-se a abobeda, sahio de repente, e já montado, na cabeça
da serpente[185].

De tal forma essas manifestações religiosas sincréticas pareciam estar
mescladas àquela sociedade[186] que eram assumidos como naturais fatos
que, no futuro, iriam escandalizar os viajantes: "Nos países civilizados a
ausência de ensinamentos religiosos e morais conduz a um rude materialismo; naqueles que ainda não se civilizaram inteiramente essa falta leva
geralmente à superstição"[187]. Em outra passagem, o próprio Saint-Hilaire
salientou a peculiaridade do espírito religioso dos brasileiros: "O vigário
de S. João conhecia bem os abusos de que era vítima a Igreja Brasileira e
parecia sofrer com isso, desaprovando o desvirtuamento das festas religiosas
que ocorriam na região"[188]. Assim, as festas religiosas em Minas constituíam
um momento todo especial de convívio e, por isso, extrapolavam o caráter
exclusivamente religioso.

E, de fato, nas descrições das duas comemorações no setecentos mineiro,
seres de diferentes pertinências sociais fazem-se representar:

Precedia a todas um gaiteiro, que por singular fabricado instrumento, e boa
agilidade da arte fazia huma agradavel consonancia. Vestia à Castellana de seda
encarnada; e por hum lado o seguia hum moleque vestido da mesma seda tocando
hum tambor. Mais atraz distância de dous passos vinhão quatro negros cobertos de
chapeos agaloados de prata com plumas brancas; vestidos todos de berne; calçados
de encarnado. Vinhão em cavalos brancos de jaezes de berne tocando trombetas, de
que pendido estendartes de seda branca com huma custodia pintada[189].

O mesmo acontecera na festa de Mariana, onde índios se faziam representar: "huma dança de Carijós, ou gentio da terra", "ao som de taboril, flautas,
e pífaros pastorís, tocados por outros Carijós mais adultos, que na grosseria
natural dos gestos excitavão motivo de grande jocosidade"[190]. Vê-se que, a
par do fausto, escravos, homens pobres e mesmo índios compartilhavam as
festas. Nesse sentido, festividades desse tipo criavam uma ambiência comum,
onde as fronteiras sociais se encontravam mais diluídas e onde as barreiras

185. *Idem, ibidem.*
186. Para uma análise do caráter sincrético da religião no Brasil, ver Roger Bastide, *As Religiões Africanas no Brasil*, São Paulo, Pioneira, 1981.
187. Auguste de Saint-Hilaire, *Viagem às Nascentes do Rio São Francisco*, p. 76.
188. *Idem*, p. 66.
189. *Apud* Affonso Ávila, *op. cit.*, pp. 17-18.
190. *Idem*, p. 30.

IMAGINÁRIO E SOCIEDADE

entre as diversas camadas pareciam ficar temporariamente suspensas. Em momentos como esses, a centralidade social assume a aparência de certo deslocamento, pois, na condição de fiéis todos são assemelhados, e a grande clivagem estabelece-se entre Deus e seus crentes, borrando assim o fulcro escravista daquela sociedade. Caberia, outrossim, salientar o perfil extremamente ritualizado dessas relações sociais. Não casualmente, a grande parte da vida social da capitania girava em torno das irmandades[191]. As ordens leigas reproduziram as clivagens sociais imperantes nas Minas, além de constituírem veículo de solidariedade, de tensões sociais e de nuançamento dos conflitos[192]. No conjunto, o catolicismo praticado nas Minas foi "essencialmente leigo"[193]. A própria teatralização dos eventos aponta para a presença ritualística, "através de uma festa mais de regozijo dos sentidos, que propriamente de comprazimento espiritual"[194]. A forte excitação sensorial adequa-se, perfeitamente, a uma sociedade seduzida pela imagem do ouro. A moldura barroca da paisagem de Vila Rica a envolver uma tela fiel ao seu estilo é a síntese harmônica de tudo isso:

> Na paisagem montanhosa do centro do Brasil, onde se plasmou a sociedade mineradora, verifica-se como que uma concreção geográfica das formas assimétricas do barroco, na sucessão irregular das serras cujo movimento de elevações e declives se perderia em vertigens, não fosse o seu ritmo seccionado e corrigido pela presença dos rios com seus horizontes abertos na direção ainda que remota do mar[195].

A magnificência das festas mineiras setecentistas, somada à marcante feição visual e lúdica, torna-as, na opinião de Affonso Ávila, a manifestação do espírito barroco na colônia. "Porquanto merece e requer maior atenção, o *Triunfo Eucarístico*, este quase roteiro cinematográfico de um acontecimento singular da vida social e religiosa da incipiente sociedade mineradora, eflúvio barroco da alma ibérica seiscentista empolgada pela aventura do ouro"[196]. Assumida essa postura, caberia expandir a análise para o universo particular da sociedade mineira, que viabilizou a assimilação do barroco,

---

191. Para uma análise das irmandades em Minas, ver Fritz Teixeira de Salles, *Vila Rica do Pilar*, Belo Horizonte/São Paulo, Itatiaia/Editora da Universidade de São Paulo, 1982; Caio César Boschi, *Os Leigos e o Poder (Irmandades Leigas e Política Colonizadora em Minas Gerais)*, São Paulo, Ática, 1986.
192. O livro de Caio César Boschi, *Os Leigos e o Poder*, contém análise primorosa das relações entre irmandades e processo social, especialmente o capítulo IV.
193. Caio César Boschi, *Os Leigos e o Poder*, p. 178.
194. Affonso Ávila, *Resíduos Seiscentistas em Minas. Textos do Século do Ouro e as Projeções do Mundo Barroco*, p. 15.
195. *Idem*, p. 125.
196. *Idem*, p. 33.

186   MITOLOGIA DA MINEIRIDADE

quer na arte, quer nas formas predominantes das relações sociais. Estamos pensando aqui, especificamente, nos motivos que possibilitam a assimilação de certos estilos. Evidentemente, dada a condição colonial, as formas de expressão reproduzem as matrizes externas. Não haveria mesmo possibilidade de escolha, uma vez que a própria seleção é feita no além-mar. Ademais, a inexistência de um espaço nacional e, em decorrência, de restrita autonomia, excluiria drasticamente a factibilidade da criação interna. Todavia, caberia quiçá indagar-se sobre o porquê da arte barroca ter sido dominante nas Minas, diversamente das outras capitanias. Se é certo que a presença do ouro representou um contributo inestimável, não é menos verdade que, inclusive no auge da extração aurífera, o valor das exportações açucareiras coloniais jamais foi ultrapassado[197]. Poder-se-ia argumentar também com o caráter extremamente religioso dos mineiros, propiciado pelos centros urbanos. O convívio citadino seria mais adequado à religiosidade, por gestar situações favoráveis e mais emuladoras aos espíritos pios. A devoção pode grassar mais livremente nos espaços de maior densidade social. Spix e Martius observaram que "estes sebastianistas, que se distinguem por sua diligência e caridade, são em maior número no Brasil, e, especialmente, em Minas Gerais"[198]. Os grandes movimentos de caráter religioso, contudo, não despontaram nas regiões urbanas brasileiras, sendo característicos dos ambientes rurais[199]. Acrescente-se a isso a dimensão leiga e um tanto profana da religiosidade mineira, que tenderia a afastar as exaltações de cunho fanático. Concomitantemente, a fluidez da atividade mineradora produz uma camada social dominante bem mais frágil, quando comparada ao senhoriato do açúcar e, nesse sentido, a possibilidade da cristalização de determinados componentes sociais torna-se restrita, impossibilitando a emergência de traços enobrecidos. Se o "estilo de vida" barroco, exatamente por haver nascido no quadro social da época moderna, em processo irreversível de estratificação, pôde conviver tanto nas cortes mais aristocráticas da Europa quanto nas repúblicas burguesas, nas primeiras, especialmente na espanhola, a presença de um forte traço cortesão foi marcante[200]. Na Holanda,

---

197   Claro está que o ouro é a mercadoria-moeda capaz de atrair e remunerar todas as demais mercadorias em função de sua liquidez, o que lhe confere enorme potencial dinamizador.

198. Spix e Martius, *Viagem pelo Brasil (1817-1820)*, p. 248.

199. Sobre esse assunto podem-se consultar, entre outros: Maria Isaura Pereira de Queiroz, *O Messianismo no Brasil e no Mundo*, São Paulo, Editora Dominus/Editora da Universidade de São Paulo, 1965; Douglas Teixeira Monteiro, *Os Errantes do Novo Século*, São Paulo, Livraria Duas Cidades, 1974; Ralph della Cava, *Milagre em Joaseiro*, Rio de Janeiro, Paz e Terra, 1977.

200. "Torturante o cerimonial de uma corte. Da corte de Madri, por exemplo. Quando os menores gestos, as mesuras, as distâncias, o ter ou não ter o chapéu na cabeça têm um significado. E distribuem a

[...] o peculiar naturalismo por meio do qual se distingue não só do barroco geral europeu e sua postura heroica, sua solenidade estrita e rígida e seu sensualismo tempestuoso e transbordante, senão também de qualquer outro estilo anterior orientado de modo naturalista. Pois não é só a simples, honrada e piedosa objetividade na representação, nem unicamente o esforço por descobrir a existência do modo imediato, na sua forma quotidiana e comprovável por qualquer observador, senão a capacidade pessoal de viver o aspecto, que confere a essa pintura seu especial caráter de verdade[201].

Nesse contexto, haveria muito mais razão para o desenvolvimento de estilos de vida de aparência suntuosa em Minas, do que em outras partes do Brasil[202]. Como se sabe, a crença na riqueza das Minas tem sido contestada pela historiografia mais moderna[203]. O fausto das festas barrocas, nesse contexto, exige novo equacionamento.

Laura de Mello e Souza empreende análise penetrante das comemorações setecentistas:

Endossando-se a ideia de que a festa funciona como mecanismo de reforço, de inversão e de neutralização, teríamos no Áureo Trono a ritualização de uma sociedade rica e opulenta – *reforço* – que procura, através da festa, criar um largo espaço comum de riqueza. [...] O verdadeiro caráter da sociedade é, aqui, *invertido*: a riqueza já começava a sumir, mas aparece como pródiga; ela era de poucos, e aparece como de todos. Por fim, a festa cria uma zona (fictícia) de convivência, proporcionando a ilusão (barroca) de que a sociedade é rica e igualitária: está criado o espaço da *neutralização* dos conflitos e diferenças[204].

---

hierarquia social. O tratamento a ser dispensado a cada um era um drama" (Eduardo d'Oliveira França, *Portugal na Época da Restauração*, Tese apresentada ao concurso de Cátedra à Cadeira de História da Civilização Moderna e Contemporânea da Faculdade de Filosofia, Ciências e Letras da Universidade de São Paulo, 1951, p. 42). Para uma análise do barroco europeu e da sua presença em países diversos do ponto de vista político e social ver Arnold Hauser, *Historia Social de la Literatura y del Arte*, Madrid, Ediciones Guadarrama, 1969, vol. II, Capítulo VII.

201. Arnold Hauser, *Historia Social de la Literatura y del Arte*, pp. 143-144.

202. Gilberto Freyre, com exagero, caracteriza a sociedade do Nordeste colonial a partir dos traços aristocráticos: "Mas onde o processo de colonização europeia afirmou-se essencialmente aristocrático foi no Norte do Brasil. Aristocrático, patriarcal, escravocrata" (*Casa-Grande e Senzala*, Brasília, Editora da Universidade de Brasília, 1963, p. 246). Apesar das tintas carregadas, análises desse tipo pareceriam impensáveis para as Minas, dado que o caráter urbano da escravidão e a natureza do empreendimento minerador criavam de um lado, um espaço social menos segmentado e, de outro, a possibilidade de mineiros possuírem datas.

203. A esse respeito consultar: Eduardo Frieiro, "Vila Rica, Vila Pobre", *O Diabo na Livraria do Cônego – Como era Gonzaga? E outros Temas Mineiros*, 2. ed., Belo Horizonte/São Paulo, Itatiaia/ Editora da Universidade de São Paulo, 1981. Obra mais abrangente e significativa sobre o tema: Laura Mello e Souza, *Desclassificados do Ouro*.

204. *Idem*, p. 23.

Concordamos plenamente com a dimensão ritual das festas e com os mecanismos sociais por ela desenvolvidos. Caberia, talvez, indagar-se sobre outros significados que poderiam subjazer a esses momentos lúdicos. A "ilusão barroca" que, por certo, permeia essa sociedade, estaria lastreada na sua própria condição colonial e, daí, nos desdobramentos dela decorrentes. Isto é, a configuração e a evolução da marca existencial barroca estariam cortadas na raiz, por causa do caráter colonial da sociedade e, pois, dos óbices ao florescimento de uma vida social capaz de produzir e agasalhar manifestações culturais geradas em outros contextos: Nesse sentido, a expressão barroca mineira seria muito mais fruto da inevitável assimilação, pela colônia, dos padrões sociais e estéticos nascidos nos centros hegemônicos.

A importação passadista do barroco nas Minas ocorreu, assim, como consequência do atraso cultural luso e da dimensão urbana da sociedade mineira. Todavia, ainda que o lado de pura absorção fosse preponderante, uma vez assimilado criaria efeitos sociais que, ao se desdobrarem, encarnariam possibilidades modeladoras. Em outras palavras, a forma ritualística não está desconectada dos conteúdos eventuais por ela articulados. Por isso, mesmo rejeitando as "tentativas de caracterizar como entidade explicável em si mesma um espírito barroco, um barroquismo exposto na linguagem traiçoeira de vaga e inexata psicologia coletiva"[205], a ambiência barroca da arquitetura e das festas de Minas setecentista atesta algum enraizamento específico naquela sociedade. Daí, "entre raízes remotas e os condicionamentos mais decisivos, está por certo o barroco, não enquanto tão-só um estilo artístico, mas sim como fenômeno da maior complexidade – um estado de espírito, uma visão do mundo, um estilo de vida de que as manifestações da arte serão a expressão sublimadora"[206].

A presença barroca nas Minas teria, provavelmente, conexões com o quadro de sociabilidade desenvolvido na capitania. Se assim não fosse, teria ocorrido um fenômeno de mera justaposição, puro ornamento agregado aos devaneios dourados. O universo social das cidades mineiras é peculiar, do ponto de vista da estratificação, em comparação com a ocorrida nas zonas litorâneas da colônia. Nos primórdios da mineração, "estabeleceu-se uma sociedade sem condições de adotar rígidas normas de comportamento e convivência. Além disso, não se teve em Minas a presença cerceadora e controladora da Igreja"[207]. Constituída a matriz social que predominará no espaço urbano mineiro, somam-se à mesma novas especificidades. À atuação

---

205. Lourival Gomes Machado, *Barroco Mineiro*, São Paulo, Perspectiva, 1978, p. 155.
206. Affonso Ávila, *O Lúdico e as Projeções do Mundo Barroco*, 2. ed., São Paulo, Perspectiva, p. 10.
207. Caio César Boschi, *Os Leigos e o Poder*, p. 143.

IMAGINÁRIO E SOCIEDADE   189

do branco e da força de trabalho escrava agregou-se um vasto segmento populacional composto por pequenos empreendedores, por funcionários da Coroa, por mestiços e marginalizados de várias origens. Há que se observar ainda a forte presença do Estado, "imposição que se fez sentir em toda a linha. As terras mineiras não foram patrimônio privado, mas realidade sempre vista como coisa pública"[208]. O aparato administrativo colonial a tudo permeando, fez das Minas a capitania mais fiscalizada do Império Português. Nesse sentido, os braços do Estado lusitano, ao envolverem estreitamente a zona mineradora, conferiram pela força maior organicidade aos aglomerados urbanos nascentes.

À instabilidade dos primeiros tempos sobrepõe-se uma vida urbana regulada e a estruturação social fica então sujeita à ingerência do Estado. Além disso, ao armar um vasto aparelho de controle social, a Coroa incorporava ao mundo social um segmento de burocratas e militares que se juntava a embrionários grupos médios[209].

A diferenciação da estrutura social provocou, logicamente, a intensificação da divisão social do trabalho.

Certas localidades, como Vila Rica, representaram, no século XVIII, áreas urbanas de grande densidade populacional e onde se observou intensa divisão social do trabalho. Assim, embora a economia tendesse em princípio a voltar-se à "monocultura" extrativa, a própria dinâmica de seu crescimento possibilitou o surgimento de variadas atividades não vinculadas diretamente à mineração, embora dela dependesse sua própria sobrevivência[210].

Por tudo isso, a sociedade emergente da mineração ficou alheia "completamente ao sistema litorâneo"[211]. Do ponto de vista da sociedade, a densidade populacional dos centros urbanos expressa grande diversificação, contrastante não apenas com as outras capitanias mas, principalmente, com o caráter escravista da sociedade. A particularidade da sociedade mineradora nos setecentos residiria, provavelmente na necessidade de soldar princípios tão diversificados de estratificação social. Stuart Schwartz, ao referir-se à sociedade colonial brasileira, observa que

208. Francisco Iglésias, "Minas Gerais", em Sérgio Buarque de Holanda (org.), *História Geral da Civilização Brasileira*, São Paulo, Difusão Europeia do Livro, 1964, tomo II, vol. 2, p. 365.
209. Caio César Boschi, *Os Leigos e o Poder*, p. 144.
210. Francisco Vidal Luna e Iraci del Nero Costa, *Sinopse de Alguns Trabalhos de Demografia Histórica Referentes a Minas Gerais*, p. 55.
211. Sylvio Vasconcellos, *Mineiridade. Ensaio de Caracterização*, Belo Horizonte, Imprensa Oficial, 1968, p. 61.

[...] ela era uma sociedade de múltiplas hierarquias de honra e estima, de múltiplas categorias de trabalho, de complexa divisão social da cor, e de várias formas de mobilidade e mudança; mas ela era também uma sociedade com profunda tendência a reduzir complexidades e dualismos de contrastes – senhores/escravos, nobres/peões, católicos/pagãos – e a harmonizar as múltiplas camadas entre si, de tal forma que a hierarquia, a classe, a cor e o estado civil tendiam a convergir em cada indivíduo[212].

À relação senhor-escravo predominantemente viria juntar-se vasto contingente de homens livres, também internamente diferenciados, além da presença da burocracia estatal e da elite ilustrada. A simbiose de todos esses segmentos, produzidos por múltiplos critérios estratificadores, parecia extremamente complicada. A unidade intentada pelo aparato administrativo, dado o forte controle fiscal, produzia descontentamentos concomitantes – entre os quais se aloja a Inconfidência – conferindo ao todo uma concreção precária.

A própria volatilidade do empreendimento minerador origina, entre os homens livres, movimentos ascendentes e descendentes bem mais extensos que os das zonas onde predomina a grande lavoura monocultora. Mesmo entre os escravos ocorreram situações de mobilidade social[213], ainda que não fossem a regra. O espaço urbano sendo a tônica predominante na vida social da capitania, impedia o aparecimento de fronteiras nítidas entre as camadas dominantes: escravos, marginalizados, pequenos artesãos, comerciantes de porte vário, funcionários da Coroa etc. Nesses termos, elas nem se cristalizaram nem se excluíram; ao contrário, encontraram-se em permanente proximidade. Nas minas, "atraindo fornecedores de gêneros, intermediários de negócios, técnicos na manipulação de pedras preciosas e no fabrico de moeda falsa, mecânicos, artesãos – provavelmente judeus alguns deles – essas cidades parecem ter-se dividido, nos momentos dramáticos, pelo menos em metades antagônicas"[214]. As partes opostas aludidas por Gilberto Freyre referem-se de um lado ao bloco formado por senhores e escravos, de outro ao dos homens livres excluídos da nobreza. O drama, no caso, desenvolve-se a partir da pluriestratificação social, rompedora da harmonia da "casa-grande e senzala". Por isso, o autor procurou em Minas a reprodução do mundo que sonhou para o Nordeste:

---

212. Stuart B. Schwartz, *Sugar Plantation in the Formation of Brazilian Society. Bahia, 1550- 1833*, Cambridge, Cambridge University Press, 1985, p. 246.

213. Cf. Caio César Boschi, *Os Leigos e o Poder*, p. 148.

214 Gilberto Freyre, *Sobrados e Mocambos. Decadência do Patriciado Rural e Desenvolvimento Urbano*, 6. ed., Rio de Janeiro, José Olympio, 1981, tomo 1, p. 7.

Mas de modo geral, dominaram-nas os grandes magnatas das minas. Autocratas de sobrados, ou de casas nobres, levantadas dentro das cidades e envolvendo as casas menores nas suas sombras. Um alongamento de casas-grandes rurais e semi-rurais, que alguns desses magnatas davam-se também ao luxo de possuir [...][215].

Provavelmente o drama não se resolve com o sombreamento das moradias mais modestas, mesmo porque elas pareciam multiplicar-se numa espécie de envolvimento das residências aristocráticas que, diga-se de passagem, não apresentavam a garantia de sólidos alicerces. O drama das Minas configurava-se de outra espécie. Seria necessário dramatizar o conjunto da vida social para, através da ritualização, garantir-se a participação de todos, mas em lugares rigidamente circunscritos.

O barroco, por isso mesmo, deixa de ser puro ornamento ou mera justaposição sobre aquele universo social. A dramatização barroca amolda-se, suavemente, àquela sociedade que busca ritualizar a necessidade da permanência das diferenças no todo. O rito enquanto espaço de encontros é, ao mesmo tempo, momento da fixação de hierarquias. Quanto mais inorgânica e problemática uma sociedade, maior a necessidade de elaboração de mecanismos de reforço. Por isso, grande parte da sociabilidade da capitania girava no interior das irmandades, que recompunham as clivagens sociais[216]. "A igreja mineira tornava-se, pois, o instrumento de diferenciação dos vários grupos"[217]. O barroco combina a expressão ilimitada[218] num estilo unitário[219]. A multiplicidade social das Minas, a falta de fixidez das posições, criam a inevitabilidade da ritualização, expressam "essa tendência a exteriorizações"[220]. A arte barroca em Minas, ao mesmo tempo que reproduzia a competição

---

215. *Idem, ibidem.* Para Carlos Guilherme Mota, a produção de Gilberto Freyre pode ser enquadrada num tipo de literatura de crise, entendida como perda de prestígio de uma camada social (Carlos Guilherme Mota, *Ideologia da Cultura Brasileira (1933-1974)*, São Paulo, Ática, 1977, pp. 62-64).

216. Cf. Caio César Boschi, *Os Leigos e o Poder*.

217. Lourival Gomes Machado, *Barroco Mineiro*, p. 19.

218. "Tudo expressa um impulso potentíssimo e incontido para o ilimitado" (Arnold Hauser, *Historia Social de la Literatura y del Arte*, p. 108).

219. "O barroco, quer na natureza de fenômeno estético, quer no seu mais amplo significado histórico, vem a consubstanciar um instante de vontade totalizadora da arte, manifestando-se no espetáculo global sublimado, por exemplo, nas cortes dos Felipes de Espanha, de Luís XIV na França ou, já no declínio do estilo, na de João V em Portugal, com a construção de palácios ou mosteiros, a magnificência ostentatória do ritual, o estímulo a uma criação artística exteriorizada em formas que disfarçam, às vezes sob a mais difusa reverberação lúdica, a sua perplexidade motivadora" (Affonso Ávila, *O Lúdico e as Projeções do Mundo Barroco*, p. 37).

220. Sylvio Vasconcellos, *Vila Rica. Formação e Desenvolvimento – Residências*, Rio de Janeiro, Instituto Nacional do Livro, 1956, p. 61.

entre facções corporificadas nas igrejas, afirmava a força surpreendente do estilo"[221]. "No caso das igrejas negras seria de esperar-se expressões mais próximas daquilo que se convencionou chamar arte afróide. Mas não; o grupo escravo busca constantemente o mesmo ideal do grupo senhorial"[222]. Por isso mesmo, o barroco mineiro setecentista não é simples recriação, na colônia, do barroco europeu. Recriação sim, mas com natureza própria, que flui da especificidade de sua condição colonial, do movimento histórico das Minas e daí a peculiar configuração de sua sociedade. Um sincretismo cultural com vasto potencial integrador e diferenciador que lhe dá a forma multifacetada do cristal, comportando, no limite, leituras como a de Sylvio de Vasconcellos, para quem o barroco de Minas era expressão "popular, democrática e liberal"[223].

A decadência das Minas não se refletiu na exteriorização aparatosa das festas religiosas. Saint-Hilaire observou, na procissão das cinzas em São João Del Rei, certo mau gosto nos trajes, para os padrões de um europeu, além do caráter sincrético e da participação de pessoas de pertinência social bastante diversa:

Por volta das cinco horas a procissão entrou na rua onde morava o pároco. À frente vinham três mulatos trajando túnicas cinzentas, semelhantes aos trajes com que se apresentam, em nossas óperas, os gênios do mal. Um deles levantava uma grande cruz de madeira e os outros dois seguravam, cada um, um longo bastão com uma lanterna na ponta. Imediatamente atrás deles vinha um outro personagem, vestido com um traje muito justo, de tecido amarelado, no qual haviam sido desenhados com tinta os ossos que compõem o esqueleto. Esse personagem representava a morte, e em meio a grandes palhaçadas fingia golpear os presentes com uma foice de papelão. A uma regular distância do primeiro grupo vinha outro, precedido de um homem trajando um manto cinzento com um punhado de cinzas sobre uma bandeja. Ia de um lado a outro da rua como que tentando marcar com elas a testa dos espectadores. Os personagens que o seguiam eram mulher branca e cheia de atavios e um outro homem de manto cinza levando na mão um ramo de árvore carregado de maçãs, no qual tinha sido enrolada uma figura representando uma serpente. O homem representava Adão e a mulher, que fazia o papel de Eva, fingia colher de vez em quando uma maçã. Atrás deles vinham dois meninos. Um, representando Abel, fiava um pedaço de pano de algodão e o outro dava golpes no chão com uma enxada, como se cavasse a terra[224].

221. Lourival Gomes Machado, *Barroco Mineiro*, p. 129.
222. *Idem*, p. 130.
223. Sylvio Vasconcellos, *Mineiridade, Ensaio de Caracterização*, p. 139.
224. Auguste de Saint-Hilaire, *Viagem às Nascentes do Rio São Francisco*, p. 65.

IMAGINÁRIO E SOCIEDADE

Surpreendentemente, essas cenas não diziam respeito quer a uma representação carnavalesca, quer a uma função teatral, mas a uma procissão organizada pela irmandade de São Francisco:

> Esses dois grupos foram seguidos por treze andores carregados pelos irmãos da confraria de São Francisco. Debaixo dos andores viam-se imagens de madeira em tamanho natural, pintadas e vestidas com roupas de verdade. Os treze andores seguiam em fila e a uma distância considerável dos outros. Num deles vinha Jesus orando no Jardim das Oliveiras, em outro Santa Madalena e a bem-aventurada Margarida de Cortone, ambas de cabelos soltos e trajando mantos de um tecido cinzento. No terceiro estava São Luís, rei da França e no quarto o bem-aventurado Yves, bispo de Chartres. A Virgem, em toda a sua glória, cercada de nuvens e querubins, também estava presente em um dos andores. Outra imagem representava São Francisco recebendo do Papa a aprovação dos estatutos de sua ordem e em outro grupo encenava-se o milagre dos estigmas. Finalmente, via-se São Francisco sendo beijado por Jesus Cristo[225].

O aspecto extravagante das cores, a excentricidade das fantasias e a extrema ritualização do acontecimento impressionaram sobremaneira Saint-Hilaire:

> Essa série de imagens, sem dúvida, extremamente bizarra. Não obstante, o mau-gosto ressaltava mais no conjunto do que nos detalhes. As roupagens condiziam bem com os personagens que as vestiam, as cores eram vivas, e não se podia negar esculpidas com bastante arte, levando-se em conta que tinham sido feitas por pessoas do próprio lugar, que não dispunham de modelos adequados. O que havia de mais ridículo na procissão eram os meninos de raça branca, vestidos de anjo, que acompanhavam cada andor. As sedas, os bordados, as gazes e as fitas era usados com tal profusão em seus trajes que eles mal podiam caminhar, embaraçados por tantos arrebiques. Uma espécie de tiara, composta de gaze e fitas, encobria quase que inteiramente suas cabeças. Vestiam saias-balão bem armadas, de mais de um metro de diâmetro, e em seus corpetes de gaze plissada estavam presas, além de uma profusão de fitas, pelo menos uma meia dúzia de enormes asas recobertas de gaze. Após a passagem dos andores surgiu um grupo de músicos, os quais cantaram o motete à porta do vigário. Em seguida veio o padre com o Santo Sacramento e, finalmente, o povo fechando a marcha. À passagem de cada andor todos os assistentes faziam genuflexão, mas logo em seguida punham-se a conversar despreocupadamente com os vizinhos[226].

Dessa longa descrição pode-se retirar, além do caráter marcadamente profano da festa religiosa, toda uma forma de sociedade de representar-se. Os traços profanos corroboram não apenas o fato de a religião traduzir,

---

225. *Idem, ibidem*.
226. *Idem*, pp. 65-66.

principalmente, o conjunto da teia social, mas igualmente de expressar a dimensão ritualística que perpassa a sociedade. Não por casualidade, a Igreja, em Minas, significou o núcleo da vida societária, pois, por intermédio da religião, o ritualismo da sociedade pôde encontrar a sua forma adequada. Por isso, as festas religiosas desenrolavam-se à margem da Igreja, e ao arguto Saint-Hilaire não escapou tal fenômeno:

> Foi celebrada uma missa cantada e já era uma hora quando o padre deixou a igreja. Disse-me que não iria tomar parte na procissão porque ali, como em todas as paróquias da província, a confraria de São Francisco procurava subtrair-se à autoridade pastoral. Acrescentou que estava em guerra com a confraria havia dez anos e que tinha feito reclamações junto às autoridades do Rio de Janeiro, mas que seus adversários contavam com poderosos protetores, não se dignando as autoridades nem mesmo a lhe dar resposta[227].

O que o vigário parecia não perceber era o real sentido dessas comemorações, que não se restringiam às normas religiosas, mas as ultrapassavam, pois brotavam do todo social. Querer restringi-las aos estritos cânones religiosos seria tarefa fadada ao insucesso:

> O vigário de São João conhecia bem os abusos de que era vítima a Igreja brasileira e parecia sofrer com isso, desaprovando o desvirtuamento das festas religiosas que ocorria na região. Dizia que os brasileiros são religiosos por natureza mas achava que sua religiosidade era muito superficial e que os padres pareciam considerar como um jogo a ofensa e o perdão[228].

A religiosidade "natural" desses homens frutificou do apego à face ritualística da crença, daí o seu lado epidérmico, a sua índole lúdica, a lassidão frente aos sacramentos.

A procissão das cinzas organizada pela irmandade de São Francisco espelha primorosamente as clivagens sociais, enleadas, não obstante, no conjunto. Talvez por isso, Saint-Hilaire tenha observado que "o mau-gosto ressaltava mais no conjunto do que nos detalhes". As partes, em si mesmas, possuíam identidade, aparecendo contudo o problema ao agregarem-se, transmitindo a sensação de um todo desarmônico. Os mulatos abrem o cortejo e as suas vestimentas encarnam os "gênios do mal", o sacrifício de suportar o peso da cruz e a morte. Nesse primeiro agrupamento, simboliza-se o ônus arcaico sobre esses homens marginalizados da sociedade escravista, seres sem lugar,

227. *Idem*, p. 65.
228. *Idem*, p. 66.

predestinados a gerar malefícios; a expiação ou a morte devem ser o seu destino, visto estarem incomodando permanentemente aos assistentes. Em sequência, faz-se necessária a purificação, expressa nas cinzas generosamente distribuídas. Torna-se clara a alusão à presença perniciosa dos mulatos, através da representação de Adão e Eva e de Abel criança, que, por serem encarnados por brancos, não incluiu a exigência de purificação para o pecado original e o fratricídio. Completa-se a simbologia com a cooperação dos membros alados da confraria, os únicos a carregarem o santo e a retratarem a hierarquia religiosa. A Virgem fecha a teatralização do grupo e os brancos querubins a envolvem, conferindo diafanidade ao cortejo central. No fim, "veio o padre com o Santo Sacramento"; seguido pelo povo, cuja participação é meramente coreográfica. Quanto aos assistentes, fica-lhes resguardada a liberdade de atitude, mas apenas após a passagem do séquito; durante a marcha devem reverenciar o santo carregado pela confraria, ato altamente simbólico para demonstrar respeito aos "homens ilustres" da cidade.

A festa sacro-profana é de fato um instantâneo. A simulação não consegue obscurecer a rigidez da hierarquia social, nem apagar os preconceitos que a movem. O conteúdo teatralizado dessa fotografia lembra uma cópia empobrecida dos grandes eventos barrocos setecentistas, ainda que com certo ar de pastiche, por ocorrer em plena decadência configurada no momento posterior à queda da produção do ouro. A sociabilidade gestada no período seguinte, ainda que nova, não afastou definitivamente as lembranças das eras douradas, tampouco conseguiu infundir dinamismo à sociedade, mesmo que levemente aparentado ao anterior. Se no século XIX Minas não viveu propriamente em um contexto estagnado, também não ofereceu como contrapartida uma vida social intensa. Durante os oitocentos, o tempo de Minas caracterizou-se pelo movimento lento, pelo atenuamento do ritmo, criando uma vivência pachorrentamente marcada por relações sociais imediatas. Nesse contexto, fica de pé a possibilidade de manterem-se formas societárias do passado, mormente nas cidades ligadas ao antigo núcleo minerador. A permanência, no entanto, não se resume a simples saudosismo, pois num universo mais ativo seria suplantada; acha-se profundamente enraizada em grande parte da vida da província.

Uma demonstração concludente dessa análise, parece-nos, encontra-se na feliz recomposição de um casamento na roça, realizada pelo viajante James Wells:

> Encontramos o pai da noiva e do noivo, ambos altos, magros, quase homens brancos; o noivo, com cerca de quarenta e cinco anos de idade, parecia-se muito com um típico Dom Quixote, um cavaleiro de semblante rude, pois verdadeiramente ele

não parecia feliz ou de qualquer forma excitado. Ambos estavam vestidos com casacas negras, calças escuras, camisas brancas, colarinhos tremendamente altos e gravatas brancas. Estavam solenemente sentados num sofá de cana-da-índia, flanqueados por meia dúzia de cadeiras de cada lado, nas quais estavam sentados os parentes masculinos mais próximos, também vestidos de preto, formando uma avenida em direção ao sofá. Tentamos nossas congratulações; nossos hóspedes levantaram-se solenemente à nossa chegada e baixaram profundamente a cabeça em sinal de reconhecimento. Esperávamos que nos fosse permitido congratular-nos com a noiva. Aquela era uma proposta inesperada, respondeu o pai: "Ah! – sim – certamente – neste momento, isto é, ela está ocupada agora – não é nosso costume – desculpe-me –mais tarde".

Logo após a cerimônia religiosa, Wells volta a descrever os cônjuges como

[...] um par curioso, um alto e magro, o outro baixo e atarracado, pareciam solenes e muito amedrontados, e particularmente amedrontados, tendo recebido nossas felicitações com apatia. [...] Os recém-casados ocupavam uma das pontas da grande mesa, os pais a outra; ocupávamos nossos lugares com os amigos de casacos pretos, em frente às senhoras. A mesa apresentava uma visão interessante; em frente de cada um, estava um prato de sopa quente, e sobre a mesa havia quentes, frios e mornos: perus, frangos, patos, leitões, mocotós, carne de vaca, peixe frito, presunto, enormes pratos com tomates, feijões, farinha, batata doce, abóbora, mandioca salgada e doce. Espalhados entre os pratos havia frutas, doces, conservas, garrafas de cerveja, vinho, conhaque e cachaça. [...] Houve ainda muitos discursos e brindes com cerveja ou vinho ou ainda com qualquer bebida que estivesse mais próxima. Todo o tempo o noivo solene e sua noiva permaneceram imóveis e silentes, o homem olhando fixamente o horizonte a sua frente, a noiva olhando esgazeadamente seu prato.

Ao anoitecer a festa recomeçava e o viajante Wells, que havia chegado à opulenta fazenda por volta de onze horas da manhã, juntamente com os demais convivas, foi chamado de volta à sala onde se realizara a cerimônia nupcial; viu então que "as senhoras tinham novamente ocupado seus lugares nos bancos e, em frente delas, o solene e silente 'par feliz' estava sentado; estoicamente olhavam o horizonte à frente"[229].É notável o ritualismo do

---

229. James W. Wells, *Exploring and Travelling Three Thousand Miles Through Brazil from Rio de Janeiro to Maranhão*, pp. 237-239 e 240-242. No casamento reproduzido por Saint-Hilaire, destaca-se o momento dos brindes: "Cada vez que se toma do copo, faz-se um brinde à saúde de um assistente, que responde por uma saudação. Começam-se sempre esses brindes pelo dono da casa, e passa-se em seguida às pessoas de maior consideração. Frequentemente, um só copo de vinho serve a várias saúdes, e então nomeiam-se sucessivamente as pessoas a quem se quer brindar. Esse uso, que foi originariamente inspirado pela afabilidade, é extremamente incômodo. É preciso estar sempre atento para saber se alguém nos nomeou; é necessário ter cuidado em não infringir a ordem na qual se devem fazer as saudações: é preciso, finalmente, aproveitar o momento em que a pessoa que se quer honrar não está conversando com o vizinho, e também não muito ocupada em comer, para poder ouvir o brinde" (Auguste de Saint-Hilaire, *Viagem pelas Províncias do Rio de Janeiro e Minas Gerais*, p. 109).

comportamento, a fixidez das posições e, no limite, a hieratização das figuras. Até mesmo quando, no desenrolar da festa, os convidados de mais baixa extração social, que até então haviam permanecido do lado de fora da casa-grande, sendo servidos à parte numa algazarra gastronômica, penetram o interior da moradia para servir-se de doces, aparentemente rompendo o ritual, na verdade completavam-no, pois tinham o consentimento tácito dos donos da casa:

> Então, transferiram-se para a sala de confeitos e atacaram com êxito a pilha de guloseimas. A satisfação era indubitavelmente grande, pelas erutações altas e frequentemente acompanhadas por expressões de "Que bom jantar", "N'hor sim, muito gostoso", "Estou cheio não posso mais"[230].

Nas igrejas, mesmo na disposição espacial das pessoas a hierarquia social estava preservada, como observou Saint-Hilaire, pois "as mulheres, sem distinção de classe, colocam-se ao meio da igreja agachadas ou de joelhos; os homens mais conhecidos e mais bem vestidos se postam dos dois lados, nesse espaço que acabei de descrever e que é separado do resto da nave por uma balaustrada; os negros, finalmente, e a gente da classe baixa fica à porta"[231]. A forma dos cumprimentos revela igualmente, e com nitidez, a forte estratificação social:

> O povo passava e todos saudavam nossos amigos [pessoas distinguidas], cada um de acordo com sua categoria, os fazendeiros com um abanar de mãos e um "Como está? Como passou?"; os pequenos fazendeiros com um "Bão dias, Senhor", erguendo o chapéu; os trabalhadores estendiam suas mãos por uma benção, dizendo "J' Cris" com a cabeça descoberta; todos conheciam nossos amigos e eles reconheciam a todos[232].

Quando indivíduos das camadas subalternas se encontravam no seu próprio espaço rompia-se, efetivamente, o ritualismo e nessas condições poderia acontecer o "regozijo de fato", como por exemplo no espaço de uma venda, descrita de forma preconceituosa por Saint-Hilaire:

> [...] os escravos passam uma parte dos momentos de liberdade que se lhes concedem e dos que podem furtar a seus senhores; é para lá que levam o produto de seus roubos, dos quais os proprietários das vendas não foram talvez os menores cúmplices; é aí que eles acabam por se corromper, comunicando-se reciprocamente seus vícios e que esquecem, na embriaguez, a escravidão e suas misérias. Nada se pode comparar

---

230. James W. Wells, *op. cit.*, p. 242.
231. Auguste de Saint-Hilaire, *Viagem pelas Províncias do Rio de Janeiro e Minas Gerais*, p. 63.
232. James W. Wells, *op. cit.*, p. 217.

ao ruído confuso e discordante que reina nas vendas muito frequentadas: uns riem, outros discutem; todos falam com loquacidade; este aqui, sem ligar ao que se passa em redor, dança sapateando; aquele outro, encostado indolentemente à parede, canta com voz afinada uma canção bárbara, acompanhando-se de um instrumento mais bárbaro ainda[233].

A sensação de transitoriedade da vida social e do restrito universo societário de Minas pesa em todas as suas dimensões.

Em Minas, cada um é o seu próprio arquiteto [...] Essa maneira tão rápida de construir casas tão frágeis deve contribuir muito para o nomadismo dos habitantes. Se suas habitações fossem mais sólidas e mais cômodas eles as deixariam com mais pesar e achariam processos de cultura de terra mais compatíveis com uma longa permanência no mesmo lugar[234].

A fragilidade das construções, fruto de uma sociedade com baixa capacidade de acumulação, concorria para a conformidade com uma vida rústica. Contrastando com um passado rico e ostentatório, no quotidiano dos fazendeiros do século XIX, "bem poucas pessoas conhecem o luxo e bons cômodos da vida: habitam muitos anos em uma propriedade como quem está para abandoná-la a cada hora [...]"[235]. A rusticidade de uma fazenda em Araxá era, para Saint-Hilaire, comum a muitas outras: "Embora essa fazenda não seja das menores, ela conta apenas, como tantas [...], com um punhado de casinhas dispostas desordenadamente, entre as quais mal se distingue a do proprietário [...]"[236]. Na região entre a Serra da Canastra até Paracatu, o aspecto das propriedades não diferia muito:

---

233. Auguste de Saint-Hilaire, *Viagem pelas Províncias do Rio de Janeiro de Minas Gerais*, p. 40. Quando Wells descreve o almoço servido para fora da casa da fazenda, durante o casamento, percebe-se a ruptura plena do ritualismo: "os peões procuravam as coisas boas como se eles estivessem assaltando uma fortaleza, cada um rapidamente atacando o que estivesse mais próximo, não importava o que pudesse ser – peixe, carne de porco, carne de vaca e verduras eram amontoadas sobre os pratos, sofregamente retalhados, o garfo dispensado, o convidado empurrava sua cadeira para trás, aproximava seu queixo do nível do prato, abria seus braços, e empurrava com sua faca o carregamento para dentro de sua boca espaçosa, dava uma ou duas voltas na língua, revirava os olhos brilhantes pelo esforço de engolir a enorme mistura [...] A enorme mesa tornou-se um naufrágio em poucos minutos, juntas de aves foram reduzidas a esqueletos, bebidas misturadas indiscriminadamente e engolidas com grande quantidade de comida" (James W. Wells, *op. cit.*, p. 243).

234. Alcide d'Orbigny, *Viagem Pitoresca Através do Brasil*, p. 146.

235. Raimundo J. C. Matos, *Itinerário do Rio de Janeiro ao Pará e Maranhão pelas Províncias de Minas Gerais*, Rio de Janeiro, Typografia Imperial e Constitucional J. Villeneuve e Cia., 1936, p. 66.

236. Auguste de Saint-Hilaire, *Viagem às Nascentes do Rio São Francisco*, p. 135.

[...] a maioria da população da comarca não conhece nenhuma das comodidades às quais damos tanto valor. [...] As casas em que vivem são pequenas e escuras e mesmo nas fazendas um pouco mais prósperas, a que pertence ao dono da propriedade não se diferencia dos alojamentos dos escravos[237].

No sertão de Minas Gerais, a vida social restringe-se quase que exclusivamente ao universo familiar:

Numa região onde uma pequena população se acha disseminada sobre um vasto território não é possível haver sociedade; cada um fica entregue a si mesmo; a vida fica concentrada, como disse um escritor filósofo, no círculo estreito da família [...][238].

Nas fazendas realmente ricas, a rotina diária dos proprietários rompia o quotidiano da pobreza.

A vida do fazendeiro pode ser facilmente descrita. Levanta-se ao amanhecer e um escravo traz-lhe o café e a bacia para lavar o rosto com o respectivo jarro, ambos de prata maciça. Depois de visitar o engenho, que muitas vezes começa a trabalhar às duas horas da manhã, e de andar a cavalo pelas plantações, para ver se os escravos estão malandrando, volta entre 9 e 11 horas, para almoçar, em companhia da família, ou, se é celibatário, em companhia do feitor. As horas de sol são passadas fazendo a sesta, ajudado por um copo de cerveja inglesa – que, muitas vezes, só é inglesa no nome – ou lendo os jornais ou recebendo visitas. O jantar é entre 3 e 4 horas, às vezes mais tarde, e é, invariavelmente acompanhado de café e charutos ou cigarros. Muitas vezes, o café é servido de novo, antes de se assentarem para o chá, com biscoitos e manteiga ou conservas, e o dia termina com uma prosa em lugar fresco. A monotonia dessa vida de frade é quebrada por uma visita aos vizinhos ou a alguma cidade próxima. Quase todos os fazendeiros são excelentes cavaleiros e atiradores, interessadíssimos pela caça e pela pesca[239].

---

237. *Idem*, p. 119. Importante desdobramento da atividade agrícola nas pequenas fazendas foi o desenvolvimento da indústria têxtil doméstica, "fruto da insularidade das Minas", à qual credita-se "importante fator de coesão numa sociedade dividida entre proprietários e não proprietários" (Douglas C. Libby, *Transformações e Trabalho em uma Economia Escravista*).
238. Auguste de Saint-Hilaire, *Viagem ao Distrito dos Diamantes e Litoral do Brasil*, p. 108.
239. Richard Burton, *Viagem de Canoa de Sabará ao Oceano Atlântico*, p. 46. O "outro lado" da vida da fazenda foi assim descrito pelo viajante Wells: "ao clarear do dia todos estavam de pé em agitação; o velho Joaquim costumava vir ao meu quarto para uma primeira conversa enquanto eu preparava minha partida diária; ele estava sempre descalço, com seu casaco dependurado frouxamente sobre seus ombros. abotoado em torno de seu pescoço, [...] mais tarde ele usualmente sentava-se em um banco sob a varanda em frente a casa, onde pela primeira vez eu o encontrei, e onde ele sentava-se todos os dias cheirando rapé, enrolando seus dedos, e olhando fixamente sobre o pátio [...] Se a manhã está fria, os velhos e decrépitos escravos da fazenda, cerca de nove ou dez homens e mulheres, reúnem-se em seus andrajos e arrepiados jazem em torno de uma fogueira de madeira no pátio [...] Colocam os bois no carro, caçarolas de feijão

Nesse trecho, o aspecto rotinizado da jornada do fazendeiro torna-o, de fato, extremamente diferenciado em relação aos demais. Apesar do predomínio do universo rural, expresso nos horários da "roça" no gosto por *hobbies* fortemente enraizados naquela realidade, o fazendeiro bem-posto é um homem dado a "luxos" impensáveis aos seus congêneres das regiões mais pobres. E de fato o consumo de certos produtos deixa entrever vínculos com centros urbanos mais fornidos de mercadorias, inclusive importadas. Para além disso, a estrutura de dominação escravista tem presença indelével nesse quotidiano, em cujas frestas vislumbram-se fortes clivagens sociais, nas quais os papéis de senhores e escravos encontram-se claramente delineados.

A mais alta expressão dessa clivagem ocorreu na Zona da Mata mineira, onde surgiu um tipo específico de fazendeiro com "pretensões aristocratizantes". A casa-grande sintetiza materialmente essas aspirações. Geralmente constituída por numerosos quartos e salas de estar

> [...] era, usualmente, mobiliada em excesso e desconfortável, mas havia exceções à regra, como a fazenda dos Silva Pinto em Juiz de Fora, distinguida por sua extensa biblioteca, a qualidade do seu jantar e o decoro com o qual foi servido, [sua] orquestra de quinze figuras que executou uma interpretação da "grande marcha de Lafayette" e o Hino Nacional Brasileiro. São Mateus, possuída pela família Tostes, de Juiz de Fora, era também notável por sua elegância. A casa-grande ostentava uma sala de recepção reputadamente mais ornamentada do que qualquer outra em Minas, e toda a mansão estava mobiliada com cadeiras e camas importadas, bem como arcas de jacarandá brasileiro contendo cristais, porcelana chinesa e candelabros[240].

A busca incessante de prestígio social era o apanágio dessa elite, que trocava a racionalidade dos métodos de produção pelo consumo conspícuo. O estilo de vida incluía visitas ao Rio de Janeiro, estações de águas em Caxambu, educação dos filhos no seminário do Caraça e na Faculdade de Direito de São Paulo, e a compra de casas nas principais cidades da região[241]. "Nas noites de sábado, com sua *entourage* de crianças, parentes, escravos e sicofantas [reuniam-se] para jogar fora os lucros do ano anterior como os poloneses e os russos"[242]. O estilo de vida dos fazendeiros da Mata, atípico em relação ao conjunto da província, baseia-se em padrões sociais hauridos,

---

e enormes tigelas com angu são " colocadas nele para o desjejum, com as foices e enxadas, e sobretudo, escravos lentamente marchavam para a roça para colher ou plantar milho, feijão, arroz, mandioca, abóbora, inhame, batata comum ou doce, que são cultivados numa clareira num longo vale cerca de duas milhas no caminho para a cidade" (James Wells, *op. cit.*, pp. 160-161).

240. Peter Louis Blasenheim, *A Regional History of the Zona da Mata Mineira 1870-1906*, p. 44.

241. *Idem*, p. 45.

242. *Idem, ibidem*.

em larga medida, no ambiente da corte, cuja indelével presença revela a extrema complexidade do quadro societário mineiro.

Nas novas zonas pioneiras, ao norte da região da Mata, os fazendeiros de café, a partir da segunda metade do século XIX, deparam-se com dificuldades extremas para instalarem as suas propriedades. Além do enfrentamento dos índios e das febres, esses pioneiros foram obrigados a romper a densa vegetação da Mata Atlântica, que, sobretudo na época das chuvas, tornava as comunicações extremamente dificultosas. No vale do rio Carangola, na vila de Tombos do Carangola, Alexandre Brethel – francês da Bretanha, estabeleceu-se como farmacêutico e médico e depois como fazendeiro a partir do seu casamento – deparou com uma realidade absolutamente diferente da sua terra natal. Na estação das águas, os caminhos precários quase impediam o deslocamento de homens, obrigando-os a vestirem somente "uma calça que eles arregaçam até os joelhos e uma camisa; eles usam um chapéu de palha de má qualidade, uma grande faca, e um longo bastão. Com esse equipamento eles estão prontos para todas as eventualidades do caminho, a escorregar na lama, a transpor os rios a nado, a matar uma cobra e se defender contra um bandido"[243]. A fazenda de Alexandre Brethel, no vale do Carangola, era de pequeno porte:

> Nessa fazenda viviam, em 1874, vinte e sete pessoas. Nada comparável à fazenda de Santana onde viviam 1 400 pessoas. [...] Nos Vidigal, o mais rico vizinho de Alexandre – sua fortuna era dez vezes maior que a de Brethel –, as senzalas podiam acolher duzentos ou trezentos escravos. A casa, também, seguia o plano clássico. No térreo, os armazéns e uma grande sala onde os visitantes entram, antes de subir a escada majestosa que os conduzirá ao primeiro andar. Uma sala contém as selas, os arreios e o tronco que serve para-o castigo dos escravos. Duas outras escadas dão acesso ao primeiro andar onde se sucedem quartos, salões, sala de jantar, cozinhas, banheiros à antiga com suas banheiras monumentais. A ala sul da casa, um grande salão "sem teto para esconder o madeiramento de grossas vigas dispostas em forma trançada, de belo efeito". A duzentos metros dessa casa-grande encontram-se as senzalas feitas de barro, cobertas de telhas, pelos escravos. Um pouco mais longe foi construída a capela. Na frente da casa-grande encontra-se o terreiro onde os grãos de café são secados. Em frente, a serraria, acionada por uma roda d'água e o moinho, o engenho[244].

As jovens regiões cafeicultoras diferenciam-se pois das mais antigas no que tange às dificuldades inerentes às frentes pioneiras, preservando todavia a mesma estrutura social. O escravismo, ao combinar-se com o dinamismo da

---

243. Françoise Massa, *Alexandre Brethel, Pharmacien et Planteur Français au Carangola. Recherche sur sa Correspondance Brésiliense: 1862-1901*, Paris, Klincksieck, 1977, p. 43.

244. Frédéric Mauro, *La Vie Quotidienne au Brésil au Temps de Pedro Segundo (1831-1889)*, Paris, Hachette, 1980, pp. 109-110. A análise de Mauro fundamenta-se no trabalho de Françoise Massa.

produção, provoca efeitos sociais diversos daquelas regiões onde predominam as atividades de subsistência ou das cidades que passaram a conviver com a decadência. Evidencia-se, de saída, a extremação social, configurando-se um quadro hierárquico muito rígido, de onde emergem as esperadas reações dos escravos diante da violência de que são vítimas. Alexandre Brethel era sensível ao clima de insegurança que reina nas fazendas. Ele fala frequentemente, em suas cartas, das mortes perpetradas pelos escravos sobre a pessoa do capataz. Uma vez ele alude ao castigo infligido a um escravo, que quis fugir após a tentativa de matar o feitor:

Este negro recebeu o chicote durante quinze dias; o chicote brasileiro faz jorrar sangue a cada golpe, bate-se sobre o peito e o dorso, cada dia abrem-se as chagas com uma faca e passam-se nelas vinagre, aguardente, água de sal ou suco de limão[245].

Apoiado sobre relações marcadas pela extrema coação, o quotidiano das fazendas escravistas da Mata Mineira não perde totalmente o ar parado, característico de outras partes da província. As cartas minuciosas de Brethel para seus parentes na França registraram os detalhes da sua vida:

São duas horas após o meio-dia; os trabalhadores amanham, pela segunda vez, os cafezais; um pedreiro trabalha no térreo da casa, onde eu mandei construir um armazém para guardar ao menos dez mil quilos de café. Guilhermina, Guieta[246] lavam suas *lingeries* miúdas; Joana e os dois pequenos mulatos gêmeos costuram à sombra de uma laranjeira, observando o arroz que seca ao sol contra o ataque dos frangos, dos patos e dos pintassilgos; a cozinheira prepara o jantar; Camilla, sua filha mais nova, dorme como se dorme aos dois anos; Rita, a lavadeira, bate a pesada roupa de cama no ribeirão; eu, eu te escrevo[247].

Como nas outras regiões mineiras, a vida social da Mata gira, predominantemente, no espaço da fazenda. O estilo de vida dos fazendeiros matenses, como vimos, difere significativamente do predominante nas propriedades de agricultura destinada exclusivamente ao mercado interno. Aí, a separação dos espaços sociais perde alguma nitidez, na vivência quotidiana, pois muitas vezes os senhores e seus filhos labutam ao lado dos escravos e dos trabalhadores livres, na faina agrícola. Opostamente, os cafeicultores mineiros têm bem demarcado, no quotidiano, o afastamento entre o mundo do trabalho e a sua ambiência doméstica. Enquanto nas fazendas de café o

---

245. *Idem*, p. 107.
246. Sua mulher e sua filha.
247. *Idem*, p. 111.

universo escravo resta circunscrito, basicamente, às senzalas, nas outras a escravaria aloja-se comumente em casebres individualizados, em torno da moradia do proprietário. Na própria distribuição espacial pode-se perceber a lógica que move esses contextos sociais. Evidentemente, não se pretende afirmar que, nas regiões exportadoras, a escravidão haja sido mais dura que nas zonas produtoras de alimentos. A compulsão ao trabalho deriva, de fato, em grande medida, da possibilidade de absorção do excedente produtivo pelo mercado. É o caso do café que, no período do auge exportador, faz acirrar-se o controle sobre os escravos. Diversamente, quando a mercantilização resulta excedentes eventuais, ou se realiza no mercado interno, a necessidade de enrijecer o controle sobre os escravos acaba minorada. As formas possíveis de relacionamento entre fazendeiros e escravos modelam, portanto, o quadro da sociabilidade e a configuração mental da camada dominante. Quanto a esse aspecto, vale ressaltar certo vezo anticapitalista nos produtores mineiros de café. Diversamente dos seus congêneres de São Paulo, os cafeicultores mineiros parecem pouco motivados pelo dinheiro em si mesmo, capazes de jogar todo o lucro produzido no ano anterior. A racionalidade da acumulação encontra-se, senão totalmente ausente, pelo menos esmaecida nas mentes daqueles homens. A posse de riqueza transforma-se, desse modo, em meio para a conquista de prestígio, em lustroso cabedal para o exercício do poder no meio social. O consumo improdutivo carreia, pois, grande parcela do excedente acumulado. "Assim, os fazendeiros, frequentemente, não sabiam determinar, com precisão, a sua real situação financeira"[248], o que os levava a uma dependência sistemática em relação ao aparelho creditício estatal, que "emprestava dinheiro aos fazendeiros, recebendo em garantia suas terras e escravos"[249]. Por volta de 1880, as maiores fazendas da Mata estavam hipotecadas[250]. O jornal *Pharol* "citava o luxo, vaidade e ostentação aristocrática como o vício preponderante dos proprietários da Mata e criticavam-nos pelo desperdício de seus lucros em frivolidades, ao invés do investimento de capital em novos instrumentos para a agricultura ou melhoria na terra"[251].

Explicar as diferenças entre a mentalidade dos agricultores mineiros e paulistas extrapolaria o escopo deste trabalho. Não obstante, algumas considerações poderiam ser aventadas. Ao analisar as características da cafeicultura mineira, João Heraldo Lima constata uma tendência ao baixo nível de acumulação, como resultado, principalmente, do esgotamento das terras sem a possi-

---

248. Peter Louis Blasenheim, *A Regional History of the Zona da Mata Mineira 1870-1906*, p. 48.
249. *Idem*, p. 49.
250. 80% das grandes fazendas estavam hipotecadas (*idem, ibidem*).
251. *Idem*, p. 43.

bilidade correlata de aberturas de novas fazendas, por causa das limitações da fronteira agrícola. A economia cafeeira em Minas não conseguira desenvolver um complexo econômico, capaz de gestar um dinamismo autossustentado[252]. Nesse sentido, a rentabilidade inferior limitaria o volume dos investimentos, provocando no futuro entraves à expansão produtiva. O vezo do menoscabo pelo trabalho, inerente a toda sociedade baseada na escravidão, se acentuaria quando as possibilidades de crescimento ficassem coartadas. Em termos mais explícitos, se não se criam condições efetivamente transformadoras, a probabilidade de cristalização social fica reafirmada. Talvez tenha sido este o caso dos fazendeiros de café de Minas. Senhores de escravos e proprietários de terras, mas gestores de unidades produtivas tendencialmente em crise ou estagnadas, solidificam-se nas suas posições, sendo levados a desenvolver comportamentos de cunho ritualístico. A ostentação – manifesta em gastos excessivos frente às disponibilidades efetivas de renda – expressa uma busca, nunca satisfeita, de relevo social por via do consumo. Os cafeicultores mineiros teriam usado a riqueza mirando a diferenciação social, aproximando-se dos segmentos estamentalizados, vivenciando, tal qual os proprietários das lavras, a glória fugidia dos tempos dourados.

O espectro da decadência, por ser recorrente e manifestar-se em tempos diversos, ronda a vida social de Minas Gerais. Em todos os quadrantes do espaço mineiro e em diferentes épocas, é perceptível a longa duração da decadência. As fortunas não suportam mais que duas gerações e a bonança que bafejava o avô nem sempre chegava ao filho e quase nunca ao neto, situação retratada com primor nesta expressão popular:

> Capitão Tomé ouro em pó,
> Neto molambo só...[253]

Saint-Hilaire, semelhantemente, apontou a propensão dos filhos de homens enriquecidos a dissipar a herança paterna, corroborando o decantado ditado: "O pai taberneiro; o filho cavalheiro; o neto mendicante"[254]. Na Zona da Mata mineira, ainda hoje, é comum ouvir-se a frase: "Avô rico; filho nobre; neto pobre".

O acalanto do passado pela memória, a esperança jamais exaurida de recuperar o mundo perdido, foram as formas mais sensíveis encontradas

---

252. Cf. João Heraldo Lima, *Café e Indústria em Minas Gerais 1870-1920*, principalmente pp. 101 e 102.
253. Extraído de: Miran de Barros Latif, *As Minas Gerais*, 3. ed., Rio de Janeiro, Livraria Agir Editora, 1960, p. 192.
254. Auguste de Saint-Hilaire, *Viagem pelas Províncias do Rio de Janeiro e Minas Gerais*, p. 40.

pelos filhos de pais afortunados para mitigar a decadência. Oliveira Martins desenhou com as cores da tragédia a situação do mineiro empobrecido:

Oscilando entre a esperança vã de um retorno das maravilhosas mineiras, e a fatalidade de um regresso à vida agrícola, o proprietário, indeciso, mole, arrastava uma existência quase miserável. A lavra da mina não raro lhe absorvia o produto líquido da lavoura; e entretanto a sua paixão fazia desprezar a segunda, amar a primeira, cinquenta ou sessenta escravos formavam o pessoal de uma granja mineira de média importância[255].

Apesar de proprietário de escravos, esses homens chapinhavam na maior miséria. A sua casa

[...] era um barraco miserável, com muros de taipa de barro, sem vidraças, roída pelo tempo e mal defendida contra as chuvas. O chão era a terra úmida e negra, sem ladrilhos nem sobrados, saturada de imundícies, e endurecida pelo perpassar dos moradores que viviam numa promiscuidade repugnante, homens e cevados. Por camas tinham enxergas duras para os amos, um couro ou uma esteira sobre o chão para os servos[256].

A pobreza encravara nos corpos e dirigia o humor das pessoas:

A ninhada das crianças folgava seminua, esfarrapada e descalça, as mulheres enfezadas e pobremente vestidas; e o chefe da casa, indolentemente embrulhado na capa, com os socos nos pés, vigiava o trabalho dos negros, lavando o cascalhinho com a sempre mantida esperança da descoberta de um depósito abundante de ouro[257].

Diante da fria realidade vivida, o mineiro sustentava-se nos devaneios: "Entretanto, ia-se endividando; comprava fiado e caro, vegetava numa apatia feita de ilusões, e com ela crescia o mato pelos terrenos já lavrados e a ignorância nas crianças que medravam em idade"[258]. Nem por isso, esse homem arrefecia totalmente a sua altivez, cultivada na certeza da condição de senhor:

O ver-se dono de escravos dava-lhe orgulho, a esperança de uma riqueza possível, confiança. A memória das opulências remotas, de que restava a bacia de prata onde o hóspede lavava as mãos ao passar de viagem, enchia-o de uma satisfação quase aristocrática[259].

---

255. Oliveira Martins, *O Brasil e as Colônias Portuguesas*, Lisboa, Guimarães Editora, 1953, p. 84.
256. *Idem*, p. 84.
257. *Idem, ibidem*.
258. *Idem, ibidem*.
259. *Idem, ibidem*.

Decadente sim, porém senhor de escravos, cuja condição lhe confere o direito de devanear.

A experiência da decadência, aliás, perpassa as mentes das pessoas oriundas das camadas dominantes e delineia as suas percepções. Helena Morley, filha de uma importante família de mineradores de Diamantina, retrata a sua condição de decadente e lamenta-se por não poder contorná-la mais satisfatoriamente, por causa da posição de relevo dos seus:

> Que economia seria para mamãe, agora que a lavra não tem dado nem um diamantinho olho-de-mosquito, se pudéssemos ir à ponte todos os dias [local onde levavam roupas para outras pessoas], pois Renato e Nhonhô vendem tudo que trazem, no mesmo dia. Ainda se pudéssemos ficar na lavra com meu pai, ele não precisava trabalhar tanto[260].

Impossibilitados, por sua origem, de lançar mão de expedientes práticos para contornar a vida de penúria a que foram relegados e na ausência de uma mentalidade voltada para o cálculo, que lhes permitiria melhor administrar o pouco que lhes restava, essas pessoas alimentavam-se de sonhos:

> Estou convencida de que, se vovó dirigisse o dinheiro dela, nós não passaríamos necessidade e mamãe e meu pai não ficariam tão amofinados como ficam às vezes, por falta de um pedaço de papel sujo, o que a gente tem de dar maior valor do que a muita coisa boa na vida. Meu pai vive sempre esperando dar num cascalho rico; mas é só esperança, toda a vida. [...] Às vezes eu dou razão a seu Zé da Mata, da resposta que ele deu quando meu pai o foi convidar para entrar de sociedade num serviço de mineração. Ele disse: "Não, seu Alexandre, eu não deixo o meu negócio ou vendo o que tenho para procurar debaixo da terra o que eu não guardei lá!"[261]

Diversamente, formada no prazer de ver "o diamante estrelar no esmeril"[262], a família mineradora de "alta estirpe" sente-se incapaz de mudar de ramo ou de negar a sua procedência, pois seria o mesmo que abandonar a fonte de sua identidade.

Em *Crônica da Casa Assassinada*, de Lúcio Cardoso, evidenciam-se com força incoercível os traços identificadores que os símbolos do passado, ainda que apagados, conseguem preservar:

> [...] de onde vinha esse prestígio, que poder garantia a essa mansão em decadência o seu fascínio, ainda intato como uma herança política que não fora roída pelo tempo?

---

260. Helena Morley, *Minha Vida de Menina. Cadernos de uma Menina Provinciana nos Fins do Século XIX*, p. 6.
261. *Idem*, p. 51.
262. *Idem*, p. 88.

Seu passado, exclusivamente seu passado, feito de senhores e sinhazinhas. [...] Meneses todos, que através de lendas, fugas e romances, de uniões e histórias famosas, tinham criado a "alma" da residência, aquilo que incólume e como suspenso no espaço sobreviveria, ainda que seus representantes mergulhassem para sempre na obscuridade[263].

A pura permanência da casa, esboço saliente e espectral na paisagem, evocava as lembranças de outrora e ressuscitava, na sua fantasmagoria, a imaginação do esplendor e do poder primitivos da família:

> [...] esses Meneses não sabiam o que significavam para a imaginação alheia, o valor da legenda que lhes cercava o nome, a sua força dramática e misteriosa, a poesia que os iluminava com uma luz frouxa e azulada. Sim, essas velhas casas mantinham vivo um espírito identificável, capaz de orgulho, de sofrimento e, por que não, de morte também, quando arrastadas à mediocridade e ao chão dos seres comuns[264].

A identificação apesar da morte e a identificação na morte criam a sobrevivência da memória. Tentar refazer a vida em outros lugares ou em outras circunstâncias significaria anular a origem e apagar a fonte primeira da identidade:

> [...] a construção, e mais do que isto, a manutenção desta chácara, equivale a uma despesa inútil, e poderia ser poupada, se não achassem todos que abandonar Vila Velha, e esta mansão dispendiosa, fosse um definitivo ato de descrédito para a família. A verdade é que antes de desmembrarem a velha Fazenda do Baú e dividirem as terras entre credores que poderiam muito esperar, teria sido melhor contemporizar com a situação, remodelando apenas a casa que hoje apodrece no contraforte da serra[265].

O lento declínio da casa aparece conectado com a prolongada agonia dos seus habitantes, todos irmanados até a desaparição total. Seria impensável buscar saídas para a sobrevivência dos seres ainda vivos, solução parcial que tornaria a todos mortos-vivos. "Se não puder obter dinheiro, como imagino que irá alegar, venda alguns desses imóveis inúteis que entulham a chácara, venda essas velhas riquezas mortas, e produza o necessário para dar subsistência a quem vive ainda"[266].

---

263. Lúcio Cardoso, *Crônica da Casa Assassinada*, 2. ed., Rio de Janeiro, Editora Nova Fronteira, 1979, p. 252. Para uma análise da obra de Lúcio Cardoso: Mario Carelli, *Corcel de Fogo. Vida e Obra de Lúcio Cardoso (1912-1968)*, Rio de Janeiro, Editora Guanabara, 1988.

264. *Idem, ibidem*.

265. *Idem*, pp. 29-39.

266. *Idem*, pp. 35-36. Poder-se-ia estabelecer nesse passo uma relação entre a assimilação da morte pelos decadentes e a ritualização da morte no barroco: "O cadáver é o supremo adereço cênico, emblemático, do drama barroco do século XVII" (Walter Benjamin, *Origem do Drama Barroco Alemão*, apresentação e notas de Sérgio Paulo Rouanet, São Paulo, Brasiliense, 1984, p. 242).

Os romances de Cornélio Pena navegam na mesma atmosfera da decadência. Em *A Menina Morta*, por exemplo, a menina viva que absorve a alma da irmã morta segue uma vida ritmada pelo convívio da decadência irreversível da fazenda[267]. Nas obras de Lúcio Cardoso e de Cornélio Pena,

> [...] a decadência das velhas fazendas e a modorra dos burgos interioranos compõem atmosferas imóveis e pesadas onde se moverão aquelas suas criaturas insólitas, oprimidas por angústias e fixações que o destino afinal consumará em atos imediatamente gratuitos, mas necessários dentro da "lógica poética" da trama[268].

Também no casarão de Rosalina, personagem da *Ópera dos Mortos*, o ar confinado do sobrado era pontilhado pela morte e pela solidão. Até nos momentos de prazer Rosalina não conseguia romper a sua condição de ente há muito falecido: "O seu corpo para ela era apenas um corpo. Só com o corpo se falavam, só com os corpos silenciosos se entendiam. Porque a alma e os olhos lhe eram vedados. Dos mortos"[269]. Impossível a convivência com pessoas de outra origem social, difícil chegar a um universo comum de identificação:

> Chegava mesmo a pensar que elas nunca se encontravam: cada uma seguia o seu caminho, seu encontro possível a não ser na morte. A morte de uma significaria o fim da outra? Não, a morte do corpo sim – como o vaivém do pêndulo do relógio--armário (agora parado) dava a ilusão de vários pêndulos que se sucedem (como a antiga imagem da flecha que voa, são várias flechas, não voa mais) [...][270].

Como só se tocavam com os corpos, nem na morte teriam um verdadeiro encontro. Como nestes versos de Bandeira: "Porque os corpos se entendem, mas as almas não"[271]. Rosalina, no seu apego silencioso pelo sobrado, morre e assiste as mortes dentro dele. Já Gaiev, de Tchekhov, em *O Jardim das Cerejeiras*, nem essa aventura consegue, e nublado pelo desespero que o envolve rompe o silêncio, provavelmente a última morada da identidade, ao falar: "Meus amigos, meus caros, amados amigos. Ao deixar esta casa para sempre poderia eu silenciar? Deveria me reprimir e, nesta hora final, conter a emoção que me invade a alma?"[272]. Aqui, já não se busca mais o tempo perdido, já se desistiu da antiga vida, quando a emoção deixou de ser contida. Não mais

---

267. Cornélio Pena, *Romances Completos*, Rio de Janeiro, Aguilar, 1958.
268. Alfredo Bosi, *História Concisa da Literatura Brasileira*, 1977.
269. Autran Dourado, *Ópera dos Mortos*, 9. ed., Rio de Janeiro, Record, p. 170, 1985.
270. *Idem*, p. 171.
271. Manuel Bandeira, "Arte de Amar", *Estrela da Vida Inteira*, 7. ed., Rio de Janeiro, José Olympio, 1979, p. 185.
272. Anton Tchecov, *O Jardim das Cerejeiras*, Porto Alegre, LP&M, 1983, p. 73.

existe continência, característica dos que, por diversas formas, como nas personagens de Lampedusa em *O Leopardo*, caminham tentando preservar-se nos comportamentos ritualizados.

A ritualização da decadência encontra na literatura forma privilegiada de expressão. O sentimento de estranhamento criado pela situação decadente pode conter a possibilidade de emergência criativa. Na França, durante os anos 1880 a 1886, emerge o sentimento da existência de uma corrente intelectual e artística caracterizada pelo desenvolvimento de uma concepção dita "decadente da moral e da arte"[273]. Os escritores de Minas se não assumiram a decadência do ponto de vista da criação estética, absorveram-na como tema. Nestes versos de Drummond a trajetória decadente encontra-se inteira:

> Tive ouro, tive gado, tive fazendas.
> Hoje sou funcionário público.
> Itabira é apenas uma fotografia na parede.
> Mas como dói![274]

A ritualização do passado como forma de preservar a identidade encontra o seu *locus* privilegiado no universo das relações familiares. Os memorialistas mineiros, principalmente, têm sempre grande apreço por suas raízes. Em belas páginas críticas de Pedro Nava desponta esse sentimento exacerbado:

> Eu não posso me lembrar senão de caso ou outro, das conversas de minha família. [...] Se não recordo detalhes, fixei o espírito e a essência do que se dizia, principalmente do que não se dizia. [...] Jamais ouvi maledicência veiculada por meus pais e meus tios, como nunca ouvi palavras azedas de disputa na minha gente paterna[275].

A vida familiar, além de sóbria, era eivada pelo ritualismo das relações:

> A conversa geral era cheia de preferências pelas ideias, pelas coisas e causas nobres, pelos assuntos intelectuais – estes, versados simplesmente, como moeda de todo dia. [...] Cultivavam a modéstia, a discrição, a compostura e a ausência de ostentação. Tudo neles, mesmo o banal e o corriqueiro, jamais descia ao vulgar[276].

A família era o núcleo essencial da identificação:

---

273. Louis Marquize-Poney, *Le Mouvement Décadent en France*, Paris, Presses Universitaires de France, 1986, p. 17.
274. Carlos Drummond de Andrade, "Confidência de Itabirano", *Sentimento do Mundo*, em *Obra Completa*, Rio de Janeiro, Aguilar, 1973, pp. 101-102.
275. Pedro Nava, *Baú de Ossos*, p. 396.
276. *Idem, ibidem*.

210 MITOLOGIA DA MINEIRIDADE

[...] aquela distinção moral e intelectual que eram as tônicas do grupo familiar dentro do qual acordei para a vida e que davam a nossa gente (coincidentemente naquele tempo e naquele espaço) a consciência de um lugar certo, adequado e devido na sociedade da época – onde eram úteis como peças de máquina – [...] Tudo isto é que estava na base de nossa independência e de nossa liberdade, sentimentos que nos dão o que tantos desconhecem – este luxo e esta elegância de não pedir, de não querer, de deixar, de abandonar [...] os ricaços, os importantes e os governos[277].

Buscou-se a distinção da família mineira, complicada pela ausência de suporte material, na elegância do rústico:

[...] a casa-grande de Minas em toda a beleza de sua simplicidade de planos e em toda a dignidade de suas dependências vastas. Essa dignidade não era diminuída pelos novilhos e pelos porcos [...] porque só nas fazendas sofisticadas de hoje é que o gado, o mugido, o ronco [...] foram afastados do dono. Aquela porcaria era porcaria opulenta, porcaria de boiardo, porcaria de quem tem e gosta de ouvir a sua posse[278].

A busca de nobilitação das famílias rurais brasileiras, presente nas páginas dos memorialistas, se diz respeito a um certo estilo estamentalizado dos proprietários da terra, como já vimos, tem por função principal permitir a preservação da identidade, através da memória. Nasce, daí, toda uma forma imaginária de valorização do passado. Haveria também, no memorialismo, "uma estratégia a que recorrem muitas vezes intelectuais dominados"[279].

Deste modo, as memórias constituem artifícios do autor para obtenção de reconhecimento intelectual[280]. Em nosso exemplo, ocorreria casamento entre procura da identidade e o seu reconhecimento no passado com a tentativa de obtenção de elevado conceito intelectual. Nesse sentido, a existência de um imaginário já pré-formado, como o de Minas, colabora para que ambas as operações sejam passíveis de êxito. Um mito do qual a figura de Quixote seja parte integrante recria, de saída, toda uma aura de nobilitação. As memórias são, ao mesmo tempo, expressões de reforço da dimensão mítica da mineiridade. O memorialismo mineiro tem por isso função reduplicada: reafirmar o mito e, através dele, promover o autor. A figura da família mineira, evocada por esse imaginário, foi sempre integrada e suave:

Meu pai, comerciante próspero, dividia seu tempo entre as lides comerciais e os acontecimentos familiares. Tratava-nos com energia mas também com bondade.

---

277. *Idem, ibidem.*
278. *Idem*, p. 169.
279. Sergio Miceli, *Poder, Sexo e Letras na República Velha*, São Paulo, Perspectiva, 1977, p. 16.
280. *Idem*, p. 17.

IMAGINÁRIO E SOCIEDADE

Sabia dosar a severidade e a brandura. [...] Minha mãe nunca nos punia. Deixava essa tarefa para meu pai. Isso, aliás, era comum nos lares daquela época[281].

A família guardava, nessas páginas, pureza intrínseca e preservava-se mesmo das contaminações que o escravismo porventura provocasse: "O nosso meio familiar, muito antes de 88, já estava expurgado dos defeitos de sensibilidade e desvios da moralidade que o cativeiro destinge sobre os senhores"[282]. A esse respeito, aliás, os viajantes foram prolíferos em passagens exaltadoras da família mineira. Saint-Hilaire não se cansou de sublinhar a harmonia desses lares:

Paramos numa fazenda situada numa baixada e onde fui perfeitamente recebido. O dono da casa ofereceu-me seu jantar. [...] O que sobretudo lhe valorizava a polidez era seu ar de satisfação e bondade. Depois do jantar, os filhos do meu hospedeiro, dos quais os mais velhos têm de vinte a vinte e cinco anos, pediram ao pai, respeitosamente, a bênção e beijaram-lhe as mãos"[283].

A família torna-se o repositório da identidade porque a decadência – que jamais é pessoal –, mesmo quando atinge todo um segmento da sociedade só é percebida e sentida no plano das relações imediatas. De outro lado, o apego ao passado, enquanto forma de preservação da identidade, pode originar certo culto à família, vista como símbolo da vivência de um tempo glorioso. É por isso que as memórias significam a tentativa de recuperação, no nível do imaginário, da antiga posição social da família, ou mesmo da fantasia que se criou em torno dela[284]. Esse complexo processo de recriação, por vezes próximo e por vezes afastado do real, faz do memorialismo um tipo de produção que adquire caráter ritualístico. Dessa forma, a decadência não só constitui memórias como recupera a dimensão ritualística. Essa tendência à ritualização não se assentaria sobre a realidade fluida de uma camada social, que não consegue assegurar de maneira permanente a sua posição? Não se estaria buscando, através das memórias e das ações ritualizadas, manter diferenças e relevo sociais, a despeito da existência concreta? A partir desse conjunto de perguntas tentamos orientar a nossa análise.

---

281. José Capanema, *Oh! Dias da Minha Infância*, Belo Horizonte, Editora Maciel, 1979, p. 130.
282. Pedro Nava, *Baú de Ossos*, p. 68.
283. Auguste de Saint-Hilaire, *Segunda Viagem do Rio de Janeiro a Minas Gerais e a São Paulo*, pp. 51-52. "Conversei muito com a dona da casa, que me pareceu ótima mãe de família, piedosa, apegada aos filhos, ao marido e aos seus deveres" (*idem*, p. 42).
284. Pedro Nava explicita o poder de recriação da memória: "[...] é impossível restaurar o passado na pureza. Basta que ele tenha existido para que a memória o corrompa com lembranças superpostas" (Pedro Nava, *Balão Cativo*, p. 282).

Tracejamos o perfil da sociabilidade em Minas, intentando realçar os componentes importantes à geração do mito. Nesse passo, agregaríamos a própria presença do mito como elemento dessa sociabilidade e enquanto modelador de práticas sociais, dentre as quais as memórias constituem expressão candente. As práticas sociais de determinados agentes, mediadas por um *habitus*[285], brotaram de um padrão societário que, na sua manifestação primeva, conferiu concretude a um imaginário que foi essencialmente ritualizado. Tal passado, ao combinar-se com a temporalidade lenta do século XIX, com o persistente ritualismo – já agora produto de nova realidade – e com as peculiaridades do universo societário aí imperante, criou condições para a emergência do pensamento mítico. Ainda assim, a construção mítica não ganharia vida, caso a problemática vivenciada no presente, por seres sociais, não lhes colocasse questões e oportunidades objetivas para a mobilização de um tipo de imaginário. E essas questões e essas possibilidades foram repostas incessantemente aos mineiros, pela peculiaridade da sua própria história; pela frieza do tempo que enredou a sua vida social; pelo espectro da decadência que rondou a sua classe dominante. Da vivência dessa realidade, nessa evasão, surgiu um pensamento particular, que ganhou vida, porque já detinha uma história. Para recuperar a memória, "basta ter passado, sentido a vida"; basta ter, como dizia Machado, "padecido no tempo"[286]. Mas também é preciso que o passado se perpetue nas mentes de hoje e seja a impressão de uma chama que nunca se apaga, vivificada pelo sopro aquecido dos memorialistas. Como nestas palavras:

> Prefiro deixar a memória vagar, ir, vir, parar, voltar [...] os fatos da memória. Para apresentá-los, cumpre dar sua raiz ao passado, sua projeção ao futuro. Seu desenrolar não é o da estória única mas o de várias. [...] Tenho de subir e descer níveis navegados de comporta em comporta – passado abaixo, futuro acima – sempre dentro dum presente passageiro, provisório, erradio e fugitivo. Meu barco sobe e desce, adianta e recua num círculo luminoso cercado de trevas [...] tenho de olhar para o que vem e para o que foi[287].

---

285. Utilizamo-nos da noção de *habitus* no sentido de Bourdieu: Pierre Bourdieu, "O Mercado de Bens Simbólicos", *A Economia das Trocas Simbólicas*, introd. e org. de Sergio Miceli, São Paulo, Perspectiva, 1974, p. 160.
286. Pedro Nava, *Baú de Ossos*, p. 346.
287. Pedro Nava, *Beira Mar*, p. 176.

5
Cultura e Política

O Lugar da Memória

Da análise da configuração social de Minas, realizada no capítulo 4, destacaríamos determinadas características, responsáveis pela emergência das especificidades da história mineira. Recapitulemos, pois. O tempo histórico em Minas – na capitania conectado à dinâmica do desenvolvimento europeu e pós-decadência da mineração definido pelo caráter lento – ao associar dois momentos essencialmente distintos, expressa a essência da sociedade aí gerada e reproduz um tipo particular de sociabilidade. Os traços da sociabilidade do século XIX, apesar das diferenças intrarregionais, apoiaram-se em relações sociais imediatas, mesmo na região cafeicultora, já que dela não se originaram impulsos verdadeiramente transformadores.

É de se notar, todavia, que em Minas oitocentista o processo de ruralização não conseguiu destruir *in totum* a vida urbana, uma vez que a estrutura produtiva ligada ao mercado interno recria um espaço social dotado de maior autonomia e faz nascer, por isso mesmo, várias pequenas cidades. Além do mais, o imaginário ligado aos metais e às pedras preciosas continuou vicejando no período posterior. Fortemente acalentado nas antigas cidades mineradoras, esmaecido nas outras partes da província, jamais esteve totalmente ausente. Nesse sentido, a vida social de Minas durante o século XIX concorreu a conservar nas mentes dos mineiros as imagens gloriosas do passado. Aliás, a própria preservação do tempo anterior, ao fazer parte do universo social seguinte, já aponta para as peculiaridades dessa sociedade, que continuou a olhar para trás, com um misto de nostalgia e de apreço exagerado, demonstrando o aparecimento de certo deslocamento entre as visões que se formaram e a realidade de Minas setecentista. Noutro plano, a permanência dos dias passados no imaginário demonstra a incapacidade da teia social de gerar novos projetos ou, pelo menos, a impossibilidade de uma classe social lidar, adequadamente, com a sua realidade e controlar, com mais segurança, as virtualidades futuras. E de fato, ainda que a estagnação ou a decadência possam ser relativizadas no universo societário de Minas, o que se seguiu rompeu a dinâmica anterior. Daí a tendência ao ritualismo na convivência social, que no passado, como no oitocentos, serviu para delimitar os lugares naquela sociedade, não obstante se encontrarem, em cada etapa, movidos por lógicas diferentes. De qualquer forma, a realidade social de Minas, no século XIX, encaminhou-se para certa autonomia, criando uma subcultura singular, fruto do amálgama entre o passado e o presente, que se poderia denominar por mineirismo. O mineirismo constitui, portanto, a expressão de uma subcultura regional. A manifestação quotidiana do mineirismo é a mineirice, enquanto um modo de aparecimento das práticas sociais inerentes aos mineiros e que servem para distingui-los de outros tipos regionais. A mineiridade exprime, em contrapartida, uma visão que se construiu a partir da realidade de Minas e das práticas sociais[1]. Por fundar a figura abstrata dos mineiros, a mineiridade tem as características do mito; estes ao identificarem-se com essa construção absorvem o pensamento mítico e colaboram para a sua permanência; o mito quando politicamente instrumentalizado, adquire dimensão ideológica. Memorialistas e escritores, ao navegarem no mar dessas concepções, reproduzem o imaginário tecido sobre Minas. Em suma, sob várias formas expressivas, por diversas circunstâncias e em diferentes momentos, a mineiridade permeia certas práticas sociais. Pensamos que a produção cultural dos mineiros e o desenrolar da sua política no plano nacional encontram-se profundamente entretecidos na história de Minas e nas visões que floresceram a partir dessa realidade. Conformá-las e analisá-las é a tarefa que nos impusemos neste capítulo.

A produção memorialística mineira não é apenas extremamente vasta; mas, sobejamente imbuída das particularidades dos mineiros e das especifi-

---

1. Utilizamo-nos, aqui, de uma caracterização do mineirismo, mineirice e mineiridade diversa da existente na literatura sobre Minas. Para Afonso Arinos, o mineirismo é a dimensão cultural e a mineirice é a política. A mineiridade constitui-se numa síntese das duas: "[...] ou seja, o enlace da cultura com a política, do mineirismo com a mineirice, para chegar à síntese da mineiridade" (Afonso Arinos, *Discurso de Recepção a Tancredo Neves na Academia Mineira de Letras*, Belo Horizonte, 1983, p. 42). Para Alceu Amoroso Lima, a mineirice define-se na seriedade, recolhimento e honestidade típicas dos mineiros (Alceu Amoroso Lima, *Voz de Minas. Ensaio de Sociologia Regional Brasileira*, São Paulo, Abril, 1984, pp. 86-87).

CULTURA E POLÍTICA

cidades do estado. Nesse sentido, poderíamos afirmar que os memorialistas mineiros se encontram impregnados de um forte sentimento da mineiridade, entendida, nesse passo, na sua dimensão exclusivamente identificadora. Isto é, tais obras localizam-se no centro do imaginário de Minas e contribuem, significativamente, para recriá-lo e revivescê-lo. Esses memorialistas, quando se voltam para as singularidades das suas histórias, ao dirigirem-se para o seu passado, empreendem uma viagem na companhia dos seus conterrâneos. Em termos mais explícitos, queremos ressaltar o tão decantado caráter dos mineiros, como componente mediador dessas autoexpressões, permeando o fluxo narrativo e imiscuindo-se nas lembranças. Os memorialistas de Minas possuem o sentimento marcante da sua origem regional e definem-se como mineiros, para além da percepção de sua camada social, ou de pertencerem a uma cidade, uma vila, uma propriedade rural. Por isso, em grande parte das memórias, entra em cena a aura envolvedora da mineiridade. As memórias, desse ponto de vista, localizam-se no centro do terreno entre os codificadores do mito e a produção literária dos mineiros, demarcando a dupla fronteira de um universo comum. A produção dos memorialistas situa-se, pois, na faixa intermediária, delimitando a concepção mítica do discurso literário.

Para mais, a fixação de Minas nessas autobiografias, que por si só seria extremamente atraente, resulta de uma absorção particular do tempo, perpassando a feitura da obra. Comumente, a exposição rompe a linearidade. Com frequência despontam reflexões sobre o gênero memorialístico, além da incorporação da linguagem poética[2]. A ligação com Minas aflora tanto nos livros densos e elaborados, quanto nos mais prosaicos. Nas memórias de Nava, "há uma identificação com esses supostos traços culturais e psicológicos mineiros"[3]. Há, para além disso, a demonstração de uma busca incessante do caráter mineiro, do perfil das suas cidades, das regiões mais inerentemente típicas de Minas, enfim, toda uma tentativa de rastrear as origens e de afastar os componentes espúrios[4]. A partir de Minas, o autor busca conceber a

---

2. Antonio Candido analisa três exemplos de autobiografias: Drummond, Murilo Mendes e Nava, onde as dimensões ficcional e poética se encontram mescladas (Antonio Candido de Mello e Souza, "A Autobiografia Poética e Ficcional na Literatura de Minas", *IV Seminário de Estudos Mineiros*, Belo Horizonte, Edições do Cinquentenário da UFMG, Imprensa Universitária, 1977, pp. 41-67).

3. Fernando Correia Dias, "O Prisma de Nava", *Líricos e Profetas. Temas de Vida Intelectual*, Brasília, Thesaurus Editora, 1984, p. 68.

4. "E essa impressão é que teriam sentido todo tempo os naturais de Diamantina conferindo-lhe aquele cunho de ser uma das cidades mais portuguesas e marítimas de Minas – já que Mariana, Ouro Preto, Sabará, São João e São José D'El Rei mantêm mais nítido um caráter que lhes foi dado pelas épocas Filipinas: são burgos mais espanhóis que lusíadas" (Pedro Nava, *Galo das Trevas*, Rio de Janeiro, José Olympio, 1981, pp. 444-445).

identidade cultural brasileira, como se fosse natural passar por aí para pensar o conjunto. Nestas palavras, exorta a pureza da raiz lusitana:

O Brasil é sempre menos de portugueses imigrantes e mais de indesejáveis entrantes. [...] Eu sei que não é possível princípios racistas no Brasil. Mas ao menos tenhamos uma imigração onde se procure manter a boa unidade do galinheiro. Não falo em unidade racial, Deus me livre! Peço é unidade cultural. [...] Mantenhamo--nos um pouco caboclos (orgulhosamente), bastante mulatos (gloriosamente), mas, principalmente, sejamos lusitanos. Vinde a nós, *portugas, galegos*[5].

Quando o Brasil não entra em cena, Minas costuma fazer-se presente: "O tom saudosista recorta toda a obra, embora, em nenhum momento, dê a impressão de 'uma Minas' que já foi perdida"[6]. Tanto no primeiro, quanto no segundo exemplos, o enfoque autobiográfico aloja-se no interior de um universo mais geral – Minas e o Brasil – rompendo, por essa via, o imediatismo das lembranças ancoradas no estrito círculo das vivências singulares[7].

Os livros de Pedro Nava encontram-se repletos de indagações sobre a natureza do gênero memorialístico. No conjunto dessas passagens, pode-se perceber a emergência de toda uma reflexão, que se insere no interior dos problemas universais da vida. Para o autor,

[...] escrever memórias é um ajuste de contas do eu com o eu e é ilícito mentir a si mesmo. Essa franqueza assenta em quem escreve se amparando, assistindo, socorrendo – na solidão terrível da existência. Seria insensato não aproveitar tal ocasião de darmos a nós mesmos o que pudermos de verdade e companhia[8].

Assim, a memorialística conecta-se às dimensões mais gerais da trajetória humana, resultando da "solidão terrível da existência". A produção de textos de cunho inerentemente pessoais desdobra-se, também, na possibilidade de empreender-se uma autoanálise, definida na procura incessante da própria verdade. As memórias, por fim, ganham contornos universais na medida em que, através delas, conseguimos nos oferecer um motivo de ruptura com o

---

5. Pedro Nava, *Baú de Ossos*, 7. ed., Rio de Janeiro, Nova Fronteira, 1984, pp. 206-207.
6. José Rangel, *Como o Tempo Passa...*, Rio de Janeiro, A Encadernadora s/a, s.d., p. 4.
7. Antonio Candido chama a atenção para a tendência universalizadora do memorialismo mineiro: "[...] depois de *Marília de Dirceu*, tomemos *Minhas Recordações* como exemplo da capacidade mineira de inserir o eu no mundo; de mostrar os aspectos mais universais nas manifestações mais particulares – num avesso de autobiografia estritamente individualista do tipo Nabuco, cujo interesse diferente está em reduzir o geral à contingência do particular" (Antonio Candido de Mello e Souza, "A Autobiografia Poética e Ficcional na Literatura de Minas", pp. 44-45).
8. Pedro Nava, *Beira-Mar*, 2. ed., Rio de Janeiro, José Olympio, 1979, p. 198.

nosso isolamento, percebido no prisma intrinsecamente pessoal, mas suplantado, depois, ao instaurarmos a essência do nosso íntimo. "Escrever memórias é animar e prolongar nosso *alter ego*"[9]. Mas expressar-se dessa forma é

[...] fazer tábua rasa das imposições familiares, das vexações do interesse material, do constrangimento idiota da vida social. Impõe-se a tomada cilicial do que João Ribeiro batizou a 'filosofia do exílio'. Não só no sentido dado pelo mestre ao isolamento necessário ao trabalho, mas principalmente, à obrigatória ruptura com os próximos e destes sobretudo com aqueles a quem só nos liga exclusivamente o costume, a convivência, a mera coincidência – jamais a verdadeira afeição. [...] O que convém dizer é que lembrando estamos provocando o esquecimento. Depois de escrito, o que foi ressuscitado estará, então, definitivamente morto[10].

Por isso, o memorialismo, quando provoca o aparecimento da própria verdade, carreia, juntamente com o fluxo abissal da sinceridade, vagas de solidão depurada. Compõem-se memórias para apagar o isolamento; no processo de feitura da escrita cortam-se os nexos convencionais com o mundo; recupera-se, assim, num patamar superior, a essência mais profunda da vida, porque a solidão que a caracteriza foi filtrada. Sai-se, portanto, de um ponto, e a ele se retorna, reconciliando-se com a grandeza universal da existência, na eternidade da sua pureza.

As memórias, então, significam um longo processo de imersão característica no passado, cujo ponto terminal é a infância, enquanto repositório das promessas irrealizadas, momento incorruptível da vida e dimensão irresgatável da existência. O memorialista é o homem que ousa empreender solitariamente essa viagem repleta de percalços, movido pela crença do canto primal, apoiado pela ilusão de deparar-se com a transparência do ser, antes do toque viciado do mundo. As memórias são, ao mesmo tempo, a criação de um abrigo para as desventuras; através delas reencontram-se as origens, descansa-se no corrimão da vida:

Manoel Bandeira, que era amigo do rei, ia-se embora pra Pasárgada. Ai! De mim, sem rei amigo nem amigo rei, que quando caio no fundo da fossa, quando entro no deserto e sou despedaçado pelas bestas da desolação, quando fico triste, triste ("... Mas triste de não ter jeito...") só quero reencontrar o menino que já fui. Assim, quantas e quantas vezes viajei, primeiro no espaço, depois no tempo, em minha busca, na de minha rua, na de meu sobrado [...][11].

9. *Idem, ibidem.*
10. Pedro Nava, *Beira-Mar*, pp. 198-199.
11. Pedro Nava, *Baú de Ossos*, p. 340.

Na recuperação da infância, percebe-se a fuga em relação às circunstâncias existenciais, nota-se o descontentamento frente ao vivido, entrevê-se o aparecimento do bálsamo das lembranças. Voltamos para os primeiros anos, procurando afastar-nos de um meio social com cujos princípios não compartilhamos, numa espécie de restauração do período de onde brotaram as nossas recordações mais pessoais[12]. O memorialismo, assim entendido, possui o significado, dentre tantos outros, do descontentamento com o presente. Ora, queremos preservar o passado, apenas quando os dias atuais se afiguram, aos nossos olhos, como altamente lesivos em diversos sentidos. Daí essa vontade de preservação, esse saudosismo, essa procura tenaz do tempo primitivo. Como nestas palavras:

> Paracatu progride, é inegável, e eu observo com certa tristeza. Felizmente a Matriz e Rosário estão tombados (preservados) pelo serviço do Patrimônio Histórico. Dentro de poucos anos nada mais restará da antiga vila colonial a não serem essas igrejas, mudas e silenciosas testemunhas do grande passado extinto[13].

O memorialismo mineiro tem marcada tendência universalizante, como já observou Antonio Candido, apesar dos seus fios tecidos na nostalgia do passado. Há, mesmo, nas obras autobiográficas dos mineiros, uma vontade expressa de conformar perfis universais:

> Em meu *O Menino da Mata e seu Cão Piloto* descrevo os tipos eternos, os paradigmas, as matrizes, dos quais todos os outros, que depois topei na vida, na dura caminhada empreendida, não são senão meras cópias aumentadas, *posters*, ampliações caprichadas, cheias de sofisticação. Se as minhas tiverem sorte [...] então com elas acontecerá o mesmo que sucedeu a Chichikov, o personagem de Gogol, que espanta o mundo até hoje por suas patuscadas, a compra das 'almas mortas', e que gostará de possuir a centésima parte das qualidades de Pavel Ivánovich, todas criaturas de Deus, que habitavam a aldeia em que viveu o grande romancista russo, e hoje povoam a alma das pessoas sensíveis no mundo inteiro. [...] Quantas e quantas vezes, não só na vida [...] deparei, exatamente, os personagens que descrevo em *O Menino da Mata*. Vi às centenas, através de Cervantes, Swift, Turgueniev, personagens iguaizinhos aos que fruímos na leitura. Daria Mikhailovna, ou Dimitri Nikolalvitch Rudine[14].

Aqui procura-se a identificação explícita entre as figuras interioranas da região da Mata mineira, com personagens da literatura universal. Dessa

---

12. Cf. Maurice Halbwachs, *La Mémoire Collective*, Paris, Presses Universitaires de France, 1950, p. 57.
13. Afonso Arinos de Melo Franco, *A Alma do Tempo*, Rio de Janeiro, José Olympio, 1979, p. 261.
14. Vivaldi Moreira, *O Menino da Mata e seu Cão Piloto. Memórias Sincopadas*, Belo Horizonte, Imprensa Oficial do Estado de Minas Gerais, 1981, pp. 14 e 15.

forma, a concepção universalizadora das pessoas e do universo retratado está claramente expressa.

A percepção do *modus faciendi* das memórias e do impulso inicial das lembranças acha-se clarificada no decurso do próprio processo elaborativo. Assim, o gênero memorialístico, se é fluido do ponto de vista do enquadramento[15], possui uma dimensão originária consciente. O que não permanece manifesto são os motivos desencadeadores das recordações:

> O conjunto de tudo isto, a amálgama desse passado só me invade integralmente coesa, ao estímulo das impressões casuais e raras que funcionam para a memória como ponto crioscópico. Um cheiro de asfalto quente à primeira pancada de chuva, um pregão cortando os ares. [...] Como uma solução pesada os sais se cristalizam na exatidão sem fissura do poliedro. A vida presto se coagula, um instante estala (como banda de cinema em máquina de projeção enguiçada) e amanhece novamente[16].

O poder de fazer renascer o passado e torná-lo o presente, subjaz, pois, na escuridão insondável da reminiscência.

> Isto que ficou dos que se foram, e que não foi. Oh a melodia nítida se ouvindo, na viola há muito recolhida. A mão rugosa, brincando numa rosa, tão suave, a mão e a rosa, na ilusão do vento. Saudade objetiva e subjetiva. Que me eterniza amor[17].

Se as memórias são instrumento de autopreservação e se desdobram na possibilidade de conferir relevo social a seus autores, quando bem trabalhadas manifestam aquela ambiguidade e abertura próprias das obras realmente seminais. Nessa vertente, aloja-se a densa produção proustiana, brotada da reminiscência do tempo e das viagens por espaços já vividos:

> Assim, quando acordava no meio da noite, e como ignorasse onde me achava, no primeiro instante nem mesmo sabia quem era; tinha apenas, na sua singeleza primitiva, o sentimento da existência, tal como pode fremir no fundo de um animal; estava mais desapercebido que o homem das cavernas[18].

---

15. A partir de uma tentativa de enquadramento das memórias, empreendida por Wilson Martins, pode-se perceber a extrema heterogeneidade dessas obras literárias (Wilson Martins, *História da Inteligência Brasileira*, São Paulo, Cultrix/Editora da Universidade de São Paulo, 1979, vol. VII: *1933-1960*, p. 400).

16. Pedro Nava, *Balão Cativo*, 4. ed., Rio de Janeiro, Nova Fronteira, 1986, p. 251. Segundo a interpretação de Davi Arrigucci Jr., em Nava, "fica nítido o papel da memória involuntária ("Móbile da Memória", *Enigma e Comentário. Ensaios sobre Literatura e Experiência*, São Paulo, Companhia das Letras, 1987, p. 85).

17. Libério Neves, *Pequena Memória de Terra Funda*, Belo Horizonte, Imprensa Oficial, 1971, p. 33. Este livro constitui um exemplo vivo do cruzamento entre a linguagem poética e a ficcional.

18. Marcel Proust, *Em Busca do Tempo Perdido. No Caminho de Swann*, 8. ed., Porto Alegre, Globo, 1983, p. 13.

220 MITOLOGIA DA MINEIRIDADE

Mas após esse desprendimento fugidio do pensamento em relação ao corpo, espouca a memória como se flutuasse suavemente por espaços e tempos passados:

> Mas aí a lembrança – não ainda do local em que me achava, mas de alguns outros que havia habitado e onde poderia estar – vinha a mim como um socorro do alto para me tirar do nada de onde não poderia sair sozinho; passava num segundo por cima de séculos de civilização e a imagem confusamente entrevista de lampiões de querosene, depois de camisas de gola virada, recompunha pouco a pouco os traços originais do meu próprio eu[19].

A recuperação do eu pressupõe rememorar a presença indelével dos outros. Quando isso ocorre, configura-se a memória enquanto uma operação eminentemente coletiva e aí, e tão-somente aí, reconciliamo-nos conosco e até com o nosso próprio corpo:

> Sua memória, a memória de suas costelas, de seus joelhos, de suas espáduas, lhe apresentava sucessivamente vários dos quartos onde havia dormido, enquanto em torno dele as paredes invisíveis, mudando de lugar segundo a forma da peça imaginada, redemoinhava nas trevas [...] e meu corpo, o flanco sobre o qual eu repousava, fiel zelador de um passado que meu espírito nunca deveria esquecer, me recordava a chama cristal da Boêmia, em forma de urna suspensa do teto por leves correntes, a lareira de mármore de Viena, no meu quarto de dormir, em Combray, na casa de meus avós, em remotos dias que naquele instante eu julgava atuais [...][20].

Através da experiência da recordação, readquirimos pois a nossa condição de seres sociais e imersos na história, que vivenciaram um passado, de onde auferiram os elementos integrantes da memória. A memória tem, portanto, "uma função coletiva"[21].

O memorialismo mineiro entrelaça-se intimamente com esse apego à riqueza da história de Minas e até às particularidades geográficas do estado. O magnetismo de Minas sobre seus filhos aparece no culto a sua paisagem e no reconhecimento da sua força modelar: "De Minas toda de ferro pesando na cabeça, vergando os ombros e dobrando os joelhos dos seus filhos"[22].

Do solo calcário nasceram os mineiros, das "montanhas inteiras de ferro. Valados e socavões atulhados de ouro. Ouro de todo jeito. [...] Solo imantado, metálico [...] que segurou firmemente o pé errante dos paulistas. [...] Ficaram

---

19. *Idem*, p. 13.
20. *Idem*, pp. 13-14.
21. Maurice Halbwachs, *Les Cadres Sociaux de la Mémoire*, Paris, Librairie Félix Alcan, 1925, p. 392.
22. Pedro Nava, *Baú de Ossos*, p. 19.

CULTURA E POLÍTICA

na terra e foram-fomos! – ficando mineiros [...]"[23]. Esses liames com a terra definem a centralidade da vida nos laços irrefreáveis com o passado:

Minhas calças cresciam. Minha mãe denunciou que eu tinha de partir, era preciso cumprir a estrada ganga crescendo para o leste. Enrosquei os braços na mangueira do quintal, o visgo da solidão ante-sofrida era a força que eu tive, e que não tinha. E a mesma força soluçou (na voz que me orvalhava) o necessário de partir: além dos olhos a estrada ganga se recompunha estrada, por onde esperam os horizontes móveis[24].

A partida e o exílio, parte integrante da história dos mineiros, subjazem nas suas memórias e expressam-se nesse agarramento ao solo[25]. E a vivência do "exílio" erige-se no próprio requisito do memorialismo.

Se a conformação do relevo e o húmus da terra são vistos pelo ângulo particularizador, a crença de possuir uma história dotada de eventos superiores enaltece esses memorialistas que se definem, como vimos, sobretudo, como mineiros.

O caminho Novo das Minas, além de caminho comercial, econômico, estratégico e político, é a estrada violenta e dolorosa do ouro, do quinto, da capitação, dos registros, do fisco [...] o que viu descerem os Inconfidentes em ferros. Via gloriosa, via dolorosa do mineiro – com as estações da sua paixão[26].

O fluir dos momentos marcantes de Minas pelo Caminho Novo confere-lhe grandeza incomum e, por analogia, estabelece-se conexão entre a paisagem e a história. Concomitantemente, a valorização dos mineiros encontra-se ligada às características sólidas e altaneiras do solo de Minas: "Era desses amigos de cem anos, como temos em Minas Gerais. [...] Zezé pertencia àquela raça de jequitibás da montanha: sólidos, plácidos, árvores que nos trazem, mais que admiração, o sentimento de confiança"[27]. Nesses termos, o culto do passado de Minas caminha ao lado do reconhecimento da alta envergadura dos mineiros. Através das lembranças prefiguradas na memória, os homens reproduzem situações por eles vividas e acham-se convencidos da sua exatidão e, assim,

---

23. *Idem*, p. 122.
24. Libério Neves, *Pequena Memória de Terra Funda*, p. 78.
25. "Enraizava-se em mim o amor da terra. [...] Daí este desejo de repousar a fronte encanecida na poeira do teu solo e adormecer chorando, [...] Daí este desejo de revocar as sombras do passado" (Enrique Resende, *Estórias e Memórias*, Rio de Janeiro, Gráfica Olímpica Editora, 1970, pp. 81-82).
26. Pedro Nava, *Baú de Ossos*, p. 144.
27. Afonso Arinos de Melo Franco, *A Alma do Tempo*, p. 1043.

atribuem a elas uma desproporção e um valor, que não possuíram de fato[28].O resultado final de todas essas operações resulta num permanente inventário da tradição que, de tão perseguido, faz desconfiar sobre o seu veraz poder. E de fato, "o culto do passado, longe de ligar os corações dos homens à sociedade, os desprende"[29]. Por isso, o exagero no afago de episódios e de pessoas que passaram pode ser sintoma de desenraizamento social e de tentativa de recuperação da identidade remetida aos tempos pretéritos. O exílio, por isso, joga papel significativo nesses casos.

O espectro do exílio está sempre no encalço dos mineiros. Em verdade, desde a decadência da mineração, a diáspora mineira subsequente recolocou o problema do afastamento do local de nascimento. Nas décadas posteriores, e até no próprio século XX, os geralistas viam-se compungidos a abandonar o seu estado e a tentar sobreviver em outras plagas. Se é certo que os motivos da migração não foram sempre os mesmos para o conjunto dos "exilados", não há dúvida que, para a maior parte dos mineiros, a partida para novas regiões prende-se à impossibilidade de sobrevivência na sua terra de origem. Para os "letrados", a ruptura dos laços natais esteve fortemente conectada à imersão no aparelho de Estado, absorvidos que foram pelo regime, principalmente a partir dos anos 1930[30]. Há ainda aqueles que sempre tiveram os olhos voltados para fora, como é exemplo Murilo Mendes:

> Ainda menino eu já colava pedaços da Europa e da Ásia em grandes cadernos. Eram fotografias de quadros e estátuas, cidades, lugares, monumentos, homens e mulheres ilustres, meu primeiro contato com um futuro universo de surpresas. [...] Cedo começou minha fascinação pelos dois mundos, o visível e o invisível[31].

Em quaisquer dos motivos, todavia, o apartamento do universo originário significa a inexistência de condições econômicas, sociais e culturais capazes de satisfazer às aspirações desses seres.

Se a carreira pública "permitiu aos herdeiros dos ramos empobrecidos da classe dirigente resgatar o declínio social a que se viam condenados assumindo diferentes tarefas na divisão do trabalho de dominação"[32], inseriu, no plano do desejo, certa sensação de deslocamento e de irrealização pes-

---

28. Cf. Maurice Halbwachs, *Les Cadres Sociaux de La Mémoire*, p. 154.
29. *Idem*, p. 151.
30. Para uma análise das relações entre os intelectuais e o Estado, ver o penetrante estudo de Sergio Miceli, *Intelectuais e Classe Dirigente no Brasil (1920-1945)*, São Paulo, Difusão Europeia do Livro, 1979.
31. Murilo Mendes, *A Idade do Serrote*, Rio de Janeiro, Sabiá, 1968, p. 170.
32. Sergio Miceli, *op. cit.*, pp. 133-134.

CULTURA E POLÍTICA

soais. Talvez por isso, "quase toda a literatura brasileira, no passado como no presente, é uma literatura de funcionários públicos"[33]. Pensamos que o memorialismo, tão praticado pelos mineiros, resulta, em grande parte, da impressão permanente desse deslocamento.

Se a produção de obra memorialística floresce, certamente, no terreno da procura de posição social e intelectual proeminente[34], amarra-se, no nível propriamente expressivo, ao saudosismo e até à melancolia. Para o escolástico Alberto Magno, o temperamento mais propício às memórias é aquele povoado pela "melancolia seco-quente à melancolia intelectual"[35]. Para nós interessa, sobretudo, compreender o porquê de uma realidade social conseguir criar situações para a emergência do memorialismo.

As condições históricas de Minas, geradoras de um ritmo lento do tempo e criadoras de todo um universo social que tende para a preservação de laços societários imediatos, podem gerar, do ponto de vista dos agentes, certa tendência à valorização do passado, uma vez que não surgem novas situações históricas capazes de absorvê-los e integrá-los em outro tecido social. Para além disso, a flutuação da classe dominante – dada a permanente sombra da decadência – se promove a necessidade de exílio, até por motivos compensatórios (nítidos naqueles que ocupam postos no funcionalismo público), recria um imaginário de saudosismo denso. Muito provavelmente, o fato de esses memorialistas identificarem-se sobretudo como mineiros, está conectado à fluidez de virtualidades não configuradas. A desilusão absoluta faz nascer manifestações negadoras do passado e afirmadoras do presente e do futuro. A saudade, ao contrário, é sempre um sentimento que brota da consciência do vivido, da importância que se atribui aos eventos desenrolados antes. Enquanto afirmação de um passado, as lembranças benéficas implicam uma certa projeção para o futuro. O saudosismo só afasta em definitivo o presente quando nele coabitamos com a ausência e aí localizamos as nossas desventuras. Por isso, os memorialistas encaram a infância e a juventude como os momentos privilegiados das suas vidas. Nesse tempo de esperanças fecundas residem as suas valorizações; nessa época de vida imaculada tremulam todas as promessas e convivem todas as benesses. Por isso, a família adquiriu importância fundamental, transformando-se no elemento mediador entre o

---

33. Carlos Drummond de Andrade, "A Rotina e a Quimera", "Passeio na Ilha", *Poesia Completa e Prosa*, Rio de Janeiro, Aguilar Editora, 1973, p. 242.

34. Sobre a relação entre o memorialismo e a busca de relevo social e intelectual, ver Sergio Miceli, *Poder, Sexo e Letras na República Velha*. Esse aspecto está analisado na nota 279 do capítulo IV.

35. Conforme Jacques Le Goff, "Memória", *Enciclopédia Einaudi*, vol. 1: *Memória – História*, Lisboa, Imprensa Nacional – Casa da Moeda, 1984, p. 32.

memorialista e o mundo por ele retratado. Desse modo, através das memórias, emerge uma visão sacralizada da família e obscurecem-se as mudanças sociais que alteram a sua feição, ao emergirem confundidas as diferentes gerações[36]. A família fica preservada como num instantâneo fotográfico, sem que se dê conta do seu tom, já há muito descorado[37].

O memorialismo, assim caracterizado, tende a reproduzir uma concepção de mundo repleta de tradicionalismo e, comumente, conservadora. De fato, se observarmos as memórias escritas pelos mineiros, veremos saltar toda uma recriação positiva das cidades do interior. Existe mesmo um processo extremamente acentuado de edenização dos pequenos espaços urbanos e da vida rural. Nesses termos, esses livros de memórias guardam profunda homologia com o universo social de Minas, cujo desenvolvimento se deu no transcurso do século XIX. As obras profundamente enraizadas nessa realidade compõem a categoria das memórias predominantemente locais[38]. Haveria ainda aquelas de feitio estritamente pessoal, isto é, as memórias de cunho confessional[39]. Ao lado delas, agrupam-se os livros que extrapolam o mundo interiorano ou a exclusiva confissão e que são

---

36. Nesses casos, "eu não estaria mais tão longe deles, porque meus pais não estão mais tão longe de mim [...] as diferenças ou as semelhanças entre as gerações que logo se repelem [...] e se afastam uma da outra, logo se juntam e se confundem" (Maurice Halbwachs, *La Mémoire Collective*, p. 56).

37. Bourdieu analisou o álbum de família como elemento de integração (cf. Pierre Bourdieu, *Un Art Moyen. Essai sur les Usages Sociaux de la Photographie*, Paris, Minuit, 1965).

38. J. Wanderley C. Barros, *Memórias de um Prefeito do Interior*, Belo Horizonte, Imprensa Oficial, 1979; Renato Augusto de Lima, *Memórias de um Delegado de Polícia*, Belo Horizonte, 1972; Waldemar Pequeno, *Um Advogado Aí pelos Sertões*, Belo Horizonte, Imprensa Oficial, 1966; José Rangel, *Como o Tempo Passa...*, Rio de Janeiro, 1940; Luiz Gonzaga dos Santos, *Memórias de um Carpinteiro*, Belo Horizonte, Editora Bernardo Alvares, s.d.; Salomão de Vasconcellos, *Memórias de uma República de Estudantes*, Belo Horizonte, s.d.

39. Maria Stella Vargas de Almeida, *Pesadelo que Dura...*, Juiz de Fora, Esdeva, 1984; Ciro Arno, *Memórias de um Estudante*, 2. ed., 1885-1906; Maria da Glória d'Avila Arreguy, *Memórias de uma Professora*, Belo Horizonte, 1956; D. Benedita, *Memórias de uma Professora Primária*, Belo Horizonte, Imprensa Oficial, 1970; Belmiro Braga, *Dias Idos e Vividos*, Rio de Janeiro, Oficina Gráfica Renato Americano, 1936; Rodrigues Dias, *Recordações dos Tempos Idos, Renovar... é Viver*, Belo Horizonte, Editora São Vicente, s.d.; José Capanema, *Oh! Dias da Minha Infância!*, Editora Littera Maciel, 1979; Daniel Carvalho, *De Outros Tempos*, Rio de Janeiro, José Olympio, s.d. e *Capítulos de Memórias*, Rio de Janeiro, José Olympio, 1957; Honório Guimarães, *Por Lareiras onde me Aqueci ou Romance da Minha Vida*, Belo Horizonte, Gráfica Breiner, 1945; Pedro Rache, *Homens de Ouro Preto. Memórias de um Estudante*, Rio de Janeiro, A. Coelho Branco Filho Editor, 1954; Antonio de Lara Resende, *Memórias. De Belo Vale ao Caraça*, Belo Horizonte, Edição do Autor, 1970 e *Da Serra do Caraça à Serra do Véu de Noiva*, Belo Horizonte, Imprensa Oficial, 1972; Enrique de Resende, *Estórias e Memórias*, Rio de Janeiro, Gráfica Olímpica Editora, 1970; Arinos Ribeiro, *Memórias de um Mineiro Sexagenário*, São Paulo, Editora Martins, s.d.; Firmino Matias Ribeiro, *Memórias de um Lavrador Farmacêutico*, Belo Horizonte, Imprensa Oficial, 1975.

CULTURA E POLÍTICA

as memórias de dimensão universalizante[40]. É importante salientar que, mesmo nos dois primeiros grupos, raramente a preocupação com o geral se encontra de todo ausente. Nesse passo, cabe indagar-se sobre as condições sociais que tornaram possível, a uma realidade tão restrita, a produção de memórias que tracejam problemáticas universais. De imediato pode-se afirmar que há uma incorporação especial no sentido do tempo, que se combina com os traços históricos fundamentais de Minas.

Para quem escreve memórias, a dimensão temporal é imprescindível. As memórias nascem, portanto, da impregnação do tempo passado e da consciência de uma época vivenciada intensamente sob a sensação do não retorno, por mais que ela se faça presente no âmbito do imaginário. Todavia, uma coisa é conceber uma estrutura narrativa definida na linearidade temporal, e outra, bem diferente, é deixar mesclarem-se as várias grandezas do tempo[41]. As memórias de Pedro Nava são exemplares nesse sentido, chegando a explicitar a imbricação dos tempos:

> O passado e o presente não são coisas estáveis tornadas interpenetráveis pela memória que arruma e desarruma as cartas que vai embaralhando. O passado não é ordenado nem imóvel – pode vir em imagens sucessivas, mas sua verdadeira força reside na *simultaneidade* e na *multiplicidade* das visagens que se depõem, se desarranjam, combinam-se umas às outras e logo se repelem, construindo não um passado mas vários passados. [...] Vão e vêm segundo as solicitações da *realidade atual* – também fictícia porque sempre em desgaste e capaz de instituir contemporaneidade com o passado, igual à que pode estabelecer com o futuro – tornando de vidro as barreiras do tempo[42].

Da coexistência na obra dos diversos momentos do tempo emerge um estilo de narração altamente complexo, onde a ordem de aparecimento dos acontecimentos foge à cronologia e apoia-se na reminiscência.

---

40. Paulo M. Machado, *Menino Feliz*, Belo Horizonte, Edições Movimento-Perspectiva, 1965; Afonso Arinos Melo Franco, *A Alma e o Tempo*, Rio de Janeiro, José Olympio, 1983; Murilo Mendes, *A Idade do Serrote*, Rio de Janeiro, Sabiá, 1968; Vivaldi Moreira, *O Menino da Mata e seu Cão Piloto*, Belo Horizonte, Imprensa Oficial, 1981; Helena Morley, *Minha Vida de Menina*, 7. ed., Rio de Janeiro, José Olympio, 1963; Pedro Nava, *Baú de Ossos*, 7. ed., Rio de Janeiro, Nova Fronteira, 1983; *Balão Cativo*, 2. ed., Rio de Janeiro, José Olympio, 1974; *Chão de Ferro*, 2. ed., Rio de Janeiro, José Olympio, 1976; *Beira Mar*, 2. ed., Rio de Janeiro, José Olympio, 1978; *Galo das Trevas*, Rio de Janeiro, José Olympio, 1981 e *O Círio Perfeito*, 2 .ed., Rio de Janeiro, Nova Fronteira, 1983; Libério Neves, *Pequena Memória de Terra Funda*, Belo Horizonte, Imprensa Oficial, 1974.

41. Quando as memórias não diferenciam as dimensões temporais, elas adquirem o caráter narrativo, pois, na narrativa, "o momento presente não é original, mas repete ou anuncia instantes passados e futuros" (Tzvetan Todorov, *As Estruturas Narrativas*, 2. ed., São Paulo, Perspectiva, 1970, p. 22).

42. Pedro Nava, *Balão Cativo*, p. 365 (grifos nossos).

Umas imagens puxam as outras e cada sucesso entregue assim devolve tempo e espaço comprimidos e expande, em quem evoca essas dimensões, revivescências povoadas do esquecido e pronto para renascer [...] às vezes não adianta violentar e *querer* lembrar. Não vem. A associação de ideias parece livre, salta, mas há uma coação que a compele e que também nos defende. [...] Somos conduzidos pela preferência do espírito que é fuga, distração, descanso lúdico. [...] Ave solta[43].

Rompe-se, assim, a pretensão do relato verídico e, principalmente, a convenção temporal. As memórias possuidoras do pendor universalizante *perdem a dimensão temporal, mas assumem a temporalidade*.

As memórias de Murilo Mendes são um exemplo expressivo dessa tendência de abandono do temporal em nome da temporalidade. Senão vejamos:

As pitangas temporãs. O tempo temporão. O tempo-será. As temporãs do tempo. O tempo da onça. As têmporas da onça. O tampão do tempo. O temporal do tempo. Os tambores do tempo. As mulheres temporãs. O tempo atual, superado por um tempo de outra dimensão, e que não é aquele tempo. Temporizemos[44].

Explicita-se, nessa passagem, a incorporação da temporalidade e não da cronologia temporal, temporalidade que se torna ainda mais visível quando pensamos as memórias de Murilo Mendes no conjunto. De fato, a Juiz de Fora pintada em *A Idade do Serrote* perdeu a concretude do retrato ao adquirir a dimensão etérea do devaneio[45]. Para além disso, a ordem narrativa, ao perder a característica temporal, organiza-se em torno da reminiscência que, por sua vez, combina lembranças do passado com reflexões atuais sobre o sentido dos acontecimentos da vida. Quando se refere a um caso de amor da sua juventude rememora-o da seguinte maneira:

Teresa tinha ciúmes, eu chamava a lua de Sílvia, certas moças de estrelas. Também eu era ciumento: alguns rapazes disputavam-me Teresa. À sua aparição termômetros masculinos subiam. Atrás de mim já me espreitavam certas poesias, prontas para me apunhalar. A tensão lírica igualava a tensão física. O medo, excitando-nos, queimava-nos. Subitamente comecei a compreender que eu fazia também um pouco de teatro. Mas não é o amor uma representação teatral?[46].

Nesse sentido, o constante trânsito da reminiscência para a autorreflexão faz aparecer um tipo de memória cujo caráter de relato do vivido desapareceu, abrindo espaço para a emergência da temporalidade.

---

43. *Idem*, p. 344.
44. Murilo Mendes, *A Idade do Serrote*, pp. 9-10.
45. Cf. Antonio Candido de Mello e Souza, *op. cit.*, p. 51.
46. Murilo Mendes, *A Idade do Serrote*, p. 147.

CULTURA E POLÍTICA

Não é casual que essas autobiografias, como argutamente observou Antonio Candido, por estarem ligadas à linguagem literária, expressem uma amálgama entre experiências e valores universais[47]. Para o autor de *Formação da Literatura Brasileira*, essa tendência do memorialismo mineiro persiste indelevelmente incrustada em certas manifestações literárias de Minas[48].

É o caso da combinação frequente entre, de um lado, o gosto pela confidência e a fixação quase obsessiva pelo lugar de nascimento; de outro, o desejo de traduzi-los em termos que os arranquem das condições particulares em que foram gerados, para lhes dar uma espécie de intemporalidade, pelo desvinculamento em relação ao local e individual[49].

Esse enleio contraditório nascido da combinação entre o sentimento atávico e o desprender-se dele encontra-se, a nosso ver, profundamente imbricado na história mineira.

A história de Minas, como vimos, assentou-se sobre duas dimensões temporais nítidas: a primeira vigiu durante o período minerador e estava conectada aos movimentos gerais da sociedade europeia; a segunda, após a decadência da mineração, criou um ritmo histórico lento que, no plano da sociedade, fez emergir um quadro societário dominado por relações imediatas, que tendiam a se preservar. Desse modo, o movimento histórico de Minas caminhou no sentido oposto à acumulação, pois saiu de um vívido contexto urbano para um universo dominado por pequenas cidades e, principalmente, pela zona rural. Todavia, a vida social de Minas oitocentista, no seu todo, não floresceu do terreno da decadência e da estagnação. Apesar da letargia do tempo histórico, a sociedade que se seguiu à era da extração dos metais não recriou, permanentemente, o declínio, pois apoiou-se em outros princípios organizacionais. Por isso, a história de Minas não conviveu apenas com duas temporalidades, mas sobretudo teve o seu momento de maior dinamismo no passado. Se dessa junção particular pôde, segundo as linhas da nossa análise, vicejar o pensamento mítico, também nela residem, ao lado de outras, as explicações para o caráter local e universal das memórias.

O tempo mítico é abstrato e a-histórico exatamente por confundir presente, passado e futuro. O memorialismo que flui das reminiscências também os mistura. Assim, haveria certa homologia entre a construção

---

47. Cf. Antonio Candido de Mello e Souza. *op. cit.*, p. 68.
48. *Idem, ibidem.*
49. *Idem, ibidem.*

mítica e o memorialismo de pendor universalizante. Ambos compartilham de uma certa vontade de preservação do passado, fortemente marcada no mito e nuançada nas memórias. O mito, ao parar o tempo, promove a identidade abstrata dos homens e os memorialistas repousam nas imagens formadas nas visões do passado, de onde sorvem os seus princípios identificadores. Também eles compactuam da ideia de que "a imobilidade das coisas que nos cercam talvez lhes seja imposta pela nossa certeza de que essas coisas são elas mesmas e não outras, pela imobilidade de nosso pensamento perante elas"[50]. Mito e memória desenvolvendo, de forma correlata, vocação para fixar o passado, adquirem dimensões ritualísticas[51]. A ritualização mítica manifesta-se em momentos convencionais ou de formalização explícita e, no memorialismo, na revivescência ritualizada do passado. Essa tendência a imobilizar o passado confere à memória um estado de pureza, enquanto sorvedouro da história na vacuidade do tempo, apoiada na reminiscência.

> Sinto o tempo passado em cada pedra que piso
> o passado me envolve, pairo sobre as
> igrejas e assisto à ressurreição dos mortos.
> Sou apenas memória[52].

Assumir integralmente a memória significa romper as barreiras do tempo, articular o passado no presente, tal como os mitos que são voltados para as origens, de onde retiram os princípios da identidade. Deixar-se permear pelo passado pressupõe o estabelecimento de total empatia com o mesmo, erigindo-o em responsável pela identidade do agente. O imaginário memorialístico, nessas condições, inclina-se para a supervalorização daquele quotidiano, promovendo a fixidez do tempo. Nas palavras de Murilo Mendes "a mitização da vida cotidiana, dos objetos familiares, enriqueceu tempo e meu espaço, tirando-me o apetite para os trabalhos triviais"[53]. A banalidade quotidiana foi então ultrapassada, aprisionada pelo pensamento mítico.

---

50. Marcel Proust, *Em Busca do Tempo Perdido. No Caminho de Swann*, p. 13.
51. Sobre a relação entre ritualismo e memória ver: Jacques Le Goff, "Memória", *Enciclopédia Einaudi: Memória e História*, p. 26. "A *anamnesis* (reminiscência) é uma espécie de iniciação como a revelação de um mistério" (Ecléa Bosi, *Memória e Sociedade. Lembranças de Velhos*, São Paulo, T. A. Queiroz Editor, 1979, p. 48). Também os ritos pressupõem a iniciação onde a natureza do cerimonial é revelada. Sobre a presença do mito na obra de Nava, ver Davi Arrigucci, "O Móbile da Memória", p. 84.
52. Emílio Moura, "Ouro Preto", *apud* Pedro Nava, *O Círio Perfeito*, 2. ed., Rio de Janeiro, Nova Fronteira, 1983, p. 369.
53. Murilo Mendes, *A Idade do Serrote*, p. 172.

CULTURA E POLÍTICA

Dessa forma, esse tipo de memória começa a operar de maneira semelhante à reflexão mítica, onde se insinuam os arquétipos construtores do imaginário[54].

No memorialismo mineiro tais dimensões, como vimos, estão muito presentes, podendo até mesmo nutrir-se das concepções forjadas sobre Minas. Por isso os livros correspondentes apresentam algum parentesco com *À la Recherche du Temps Perdu*, a obra-prima do gênero, criadora da "nova memória romanesca por recolocar a cadeia "mito-história-roman-ce"[55]. Talvez, por essa razão, as memórias possuam "faculdade épica por excelência"[56], uma vez que nas epopeias o tempo passado e as reminiscências são categorias fundantes[57].

Caberia, além do mais, estabelecer conexões entre o mito construído sobre a história de Minas – possuidor de pretensões explicativas para o conjunto da história brasileira – e o memorialismo de caráter universalizante. A mineiridade adquire certa dimensão épica, por apoiar-se no imaginário tecido sobre o destino dos inconfidentes. Em contrapartida, o gênero memorialístico, cuja natureza épica lhe é inerente, parece forma adequada de atualização e aquisição desse imaginário[58]. O equacionamento entre o memorialismo mineiro e a história de Minas passa, portanto, pela virtualidade da incorporação mítica do passado, mas também pela viabilidade de mantê-lo vivo na memória. Essas condições ocorreram em Minas. De um lado, todo um passado suscitador de devaneios e provedor da seiva alimentadora do imaginário; de outro, um tempo histórico titubeante para promover transformações, rupturas e projetos integradores[59]. Virtualmente, essa sociedade enseja a probabilidade da cristalização

---

54. Sobre a presença dos arquétipos no imaginário ver: Gilbert Durand, *Les Structures Anthropologiques de l'Imaginaire. Introduction à l'Archétypologie Générale*, 10. ed., Paris, Dunod, 1984.

55. Jacques Le Goff, "Memória", *Enciclopédia Einaudi: Memória e História*, p. 43. Também Antonio Candido aponta para as afinidades entre a obra de Pedro Nava e a de Proust (Antonio Candido de Mello e Souza, *op. cit.*, p. 57).

56. Ecléa Bosi, *Memória e Sociedade, Lembranças de Velhos*, p. 48.

57. Lukács estabeleceu relações entre o tempo épico e as recordações: George Lukács, *Teoria do Romance*, Lisboa, Editorial Presença, s.d.; *Grande Sertão: Veredas* do mineiro Guimarães Rosa é, provavelmente, o romance da literatura brasileira, cuja dimensão épica foi mais bem realizada.

58. Aquisição e atualização são, para Flores, as relações fundamentais da memória e que se manifestam em "Condutas observáveis separadas por um intervalo temporal de duração variável" (César Flores. *La Mémoire*, 4. ed., Paris, Presses Universitaires de France, 1982, p. 5).

59. Uma boa expressão da lentidão do tempo em Minas encontra-se nestas palavras de Helena Morley: "Durante o dia não precisávamos de relógio [...] temos a corneta do quartel, que toca até nove horas. Depois dessa hora o relógio de mamãe é o galo, que não regula muito bem. Já nos tem pregado boas peças. [...] Antigamente eu acreditava na hora do galo porque, na Boa Vista, a gente pergunta a hora a um mineiro, ele olha para o sol e diz. [...] Por isso eu pensava que o sol marcava a hora durante o dia e o galo durante a noite" (Helena Morley, *Minha Vida de Menina*, 7. ed., Rio de Janeiro, José Olympio, 1963).

do passado que, ao combinar-se com questões sociais específicas vivenciadas pela classe socialmente dominante e com os problemas enfrentados pela região no concerto do país, impôs a necessidade do exercício político. A vivência da política, todavia, tracejou um caminho peculiar. O mito político de Minas sorveu no período ilustrado a essência da sua justificação, talvez como forma de contornar a crise, na certeza de reencontrar o lugar perdido, mesmo que o novo espaço esteja reduzido em suas proporções.

A Vivência da Política

As falas dos políticos mineiros são peças exemplares relacionadas ao nosso tema, pois em seus discursos, desde o Império até os dias atuais, podemos localizar atributos da mineiridade. A recorrência a esses princípios num longo período de tempo deve ligar-se à permanência de um certo ritmo social[60]. que repõe, de diferentes formas e em diversos momentos, questões similares. De outro lado, o uso sistemático do imaginário sobre Minas revela o caráter mítico do mesmo e a possibilidade da sua incorporação à sociedade. Reversivamente, a contínua assimilação mítica, no plano coletivo, reatualiza e revigora esse tipo de discurso, conferindo-lhe tal dimensão de veracidade que se torna difícil distinguir o imaginário do real, isto é, da própria sociedade. É bem verdade que a possibilidade mobilizadora das elaborações urdidas no imaginário social se aloja na configuração e na dinâmica da história. Desse modo, os mitos que se originam na teia da história humana coletiva, quando incorporados, voltam-se para ela sob a forma de práticas, assumindo feição ideológica.

Trabalhar com os mitos políticos numa vasta escala temporal, como é o caso deste trabalho, implica descurar os significados diferentes e renovados que brotaram das motivações particulares, porque resultam de contextos e problemáticas extremamente variados. Assim, os móveis das práticas dos agentes sociais não são sempre os mesmos, pois se forjaram em situações sociais específicas. Por serem produtos e produtores da sua história, os homens permanecem inextrincavelmente absorvidos pelas questões do seu tempo, fazendo com que suas ações se apresentem envoltas no véu que encobre cada momento. Como se sabe, as constelações míticas possuem a característica de atravessarem períodos históricos bastante diversos, impondo o reconhecimento da persistência de questões não superadas. A introjeção dos mesmos princípios é sintoma de permanência, ainda que os móveis últimos dos atos

---

60. Girardet analisa a relação entre o apego "aos tempos de antes" e a perenidade de um ritmo de vida (Raoul Girardet, *Mythes et Mythologices Politiques*, Paris, Éditions du Seul, 1986, p. 97).

nasçam, evidentemente, de situações novas. Por considerarmos a dimensão política da mineiridade, fomos compelidos a perder as nuanças e os pontos de clivagem da história de Minas e do Brasil. Contudo, a mania de evocação de um certo passado não é também um modo de enfrentar os pontos de resistência da sociedade e, nessa medida, apreender um componente importante.da nossa história? A consciência da fixação não será uma forma de superá-la? Reviver os ritos políticos de uma sociedade não será uma maneira de compreendê-la? Perceber a intromissão do passado em novas propostas não será um modo de captar as direções futuras? Por isso, as análises centradas nas grandes durações não se constituem sempre em estudos menos profundos ou de menor significado histórico. As estruturas não se transformam na mesma intensidade do ritmo feérico dos eventos. Noutro prisma de considerações, o movimento estrutural não possui igual intensidade nas diferentes sociedades e, principalmente, não é sempre idêntico nas várias etapas da história. Desse modo, refletir sobre as permanências é também pensar historicamente, enfocando-as sob o aspecto da extensão, ainda que perdendo, por certo, a riqueza dos detalhes. A história na sua essencialidade, enquanto criação exclusiva dos homens, define a condição da humanidade, obrigando-a a sofrer a inviabilidade do retorno. E nesse sentido inclusivo a história é a permanência com a qual convivemos a cada momento, porque ocupa, ubiquamente, todos os nossos espaços.

Ora nos ocupamos com um tempo que tende a se perpetuar, pois desenvolveu a vocação imaginária pelo atemporal. No imaginário político mineiro o apego ao tempo anterior é uma constante[61]. Flutua no presente, mas com os relógios estancados nas horas passadas. A visão dos dias de hoje nutre-se dos eflúvios emanados nas eras de outrora e delas retira um incoercível desejo de realizar, no futuro, o já há muito acontecido.

Entre os elementos formadores da constelação mítica de Minas encontra-se a ideia de que os mineiros são portadores da missão de promover a unidade nacional. Bernardo Pereira de Vasconcellos, estadista mineiro de intensa atuação no período imperial, passou para a história do pensamento político como defensor intransigente dos princípios da unidade nacional. Propugnador veemente da centralização do poder do Estado, recusava qualquer tentativa de instituir no Brasil um federalismo de tipo americano[62]. Considerava o republicanismo nocivo à unidade da jovem nação e, por isso, punha-se

---

61. Sobre a fixação do mito político com o passado, ver Raoul Girardet, *Mythes et Mythologices Politiques*, p. 98.
62. Cf. Octávio Tarquínio de Souza, *Bernardo Pereira de Vasconcellos e seu Tempo*, Rio de Janeiro, José Olympio, 1937, p. 150.

232 MITOLOGIA DA MINEIRIDADE

a deblaterar contra essas ideias, defendendo a monarquia constitucional[63]. Vasconcellos foi tão enfático na afirmação dos seus princípios que um seu biógrafo ponderou: "Essa afabilidade e essa hospitalidade eram marcas da sua índole mineira. Mas, embora afável [...] não poupava o adversário"[64]. O pragmatismo norteava as suas ações, como se pode perceber nessas palavras: "estou (ciente) que se deve diminuir os laços da centralização, mas não de um jato, que faça dar um grande salto. [...] Em tais matérias o mais conveniente é seguir a experiência"[65].

Falas como essas, eivadas de um pragmatismo conservador, recorrentes na vida política brasileira, tinham como função preservar a inteireza do poder imperial[66]. Quando no Ministério de 1831, Bernardo Vasconcellos redigiu a sua *Exposição de Princípios*, sem deixar dúvidas sobre sua posição em prol da unidade do poder monárquico e dos instrumentos utilizados para obtê-la:

> Convencidos da grande importância da unidade do governo determinamos concertar em comum, não só os nossos planos, como também os meios próprios para executá-los. Há nessa unidade e na própria responsabilidade que esperamos encontrar, a força indispensável para manter a ordem pública e promover a pública prosperidade. Sendo necessário harmonizar com os seus princípios as diversas partes da Administração, para que todos se movam na mesma direção, o Ministério trabalhará sisudamente para transmitir-lhes esse sentimento de unidade, e para as fazer marchar no sentido da gloriosa Revolução de 7 de abril [...][67].

A ideia da prosperidade conectada à noção de ordem que já existia, portanto, no cenário político do Brasil, subordinava-se à preocupação com a unidade. Ao mesmo tempo, Vasconcellos percebia a necessidade de criar um corpo administrativo bem ordenado, imprescindível à centralização política. Adverte aos opositores sobre a política centralista do governo, quando expõe a ordem transmitida "aos corpos da força de mar e terra [...] para manterem com denodo a honra nacional, e conservarem a subordinação e disciplina no regaço da paz, inacessível às sugestões criminosas da rebelião

63. *Idem*, p. 27.
64. *Idem*, p. 32.
65. Bernardo Pereira de Vasconcellos, *apud* Octávio Tarquínio de Souza, *Bernardo Pereira de Vasconcellos e seu Tempo*, p. 150.
66. Sobre a preocupação de Bernardo com a preservação do poder imperial ver Salomão de Vasconcellos, *Bernardo Pereira de Vasconcellos e seu Tempo*, Belo Horizonte, 1953, p. 4.
67. Bernardo Pereira de Vasconcellos, "Exposição dos Princípios do Ministério da Regência, em Nome do Imperador, Feita à Assembleia Geral do Brasil", *Manifesto Político e Exposição de Princípios*, Brasília, Editora da Universidade de Brasília, 1978, p. 169.

CULTURA E POLÍTICA

e das facções"[68]. Na defesa da Constituição do Estado nacional emitiu o seu mais célebre pronunciamento:

Fui liberal, quando a liberdade era então nova no país, estava na aspiração de todos, mas não nas leis, nas ideias práticas, e o poder era tudo. Hoje, porém, é diverso o aspecto da sociedade: os princípios democráticos tudo ganharam e muito comprometeram; a sociedade, que então corria o risco pelo poder, corre agora o risco pela desorganização e pela anarquia. Como então quis, quero hoje servi-la, quero salvá-la e por isso sou regressista. Não sou trânsfuga, não abandono a causa que defendo no dia dos seus perigos, de sua fraqueza: deixo-a no dia que tão seguro é o seu triunfo, que até o excesso a compromete [...][69].

Nessa mensagem de insofismável expressão dos princípios do Estado, desponta a cautela do político conservador[70]. Aliás, no acirrado debate entre liberais e conservadores, estes últimos exprimiam, com grande ímpeto, os princípios da formação do Estado[71]. Nessa vertente, o mineiro Bernardo foi um defensor valoroso dessas ideias.

Deve-se notar, todavia, que muito embora Vasconcellos desenvolvesse sua atividade política nessa direção, manifestava, em suas falas, a relação entre a sua origem mineira e os ideais da nacionalidade. Acusado de incoerente por se apegar ao universo restrito da sua província, obtemperou: "tenho provincialismo, não o nego; o meu sangue, o meu coração, eu todo sou mineiro, e poderá haver patriotismo sem provincialismo?"[72]. Em outras ocasiões referendou as suas ligações com a sua terra de origem. Na *Carta aos Eleitores Mineiros* exaltou os laços que o identificavam com Minas ao se perguntar: "que maior galardão, que outras honras pode ambicionar um coração verdadeiramente mineiro?"[73]. No mesmo documento, aludiu à vocação libertária dos mineiros:

---

68. *Idem*, p. 171.

69. Discurso de Bernardo Pereira de Vasconcellos em resposta ao Ministro Clemente Pereira. *apud* Salomão de Vasconcellos, *Bernardo Pereira de Vasconcellos*, p. 27.

70. Para José Murilo de Carvalho, os principais políticos que representaram o princípio do "fortalecimento do poder central" entre 1832 e 1841 foram "Bernardo Pereira de Vasconcellos e seu discípulo político, Paulino José Soares de Sousa, Visconde do Uruguai" (José Murilo Carvalho, "A Composição Social dos Partidos Políticos Imperiais", *Cadernos do Departamento de Ciência Política*, n. 2, pp. 5-6, dez. 1974).

71. Para uma análise da atuação dos conservadores no sentido de exprimir os princípios do Estado ver Ilmar Rorloff de Matos, *O Tempo Saquarema*, São Paulo, Hucitec, 1987.

72. Fala de Bernardo Pereira de Vasconcellos retirada do prefácio de Francisco Rodrigues de Paiva, à edição de 1899, da *Carta aos Senhores Eleitores da Província de Minas Gerais*, reproduzida em Bernardo Pereira de Vasconcellos, *Manifesto Político e Exposição de Princípios*, p. 6.

73. Bernardo Pereira de Vasconcellos, *apud* Salomão de Vasconcellos, *Bernardo Pereira de Vasconcellos e seu Tempo*, p. 63.

Os mineiros, gente intrépida e ciosa de sua liberdade, nunca consentiram que os reis de Portugal lhes lançassem impostos: quase todos os que hoje paga aquela Província foram estabelecidos pelas câmaras, bem como o método de sua arrecadação; só depois de aniquilados pelo despotismo, é que os mineiros se sujeitaram a pagar impostos, em que não tinham convindo seus representantes. A história de um novo tributo em Minas é tinta de sangue; aquela gente briosa não depôs as armas algumas vezes sem que lhe fizessem amplas concessões, e os seus governadores, todos tiranos e soberbos, não raras vezes desceram de seus altos intentos[74].

Em suma, nas falas de Bernardo Pereira de Vasconcellos já se evidenciam certos traços constantemente absorvidos por políticos mineiros das épocas seguintes. Quando Vasconcellos qualifica a gente mineira de "intrépida e ciosa da sua liberdade", está se referindo à conjura do século XVIII, elemento formador da leitura mítica. Da mesma forma, ao definir-se sobretudo como mineiro, mas preocupado com os valores da nacionalidade, delineia outro componente essencial do mito, qual seja, a ideia de que Minas encarna o conjunto do país. A manifestação dessas ideias na primeira metade do século XIX não permite afirmar peremptoriamente que a construção do mito estivesse concluída, pois seu uso explícito é bem posterior àquela época. A nossa intenção, contudo, ao sublinharmos essas passagens, foi mostrar como os traços componentes da mineiridade, visíveis nos viajantes, aparecem igualmente nos discursos políticos da época. Por isso, se o costume de lançar mão das especificidades de Minas cristaliza-se depois, a gênese dessa atitude reside na primeira metade do século XIX.

Teófilo Ottoni, opositor ferrenho de Bernardo de Vasconcellos na política provincial, atribui aos mineiros as mesmas características de insubmissão e de amor à liberdade:

A liberdade e a indústria têm entre si uma filiação recíproca. A aliança entre os dois princípios é antiga na província. Data da dominação portuguesa. [...] O Brasil continuava sequestrado do resto do mundo, mas o instinto da liberdade atraiu até o interior de Minas a notícia das maravilhas que a independência estava produzindo nos Estados Unidos. [...] O quebramento dos teares trouxe a Inconfidência. O *Libertas quae sera tamen*, inscrito na gloriosa bandeira de 1789, simbolizava também um tear reerguido sobre essas quinas vaidosas [...][75].

Esse discurso de cristalina manifestação ideológica – ainda que de analogia inadequada e movido por interesses imediatos – deixa clara a

---

74. *Idem*, p. 107.
75. Teófilo Ottoni, "Carta ao Barão de Pouso Alto", *apud* Paulo Pinheiro Chagas, *Teófilo Ottoni. Ministro do Povo*, Belo Horizonte, Itatiaia, 1978, p. 350.

instrumentalização do passado de Minas. O episódio da Inconfidência entra a serviço dos mais diversos desígnios e aqui conectado às aspirações industrializantes de Ottoni e à sua admiração pela história americana. Em outras ocasiões, ressuscitou-se a conjura mineira com o fito de se promover interesses de influência e de participação política, principalmente nos momentos cruciais da história brasileira. Para nós, interessa salientar a identificação do discurso com a origem, com o passado sedicioso de Minas, de fácil evidência, pois já no Império surgiu uma memória sobre Minas apoiada no século XVIII.

As falas de Tancredo Neves primam por enunciar os princípios de preservação do poder do Estado, no compasso do movimento inconfidente. Em 1962, Tancredo, na aula inaugural da Universidade de Minas Gerais, enfatizou a proeminência do Estado, afirmando a sua exclusividade na conformação da sociedade[76]. Presidente eleito pelo colégio eleitoral, reafirmou a necessidade da unidade nacional, agora aliada ao movimento insurrecional de Minas contra a dominação metropolitana. No discurso então pronunciado[77] e que já analisamos noutro passo, estabelece uma relação mítica entre a Inconfidência e o sentido de nossa história. É notável que nesse discurso a sedição mineira, sempre invocada no sentido de reafirmar o pendor dos montanheses para a liberdade, apareça agora como o símbolo mais reluzente da história do Brasil. "As insurreições libertárias", percebidas no prisma da derrota, o são, todavia, de forma alvissareira, uma vez que abafadas em nome da unidade nacional, transferindo-se, por isso, a vitória para o movimento-símbolo, ainda que derrotado, isto é, para a Inconfidência. O triunfo, paradoxalmente, brotou assim de um revés. O reconhecimento explícito do ganho definitivo confere ao mito expressão máxima, pois atinge, nessa hora, o ponto supremo de onde desponta a sua superação.

O discurso de Tancredo Neves harmoniza-se à postura de Bernardo Pereira de Vasconcellos na questão da unidade nacional. O estado afigura-se como repositório da nacionalidade, enquanto cadinho onde se misturam e se integram os mais diferentes materiais, que concentra todos os esforços, que dimana centelhas ordenadoras da sociedade. A Instituição-Estado passa a ser, assim, o alvo predileto dos políticos mineiros, de longínqua tradição

---

76. O "Estado [...] somente ele, no uso de sua autoridade, pode assumir a indispensável liderança na orientação e no planejamento da ação comum" (Tancredo Neves, "O Regime Parlamentar e a Realidade Brasileira", *Revista Brasileira de Estudos Políticos*, n. 21, p. 27, 1962).

77. Tancredo Neves, "Discurso como Presidente Eleito do Brasil pelo Colégio Eleitoral – 15-01-85". Reproduzido por Vera Alice Cardoso da Silva e Lucília de Almeida Neves Delgado, *Tancredo Neves: A Trajetória de um Liberal*, Petrópolis, Vozes, 1985, p. 290.

regional, numa espécie de reconhecimento do poder central como fonte fundamental do exercício da política.

Os políticos das alterosas explicam a vocação de Minas para promover a unidade do país, também a partir da mediterraneidade do estado dentro do território nacional. Para João Pinheiro,

> [...] o Estado de Minas Gerais, pela sua posição central entre os demais; pela origem da população, vinda em massa, no correr do século XVIII, de todos os pontos povoados do Brasil [...] resume, em seu próprio solo, as belas qualidades do solo da Pátria, e em seu próprio povo as do povo brasileiro[78].

Minas como que se constitui no país, pois seus limites bordejam todas as regiões, e se coloca como órgão central no corpo da nacionalidade:

> As nossas fronteiras, de toda parte, ligando-nos ao norte como ao sul do Brasil, a este e a oeste, não nos permitem nenhum isolamento, e os bons como os maus dias da Pátria, como os de qualquer estado irmão, atuam intensamente sobre o coração mineiro, capaz da reciprocidade, da estima [...] em que repousará a unidade do Brasil, próspero, grande e sempre livre[79].

O uso recorrente da palavra coração não é casual nesses discursos. Milton Campos assim se expressou em discurso de saudação ao Presidente Dutra:

> [...] as próprias palpitações e os anseios do coração mineiro, num movimento de convergência que bem traduz as indesiáveis determinações da unidade nacional. [Sendo] imperioso acentuar a vocação da unidade nacional que marcou sempre a evolução política e econômica do [...] Estado. [...] Minas, pela sua posição geográfica central e pelas determinantes de suas condições econômicas e sociais, representa verdadeiramente o cerne da nacionalidade. Daí o sentimento profundo de brasili-dade [...][80].

As concepções de que Minas, por sua posição geográfica, contém mais intrinsecamente a nação, criam uma ideia mitificada de espaço, porque geram

---

78. João Pinheiro, "Manifesto-Programa do Candidato do Partido Republicano Mineiro à Presidência do Estado – 12-2-1906", *João Pinheiro. Documentário Sobre a Sua Vida*, org. Francisco de Assis Barbosa, Belo Horizonte, Publicações do Arquivo Público Mineiro, n. 1, p. 159, 1966. Publicado também em Francisco de Assis Barbosa e Leonardo Leite Neto, *Ideias Políticas de João Pinheiro*, Brasília, Senado Federal, 1980, p. 197. Para uma caracterização da figura política de Milton Campos, ver Pedro Rache, *Homens de Minas*, Rio de Janeiro, José Olympio, 1947. Ver também João Domas dos Santos, *Figuras da Província*, Belo Horizonte, Editorial Panorama, 1949.

79. *Idem*, pp. 225-226.

80. Milton Campos, *Compromisso Democrático*, Belo Horizonte, Secretaria da Educação e Cultura de Minas Gerais, 1951, pp. 98-99.

CULTURA E POLÍTICA

a ilusão de que se pode encontrar no presente episódios do passado[81]. Ao mesmo tempo, a noção do espaço invariante e incapaz de perder quaisquer das suas partes recria uma forma de pensamento que assume integralmente a permanência do tempo. Nesse aspecto, haveria profunda analogia entre o memorialismo mineiro e a utilização política da mineiridade. O mito, por ser a-histórico, pressupõe a existência de uma memória válida, além de perene, para um conjunto amplo de homens. Nesse sentido, as falas dos políticos de Minas refazem um caminho parecido ao das obras dos memorialistas. Tanto na elaboração mítica quanto nas memórias, a mescla entre passado, presente e futuro pressupõe o desaparecimento das diferenças entre tempo e espaço. No que diz respeito às manifestações públicas dos políticos de Minas, tempo e espaço são assumidos como extensões importantes do caráter mineiro:

> Duas categorias marcam de profunda realidade a vida humana: o tempo a que pertencemos e que assinala em cada um de nós as inspirações de sua origem para projeção no futuro. O lugar é o lugar onde nascemos, onde nos formamos – e onde preparamos nossas forças para enfrentar o que há de vir[82].

Dessa forma, as conceituações de tempo e espaço supõem ligações com as origens e, pois, com o passado, mas de maneira a suportar a imprevisibilidade do futuro, através da certeza medrada na garantia da imutabilidade espaço-temporal. A partir daí, é possível firmar a simbiose entre Minas e o Brasil. A ideia de nação enseja uma categorização abstrata do tempo e do espaço. Correlatamente, a mitificação de uma época referida a um lugar determinado contém o pressuposto abstrato. Daí, acontecer uma homologia de princípios entre as concepções de Minas e as de nacionalidade, validando afirmações como: "Servir a Minas é servir à nação"[83].

Nesse quadro, Minas desponta nos discursos como o eixo do equilíbrio brasileiro, reivindicando "a honrosa missão de mediadora entre as forças políticas que se desaviaram em contendas acidentais"[84]. À centralidade geográfica de Minas corresponde, no plano da política, o equilíbrio. Ainda mais uma vez, Milton Campos:

81. Conforme Maurice Halbwachs, *La Mémoire Collective*, p. 167.
82. Milton Campos, *Compromisso Democrático*, p. 353.
83. José Francisco Bias Fortes, *Vocação de Minas (Discursos)*, Belo Horizonte, Imprensa Oficial, 1960, p. 142. Para uma caracterização do político Bias Fortes: Pedro Rache, *Outros Homens de Minas*, Rio de Janeiro, José Olympio, 1948.
84. *Idem*, p. 37. "Minas exerce sua missão agregadora, compondo a unidade na diversidade, com sentido orgânico imprescindível [...]" (Antônio Aureliano Chaves de Mendonça, "Minas, Centro de Equilíbrio do Desenvolvimento Nacional", em *IV Seminário de Estudos Mineiros*, Belo Horizonte, Universidade Federal de Minas Gerais, p. 248).

Dessa condição de centro geográfico é natural que decorram muitas consequências, não apenas de ordem física e econômica, mas também de ordem humana e política. O centro é, por definição, ponto de convergência e nucleação, dando a ideia de síntese, de dureza e de estabilidade. [...] Humanamente ou politicamente, o centro dá as largas perspectivas que habilitam a ver as paisagens num círculo abrangente e alcançam os horizontes mais distantes. Não há a limitação de um trecho ou de um corte, mas a visão global. E daí vem a possibilidade da comparação instantânea entre altos e baixos, os claros e os escuros das paisagens circundantes, produzindo as reações contraditórias cuja síntese é o equilíbrio. [...] O equilíbrio, eis o traço característico da índole mineira e que é, ao mesmo tempo, sua glória e seu drama. Porque o equilíbrio exige esforço excepcional, em contraste com as facilidades dos ímpetos, dos impulsos, das posturas despreocupadas. É como o meio-termo, onde Aristóteles colocava a virtude, e que é sempre posição apagada e odiosa, sob o impacto dos extremos fáceis, brilhantes, espetaculares e atraentes. Quem se coloca nos extremos conta com as facilidades sedutoras, inclusive com a ilimitação, que seduz como a liberdade, mas atrai como o abismo. No meio, há a pressão dos lados e surge a necessidade de reagir, de medir e de compor[85].

Desse longo trecho surgem as características mais típicas atribuídas ao gênio político dos mineiros. Acrescentaram-se novos elementos às determinações geográficas responsáveis pela criação do espírito moderado dos mineiros, uma vez que o relevo permite a ampliação do alcance do olhar. Minas é o equilíbrio porque pode enxergar mais longe, a sua visão abrange todo o horizonte. Essa capacidade superior dos mineiros, expressa na moderação, é trabalhada, todavia, no prisma da renúncia à liberdade. Daí, o aspecto dramático por ela assumido. O discurso de Milton Campos enfatiza, de um lado, a transcendência de Minas sobre as outras regiões; de outro, alude ao sacrifício que a posição de superioridade exige. Além do mais, a ideia do esforço inerente às posturas equilibradas traz juntamente consigo a concepção política enquanto atividade sublimada. Esforço implica, necessariamente, autorrepressão, por sua vez criadora de comportamentos racionalizados. A ênfase no papel de fiel de balança exercido por Minas no conjunto do país está justificada, a partir do afastamento da liberdade ilimitada. A política, portanto, é prática inerentemente comedida, guiada por uma racionalidade que brota no terreno do autocontrole. Desse ponto de vista, deixar-se seduzir pelos impulsos é incompatível com o exercício da boa política, uma vez que eles perturbam o andamento da racionalidade. Derrotam-se os desejos incontidos, em nome de uma razão instrumenta-

---

85. Milton Campos, *Compromisso Democrático*, pp. 92-93.

CULTURA E POLÍTICA

lizadora[86], porque voltada para a destruição dos contrastes criadores de desequilíbrios. O exercício político assim entendido constitui uma atividade ascética - por ser produto do sacrifício nascido do esmagamento dos sonhos. É toda uma ação que se aparenta com as artimanhas de Ulisses, que venceu as suas provações utilizando-se da astúcia e da renúncia[87]. Não é casual, pois, que o político mineiro expresse nas suas falas uma visão mítica e que Ulisses, ele próprio, seja personagem de um mito.

O ascetismo político desemboca na moderação e no senso da ordem e da estabilidade políticas. Note-se que esses atributos aparecem, em alguns discursos, conectados à ideia de civilização: "A nossa evolução de povo civilizado oferece permanentemente o exemplo de um processo de equilíbrio que, pelos métodos compreensivos da moderação e do exato sentido das coisas, forma a estabilidade das instituições e a normalidade da vida social"[88]. O comedimento atribuído aos mineiros é entendido, pois, como dado civilizacional, produto da vida cultural que nasceu e berçou entre as montanhas. A cultura desenvolvida em Minas emerge como expressão máxima da sociedade brasileira, "que obriga o mineiro a descortinar horizontes muito mais amplos que os brasileiros de outros estados"[89]. Agreguem-se a isso fatores de ordem psíquica: "que o fato de o mineiro ter vivido isolado obriga o mineiro a uma introspecção profunda. Todo o mineiro é um meditativo, todo mineiro é um homem voltado para a

---

86. A noção de razão instrumental está desenvolvida na *Dialética do Iluminismo,* como fruto do pensamento ilustrado. Nessa obra, a racionalidade instrumental é conectada à ideia de domínio, analisado a partir da epopeia grega (T. W. Adorno e M. Horkheimer, *Dialéctica del Iluminismo,* Buenos Aires, Editora Sur, 1971). Auerbach analisa o aspecto estático dos homens e coisas na Odisseia. Esses, quando estão em movimento movem-se num espaço perceptível e, portanto, controlável (Erich Auerbach, *Mimesis, A Representação da Realidade na Literatura Ocidental,* 2. ed., São Paulo, Perspectiva, 1976, p. 2).

87. Conforme T. W. Adorno e M. Horkheimer, *Dialéctica del Iluminismo,* p. 76.

88. Milton Campos, *Compromisso Democrático,* pp. 212-213. Essa ideia encontra-se também desenvolvida em Tancredo Neves, para quem "ser mineiro não é ser radical, e ser radical não é ser mineiro". Entrevista de Tancredo Neves concedida a Vera Alice Cardoso da Silva e Lucilia de Almeida Neves Delgado, *Tancredo Neves: A Trajetória de um Liberal,* p. 103. Em Bias Fortes, que alude ao "equilíbrio e moderação da grei montanhesa" (*Vocação de Minas (Discursos),* p. 12). Em Juscelino Kubitschek, que considera a agitação política "sintoma de uma só e grave enfermidade" (Juscelino Kubitschek, *Meu Caminho para Brasília. A Experiência da Humildade,* Rio de Janeiro, Block Editores, 1974, 1º vol., p. 119). Em Arthur Bernardes, para quem "rompido o equilíbrio, rompe-se o sistema que é a ordem, harmonia e segurança, isto é, não mais existe governo, mas apenas um simulacro de governo" ("Discurso de Arthur Bernardes em Belo Horizonte quando da volta do exílio", reproduzido por Júlio Barata, *A Palavra de Arthur Bernardes,* Rio de Janeiro, 193, p. 95). Sobre Bernardes, ver Alberto de Souza Lima, *Arthur Bernardes Perante a História,* Belo Horizonte, Imprensa Oficial de Minas Gerais, 1983.

89. Entrevista de Tancredo Neves concedida a Vera Alice Cardoso da Silva e Lucília de Almeida Neves Delgado, *Tancredo Neves: A Trajetória de um Liberal,* p. 104.

sua interiorização ou o aprofundamento de suas forças internas, suas forças interiores"[90]. A introversão dos mineiros coroa a moderação e o equilíbrio, por implicar uma permanente atitude avaliadora das circunstâncias. E essa, tão pensada, natural inclinação do temperamento mineiro aparece na visão dos políticos de Minas, de maneira altamente valorizada e até enobrecedora: "Em verdade, o meio-termo é uma posição de coragem, aquela tranquila e determinada coragem que resulta da convicção sincera e refletida"[91]. O equilíbrio definidor da centralidade política transforma-se em "posição do espírito"[92]. Por isso, concebeu-se o equilíbrio como qualidade sobranceira, apegada "à dignidade do povo mineiro, respondendo pela sua tradicional altivez, incompatível com quaisquer gestos que possam degradá-lo"[93].

As noções de equilíbrio e moderação não possuem, obviamente, significado político exclusivo, o mesmo não se dando contudo com a de conciliação. Os políticos de Minas Gerais apresentam-se como artífices primorosos dos momentos de conciliação da sociedade brasileira. A conciliação política – de larga tradição no pensamento brasileiro[94] – apareceu no império, ligada à figura do mineiro Honório Hermeto, Marquês de Paraná[95]. A conciliação, além disso, ressurge sempre conectada à questão da unidade nacional, quando os problemas políticos se tornam significativamente mais espinhosos. Não casualmente, Honório Hermeto passou para a história do Império como a figura central da arte conciliatória, entre liberais e conservadores. Euclides da Cunha menciona-o em relação aos episódios ocorridos em 1848: "e sobretudo com o Marquês de Paraná, na quadra que uma intuição de gênio resumiu na palavra *conciliação*: a harmonia completa dos lutadores, ultimando-se inteiramente a admirável evolução monárquica no equilíbrio dos partidos"[96].

---

90. *Idem*, p. 104. "O mineiro, homem sóbrio e resignado, que sabe dominar as suas inquietações com uma compostura perfeita e emocionante" (Juscelino Kubitschek, "Discurso do Governador Juscelino Kubitschek de Oliveira", *Jornal Minas Gerais*, p. 1, 1º fev. 1951).
91. Milton Campos, *Compromisso Democrático*, p. 94.
92. "O equilíbrio – o centro é a posição do espírito" (Gustavo Capanema, *Pensamentos*, Belo Horizonte, Secretaria de Estado de Governo; Coordenadoria de Cultura, 1983, p. 100).
93. "Discurso de Antonio Carlos em 21.05.1930", *A Palavra do Presidente Antonio Carlos na Campanha da Aliança Liberal*, Belo Horizonte, Imprensa Official de Minas Gerais, 1930, p. 156. Nessa passagem, a altivez de Quixote aparece ligada à ponderação de Sancho. Remetemos o leitor para o capítulo 3 deste trabalho.
94. Para Michel Debrun, a conciliação é o principal arquétipo-político-ideológico brasileiro (Michel Debrun, *A Conciliação e Outras Estratégias*, São Paulo, Brasiliense, 1983, pp. 122 e 136).
95. Para uma análise do Marquês de Paraná: Octavio Tarquínio de Souza, "Vultos do Império", *História dos Fundadores do Império do Brasil*, Rio de Janeiro, José Olympio, 1957, vol. VIII; Maurílio de Gouveia, *Marquês do Paraná. Um Varão do Império*, 2. ed., Rio de Janeiro, 1962.
96. Euclides da Cunha, *À Margem da História do Brasil*, 3. ed., Porto, Livraria Chardron, de Lelo & Irmão, 1922, pp. 304-305.

Dessa forma, seguindo a interpretação de Euclides, na política desenvolvida por Paraná a conciliação prende-se ao senso de proporção das forças em contenda, essencial ao bom andamento das instituições. A conciliação visa à permanência do poder do Estado, entendida no plano da neutralização de correntes políticas diversas. A definição da imagem conciliatória de Paraná foi confeccionada por homens que viveram intensamente a política do período imperial. José de Alencar, reportando-se à constituição do gabinete Paraná, comenta:

> [...] é verdade que a tarefa do governo era ainda mais difícil e mais delicada do que a de organizar um sistema nas circunstâncias ordinárias e aplicá-lo; porque era preciso, para auxiliar essa crise salutar que se operava nas cousas, atender aos menores acidentes, conciliar todas as ambições, acalmar alguns despeitos, neutralizar, enfim, todas as causas que podiam obstar o desenvolvimento dessa transição lenta, por meio da qual o país deveria passar de um período de organização a um futuro de progresso e melhoramento[97].

A conciliação afigura-se pois como etapa transicional, concebida para absorver as dissenções e imprescindível à tessitura de um futuro promissor. Produto da habilidade política pessoal, a conciliação passa a resultar das qualidades inerentes a alguns homens. Nessas ocasiões, ocorre comumente uma excessiva personalização de políticos tidos como fundamentais à urdidura do novo pacto. Desse ponto de vista, as atitudes conciliatórias surgem envoltas no véu do conservadorismo, uma vez que a necessidade de se atribuírem todos os méritos a certas personalidades descobre a fragilidade das instituições políticas. Ao mesmo tempo, a política – atividade coletiva por excelência[98] – transforma-se em seara cultivada por indivíduos talhados, por seus atributos, para uma ação efetiva. Quando ocorrem eventos dessa natureza, significa que os seres sociais foram totalmente absorvidos pelo imaginário político, uma vez que a este é próprio o desaparecimento das fronteiras entre o individual e o coletivo[99].

O discurso de Tancredo Neves como presidente eleito pelo colégio eleitoral é indicativo no sentido de explicitar a nossa análise, pois, em seus

---

97. José de Alencar, *apud* Maurílio Gouveia, *Marquês do Paraná. Um Varão do Império*, p. 234. Para João Camilo de Oliveira Torres, Paraná nunca foi um conciliador, mas um moderado (cf. João Camilo de Oliveira Torres, "Paraná e a Conciliação", *Revista Brasileira de Estudos Políticos*, n. 1, p. 95, dez. 1956).

98. Hannah Arendt analisa as distinções entre o mundo público e o mundo privado (Hannah Arendt, *A Condição Humana*, 2. ed., Rio de Janeiro, Editora Forense-Universitária, 1983, especialmente capítulo II: "As Esferas Pública e Privada").

99. Cf. Raoul Girardet, *Mythes et Mythologices Politiques*, p. 183.

trechos mais fortes, evoca a unidade nacional enquanto subproduto da conciliação mineira. A urdidura da unidade nacional significa a reconstrução do Estado, no movimento da conciliação, célula-mater responsável pelo desenho da fisionomia da nova sociedade. "Dentro dessa ordem de ideias, a conciliação, construindo o entendimento, deve ser vista como o convênio a administrar a transição rumo à nova duradoura institucionalização do Estado"[100]. Por isso, a conciliação revela-se a mola do "entendimento entre o povo e o governo, a Nação e o Estado". O entendimento, todavia, dirige-se primordialmente para o Estado, para a "preservação da integridade e da soberania nacionais"[101]. No Estado as diferenças não se erguem para serem administradas ou, mesmo, reconhecidas; contrariamente, elas se harmonizam no seu interior. Convivem enquanto partes aliadas, ajustadas e, portanto, as distinções remanescem enquanto elos idênticos e solidários da mesma corrente, isto é, a Nação modula-se na voz do Estado. Para promover façanha dessa magnitude, exigem-se qualidades excepcionais. O locutor adquire, por isso, tom salvacionista[102]. "Vim em nome da conciliação"[103] ou "vim para promover as mudanças"[104]. Assiste-se, desse modo, ao jogo da personalidade redentora ajustada ao talento de quem maneja, com maestria, a habilidade política.

A alusão ao caráter redentor do líder torna esse discurso uma peça exemplar do imaginário político. E de fato, dentre as características do imaginário político, encontra-se o privilegiamento de certos períodos do tempo da memória, que são fixados de maneira sacralizada[105]. A unção de Tiradentes para exercer o papel de artífice da liberdade e da nação brasileira possui dimensões de um intróito místico[106]. Paralelamente, os fatos acontecidos durante a doença de Tancredo Neves assemelham-se aos passos do calvário e, não casualmente, a figura de Tiradentes foi lembrada a todo momento. O desen-

---

100. "Discurso de Tancredo Neves no Colégio Eleitoral", *op. cit.*, p. 290. Milton Campos desenvolve a ideia da missão congregadora de Minas em prol da unidade nacional (Milton Campos, *Compromisso Democrático*, p. 320).
101. "Discurso de Tancredo Neves", *op. cit.*, pp. 294 e 296.
102. Devo a Josildeth Consorte a ideia do caráter redentor expresso no discurso de Tancredo Neves.
103. *Idem*, p. 292.
104. *Idem*, p. 295.
105. Cf.Raoul Girardet, *Mythes et Mythologices Politiques*, p. 98.
106. A utilização de Tiradentes nas expressões políticas de Minas não se restringe aos discursos mais conhecidos. "Era militar o primeiro mártir da República brasileira e cabe-vos a honra de pisardes o mesmo chão, olhando as altivas montanhas de Minas Gerais que foram o berço da nobre revolta que se devia iniciar ao grito heroico do legendário patriota de vencer ou morrer" (João Pinheiro, *Ideias Políticas de João Pinheiro*, p. 117). "Não foi inútil o sacrifício dos heróis e precursores. [...] Não se malogrou o sonho generoso dos inconfidentes de Minas Gerais" (Bias Fortes, *Vocação de Minas (Discursos)*, p. 150). A reprodução iconográfica de Tiradentes assemelha-se, significativamente, à imagem de Jesus Cristo.

CULTURA E POLÍTICA

lace daqueles dias de aflição deu-se no mesmo dia da morte do Inconfidente, conferindo forte carga simbólica ao evento e realimentando o imaginário tecido em torno da figura de um redentor. A morte de Tancredo Neves, todavia, não se encontra isenta de outros significados capazes de simbolizar, concomitantemente, a ultrapassagem da imagem mítica de Tiradentes. Apesar de o Inconfidente flutuar, no discurso de Tancredo Neves, como arquiteto da nacionalidade, aparece, pela primeira vez, no mesmo, frente à exteriorização do imaginário mítico de Minas, a referência ao futuro nascido do presente e não do passado. "Assim sendo, a pátria não é o passado, mas o futuro que construímos com o presente"[107]. Essa frase pode conter o reconhecimento da complexidade atual da sociedade brasileira, quiçá a magnitude dos problemas resultantes dessa conjuntura[108]. Possui, além do mais, destinatário certo: os antigos partícipes do regime autoritário. Pela disposição das frases no discurso, percebe-se que a ênfase no futuro gerado a partir do presente já faz parte dos trilhos iniciais, despontando o tom profético no final. Junto com a acuidade da percepção de Tancredo Neves para as difíceis questões do país e de suas alianças com setores políticos mais modernos, emerge do discurso uma forma de construção de profundo significado.

Cabe lembrar que não se encontra ausente da fala de Tancredo a ideia da renúncia e do sacrifício, que vigoraram até a vitória no colégio eleitoral: "Não foi fácil chegar até aqui. Nem mesmo a antecipação da certeza da vitória, nos últimos meses, apaga as cicatrizes e os sacrifícios que marcaram a história da luta que agora se encerra"[109]. A noção de sacrifício, de forte componente mítico, como vimos, liga-se a uma dimensão catastrófica da história[110]. A validade do sacrifício repousa num universo simbólico arcaico, que intenta reforçar o coletivo contra o individual[111]. O que se pretende, em última instância, é impor um certo tipo de racionalidade e fazê-la predominante em face das expressões divergentes. Nesse quadro, pode-se entender a conciliação calcada em relações políticas controladas pelos vitoriosos e,

---

107. "Discurso de Tancredo Neves", *op. cit.*, p. 288. Dentre os políticos mineiros, foi Juscelino Kubitschek o único a falar constantemente do futuro: "[...] Meus olhos se estendiam para a contemplação de horizontes bem mais amplos e recuados. Olhava para o futuro. Tentava surpreender, nas dobras dos anos, que haveriam de vir, os contornos de uma imagem diferente para o mundo [...]" (Juscelino Kubitschek., *Meu Caminho para Brasília. A Experiência da Humildade*, p. 89).

108. Estamos nos referindo, nesse passo, às profundas transformações econômicas e sociais dos últimos anos e aos problemas pressupostos por elas.

109. "Discurso de Tancredo Neves", *op. cit.*, p. 290.

110. Sobre a relação entre o sacrifício e uma concepção catastrófica da história ver T. W. Adorno e M. Horkheimer, *op. cit.*, p. 69.

111. *Idem*, p. 70.

por isso, distante da ideia de equilíbrio harmônico das forças sociais. De outro lado, o apelo ao sacrifício conecta-se à revivescência da imagem do salvador. Assumindo o papel de redentor, Tancredo criou um *analogon* com a trajetória de Tiradentes. E, nesse momento, concretiza-se a figura mítica do Inconfidente na pessoa de Tancredo, significando, pois, a morte desse tipo de imaginário político, senão em definitivo, pelo menos no que diz respeito ao seu poder anterior. Também por isso, a morte de Tancredo possui grande significação simbólica e assim foi percebida: "Minas não esteve indiferente a tudo isso. Uniu-se. Comandou a restauração política. Praticou a conciliação ativa. Foi decisiva na busca da renovação da nacionalidade. Sacrificou um de seus grandes. Sintetizou, uma vez mais, por anseios e atos, a alma nacional"[112]. Não esteve ausente, de outro lado, a sensação de epílogo, representada pela morte de Tancredo Neves: "Sobrariam [...] velhas lideranças políticas pela sua dimensão nacional, pelo seu carisma, pela sua habilidade, mas que certamente perderiam representatividade inclusive pelo seu próprio desaparecimento"[113].

Nessa perspectiva, a questão fundamental da política mineira extrapola os limites regionais, porque no universo das suas práticas e das suas percepções o nacional jamais esteve ausente do horizonte. O poder do Estado afigura-se, portanto, como a miragem política dos mineiros. Honório Hermeto, além de Vasconcellos, foram no Império políticos seduzidos pela questão do Estado. Quando ministro da Justiça em 1832, o Marquês de Paraná dirigiu-se aos seus pares com as seguintes palavras:

> Sim, senhores, vós tendes destruído o poder absoluto. Dele já não restam vestígios. Resta-nos agora, para consumardes vossa obra, reconstruir o poder constitucional, armando-o de leis e instituições que lhe deem força capaz de defender a liberdade do Império e a Monarquia Constitucional, se elas se acharem em perigo[114].

Há pontos de convergência entre essa fala e o discurso de Tancredo Neves no Colégio Eleitoral: "a primeira tarefa de meu governo é a de promover a organização institucional do Estado"[115]. Em si mesmas, tais expressões não

---

112. Haydn Coutinho Pimenta, "Apresentação", *III Seminário sobre a Economia Mineira*, Belo Horizonte, Cedeplar/UFMG, 1986, p. 1.

113. Clélio Campolina Diniz, "O Paradoxo Mineiro: Fortalecimento Econômico e Enfraquecimento Político", *III Seminário sobre a Economia Mineira*, p. 336.

114. Honório Hermeto Carneiro Leão, *apud* Maurílio de Gouveia, *Marquês do Paraná. Um Varão do Império*, p. 56.

115. "Discurso de Tancredo Neves", *op. cit.*, p. 289. Uma perspectiva autoritária dessa concepção encontra-se em Francisco Campos: "Da Constituição, portanto, e somente dela, derivam as atribuições dos três poderes. O que foi conferido pelo povo não pode ser retirado pelos seus representantes [...]" (Francisco Campos, *Discursos Parlamentares*, Brasília, Câmara dos Deputados, 1979, p. 27).

CULTURA E POLÍTICA

ganhariam a importância que adquiriram, se não estivessem articuladas à concepção de que Minas simboliza a nação. Nesse sentido, o pensamento sobre Minas sintetiza, magistralmente, esse princípio tão apregoado pelos políticos: "Felizmente, desde o Império, Minas Gerais tem sabido corresponder a essas demonstrações, atuando com eleição na política nacional, visando aos interesses superiores da nacionalidade"[116].

O desenvolvimento dessas construções manifesta-se no prisma da vocação de Minas e dos seus políticos para manter as características do Brasil. Minas teria absorvido os mais genuínos valores da nacionalidade, por ser afeiçoada à tradição:

> Podeis estar certos de que Minas tem como uma de suas características o culto ao passado e o apego às tradições. [...] O passado entre vós vale, sobretudo, como um estímulo e as tradições são um fio invisível, mas atuante, de orientação para o futuro[117].

Por isso, o estado de Minas Gerais teria preservado os atributos fundamentais do antigo Brasil. Nem Juscelino, o político mineiro de expressão mais moderna, fugiu a esse tipo de sedução: o mineiro "soube conservar, apesar das muitas transformações da hora presente, as qualidades mestras do velho Brasil, um vivo sentimento dos valores eternos, sem os quais tudo o mais não tem significação ou sentido"[118].

A incorporação política do imaginário mineiro enfatiza a dimensão da memória e, por isso, os discursos dos seus representantes possuem, no mais das vezes, tom memorialístico. Novamente, nessa passagem, Tancredo Neves é exemplar:

> Nesta hora, de forte exigência interior, recorro à memória de Minas, na inspiração familiar e na fé revelada na paz das igrejas de São João Del Rei. Tantas vezes renovada em minha vida, é a esta memória, com sua inspiração e sua fé, que recorrerei, se a tentação do desalento vier a assaltar-me[119].

---

116. Benedito Valladares, *op. cit.*, p. 261. Esse conceito surge, às vezes, sob a ideia de que Minas ultrapassa os preconceitos regionalistas: "Todo o Brasil sabe que Minas não alimenta preocupações regionalistas, nem outro qualquer interesse senão servir à Patria. E neste empreendimento é que reside a nossa força na comunhão brasileira" (*idem*, p. 245).

117. Milton Campos, *Compromisso Democrático*, p. 142.

118. Juscelino Kubitschek, "Discurso do Governador Juscelino Kubitschek de Oliveira", *Jornal Minas Gerais*, p. 1, 1.º de fevereiro de 1951.

119. "Discurso de Tancredo Neves", *op. cit.*, p. 295.

246   MITOLOGIA DA MINEIRIDADE

Memória e profecia casam-se perfeitamente nesse discurso, que é absolutamente racional em relação à conciliação e ao projeto político que contém[120]. Na verdade, as atitudes conciliatórias implicam controle absoluto da situação vivida e é nesse quadro que se insere a habilidade política. A própria utilização do mito faz parte integrante dessa capacidade, ardilosamente concebida, de preservar lugar importante no nível da política nacional. Assim, a racionalidade e o pragmatismo viram componentes essenciais das práticas dos políticos mineiros[121]. Provavelmente, esses dois traços advêm de uma assimilação particular do liberalismo por parte dos mesmos.

É comum afirmar-se o caráter ambíguo do liberalismo brasileiro[122]. Apoiado sobre uma sociedade marcada pela exclusão social e, por conseguinte, pela inexistência de cidadania, o liberalismo tornou-se apanágio dos setores dominantes, adquirindo, por essa via, caráter predominantemente conservador[123]. A retórica liberal, contudo, jamais esteve ausente do cenário político brasileiro, deixando entrever que ela não constituiu mero artifício[124], mostrando-se até mesmo bastante adequada aos projetos implementadores da conciliação nacional. A conciliação surge como uma necessidade irrevogável quando a sociedade não possui mecanismos institucionais garantidores do fluxo normal da sucessão política ou dos momentos de transição. Por isso, o liberalismo adaptado à conciliação legitima elites políticas dissidentes, que se autoarvoram representantes dos desígnios nacionais[125]. Nesse cenário alojam-se os políticos mineiros.

---

120. Não há nenhuma incongruência entre o tom redentor do discurso e a presença de um projeto nacional. "A concepção racional do mundo está encerrada, em germe, dentro do mito do redentor". "A psicologia social das religiões mundiais" (Max Weber, *Ensaios de Sociologia*, org. e int. de H. H. Gerth e C. Wright Mills, 2. ed., Rio de Janeiro, Zahar, 1971, p. 317).

121. A profunda relação entre racionalidade e pragmatismo. "A paz e sempre esquiva conquista da razão política" ("Discurso de Tancredo Neves", *op. cit.*, p. 288).

122. Sobre a ambiguidade do liberalismo brasileiro podem-se consultar, entre outros: Emilia Viotti da Costa, *Da Monarquia à República: Momentos Decisivos*, 2. ed., São Paulo, Editora Ciências Humanas, 1979; Roberto Schwarz, *Ao Vencedor as Batatas: Forma Literária e Processo Social nos Inícios do Romance Brasileiro*, São Paulo, Livraria Duas Cidades, 1977; Marco Aurélio Nogueira, *As Desventuras do Liberalismo: Joaquim Nabuco, a Monarquia e a República*, Rio de Janeiro, Paz e Terra, 1984; Michel Debrun, *A Conciliação e Outras Estratégias*; Maria Vitória de Mesquita Benevides, *A UDN e o Udenismo: Ambiguidades do Liberalismo Brasileiro (1945-1965)*, Rio de Janeiro, Paz e Terra, 1981.

123. Sobre o caráter conservador do liberalismo no processo de formação da nação: Marco Aurélio Nogueira, *As Desventuras do Liberalismo: Joaquim Nabuco, a Monarquia e a República*, principalmente pp. 66 e 69.

124. A esse respeito, ver Roberto Schwarz, *Ao Vencedor as Batatas*.

125. Sobre a questão das elites políticas dissidentes e o liberalismo: Michel Debrun, *A Conciliação e Outras Estratégias*, principalmente p. 15. Segundo a análise de Vera Alice Cardoso da Silva e Lucília Almeida Neves Delgado o liberalismo de Tancredo Neves "[...] tem feição peculiar, adaptada ao pressuposto da excelência da conciliação" (Vera Alice Cardoso da Silva e Lucília de Almeida Neves Delgado, *Tancredo Neves: A Trajetória de um Liberal*, p. 34).

O projeto de participação política de Minas no plano federal assentou-se numa contradição. De um lado, a perda de significado econômico do estado, principalmente depois do desenvolvimento da economia cafeeira em São Paulo, nem sempre se fez acompanhar do declínio político correspondente; de outro lado, a atuação política dos mineiros que tendeu, na República Velha, a se dar de forma homogênea no plano federal, não manteve nenhuma unidade no nível estadual. Ao contrário, internamente, a política mineira segmentava-se de alto a baixo por dissensões locais, cuja expressão mais candente incidia nos conflitos municipais, mormente, nos períodos eleitorais[126]. Nesse contexto, a influência política dos mineiros, que se respaldava, é claro, no maior colégio eleitoral do país, advinha, principalmente, da sua vinculação com o Estado brasileiro. "Minas aceitava e, de fato, dependia da União, tentando estruturar esse relacionamento com vantagens"[127]. Os mineiros percebiam estar em posição subordinada frente a São Paulo e necessitar contornar esse declínio relativo, através das benesses do poder central. Minas Gerais, desse modo, "ocupava uma posição privilegiada para pedir favores econômicos ao governo federal em troca de apoio político"[128]. A política desenvolvida por Minas Gerais teve, portanto, caráter clientelístico, dado o tipo de vínculo que desenvolveu com o governo federal[129]. Tratou-se, em suma, de um projeto político de participação importante, porém subordinada. Na elaboração de tal projeto, mobilizou-se todo um imaginário, ofertado pelo

---

126. Para a análise dos conflitos políticos municipais ver a obra clássica de Victor Nunes Leal, *Coronelismo, Enxada e Voto. O Município e o Regime Representativo no Brasil*, 2. ed., São Paulo, Alfa-Ômega, 1975; Maria Isaura Pereira Queiroz, *O Mandonismo Local na Vida Política Brasileira e outros Ensaios*, São Paulo, Alfa-Ômega, 1976; Eul-Soo Pang, *Coronelismo e Oligarquia (1889-1943)*, Rio de Janeiro, Civilização Brasileira, 1979. Para uma análise de um conflito entre coronéis mineiros: Rodrigo Baptista Martins, *A Masorca (O Coronelismo e a Violência no Processo Político Brasileiro)*, Belo Horizonte, Imprensa Oficial, 1977. Para um equacionamento dessa bibliografia: Amilcar Filho Martins, "Clientelismo e Representação em Minas Gerais durante a Primeira República: Uma Crítica a Paul Cammack", *Dados – Revista de Ciências Sociais*, vol. 27, n. 2, pp. 175-197, Rio de Janeiro, 1984.

127. John Wirth, *O Fiel da Balança Minas Gerais na Federação Brasileira. (1889-1937)*, Rio de Janeiro, Paz e Terra, 1982, p. 231. Sobre a relação clientelística do Estado de Minas Gerais com o Governo Federal: Helena Maria Bousquet Bomeny, "A Estratégia da Conciliação: Minas Gerais e a Abertura Política dos Anos 30", *Regionalismo e Centralização Política. Partidos e Constituinte nos Anos 30*, coord. de Angela Maria de Castro Gomes, Rio de Janeiro, Editora Nova Fronteira, 1980, pp. 133-233.

128. *Idem*, p. 232.

129. Conforme Raymundo Faoro, *Os Donos do Poder. Formação do Patronato Político Brasileiro*, 4. ed., Porto Alegre, Editora Globo, p. 705, 1977; Vera Alice Cardoso Silva, *A Política Regionalista e o Atraso da Industrialização em Minas Gerais (1889-1920)*, Belo Horizonte, 1977, p. 106, mimeografado; Amilcar Filho Martins, *A Economia Política do Café com Leite (1900-1930)*, Belo Horizonte, UFMG/PROED, 1981, p. 133.

passado de Minas. Desse vasto e precioso material medrou a concepção de que Minas continha a nacionalidade, o que correspondia, no plano do exercício político, à tentativa de exercer influência sobre o Estado. Nessa dimensão, "a mineiridade politicamente assimilada enseja um tipo de representação ideológica, que se manifesta no plano da prática dos agentes sociais". Por isso, o componente político do mito resultou da vivência de uma crise: da economia de Minas subordinada a São Paulo e da incapacidade de sua classe dominante desenvolver um projeto político autônomo.

A ruralização da economia de Minas durante o século XIX, florescida no terreno da decadência dos veios mineradores, poderia significar um processo de retomada, de expansão dos novos setores. Tal não aconteceu. Mesmo a economia do café da Zona da Mata mineira ficou longe, em dinamismo, da cafeicultura de São Paulo. Os plantadores de café de Minas estavam à mercê do Estado, e no fim do período imperial o Banco do Brasil concedeu moratória aos fazendeiros, cujos empréstimos superavam aos dos seus congêneres das outras regiões[130]. Se Minas Gerais não vive propriamente uma situação estagnada, debate-se numa economia pouco ativa, sem condições de absorver os seres sociais num padrão societário dinâmico. Nesse quadro, a classe dominante em Minas vive perseguida pelo espectro da decadência, expondo a fragilidade da sua sustentação material. Quando comparada à paulista, a oligarquia mineira era "frouxamente vinculada ao sistema produtivo, e por outro, [era] [...] alto [o] grau de vinculação da oligarquia paulista à atividade econômica"[131]. Assim, dada a fragilidade da classe dominante[132], desenvolveu-se em Minas a necessidade da articulação política, para fazer frente à urgência das questões econômicas e sociais. Dessas especificidades emergiu um tipo particular de político.

O político mineiro típico é o profissional liberal e não o fazendeiro[133]. Consequentemente, essa elite política era essencialmente urbana, domiciliada muitas vezes em Belo Horizonte[134]. As conexões entre os políticos e a classe dominante

---

130. Cf. Peter Louis Blasenheim, *A Regional History of the Zona da Mata in Minas Gerais, Brazil: 1870-1906*, Ph.D., Stanford University, 1983, exemplar mimeografado.

131. Amilcar Filho Martins, *A Economia Política do Café com Leite*, p. 99.

132. A elite mineira "[...] era [...] uma elite econômica conhecida não pela grande riqueza, que de fato não existia em Minas" (John Wirth, *O Fiel da Balança Minas Gerais na Federação Brasileira (1889-1937)*, p. 122).

133. "A predominância de advogados é óbvia. Os fazendeiros não controlavam a política no nível mais alto" (*idem*, p. 219).

134. Consultar a tabela 5.4 elaborada por John Wirth, *O Fiel da Balança Minas Gerais na Federação Brasileira (1889-1937)*, p. 215. Sobre a composição da elite política mineira e o controle que o número restrito de famílias detém sobre os assuntos públicos, indicamos o texto fundamental de: Cid Rebelo Horta, "Famílias Governamentais de Minas Gerais", *Segundo Seminário de Estudos Mineiros*, Belo Horizonte, Universidade de Minas Gerais, 1956, pp. 43-91. Reeditado, posterior-

adquiriram feição bastante mediatizada. Na análise sobre a estrutura ocupacional dos políticos mineiros, Orlando de Carvalho constatou: *1*. crescente diminuição dos políticos ligados às atividades econômicas fundamentais; *2*. participação significativa dos profissionais liberais[135]. Na bancada estadual a distribuição ocupacional conforma o seguinte perfil: "as profissões liberais atingem 78% do total e os funcionários 9,8%. Na UDN, os advogados formam 86% da bancada. No PSD, o predomínio é dos médicos, com 40%, seguidos dos advogados com 32%". Quanto aos deputados federais, "as profissões liberais alcançam a porcentagem ainda maior de 87%. A UDN tem 91% de advogados e o PSD 47%, dando aos médicos 23% de seus lugares"[136]. O predomínio dos médicos na bancada pessedista atesta o caráter mais clientelístico desse partido[137]. É sabido que os clínicos são os caciques da política interiorana em Minas. De outro lado, a preponderância dos bacharéis na UDN remete ao caráter juridicista do partido, encarnado em políticos igualmente conservadores, porém de êxitos eleitorais discutíveis nos pleitos municipais. Milton Campos, entre outros, foi a grande expressão dessa vertente, e as suas falas reproduzem o pragmatismo jurídico, nutrido provavelmente em ideias filosóficas como as de James Mill e de Bentham:

[...] que a constituição seja realmente o que deve ser [...] um instrumento de governo que permita, através da manutenção das instituições e da ação harmônica e independente dos poderes, a conquista da felicidade para o povo [...] a legalidade deve ser a única posição dos verdadeiros democratas[138].

mente, com introdução de Francisco Iglésias, *Análise e Conjuntura*, vol. 1, n. 2, Belo Horizonte, Fundação João Pinheiro, maio-ago. 1986. "A pirâmide oligárquica tinha no topo uma aristocracia de fazendeiros, industriais, banqueiros e comerciantes cheios de alianças e casamentos entre si. [...] Eles eram os possuidores, os proprietários, os donos, os senhores de tudo na cidade – inclusive suas forças morais – o pensamento, a opinião, o jornal, o púlpito. Eram os titulares dos cargos públicos preenchidos nas eleições a bico-de-pena [...]" (Pedro Nava, *Galo das Trevas*, p. 302).

135. Orlando de Carvalho, "A Estrutura Ocupacional da Política Mineira". *Sociologia*, vol. XV, n. 4, out. 1953. Apesar de os dados de Orlando de Carvalho terem sido elaborados no período da democratização pós-ditadura Vargas, o perfil dos políticos mineiros não se alterou.

136. *Idem*, p. 392.

137. A esse respeito, ver Sergio Miceli, "Carne e Osso da Elite Política Brasileira Pós-1930", *História Geral da Civilização Brasileira*, tomo III: *Brasil Republicano*, Boris Fausto (org.), São Paulo, Difusão Europeia do Livro, 1983, vol. 3, p. 591. Essa obra contém um penetrante estudo sobre a composição da elite política. Para uma análise do PSD, ver Lúcia Hippólito, *De Raposas e Reformistas. O PSD e a Experiência Democrática Brasileira (1945-64)*, Rio de Janeiro, Paz e Terra, 1985. Sobre a permanência e a transformação do clientelismo político no interior de Minas Gerais, ver Elisa P. Reis, "Mudança e Continuidade na Política Rural Brasileira", *Revista Dados*, vol. 31, n. 2, 1988.

138. Milton Campos, *Compromisso Democrático*, p. 36. Para uma análise da concepção liberal em Milton Campos, ver Bento Teixeira de Salles, *Milton Campos: Uma Vocação Liberal*, Belo Horizonte, 1975; Vivaldi Moreira, *Milton Campos: Política e Letras*, Brasília, Senado Federal, 1972; Francelino Pereira, *Milton Campos, um Homem de Influência*, Brasília, Imprensa Nacional, 1972.

O perfil dos políticos mineiros aparece, assim, como singular, singularidade que se manifesta na própria dificuldade de os setores dominantes cuidarem diretamente da política. A essa fragilidade social corresponde certa independência daqueles frente aos últimos, ou, pelo menos, a existência de relações bastante mediadas entre o momento da prática política e o domínio da produção. Estabelecem-se, dessa forma, camadas superpostas do exercício do poder. No âmbito local, os chefes políticos são predominantemente fazendeiros, ligados nos planos estadual e federal a alguns representantes desses setores. No passado denominados "coronéis", são peças importantes nos momentos eleitorais. No município, as conexões entre as atividades produtivas e a política são claramente visíveis. Esses chefes políticos utilizam-se do controle que exercem sobre os eleitores para auferir vantagens de ordem material, barganhando votos pelo uso privado das instituições públicas. A "política maior" é exercida por deputados e executivos provenientes dos quadros profissionais do estado[139]. O predomínio desses "políticos ilustrados" nos cargos de maior importância, durante a Primeira República por exemplo, criou representantes possuidores "de excelentes dotes profissionais"[140], que ocupavam a presidência das Comissões legislativas de relevo[141]. O fato não deixa de ser paradoxal, tendo em vista a debilidade relativa da economia de Minas Gerais.

Esse conjunto de especificidades criou condições para a emergência de um político de corte profissional[142], de um homem que desenvolve uma vocação política[143]. Político cuja preocupação com o poder se entranha no

---

139. Cf. David V. Fleischer, "A Cúpula Mineira na República Velha. Origens Socioeconômicas e Recrutamento de Presidentes e Vice-presidentes do Estado e de Deputados Federais", *v Seminário de Estudos Mineiros. A República Velha em Minas*, Belo Horizonte, UFMG/PROED, 1982, p. 31.

140. *Idem*, p. 25.

141. Esta elite política ilustrada formou-se na esteira dos critérios de recrutamento usados pelo PRM, que possuía políticos escolhidos diretamente pelo Presidente da Província (cf. David V. Fleischer, "A Cúpula Mineira na República Velha. Origens Socioeconômicas e Recrutamento de Presidentes e Vice-presidentes do Estado e de Deputados Federais", *v Seminário de Estudos Mineiros. A República Velha em Minas*, p. 25). Para uma análise do PRM em Minas, ver Maria Efigênia Lage de Resende, *Formação da Estrutura de Dominação em Minas Gerais: O Novo PRM (1889-1906)*, Belo Horizonte, UFMG/PROED, 1982. Para uma análise do controle do poder político em Minas remetemos novamente para Cid Rebelo Horta, "Famílias Governamentais de Minas Gerais", *Segundo Seminário de Estudos Mineiros*.

142. Utilizamo-nos dessa categoria no sentido weberiano, isto é, a partir da noção de "vocação política" (Max Weber, "A Política como Vocação", *Ensaios de Sociologia*). A ideia do profissionalismo dos políticos mineiros é desenvolvida também por: Amilcar Martins Filho, "Clientelismo e Representação em Minas Gerais Durante a Primeira República", *Dados – Revista de Ciências Sociais*, p. 196; Vera Alice Cardoso Silva e Lucília de Almeida Neves Delgado, *Tancredo Neves. A Trajetória de um Liberal*, p. 37.

143. Juscelino Kubitschek, "Ser Político É uma Vocação", *Meu Caminho para Brasília. A Escalada Política*, Rio de Janeiro, Editora Bloch, 1976, vol. II, p. 149.

CULTURA E POLÍTICA

251

âmago da sua atuação e percebe que o "essencial da política é a própria política"[144]. Nesse quadro, o Estado e a organização do poder configuram-se como fundamentais. As expressões desses políticos dirigem-se, necessariamente, para o Estado nacional, ainda quando, nas suas diligências, visam o regional. Daí ser-lhes inescapável uma visão de conjunto dos problemas políticos. Nos momentos de crise e de transição eles se tornam peças essenciais a uma sociedade na qual a conciliação é a contrapartida da inexistência de cidadania segura[145]. A habilidade política dos mineiros nasceu, no fundo, do trato com as questões políticas nacionais, até pela necessidade de encaminhar adequadamente as questões referentes ao seu estado. Esse tipo de profissional, que já detinha boas condições de representatividade – dada a sua origem nas elites intelectualizadas – para desenvolver o manejo político, aperfeiçoa-o no contato com os problemas públicos. O fenômeno da representação política está, pois, no cerne da própria atividade[146].

Entre a classe social e os seus representantes estabelece-se um jogo complexo, capaz de fazer despontar os princípios da construção do Estado[147]. Nessas ocasiões, principalmente, a mineiridade é mobilizada e revive na cena social brasileira, revestindo-se de uma *missão* privilegiada, e constituindo-se em resposta política às soluções de cunho conciliatório. Através do apelo mítico cria-se uma espécie de comunhão entre o Estado e a sociedade, entre dominantes e dominados. A morte de Tancredo Neves mostrou, por isso mesmo, enorme simbologia, acentuada pelo fato de o próprio mito repousar sobre o

144. Frase de Tancredo Neves retirada de Francisco C. Weffort, "Grandeza de um Conservador", *Folha de São Paulo*, p. 14, 20 abr. 1986.

145. Para uma análise da conciliação, Paulo Mercadante, *A Consciência Conservadora no Brasil. Contribuição ao Estudo da Formação Brasileira*, 3. ed., Rio de Janeiro, Nova Fronteira, 1980. Sobre a conciliação na República Velha, ver Otávio Soares Dulci, "As Elites Mineiras e a Conciliação: a Mineiridade como Ideologia", *Ciências Sociais Hoje*, São Paulo, Cortez, 1984, pp. 7-32. Sobre a política de conciliação mineira nos anos 30, ver Helena Maria Bousquet Bomeny, "A Estratégia da Conciliação: Minas Gerais e a Abertura Política dos Anos 30", *Regionalismo e Centralização Política. Partidos e Constituinte nos Anos 30*.

146. Sobre as articulações da atividade política e a representação: Norberto Bobbio, *O Futuro da Democracia. Uma Defesa das Regras do Jogo*, 2. ed., Rio de Janeiro, Paz e Terra, 1986, pp. 22 e ss..

147. A natureza e a constituição do Estado brasileiro vêm sendo amplamente discutidas na literatura: Bolivar Lamounier, "Formação de um Pensamento Político Autoritário na Primeira República: Uma Interpretação", *História Geral da Civilização Brasileira*, tomo III (*O Brasil Republicano*), Boris Fausto (org.); *Sociedade e Instituições*, 2. ed., São Paulo, Difel, 1978, vol. 2, pp. 342-374; Fernando Uricoechea, *O Minotauro Imperial. A Burocratização do Estado Patrimonial Brasileiro no Século XIX*, São Paulo, Difel, 1978; José Murilo de Carvalho, *A Construção da Ordem. A Elite Política Imperial*, Rio de Janeiro, Campus, 1978 e *Teatro de Sombras: A Política Imperial*, Rio de Janeiro, Editora Vértice/Jupery, p. 88; Simon Schwartzman, *São Paulo e o Estado Nacional*, São Paulo, Difel, 1975; Decio Saes, *A Formação do Estado Burguês no Brasil (1888/1891)*, Rio de Janeiro, Paz e Terra, 1985.

sacrifício de Tiradentes. O tom redentor do discurso de Tancredo Neves recupera a sacralidade da imagem do Inconfidente, que passou para a história brasileira como o homem que morreu pela liberdade[148]. Vida e morte emergem indelevelmente conectadas, permitindo a Minas "continuar fiel a si mesma e ao seu destino"[149]. Afinal, os dois momentos ligaram-se inextrincavelmente e formaram o imaginário mineiro, povoado pelos inconfidentes e por quixotes dotados da vontade férrea de sobrevivência. É provável que a inquestionável sobrevida do imaginário mineiro esteja flutuando nas obras dos seus escritores. Minas, produtora de políticos ilustrados voltados para a articulação dos problemas nacionais, concebeu escritores com os pés imantados no seu solo, mas com mentes e olhos seduzidos, infielmente, pelos horizontes distantes.

O Horizonte da Literatura

As primeiras obras produzidas nas Minas do século XVIII já apresentam a peculiaridade de compor um perfil literário onde os traços universalizantes se manifestam fortemente marcados. A análise dessas particularidades ultrapassa, evidentemente, os objetivos do presente trabalho, além de ter sido admiravelmente desenvolvida por Antonio Candido em *Formação da Literatura Brasileira*. Todavia, e apenas para exemplificar, chamamos a atenção para a produção da Arcádia Mineira que contém, mormente na sua expressão lírica, os temas predominantes da poética ocidental[150]. Nesse sentido, as *Liras* de Gonzaga, por exemplo, são bastante significativas:

Tu, Marília, agora vendo
de amor o lindo retrato,
contigo estarás dizendo
que é este o retrato teu.
Sim, Marília, a cópia é tua,
que Cupido é deus suposto:
se há Cupido, é só teu rosto,
que ele foi quem me venceu[151].

---

148. "A civilização ocidental sempre glorificou o herói, o sacrifício da vida pela cidade, o Estado, a nação; raramente indagou se a cidade estabelecida, o Estado ou a nação eram dignos do sacrifício" (Herbert Marcuse, *Eros e Civilização. Uma Interpretação Filosófica do Pensamento de Freud*, 4. ed., Rio de Janeiro, Zahar, 1969, p. 19).

149. Afonso Arinos de Mello Franco, "Continuidade e Atualidade de Políticas de Minas", *IV Seminário de Estudos Mineiros*, Belo Horizonte, Universidade Federal de Minas Gerais, 1977, p. 39.

150. Cf. Antonio Candido e José Aderaldo Castello, *Presença da Literatura Brasileira. Das Origens ao Romantismo*, 4. ed., São Paulo, Difusão Europeia do Livro, 1971, p. 130.

151. Tomás Antônio Gonzaga, "Lira 1", *Obras Completas*, edição crítica de Rodrigues Lapa, Rio de Janeiro, 1942.

O sentimento que o poeta devota à sua amada, expressa-o através de uma imagética formada nos cânones universais. Daí ser inquietante observar que esse amor, vivido numa realidade colonial, possa ser manifestado numa linguagem em princípio estranha àquele ambiente. Apesar disso, as *Liras* de Gonzaga reproduzem dimensões do mundo, nas quais se inserem:

> Tu verás, Marília, cem cativos
> tirarem o cascalho e a rica terra,
> ou dos cercos dos rios caudalosos,
> ou da minada serra.
> Não verás separar ao hábil negro
> do pesado esmeril a grossa areia,
> e já brilharem os granetes de oiro
> no fundo da bateia.
> Não verás derrubar os virgens matos,
> queimar as capoeiras ainda novas,
> servir de adubo à terra a fértil cinza,
> lançar os grãos nas covas.
> Não verás enrolar negros pacotes
> das secas folhas do cheiroso fumo;
> nem espremer entre as dentadas rodas
> da doce cana o sumo[152].

Todas as figuras presentes nestes versos dizem respeito a um universo estranho à Europa, pois saíram da realidade colonial. A sequência das *Liras*, no entanto, retorna aos temas universais:

> Verás em cima da espaçosa mesa
> altos volumes de enredados feitos;
> ver-me-ás folhear os grandes livros,
> e decidir os pleitos.
> Enquanto resolver os meus consultos,
> tu me farás gostosa companhia,
> lendo os fastos da sábia, mestra História,
> e os cantos da poesia.
> Lerás em alta voz, a imagem bela,
> eu, vendo que lhe dás o justo apreço,
> gostoso tornarei a ler de novo
> o cansado processo.

---

152. *Idem*, "Lira 5".

Se encontrares louvada uma beleza,
Marília, não lhe invejes a ventura,
que tens quem leve à mais remota idade
a tua formosura[153].

Essa copresença de imagens locais e externas agasalhadas numa única expressão poética torna a literatura mineira oitocentista portadora de significado inestimável; refere-se àqueles trabalhos que buscam rastrear, como o presente, as relações entre uma determinada sociedade e o tipo de cultura por ela gerado. Tais traços poderiam ser encontrados em outros autores da mesma época, como Cláudio Manuel da Costa, Alvarenga Peixoto e Silva Alvarenga, até o ponto de este último convidar Glaura a chegar ao verde tronco da mangueira. As *Cartas Chilenas*, semelhantemente, constituem um conjunto poético concludente do que vimos dizendo até agora. Nesse poema satírico, a mescla de imagens e forma expressiva universais com a temática local tem a força incoercível das construções fincadas na terra, mas com a fronte para o além-mar, como nestes versos:

Qual negra tempestade, que carrega
As nuvens de Copias e de Formigas,
Que crião com as chuvas longas asas:
Assim o nosso Chefe traz consigo
Arribação infame de bandalhos,
Que gérão também asas com a muita
Nociva audácia, que lhes dá seu amo.
Na corja dos marotos apparece
Um magriço mulato, aquem o Chefe
Por occultas razões estima, e preza.
Talvez que n'outro tempo lhe levasse
Os miudos papeis às suas damas.
Occupação distincta, que já teve
Um famoso Mercurio, que comia
Sentado á meza dos mais altos Deoses.
Deseja o nosso Chefe, que este lucre
Quatrocentas oitavas pelo menos:
E para que não saião do seu bolso,
Descobre esta feliz, a nova ideia.
Dispõe dos bens alheios como próprios,
No publico Theatro de Lupesio[154].

---

153. *Idem, ibidem.*
154. *Cartas Chilenas. Fontes Textuais*, edição crítica de Tarquínio J. B. de Oliveira, São Paulo, Editora Referência, 1972, p. 267.

A dimensão universalizante da literatura de Minas, evidente já no oitocentos e que se confirma nos livros de memórias, origina-se, segundo Antonio Candido, da capacidade dos escritores mineiros se colocarem dentro de um âmbito geral, numa espécie de "projeção humanística da preocupação com o eu"[155]. Entender todos os aspectos intervenientes no processo de desenvolvimento dessas potencialidades ultrapassa o escopo deste livro. Chamaremos a atenção, contudo, para determinados traços da sociedade que se constituiu em Minas, que ofereceram, provavelmente, virtualidades para a criação de uma literatura desse feitio. Evidentemente, e utilizando um truísmo, a obra literária não sendo apenas reprodução do social, não existe independentemente do contexto. Há situações sociais e momentos da história mais prolíficos que outros. Será esse, talvez, o caso de Minas Gerais, que ofereceu condições propícias ao aparecimento de grandes escritores cujas obras deixaram impressões indeléveis na literatura brasileira. Drummond e Guimarães Rosa constituem exemplos notáveis que entraram para a memória literária de forma definitiva. A nossa análise agora estará centrada, basicamente, na produção desses dois autores; atentaremos para os componentes importantes para a caracterização das relações entre o ambiente social de Minas e suas produções literárias respectivas.

Dentre os elementos que poderíamos denominar conjunturais na obra drummondiana, figura a vida cultural de Belo Horizonte nos anos vinte. Pedro Nava retorna como o mestre da narração de eventos, por ele vividos:

> Quando se olham os mapas históricos de Paris, vemos seu início, Lutécia, circunscrito à *cité*, à Ilha de São Luis, depois seu extravasamento nas duas margens. [...] Mas a cidade enjamba cada limite que se lhe dá e Paris continua [...] Assim também Belo Horizonte. Quem caminha nas calçadas de Aimorés, Sergipe, João Pinheiro e Guajajaras, que se avizinham da Boa Viagem, está perlustrando, na *Cidade de Minas*, o que foi a *cité* para Paris. Está na Lutécia sertaneja [...] a Rua da Bahia. Não a Rua da Bahia de hoje. A de ontem. A dos *anos vinte*. A de todos os tempos, a sem fim no espaço, a inconclusa nos amanhãs. Nela andarão sempre as sombras de Carlos Drummond de Andrade, de seus sequazes, cúmplices, amigos, acólitos, satélites [...][156].

A rua da Bahia era onde as rodas de intelectuais se reuniam, aonde aqueles espíritos preocupados com a cultura e a política iam à procura de contatos que rompessem o ar parado da capital de Minas. Porque

---

155. Antonio Candido de Mello e Souza, "A Autobiografia Poética e Ficcional na Literatura de Minas", *IV Seminário de Estudos Mineiros*, p. 69.

156. Pedro Nava, *Balão Cativo*, pp. 143-145.

[...] Belo Horizonte era então, mais que hoje um centro meio rural. Cidade adiantada, mas sertaneja, longe do mar e das suas influências, a capital mineira realiza constantemente uma considerável imigração interna, de gente rude do campo. Belo Horizonte funcionava, e ainda funciona, como uma espécie de filho civilizador. Diferentemente das grandes metrópoles litorâneas, que se civilizam com as contribuições transatlânticas, a minha cidade era um núcleo de civilização que educava o sertanejo[157].

Belo Horizonte possuía, pois, papel civilizador para mineiros oriundos dos pequenos núcleos urbanos e das zonas rurais. A nova capital começava a construir-se como pólo a fornecer alguma centralidade à dispersão característica de Minas; de repente, os mineiros tinham um lugar para se fixar; em poucos anos, a moderna cidade de Minas começou a conviver com mentes inquietas, seduzidas pela vida que corria depois das montanhas. Nava guardou a memória desses acontecimentos: "Pelos jornais acompanhávamos o mundo daquele 1926 – dos *Whirling Twenties années folles* em cheio. [...] Descobrimos que tínhamos de tomar partido em nossa terra dependendo também do que nos viesse do resto do mundo"[158]. A ainda sertaneja Belo Horizonte entrava no ritmo de uma melodia que atordoava os ouvidos de sizudos mineiros. Crescia a vida boêmia da cidade que começava a se pensar metrópole[159].

Afinal chegou a hora de descermos. [...] Aurélio, no seu dicionário, dá vinte e oito acepções do verbo descer. Não cita a vigésima nona, a que tinha curso em Belo Horizonte, a partir de dez e meia da noite. Dessa hora em diante, descer era fazê-lo para os cabarés, os lupanares – para a zona prostibular da cidade, em suma[160].

Apesar do ar farfalhante que a cidade paulatinamente assumia, a capital mineira ainda experimentava grande apego ao gosto provinciano da vida e "as marcas daquele mundo caduco"[161] envolviam-na como ponto de resistência de uma atmosfera que teimava em não abandoná-la.

A roda dos intelectuais que frequentavam a rua da Bahia, composta, entre outros, por Abgar Renault, Pedro Aleixo, Gustavo Capanema, Emílio Moura, Carlos Drummond de Andrade, Milton Campos, João Pinheiro Filho, João Alphonsus, Mário Casassanta, Afonso Arinos de Melo Franco e

---

157. Afonso Arinos de Mello Franco, *A Alma do Tempo*, p. 152.
158. Pedro Nava, *Beira-Mar*, p. 322.
159. "A Metrópole – e diziam Metrópole para machucar – atingira os oitenta mil habitantes" (Cyro dos Anjos, *A Menina do Sobrado*, 2. ed., Rio de Janeiro, José Olympio, 1979, p. 237).
160. Pedro Nava, *Beira-Mar*, p. 34.
161. Cyro dos Anjos, *A Menina do Sobrado*, p. 234.

Pedro Nava[162], deixava entrever o significado que, no futuro, esses homens teriam para Minas e para o país. Essas personagens reuniam qualidades intelectuais inestimáveis para a caracterização da provinciana cidade da *belle époque* mineira. Todos eles distinguiram-se nas tarefas a que se dedicaram, constituindo-se mesmo Drummond em poeta referencial das nossas letras. O próprio Drummond falou sobre aqueles dias, vividos de maneira inusual para a sóbria sociedade belo-horizontina:

> Os debates versavam sobre literatura, arte, ciência, desportos, regimes políticos e alimentares, bailes, finanças, o temporal e o espiritual. Fazia-se livremente a crítica de homens e costumes. Nenhum valor era aceito por simples tradição ou presunção: tinha de ser analisado miúda e implacavelmente. [...] Despreocupados de qualquer conveniência de partido ou indivíduo, os circunstantes tinham aquela ferocidade intelectual, espontânea e gratuita, sem a qual não medra o livre exame. [...] Como a atitude do grupo fosse meramente especulativa, o governo, sempre vigilante quanto aos fermentos da dissolução, deixava-o existir. [...] Na realidade, porém, estes intelectuais interceptavam na rua da Bahia o trânsito ascendente para o palácio da Liberdade e, ao tropismo excessivo para o poder constituído que ameaça constituir-se em traço novo da índole montanhesa, opunham o espírito da sátira, de equilíbrio e de revisão. Tínhamos assim a rua da Bahia levando ao governo e ao mesmo tempo se afastando dele[163].

Muitos desses moços que buscavam os ares da Livraria Alves na rua da Bahia se tornaram, nos dias vindouros, parte do poder constituído e realizaram, na prática, um tipo de convivência que marcou a vida social das elites de Minas, qual seja o trânsito contínuo entre intelectuais e políticos. Nesse sentido, recuperaram um traço tradicional do movimento político da Inconfidência, levado a efeito por letrados absorvidos pelos problemas políticos da sua capitania. Essas relações infiltravam-se, portanto, nos ares da Belo Horizonte da época. Nava reproduz as suas experiências de relacionamento com os ocupantes do palácio da Liberdade

> [...] no dia seguinte, às sete e meia, no Palácio da Liberdade. Fomos. [...] Subimos pelo velho elevador do Palácio da Liberdade, peça extraordinária da *belle époque*. [...] D. Julieta e os filhos entraram junto com dois amigos da casa, fomos para uma sala pequena de refeições que servia habitualmente à família. Era simples. D. Julieta sentou-se à cabeceira tendo à sua direita suas filhas. [...] O Chico Pires e eu; à esquerda o marido, um amigo que percebi chamar-se Vinico, outro de que não guardei o nome e um moço que chegou depois de todos abancados e que era o José Bonifácio Olinda de Andrada (Dedé) irmão de Fábio – que ocupava a outra cabeceira. A comida era

---

162. Cf. Simon Schwartzman *et al.*, *Tempos de Capanema*, Rio de Janeiro, Paz e Terra, 1984, p. 23.
163. Carlos Drummond de Andrade, *apud* Simon Schwartzman *et al.*, *Tempos de Capanema*, p. 25.

um trivial dos mais singelos, servido à mineira, as travessas e as sopeiras postas em cima da mesa. Bebida, água pura, de filtro. Sobremesa, nossa sólida goiabada de Ponte Nova com queijo de Minas. Aqueles Andradas e Araújo Lima faziam uma família sem nenhuma sofisticação – vivendo com bons modos e simplicidade[164].

Percebe-se, no relato acima, que o afastamento dos intelectuais da rua da Bahia do círculo do poder mineiro não foi absoluto, e nem distanciaram totalmente os seus ouvidos dos cantos de sedução. Apesar disso, o término da rua da Bahia na ampla praça onde se alojava o poder não conseguiu impedir que os horizontes divisados por esses intelectuais não ficassem circunscritos ao ritualismo do palácio da Liberdade. A insubmissão grassava, mas tendia a manifestar-se através da postura estética. Nessa fonte de rejeição aos cânones culturais predominantes beberam, avidamente, os modernistas de Minas.

Os modernistas não questionam apenas a velha ordem literária, caracterizada pelo academismo, por sua linguagem formalista, pela gravidade vazia. Questionam também o comportamento da oligarquia, notadamente o autoritarismo bernardista. Questionam o conservantismo da sociedade. [...] Usam duas vias: a da difusão dos produtos literários provocativamente inovadores e a turbulência grupal abertamente manifestada em público[165].

A geração modernista de Minas desenvolveu uma rebeldia a seu modo. No plano das ações, esses *enfants gatés* dos anos vinte exerceram uma atitude de integração crítica da tradição intelectual de Minas, que remonta ao século XVIII e passa por Alphonsus de Guimaraens, rejeitando, paralelamente, o academicismo dominante no início do século[166]. Desse modo, os modernistas mineiros não romperam, *in totum*, os elos que os ligavam ao lugar, à região, à cultura do seu estado. Não obstante, deixaram os sentidos alertas para absorver questões mais amplas, que ultrapassavam o restrito universo de Minas[167]. A própria Belo Horizonte era uma capital urbanisticamente moderna, mas que continha um estilo de vida provinciano, criando uma ambiência que mesclava arrojo e diferenciação ao conservadorismo unidimensional. Os jovens intelectuais da cidade transitaram nesse espaço de contradições, a tal ponto que as suas obras reverberam trinados aparentemente dissonantes. Amarrados às origens e ao mundo estrito do seu estado, alcançaram o feito

---

164. Pedro Nava, *Beira-Mar*, p. 345.
165. Fernando Correia Dias, "Literatura e(m) Mudança: Tentativa de Periodização", *II Seminário sobre a Cultura Mineira (Período Contemporâneo)*, Belo Horizonte, Conselho Estadual de Cultura de Minas Gerais, 1980, p. 129.
166. *Idem*, p. 130.
167. *Idem*, p. 131.

CULTURA E POLÍTICA

de universalizar personagens rusticamente delicadas e provincianamente cosmopolitas, com que se enfrentavam. Revestiram a lentidão do tempo de Minas com a ebulição dos problemas febris, próprios aos centros afluentes.

Tiveram, ao mesmo tempo, a tranquilidade necessária – ofertada pelo ritmo pouco dinâmico de suas vidas – à absorção voraz dos acontecimentos externos. Seres contraditórios adaptaram-se – talvez por isso – perfeitamente ao exílio, mas refizeram em outros espaços e momentosos vínculos de outrora. Tornaram-se cosmopolitas, mas enterraram o coração em Minas e até nas suas pequenas cidades de nascimento. Eles foram, de fato, os "novos inconfidentes", porque realizaram, no plano da arte, a pretensão política dos rebeldes coloniais, corporificada na ideia de colocar Minas no concerto mundial. Combinaram a rusticidade dos tempos do passado, mas persistentes no presente, às dimensões mais cultivadas da modernidade. Belo Horizonte sintetizava, integralmente, união dos contrastes no espaço de Minas Gerais. Mário de Andrade percebeu, com agudeza, a vida social da capital mineira:

> Na fazenda do Barreiro recebem opulentamente.
> Os pratos nativos são índices na nacionalidade.
> Mas no Grande Hotel de Belo Horizonte servem à francesa.
> Et bien! Je vous demande un toutou!
> Venha a batata- doce e o torresmo *fondant!*[168]

A junção dos contrários permanece flutuando na provinciana vida belorizontina da mocidade de Eduardo:

> Você sabe, nunca falei nisso porque esperava que um dia você viesse conversar comigo [...] eu já sabia do seu caso com essa moça. [...] Acontece que essas coisas o povo fala muito, meu filho, não perdoa nada. E ainda mais se levarmos em conta a situação da moça, sua posição social [...][169].

Sintoma de persistência? Com certeza. Mas já agora, após a geração dos intelectuais da rua da Bahia, o tempo absorveu os eflúvios que eles deixaram pairando no ar e, "em 1944, Belo Horizonte reviveu, com enorme intensidade, os anos heroicos do modernismo"[170]. A nova geração, a de 1945, pôde semear num terreno já arado. Nem por isso ficou menos ligada à sua terra, ou abandonou aquele congraçamento que distinguia os membros do antigo grupo.

---

168. Mário de Andrade, "Noturno de Belo Horizonte" (1924), *Poesias Completas*, 6. ed., São Paulo, Livraria Martins Editora, 1980, p. 126.
169. Fernando Sabino, *O Encontro Marcado*, 50. ed., Rio de Janeiro, Record, 1986, p. 126.
170. Fernando Correia Dias, *João Alphonsus: Tempo e Modo*, Belo Horizonte, Centro de Estudos Mineiros, 1965.

Ao contrário, foram rebeldes de outros tempos; da insubmissão e do apego a Minas retiraram de todos os anteriores o mesmo gosto pelo pensamento humanístico que brotou no longínquo século XVIII[171]. Os escritores mineiros perseguiram o tempo da história de Minas através de uma expressão literária moderna. Revisitaram, assim, conhecidas paisagens, tentando abrigar-se "numa região que realmente não se acha no espaço e sim no tempo"[172]. No meio do caminho encontraram a temporalidade, essência universal da vida.

As obras de Drummond e Guimarães Rosa merecem, por si mesmas, tratamento isolado, fruto da sua inesgotável riqueza. A temática e o escopo desta análise, todavia, aconselham a prescindir da ação correspondente, mesmo porque nossos modestos objetivos impõem limites naturais à interpretação em profundidade das múltiplas facetas contidas nas mesmas. Por isso destacaremos, da vasta produção de Drummond e Rosa, apenas alguns exemplos isolados, característicos das relações entre específico e geral, entre tempo e temporalidade. Buscamos, em suma, perscrutar a presença do imaginário mineiro em expressões norteadas por princípios fundamentalmente universais.

Na poética drummondiana, como já observou Affonso Romano de Sant'Anna[173], tempo e poesia mesclam-se na teia criativa. Nesse sentido, a poesia de Drummond persegue fios semelhantes aos dos memorialistas e dos políticos de Minas. Evidentemente, não se trata de estabelecer identidades de igual natureza entre tipos tão diferenciados de discursos e nem de sustentar que a obra de Drummond possui o mesmo significado das memórias e das falas políticas, mas sim apontar para um fato: em Minas formou-se uma constelação imaginária apoiada no tempo e na reminiscência. A memória, enquanto componente da poesia do autor, encontra-se, assim, explícita em inúmeros versos. Como nestes:

As coisas tangíveis
tornam- se insensíveis
à palma da mão.
Mas as coisas findas,
muito mais que lindas
essas ficarão[174].

---

171. Cf. Fernando Correia Dias, "Literatura e(m) Mudança: Tentativa de Periodização", *II Seminário sobre a Cultura Mineira (Período Contemporâneo)*, p. 131. Sobre a dimensão humanística da literatura mineira, ver também Antonio Candido de Mello e Souza, "A Autobiografia Poética e Ficcional na Literatura de Minas", *IV Seminário de Estudos Mineiros*.

172. Cyro dos Anjos, *O Amanuense Belmiro*, 10. ed., Rio de Janeiro, José Olympio, 1979, p. 71.

173. Affonso Romano de Sant'Anna, *Carlos Drummond de Andrade: Análise da Obra*, 2. ed., Rio de Janeiro, Editora Documentário, 1977.

174. Carlos Drummond de Andrade, "Memória", *Claro Enigma, Poesia Completa e Prosa*, Rio de Janeiro, Aguilar Editora, 1973, p. 239.

Essa visão do passado, terminado e distante, mas que permanece na memória do autor, está conectado às suas experiências outrora vividas. E é aqui que o espectro de Minas ronda a poesia de Drummond. Em *Lição das Coisas*, "Terras" expressa essa ligação:

Serro Verde   Serro Azul
As duas fazendas de meu pai
aonde nunca fui
Miragens tão próximas
pronunciar os nomes
      era tocá-las[175].

Neste poema assistimos ao aparecimento da memória em estado absoluto de pureza, pois, embora o poeta nem conhecesse em realidade as fazendas, podia tocá-las imaginariamente. A poesia seguinte encontra inocência no passado e; de novo, o mundo rural é objeto de valorização:

Vejo o Retiro: suspiro
    no vale fundo.
Retiro ficava longe
    do mundo aceanomundo.
Ninguém sabia da Rússia
    com sua foice
A morte, escolhia a forma
    breve de um coice.
Mulher, abundavam negras
    socando milho.
Rês morta, urubus rasantes
    logo em concílio.
O amor das éguas rinchava
    no azul do pasto.
E criação e gente, em liga,
    tudo era casto[176].

A reminiscência, tornada elemento importante da expressão literária em Drummond, absorve necessariamente a dimensão-tempo:

Nenhum igual àquele
A hora no bolso do colete é furtiva,
a hora na parede da sala é calma,
a hora na incidência da luz é silenciosa.

---

175. Carlos Drummond de Andrade, "Terras", *Lição das Coisas, Poesia Completa e Prosa*, p. 326.
176. Carlos Drummond de Andrade, "Fazenda", *Lição das Coisas, Poesia Completa e Prosa*, p. 326.

262 MITOLOGIA DA MINEIRIDADE

Mas a hora no relógio da Matriz é grave
como a consciência.
E repete. Repete.
Impossível dormir, se não a escuto.
Ficar acordado, sem sua batida.
Existir, se ela emudece.
Cada hora é fixada no ar, na alma,
continua soando na surdez.
Onde não há mais ninguém, ela chega e avisa
Varando o pedregal da noite.
Som para ser ouvido no longilonge
do tempo da vida.
Imenso
No pulso
este relógio vai comigo[177].

A solidez das horas do relógio da matriz repercute o "tempo da vida". É o tempo maior, não fugidio dos relógios de bolso, nem mesmo o plácido tempo da parede. Tempo da consciência, enfim, entranhado por ressoar batidas sem possibilidade de interrupção. A matriz prende-se à memória, num tempo definido, mas os ecos do seu relógio ligam-se à intemporalidade da existência. O poema "O Relógio" parte de uma imagem definida na reminiscência, para romper em seguida a demarcação convencional do tempo, conseguindo deslocar o objeto do seu lugar originário, projetando-o para o espaço indefinível. A montagem desse poema reproduz, com maestria, o que Affonso Romano de Sant'Anna denominou "movimento [...] de diástole e sístole da consciência temporal"[178] na obra drummondiana. Isto é, o autor parte da singularidade para recriar a intemporalidade universal. Por isso, a criação de Drummond insere-se nos quadros da temática literária contemporânea, uma vez que "falta-lhes a segurança ou continuidade do universo newtoniano, tão bem medido entre a *res extensa* e a *res cogitans*. Suas vidas caracterizam-se por serem instantes mais ou menos isolados, e as figuras parecem recortadas como numa *colage*"[179]. A descoberta da volatilidade da existência recoloca, nessa medida, o apego à intemporalidade como forma de preservação[180]. A consciência de uma validade transcendente ao imediatamente vivido confere dimensão trágica à expressão artística moderna, nascida do descompasso

177. Carlos Drummond de Andrade, "O Relógio", *Boitempo, Poesia Completa e Prosa*, pp. 370-371.
178. Affonso Romano de Sant'Anna, *op. cit.*, p. 85.
179. *Idem*, p. 29.
180. *Idem, ibidem*. Retiramos de Affonso Romano de Sant'Anna a ideia da suspensão do tempo.

entre a ilusão de real e a própria essência das coisas. O hiato que se estabelece entre esses dois planos da realidade cria um distanciamento em relação ao mundo, suscitando múltiplas formas de rejeição. Nesse processo, o sentido da existência passa a ser buscado em dimensões que se afastam do imediato conhecido. Em "A Máquina do Mundo" encontra-se explícita a consciência de um universo superior e deslocado do visível:

> a máquina do mundo se entreabriu
> para quem de a romper já se esquivava
> e só de o ter pensado se carpia.
> Abriu-se majestosa e circunspecta,
> sem emitir um som que fosse impuro
>
> nem um clarão maior que o tolerável
>
> ....
>
> toda uma realidade que transcende
> a própria imagem sua debruxada
> no rosto do mistério, nos abismos[181].

O reconhecimento de uma "realidade que transcende" a própria aparência remonta a processos de vida obscuros, sobre os quais não se exerce nenhum controle. Talvez por isso, o poeta tenha desdenhado a revelação que se antepôs diante dos seus olhos. As imagens que lhe foram ofertadas dizem respeito ao segredo indizível da vida e, nessa medida, a origem e a identidade do mundo flutuam na sua retina:

> olha, repara, ausculta: essa riqueza
> sobrante a toda pérola, essa ciência
> sublime e formidável, mas hermética,
> essa total explicação da vida,
> esse nexo primeiro e singular,
> que nem concebes mais, pois tão esquivo
> se revelou ante a pesquisa ardente
> em que te consumiste... vê, contempla,
> abre teu peito para agasalhá-lo[182].

---

181. Carlos Drummond de Andrade, "A Máquina do Mundo", *Claro Enigma, Poesia Completa e Prosa*, p. 271.
182. *Idem*, p. 272.

Nestes versos a opacidade foi rompida. Em seguida, o poeta dá-se conta da oferenda:

As mais soberbas pontes e edifícios,
o que nas oficinas se elabora,
o que pensado foi e logo atinge
distância superior do pensamento,
os recursos da terra dominados,
e as paixões e os impulsos e os tormentos
e tudo que define o ser terrestre
ou se prolonga até nos animais
e chega às plantas para se embeber
no sono rancoroso dos minérios,
dá volta ao mundo e torna a se engolfar
na estranha ordem geométrica de tudo,
e o absurdo original e seus enigmas,
suas verdades altas mais que todos
monumentos erguidos à verdade;
e a memória dos deuses, e o solene
sentimento da morte, que floresce
no caule da existência mais gloriosa[183].

A antevisão da origem do universo possibilita atingir os "desígnios dos deuses" e, nesse momento, todos os enigmas são revelados. Ora, não é outra a pretensão do pensamento mítico que se assenta sobre a explicação da origem e explicita os princípios identificadores dos seres e do mundo. Merquior considerou o lirismo filosófico de Drummond "manifestação do estilo mítico", por ultrapassar as dimensões expressivas confessionais e individualizantes[184]. Similarmente, as construções míticas visam ao coletivo, na medida em que tentam impor uma visão global e comum a todos os homens. Evidentemente, não se quer, com essas considerações, colocar em compartimentos iguais a poesia drummondiana e o pensamento mítico. No entanto, uma vez assumida a viabilidade de ruptura da história, a mitificação desponta no universo de possibilidades. Descobrir o segredo é chegar à origem, através da revelação da essência de tudo. O que diferencia a expressão artística do pensamento mítico é que a primeira emerge na esteira da negação do mundo, enquanto a segunda pressupõe a certeza, a afirmação. As obras de arte contêm uma visão da fal-

---

183. *Idem, ibidem.*
184. Cf. José Guilherme Merquior, *Verso Universo em Drummond*, 2. ed., Rio de Janeiro, José Olympio, 1976, pp. 194-195.

sidade do real[185], e é isso que as torna universais. De outro lado, a identidade nascida do pensamento mítico pressupõe a relação de equivalência entre ela e o mundo; a obra de arte, diferentemente, contradiz essa relação ao desprezar o mundo circundante. Enquanto o mito reproduz um discurso ideológico, a expressão artística verdadeiramente significativa articula a utopia.

Dessa forma, não deixa de ser peculiar o fato de um poeta tão intrinsecamente mineiro, como Drummond, ter criado uma obra de significação universal. Segundo Affonso Romano de Sant'Anna, "com Drummond – diferentemente do que sucedeu com alguns poetas modernistas – ocorreu um equilíbrio entre o localismo e o universalismo. A província (Minas Gerais, Brasil) é aí apresentada não somente num tom ingênuo, mas, principalmente, através de uma perspectiva crítica"[186]. De fato, a dimensão ingênua manifesta-se em inúmeros poemas, entre os quais destacaríamos "Prece de Mineiro no Rio":

Espírito de Minas, me visita,
e sobre a confusão dessa cidade,
onde voz e buzina se confundem,
lança teu claro raio ordenador[187].

Todavia, nesse mesmo poema Minas perde concretude, adquirindo a dimensão etérea frutificada no solo da imaginação ultrapassadora.

Mas abre um portulano ante meus olhos
que a teu profundo mar conduza, Minas,
Minas além do som, Minas Gerais[188].

A dimensão crítica do Brasil aparece, por exemplo, em "Hino Nacional":

Precisamos descobrir o Brasil!
Escondido atrás das florestas,
com a água dos rios no meio,
o Brasil está dormindo, coitado.
Precisamos colonizar o Brasil.

....

---

185. "Assim a transformação artística viola o objeto natural, mas o violado é, ele próprio, opressivo; assim, a transformação estética é libertação" (Herbert Marcuse, *Ideologia da Sociedade Industrial*, 3. ed., Rio de Janeiro, Zahar, 1969).

186. Affonso Romano de Sant'Anna, *op. cit.*, p. 59.

187. Carlos Drummond de Andrade, "Prece de Mineiro no Rio", *A Vida Passada a Limpo, Poesia Completa e Prosa*, p. 304.

188. *Idem*, p. 305.

Precisamos educar o Brasil.
Compraremos professores e livros,
Assimilaremos finas culturas,
abriremos "dancings" e subvencionaremos as elites.
Precisamos louvar o Brasil.
Não é só um país sem igual.
Nossas revoluções são bem maiores
do que quaisquer outras; nossos erros também.
E nossas virtudes? A terra das sublimes paixões...
os Amazonas inenarráveis... os incríveis João Pessoas...
Precisamos acordar o Brasil!
Se bem que seja difícil caber tanto oceano e tanta solidão
no pobre coração cheio de compromissos...

....

Precisamos, precisamos esquecer o Brasil!
Tão majestoso, tão sem limites, tão despropositado,

....

Nosso Brasil é no outro mundo. Este não é o Brasil.
Nenhum Brasil existe. E acaso existirão os brasileiros?[189]

Para José Guilherme Merquior, a significação de Drummond resulta do fato de o poeta ter dirigido o "olhar do lirismo para o significado humano do estilo existencial moderno"[190]. No poema "Nudez", o ser anônimo, típico das sociedades contemporâneas, busca a intemporalidade definidora da modernidade literária:

Não cantarei amores que não tenho,
e, quando tive, nunca celebrei.
Não cantarei o riso que não rira
e que, se risse, ofertaria a pobres.
Minha matéria é o nada.
Jamais ousei cantar algo de vida:
se o canto sai da boca ensimesmada,
é porque a brisa o trouxe, e o leva a brisa,
Nem sabe a planta o vento que a visita.
Ou sabe? Algo de nós acaso se transmite,
mas tão disperso e vago, tão estranho,
que, se regressa a mim que o apascentava,

---

189. Carlos Drummond de Andrade, "Hino Nacional", *Brejo das Almas, Poesia Completa e Prosa*, p. 89.
190. José Guilherme Merquior, *Verso Universo em Drummond*, p. 244.

o ouro suposto é nele cobre e estanho,
estanho e cobre,
e o que não é maleável deixa de ser nobre,
nem era amor aquilo que se amava.

....

A morte sem os mortos; a perfeita
anulação do tempo,em tempos vários,
Essa nudez, enfim além dos corpos,
a modelar campinas no vazio
da alma, que é apenas alma, e se dissolve[191].

O homem que brota destes versos vive uma trajetória comezinha, que jamais se desdobrou em grandes feitos. Não há motivos, pois, para universalizar-se na mediocridade. Por isso, nem ousa cantar a própria vida. Aqui, explicita-se a rejeição ao mundo, presente no anseio da morte sem os mortos e na dissipação do temporal, em nome da procura fluida, porém a única possível, da essência minimamente permitida[192]. Esse ser pequeno e aprisionado pela mesquinhez da vida reencontra-se na modéstia da sobrevivência limitada. Logo, a rejeição do mundo não se faz em prol de projetos grandiosamente arquitetados.

Não há um projeto social explícito na obra de Drummond no sentido do engajamento político. Aliás, o próprio autor reconheceu a sua dificuldade em inserir-se politicamente em partidos ou movimentos:

Sou animal político ou apenas gostaria de ser? [...] Minha suspeita é que o partido, como forma obrigatória de engajamento, anula a liberdade de movimentos, a faculdade que tem o espírito de guiar-se por si mesmo e estabelecer ressalvas à orientação partidária. Nunca pertenceria a um partido, isto eu já decidi. [...] Há uma contradição indissolúvel entre minhas ideias ou o que suponho minhas ideias e talvez sejam apenas utopias consoladoras, e minha inaptidão para o sacrifício particular, crítico e sensível, em proveito de uma verdade geral, impessoal, às vezes dura, senão impiedosa. Não quero ser um energúmeno, um sectário, um passional ou um frio domesticado, conduzido por palavras de ordem. Como posso convencer a outros, se não me convenço a mim mesmo?[193]

---

191. Carlos Drummond de Andrade, "Nudez", *A Vida Passada a Limpo, Poesia Completa e Prosa*, pp. 295-296.
192. É possível perceber-se em "Vida Menor" a mesma problemática: "Não o morto nem o eterno ou o divino, / Apenas o vivo, o pequenino, calado, indiferente / e solitário vivo. / Isso eu procuro" (*Rosa do Povo*, p. 156).
193. Carlos Drummond de Andrade, *O Observador no Escritório*, Rio de Janeiro, Record, 1985, p. 31.

Essa ausência de engajamento político partidário expressa uma vontade de manter a liberdade de ação que, no plano poético, manifesta-se sob o prisma da universalidade do ser, apesar, e como decorrência, da rejeição ao mundo. Nesse sentido, a obra de Drummond contém certa visão trágica da vida, como produto do reconhecimento da impossibilidade, talvez, de construir algo de realmente válido no mundo[194]. Se estamos certos, ocorreria similaridade entre a poesia drummondiana e a visão de mundo do jansenismo, analisada por Goldmann[195]. As saídas possíveis na poesia de Drummond expressam-se, predominantemente, na ironia, no humor e no distanciamento[196]. Por essa via, a temporalidade emerge conferindo caráter universal à sua obra. Não é outra, na nossa opinião, a problemática de Guimarães Rosa.

Grande Sertão: Veredas, expressão máxima do universo rosiano, recria na figura do sertanejo o homem universal. Riobaldo, matador e jagunço, não é, todavia, o herói coberto de certezas. Ao contrário, Guimarães Rosa transformou a sua personagem principal num homem ocupado pela dúvida permanente[197]. A frase ontológica, repetida incessantemente pelo jagunço, "viver é muito perigoso", diz respeito à impossibilidade de deciframento do enigma. A sensação de incompletude e de fluidez da vida acompanha as falas da personagem:

> Mire veja: o mais importante e bonito, do mundo, é isto: que as pessoas não estão sempre iguais, ainda não foram terminadas – mas que elas vão sempre mudando. Afinam ou desafinam. Verdade maior. É o que a vida me ensinou[198].

Se tudo é mutável, não há como se fixar nesse mundo, a sua riqueza enseja a volatilidade da existência. A realidade assume feição definida, transitória, rompendo a concretude do espaço-sertão. Exatamente, "a

---

194. José Guilherme Merquior, argutamente, chama a atenção para o niilismo da obra de Drummond, que, "não passa, no fundo, de uma estratégia intelectual radicalmente lúcida e liberadora" (*Verso Universo em Drummond*, p. 244).

195. Sobre a visão trágica jansenista presente numa atitude de rejeição do mundo, ver a obra clássica: Lucien Goldmann, *Le Dieu Caché. Etude sur la Vision Tragique dans les Pensées de Pascal e dans le Théâtre de Racine*, Paris, Gallimard, 1959.

196. Para uma análise do humor em Drummond, ver José Guilherme Merquior, *Verso Universo em Drummond*, para esse autor, "o humor, opondo-se ao patético, corrói o drama", p. 224. A problemática do distanciamento expressa-se na problemática do *gauche*, primorosamente analisada por Affonso Romano de Sant'Anna, *op. cit.*, especialmente parte 2.

197. A dúvida existencial de Riobaldo aparece na análise de Antonio Candido de Mello e Souza, "O Homem dos Avessos", *Tese e Antítese*, 3. ed., São Paulo, Companhia Editora Nacional, 1978, p. 137.

198. João Guimarães Rosa, *Grande Sertão: Veredas*, 19. ed., Rio de Janeiro, Nova Fronteira, 1984, p. 21.

CULTURA E POLÍTICA

fluidez do real leva o espírito a ir além da aparência, buscando 'não o caso inteirado em si, mas a sobrecoisa, a outra coisa"[199].

A dúvida existencial exprime-se na incapacidade de Riobaldo articular um projeto definido. O projeto encarnado em Diadorim assusta Riobaldo, que medita sobre a sua própria impotência: "Diadorim só falava nos extremos do assunto. [...] E eu tinha medo. Medo em alma. Não respondi. Não adiantava. Diadorim queria o fim. Para isso a gente estava indo"[200]. Riobaldo segue o companheiro porque se sente preso a um destino contra o qual não adianta resistir, perdendo o autogoverno: "O que era isso, que a desordem da vida podia sempre mais do que a gente?"[201] O mundo caótico, transformado e incontrolável pelo "diabo na rua, no meio do redemoinho". Esse é o sertão de Riobaldo, "nos gerais confins"[202]. O espaço da dúvida e da constante transitoriedade se expressam magistralmente, nestas frases: "O senhor acha que a minha/alma eu vendi, pactário?! [...] Nonada. O diabo não há! É o que eu digo, se for. [...] Existe é homem humano. Travessia"[203]. O homem verdadeiro é, pois, o homem do eterno percurso, o ser que não se fixa, personagem de passagem. Dessa forma, o mundo pintado por Guimarães Rosa excede a capacidade humana de controlá-lo, fazendo de Riobaldo um herói falhado, isto é, um anti-herói. Nesse passo, as personagens tecidas por Drummond e Rosa tocam-se, compartilhando da mesma ambiguidade, definida pela presença /ausência no interior do mundo. Esclarece-se, assim, o significado da frase de Riobaldo, "o sertão é o mundo"[204].

Segundo Antonio Candido, "nesta grande obra combinam-se o *mito* e o *logos*, o mundo da fabulação lendária e o da interpretação racional, que despertam a mente de Riobaldo, nutrem a sua introspecção tacteante e extravasam sobre o sertão"[205]. A estrutura mítica de *Grande Sertão* prende-se ao caráter épico do relato, corroborado pela dimensão memorialística. De fato, em Grande Sertão não se encontra ausente a epopeia de cunho memo-

---

199. Antonio Candido de Mello e Souza, "Jagunços Mineiros de Cláudio a Guimarães Rosa", *Vários Escritos*, São Paulo, Duas Cidades, p. 170, 1970.

200. João Guimarães Rosa, *Grande Sertão: Veredas*, p. 28.

201. *Idem*, p. 331.

202. *Idem*, p. 178.

203. *Idem*, pp. 567-568.

204. Walnice Galvão analisa a presença em *Grande Sertão: Veredas* de conjuntos dentro de outros (*As Formas do Falso. Um Estudo Sobre a Ambiguidade em* Grande Sertão: Veredas, São Paulo, Perspectiva, 1972, especialmente capítulo 9). A frase o "sertão é o mundo" atesta essas superposições. Janine Potelet, comentando as obras dos viajantes sobre o Brasil, chama a atenção para a dificuldade desses homens em circunscrever o sertão (*Le Brésil vu par les Voyageurs Français 1816-1840. Témoignages et Images*, tese de doutorado, Universidade de Paris x, pp. 289-290).

205. Antonio Candido de Mello e Souza, "O Homem dos Avessos", *op. cit.*, p. 139.

rialístico que, no entanto, perdeu a grandiosidade das personagens movidas pela unidimensionalidade da certeza. A dúvida de Riobaldo constitui-se em desconfiança nascida da dessacralização do mundo. Em essência, Riobaldo não é um homem impelido ao sacrifício; mal ou bem, acaba reconstituindo a sua vida. Por isso, *Grande Sertão* diferencia-se das epopeias clássicas, uma vez que a racionalidade se intromete no interior da obra, desmistificando o mundo. De outro lado, a presença de um destino pujante inviabilizando a realização da escolha pessoal possui características épicas. Mas o reconhecimento da inviabilidade da vontade cria a aporia existencial. Nessa medida, a visão de mundo manifesta na obra distancia-se das concepções ideológicas, apoiadas na ideia de autorrealização individual. O homem ativo e dominador do mundo encontra-se ausente de *Grande Sertão: Veredas*, tornando o livro uma expressão afastada do conceito burguês de vida. A obra é crítica, desse ponto de vista, porque a personagem se submete aos princípios imanentes do mundo ou à "desordem natural das coisas, que é a sua ordem recôndita"[206]. Assim, o projeto é inexistente, uma vez que o controle sobre a realidade escapa à moldagem dos homens, impossível portanto de ser transmitido[207].

A intransferibilidade do projeto como fruto de circunstâncias incompreensíveis está tematizada em "A Terceira Margem do Rio". Pensamos localizar nesse conto de difícil entendimento semelhanças com a problemática de Grande Sertão[208]. Em primeiro lugar, sublinharíamos a dificuldade de controlar e compreender o sentido dos acontecimentos: "A gente teve de se acostumar com aquilo. Às penas, que, com aquilo, a gente mesmo nunca se acostumou, em si, na verdade"[209]. A impotência frente ao mundo, aí manifesta, repõe a hesitação, a ambiguidade: "Sou doido? Não. [...] Ninguém é doido. Ou, então, todos"[210]. A personagem inquire-se tal como Riobaldo, que se pergunta sobre a existência do diabo. Semelhantemente a Riobaldo, o filho tentando seguir o projeto do pai, desemboca no medo:

---

206. Walnice Nogueira Galvão, *As Formas do Falso. Um Estudo Sobre a Ambiguidade em* Grande Sertão: Veredas, p. 130.

207. Para Heitor Martins, a obra de Guimarães Rosa é antiprogressista (Heitor Martins, *Do Barroco a Guimarães Rosa*, Belo Horizonte, Itatiaia, 1983, p. 30).

208. Advertimos o leitor que fazemos uma leitura bastante livre do conto. Temos consciência da dificuldade de compreender os múltiplos significados aí presentes. "Para escrever a respeito dessa estória, seria necessário uma mão iluminada como a de Guimarães Rosa" (Walnice Nogueira Galvão, *Mitológica Rosiana*, São Paulo, Ática, 1978, p. 40).

209. João Guimarães Rosa, "A Terceira Margem do Rio", *Primeiras Estórias*, 12. ed., Rio de Janeiro, José Olympio, p. 29, 1981.

210. *Idem*, p. 31.

CULTURA E POLÍTICA

"Pai, o senhor está velho, já fez o seu tanto... Agora, o senhor vem, não carece mais... O senhor vem, e eu, agora mesmo, quando que seja, a ambas as vontades, eu tomo o seu lugar, do senhor, na canoa!..." E eu estremeci profundo, de repente: porque, antes, ele tinha levantado o braço e feito um saudar de gesto – o primeiro, depois de tamanhos anos decorridos! E eu não podia... Por pavor, arrepiados os cabelos, corri, fugi, me atirei de lá, num procedimento desatinado[211].

Transida de medo a personagem recua, impossibilitada de completar o projeto e pergunta-se: "Sou homem, depois desse falimento?"[212] A impotência diante do inusitado e do incontrolável registra o poder do mundo sobre os homens. Em *Grande Sertão: Veredas* o sertão é o mundo; em "A Terceira Margem do Rio" a torrente das águas define o mundo. Em ambos, a intemporalidade da travessia. Nos dois, a mesma dimensão mítica corporificada no sertão e no Rio[213]. Se *Grande Sertão* "tematiza o tempo, numa figuração da temporalidade"[214], "A Terceira Margem do Rio" não opera de forma diferente[215].

Em *A Hora e Vez de Augusto Matraga*, Guimarães Rosa reassume o caráter conjuntural e cíclico da existência[216]. O episódio da partida de Dionóra com o seu Ovídio esclarece a dimensão conjuntural: " – Dionóra, você vem comigo... Ou eu saio sozinho por esse mundo, e nunca mais você há-de me ver! Mas Dona Dionóra foi tão pronta, que ele mesmo se espantou"[217]. A vida de Dionóra definiu-se naquele instante transitório, fugaz, não resultando de um projeto claramente arquitetado. Em contrapartida, a vida de Matraga fecha um círculo perfeito, a altivez, a decadência e a retomada, como se ele

211. *Idem*, pp. 31-32.
212. *Idem*, p. 32.
213. Para Benedito Nunes, "o pensamento poético de *Grande Sertão: Veredas* está na juntura da temporalidade, que nos redime da pura sucessão, e do destino, desdobrando em contingência: a Travessia do mundo, o sertão mítico, sob a paciência de Deus e a impaciência do Diabo" (Benedito Nunes, "A Matéria Vertente", *II Seminário de Ficção Mineira. De Guimarães Rosa aos Nossos Dias*, Belo Horizonte, Conselho Estadual de Cultura de Minas Gerais, 1983, p. 23). Sobre a presença de elementos míticos na obra de Rosa, consultar também Irene Gilberto Simões, *Guimarães Rosa: As Paragens Mágicas*, São Paulo, Perspectiva, 1988.
214. *Idem*, p. 18.
215. Na interpretação de Walnice Galvão, "a estória de Guimarães Rosa habitualmente desbanaliza o lugar-comum das duas margens, a da vida e a da morte, introduzindo uma terceira margem. As duas margens do rio situam-se em firmes e reconfortantes coordenadas de tempo e espaço; a terceira escapa para uma dimensão desconhecida" (Walnice Nogueira Galvão, "Do Lado de Cá", *As Formas do Falso. Um Estudo Sobre a Ambiguidade em* Grande Sertão: Veredas, p. 38). A ruptura da demarcação espaço-temporal pressupõe recriar a complexidade do universo e assumir a dimensão indefinida da vida.
216. João Guimarães Rosa, "A Hora e Vez de Augusto Matraga", *Sagarana*, 17. ed., Rio de Janeiro, José Olympio, 1974.
217. *Idem*, p. 331.

tivesse um destino a cumprir. A recuperação, todavia, dá-se num estilo diverso ao ponto de partida; o tempo vivido interpunha-se entre os dois momentos: "Não posso, meu amigo seu Joãozinho Bem-Bem! [...] Depois de tantos anos. [...] Fico muito agradecido, mas não posso, não me fale nisso mais [...]"[218].

A travessia da vida transformou a personagem, agora marcada para sempre pelo caminho que percorrera. O desenlace da existência de Nhô Augusto cumpriu o ciclo, quando o destino o redimiu da morte. A metáfora da vida transitória encontra-se explícita no episódio da morte de Joãozinho Bem-Bem. Matraga não projetou a luta, ao contrário, tentou evitá-la e só se decidiu diante do inevitável. Joãozinho Bem-Bem, semelhantemente, resistiu até o movimento do não retorno: "Joãozinho Bem-Bem se sentia preso a Nhô Augusto por uma simpatia poderosa, e ele nesse ponto era bem-assistido, sabendo prever a viragem dos climas e conhecendo por instinto as grandes coisas"[219]. Em ambos, a mesma presença da vida, que se define nos minutos nos quais o mundo se transforma[220].

As obras de Guimarães Rosa analisadas acima parecem possuidoras de uma reflexão comum: o caráter contingente e transitório da vida, a inexistência de uma antevisão do futuro, visto que os homens não detêm a lógica do mundo e nem o subordinam. Por isso, a saga de Riobaldo e de Matraga implica subordinação aos ditames do destino, que se desenlaça no tempo. A personagem de *Grande Sertão: Veredas* toma, no fim, consciência do império do tempo sobre os homens: "Porque eu, em tanto viver de tempo, tinha negado em mim aquele amor [...]"[221]. A submissão ao tempo, tornando-se um dos elementos essenciais dessas obras, converteu-as em expressões de grandeza universal. Nesse passo, tecem-se relações entre o tempo histórico de Minas e a temporalidade da produção literária desses escritores mineiros.

Vimos que a construção mítica sobre Minas pressupõe a criação de elos indissolúveis entre o passado e o futuro. Nesse sentido, o pensamento mítico opera a anulação do tempo, que é sempre presente, ao urdir fios de continuidade entre momentos há muito consumados e os anos vindouros. O tempo é permanente no mito, por causa da sacralização do passado que se pretende reviver no futuro. Analisamos as conexões entre o pensamento

---

218. *Idem*, p. 365.
219. *Idem*, p. 367.
220. Fábio Lucas observou as mesmas características nos romances de Autran Dourado: Estabelece-se "um mosaico de situações dramáticas associadas por invisíveis cordões que o acaso ou o destino vão tecendo" (Fábio Lucas, "A Ficção de Fernando Sabino e Autran Dourado", *II Seminário de Ficção Mineira. De Guimarães Rosa aos Nossos Dias*, p. 184).
221. *Grande Sertão: Veredas*, p. 565.

CULTURA E POLÍTICA

da mineiridade e o tempo histórico efetivo de Minas. A face modorrenta da sociedade mineira resulta, assim, de uma longa duração temporal, atestando a incapacidade de gerar rupturas, ou de promover novos momentos históricos.

Do ponto de vista da classe dominante mineira, esse marasmo significou permanente tendência à flutuação social, tendo em vista a incapacidade de promover saídas pra contornar a crise. Enfim, não se gestam novos projetos integradores, resultando numa atitude de estranhamento diante do mundo, fruto da impossibilidade de exercer o controle sobre a própria trajetória. A vida, nessas circunstâncias, vira travessia e resignação diante dos acontecimentos. A decadência cria o anti-herói[222].

Em outro prisma de considerações, caberia ressaltar que a expressão da mineiridade assume e integra o nacional. Projeta-se no conjunto, oferecendo identidade aos mineiros e aos brasileiros. Nesse ponto, cruzam-se a construção da mineiridade e as visões elaboradas sobre a cultura brasileira, perseguida pela busca da identidade. Existe, então, um eixo comum entre a mineiridade e a temática fundamental do pensamento brasileiro. Em suma, a subcultura mineira ao extrapolar o regional enseja a viabilidade da resolução desse problema recorrente.

Nesse nível de reflexão, a obra dos escritores mineiros projeta a ultrapassagem do dilema, uma vez que a literatura de Minas transforma o local em universal[223]. Semelhantemente, o regionalismo só pode afirmar-se na medida em que cria uma imagem do nacional no qual se insere. Assim, a homologia entre essas duas faces da mesma expressão cultural mineira fica a descoberto. O lado político do imaginário de Minas revela a dimensão claramente ideológica; a manifestação literária erige a possibilidade de superação ideológica ao inserir-se no universo cultural moderno. A literatura é, pois, o

---

222. O anti-herói enquanto personagem literária compõe as figuras de *O Cabo das Tormentas*, de Eduardo Frieiro, Belo Horizonte, Itatiaia, 1981. Biografias de escritores mineiros podem ser encontradas em Martins de Oliveira, *História da Literatura Mineira (Esquema de Interpretação e Notícias Bibliográficas)*, Belo Horizonte, Imprensa Oficial, 1963.

223. Se observarmos a obra poética de Alphonsus de Guimaraens perceberemos a mescla entre local e universal. Alphonsus é das expressões máximas do simbolismo brasileiro (Alphonsus de Guimaraens, *Poesias*, edição dir. e rev. por Manuel Bandeira, Rio de Janeiro, Ministério da Educação e Saúde, 1938). Cronistas e contistas mineiros exprimem a mesma combinação. A esse respeito ver: *Crônicas Mineiras*, São Paulo, Ática, 1984; *Histórias Mineiras*, São Paulo, Ática, 1984; *Contos Mineiros*, São Paulo, Ática, 1984. Para uma análise do conto em Minas, ver: Antonio Arnoni Prado, "Sobre a Situação do Conto em Minas", *II Seminário de Ficção Mineira. De Guimarães Rosa aos Nossos Dias*, pp. 81-97; Davi Arriguci Jr., "Minas Assombro e Anedota. Os Contos Fantásticos de Murilo Rubião", *op. cit.*, pp. 41-66). Para uma interpretação do romance mineiro atual: João Luiz Lafetá, "O Romance Atual. Considerações sobre Oswaldo França Jr., Rui Mourão e Ivan Angelo" *(idem, pp. 197-219)*.

ponto máximo de desenvolvimento do imaginário mineiro; nascida e nutrida no "drama histórico" de Minas Gerais, que se expressa na incapacidade de mudança das condições objetivas de vida[224]. A persistência histórica fez dos mineiros homens submetidos ao signo do provisório:

A casa foi vendida com todas as lembranças
todos os móveis todos os pesadelos
todos os pecados cometidos ou em via de cometer
a casa foi vendida com seu bater de portas
com seu vento encanado sua vista do mundo
seus imponderáveis
por vinte, vinte contos[225].

Por isso, puderam encarnar a "solidão de milhões de corpos nas casas, nas minas, no ar"[226].

---

224. Buscamos relações de homologia e não de derivação mecânica entre a obra literária e a sociedade. "A obra literária não é apenas a expressão duma situação histórica objetiva que a orientaria e destinaria em definitivo [...] como se sabe, ultrapassa tal determinação" (Pierre Macherey, *Para uma Teoria da Produção Literária*, Lisboa, Editorial Estampa, 1971, p. 70). No entanto, como o centro desse trabalho é a compreensão de uma determinada sociedade, e não da literatura em si, o enfoque privilegiado pode ser o social. A literatura, para nós, constitui fonte importante para a apreensão de um certo tipo de sociedade. Sobre a literatura enquanto fonte de análise, ver Jacques Le Goff, "Les Mentalités. Une Histoire Ambigüe", *Faire de l'Histoire. Nouveau Objets*, Paris, Gallimard, vol. III, 1974.

225. Carlos Drummond de Andrade, "Liquidação", *Boitempo, Poesia Completa e Prosa*, p. 380.

226. Carlos Drummond de Andrade, "América", *Rosa do Povo, Poesia Completa e Prosa*, p. 194.

Considerações Finais

Tentar dar forma final ao já construído, recompor os caminhos percorridos, recuperar as nuanças fundamentais do raciocínio, parece-nos agora um esforço de difícil solução. Ao término deste trabalho, damo-nos conta da pluralidade de questões que derivam da nossa análise.

Saímos da caracterização do regional e a ela chegamos, de forma totalmente transfigurada. Após essa longa viagem de reconstrução do imaginário mineiro, perdemos a dimensão exclusiva de Minas, transformada em parte de um mundo que extravasou suas fronteiras. No trajeto, o entendimento da construção da mineiridade viabilizou-se ao inserir-se nos quadros do pensamento social brasileiro, perseguido de forma incoercível pela identidade. Fenômeno tão decantado e, ao mesmo tempo, exorcizado pelas Ciências Humanas, retorna agora – no Brasil e no exterior – como um dos objetos privilegiados de reflexão.

Entender os motivos desse permanente retorno, se ultrapassa essa obra, repõe em nós a sensação desconfortável do caráter datado desse trabalho, nascido das preocupações intelectuais dominantes de um momento. Se isso de fato ocorreu, lembramos que o domínio do conhecimento, afeito às Ciências Sociais, sempre reproduziu sob diferentes maneiras a problemática fundamental dos homens que vivem em determinado período da história.

De outro lado, a inscrição deste livro no universo temático atual exprime o estado dos debates no âmbito das ciências da sociedade. A desconfiança da Sociologia contemporânea sobre os sujeitos universais transfere a discussão para outros patamares, de onde emergem as identidades parciais e os sujeitos fragmentados. No entrementes, cabe aceitar que as formas míticas e as elaborações imaginárias repletas de subjetividade não foram alijadas de maneira definitiva, em um mundo onde os fluidos da racionalidade vertem por todos os poros. Os novos termos de investigação florescem nesses desvãos.

A mineiridade, enquanto tema, constitui um desses objetos; a mineiridade, enquanto fenômeno a ser conhecido, requer o manejo da interdisciplinaridade e o abandono das certezas teóricas. A magnitude das questões a serem enfrentadas, nesse passo, coloca-nos em atitude de prudente cautela e de necessária humildade. Discutir as mudanças na maneira de perceber a vida coletiva, introduzidas pelos cientistas sociais, supera o escopo desse trabalho.

Nesse sentido, as nossas preocupações moveram-se exclusivamente em direção ao entendimento e categorização da mineiridade. Tipicamente uma construção intelectual, a mineiridade preserva três dimensões essenciais: mítica, ideológica e imaginária. O mito, ritualisticamente trabalhado, abriu espaço para a codificação. Desponta, aqui, a mineiridade revigorada pela seiva que percorre o cerne do pensamento mítico, permitindo-lhe alçar-se às alturas das grandes edificações. Apresentada como símbolo da nacionalidade, Minas ensejou a missão de representar o Brasil. A conjuração do século XVIII transformou-se em mito político nacional. Tiradentes passa a encarnar os supremos ideais da nacionalidade. Os inconfidentes, dourados na imersão das minas, surgem então em cena, como personagens de uma tragédia, mas promovendo, no último ato, a redenção dos brasileiros. Em consequência, à descendência deles gerada atribuiu-se qualidades superiores e a condição de herdeiros dos mais nobres ideais. A arquitetura mítica entrou, assim, em processo de acabamento.

Os políticos mineiros mobilizaram a memória do passado no exercício de suas ações, enquanto legítimos porta-vozes de uma história transformada em tradição inquestionável. A memória do passado imiscuiu-se em suas práticas, estas sim de feitio claramente ideológico. Os memorialistas, por seu turno, ofereceram poderosos contributos à nutrição do imaginário mineiro. Os próprios discursos políticos transitam no interior da memorialística, visto que a lembrança dos feitos passados a pressupõe. Também os escritores mineiros, fortemente amarrados à sua origem, exprimem esse profundo apego à memória de Minas. A absorção do imaginário na obra literária não impediu que a "direção do olhar" se voltasse para espaços indivisíveis. Ponto máximo de desenvolvimento do imaginário, a literatura aponta para a superação deste, ao conformar uma problemática humana transcendente. Nesse momento, Minas ultrapassou de fato os seus limites.

Da participação essencial dos intelectuais mineiros na elaboração da mineiridade derivou o caráter ilustrado do mito. E de fato, a alusão às personagens da novela cervantina na feitura do pensamento de Minas reforçou, no conjunto, a marca intelectualizada. Quixote e Sancho, simbolizando a decadência do estilo de vida cavalheiresco, definem a situação das minas no início do oitocentos, sob o impacto do declínio tal como ele se representava. A longa agonia da mineração adentra o século XIX. Reviver imaginariamente o ideal nobre exprime a vontade de preservar um passado percebido apenas nas suas centelhas luminosas. A recorrência fez-se necessária, como configuração do núcleo original dos mineiros.

Perscrutando, desse marco, o tempo histórico de Minas e as imagens dele forjadas, buscamos recuperar o ritmo lento, que subjaz à sociabilidade daí resultante, condição da própria emergência da mineiridade. Permanentemente perseguidas pelo espectro da decadência, as elites mineiras, em sucessivas gerações, dirigiram-se para outras paragens. As sensações de exílio e de deslocamento social povoaram as expressões desses herdeiros cultos. A mineiridade, em ampla medida, confeccionou a solidariedade do grupo, revigorando-a para enfrentar as adversidades de um ambiente amplamente desconhecido. A "confraria mineira" nutriu-se do passado da sua província, alçando-o aos altos píncaros de uma história grandemente construída em todas as suas partes. O seu estado, todavia, ofertou-lhe o material, porque caminhou no sentido oposto à acumulação: do sentido oposto à acumulação: do período minerador extrovertido e dinâmico, para vivenciar, nos séculos seguintes, a introversão social e a lentidão do tempo. As ações tecidas no passado reverberaram, pois, nos atos do presente, abrindo espaço para o nascimento da memória de Minas.

O desejo de recompor essa memória que parece, agora, caminhar para o desenlace, guiou as nossas reflexões. De fato, construímos e analisamos um objeto movido pelo enleio da procura e da descoberta. Da autodescoberta também. E esse reconhecimento esgarça o pressuposto racionalista de obras que se filiam às explicações explicitamente científicas. Nessa trajetória, fomos muitas vezes sucumbidos pela sedução do tema. Em outros momentos, lutamos vigorosamente contra ele, tentando emergir e chegar à superfície. Se obtivemos êxito, o tempo o dirá e rendemo-nos à inevitabilidade da contingência humana. Cabe ressaltar, todavia, que a paixão nos envolveu na voracidade de seus sentimentos contraditórios. Atentamos, porém, para as palavras de Jean Starobinski em *La Littérature – Le Texte et l'Interprete*:

> Ora, estes meios – linguagem e pensamento, conceitos e métodos – que são eles? São os objetos do passado tornados nossos através da interpretação dos nossos antecessores; dos quais nós somos, agora, herdeiros mais ou menos satisfeitos.

Consolamo-nos, enfim, com Alain Besançon em *Histoire et Experiente de Moi*: "A história é feita tanto de razão quanto de paixão".

Bibliografia

Literatura de Viagens

Agassiz, Luiz & Agassiz, Elizabeth Cary. *Viagem ao Brasil (1865-1866)*. São Paulo, Companhia Editora Nacional, 1935.

d'Assier, Adolphe. *Le Brésil Contemporain – Races – Moeurs – Institutions – Paysage*. Paris, Duranol et Lauride Librairies, 1867.

Burton, Richard. *Viagem do Rio de Janeiro a Morro Velho (1868)*. Belo Horizonte/São Paulo, Itatiaia/Editora da Universidade de São Paulo, 1976.

_____. *Viagem de Canoa de Sabará ao Oceano Atlântico*. Belo Horizonte/São Paulo, Itatiaia/Editora da Universidade de São Paulo, 1977.

Caldleugh, Alexander. *Traveis in South America During the Years 1819-20-21; Containing on Account of the Present State of Brasil, Buenos Ayres, and Chile*. London, John Murray, 1825.

Denis, Ferdinand. *Brasil (1816-1831)*. Belo Horizonte/São Paulo, Itatiaia/Editora da Universidade de São Paulo, 1980.

Freireyss, G. M. *Viagem ao Interior do Brasil (1814)*. Belo Horizonte/São Paulo, Itatiaia/Editora da Universidade de São Paulo, 1982.

Gardner, George. *Viagem ao Interior do Brasil (1836-47)*. Belo Horizonte/São Paulo, Itatiaia/Editora da Universidade de São Paulo, 1975.

Jacob, Rodolpho (org.). *Collectanea de Scientistas Estrangeiros (Assumptos Mineiros)*. Publicação do centenário de Minas Gerais, vol. I: *Mawe e Eschwege*. Belo Horizonte, Imprensa Oficial do Estado de Minas Gerais, 1922.

Matos, Raimundo José da Cunha. *Itinerário do Rio de Janeiro ao Pará e Maranhão pelas Províncias de Minas e Goiás*. Rio de Janeiro, Typografia Imperial e Constitucional de J. Villeneuve e Ca., 1836.

Mawe, John. *Viagens pelo Interior do Brasil (1808-1809)*. Belo Horizonte/São Paulo, Itatiaia/Editora da Universidade de São Paulo, 1978.

280 MITOLOGIA DA MINEIRIDADE

D'ORBIGNY, Alcide. *Viagem Pitoresca através do Brasil (1826)*. Belo Horizonte/São Paulo, Itatiaia/Editora da Universidade de São Paulo, 1976.

PARANAGUÁ, Joaquim Nogueira de. *Do Rio de Janeiro ao Piauhy pelo Interior do Paiz*. Rio de Janeiro, Imprensa Nacional, 1905.

Ribeyrolles, Charles. *Brasil Pitoresco*. São Paulo, Livraria Editora Martins, 1941.

SAINT-HILAIRE, Auguste de. *Viagem às Nascentes do Rio São Francisco (1816-1822)*. Belo Horizonte/São Paulo, Itatiaia/Editora da Universidade de São Paulo, 1975.

_____. *Viagem pelas Províncias do Rio de Janeiro e Minas Gerais (1816-1822)*. Belo Horizonte/São Paulo, Itatiaia/Editora da Universidade de São Paulo, 1975.

_____. *Viagem pelo Distrito dos Diamantes e Litoral do Brasil*. Belo Horizonte/São Paulo, Itatiaia/Editora da Universidade de São Paulo, 1974.

_____. *Segunda Viagem do Rio de Janeiro a Minas Gerais e a São Paulo (1822)*. Belo Horizonte/São Paulo, Itatiaia/Editora da Universidade de São Paulo, 1974.

SPIX, J. B. e MARTIUS, K. Ph. *Viagem pelo Brasil (1817-1820)*. Belo Horizonte/São Paulo, Itatiaia/Editora da Universidade de São Paulo, 1981.

WELLS, James W. *Exploring and Travelling Three Thousands Miles through Brazil from Rio de Janeiro to Maranhão (1885)*. London, Sompson Low, Manston, Seane & Rivington, 1886.

Memórias

ALMEIDA, Maria Stella Vargas de. *Pesadelo que Dura...* Juiz de Fora, Esdeva, 1984.

ARNO, Ciro. *Memórias de um Estudante*. 2. ed. 1885-1906.

ARREGUY, Maria da Glória d'Ávila. *Memórias de uma Professora*. Belo Horizonte, 1956.

BARROS, J. Wanderley C. *Memórias de um Prefeito do Interior*. Belo Horizonte, Imprensa Oficial, 1979.

BENEDITA, D. *Memórias de uma Professora Primária*. Belo Horizonte, Imprensa Oficial, 1970.

BRAGA, Belmiro. *Dias Idos e Vividos*. Rio de Janeiro, Oficina Gráfica Renato Americano, 1936.

CAPANEMA, José. *Oh! Dias da Minha Infância!* Belo Horizonte, Editora Littera Maciel, 1979.

CARVALHO, Daniel de. *De Outros Tempos*. Rio de Janeiro, José Olympio, s.d.

_____. *Capítulos de Memórias*. Rio de Janeiro, José Olympio, 1957.

DIAS, Rodrigues. *Recordações dos Tempos Idos. Renovar... É Viver*. Belo Horizonte, Editora São Vicente, s.d.

GUIMARÃES, Honório. *Por Lareiras Onde me Aqueci ou Romance de Minha Vida*. Belo Horizonte, Gráfica Beiner, 1945.

LIMA, Renato Augusto de. *Memórias de um Delegado de Polícia*. Belo Horizonte, s.d., 1972.

MACHADO, Paulo M. *Menino Feliz*. Belo Horizonte, Edições Movimento-Perspectiva, 1965.

MELLO FRANCO, Afonso Arinos de. *A Alma e o Tempo*. Rio de Janeiro, José Olympio, 1983.

MENDES, Murilo. *A Idade do Serrote*. Rio de Janeiro, Sabiá, 1968.

MOREIRA, Vivaldi. *O Menino da Mata e Seu Cão Piloto*. Belo Horizonte, Imprensa Oficial, 1981.

MORLEY, Helena. *Minha Vida de Menina*. 7. ed. Rio de Janeiro, Livraria José Olympio, 1963.

NAVA, Pedro. *Baú de Ossos*. 7. ed. Rio de Janeiro, Nova Fronteira, 1983.

_____. *Balão Cativo*. 2. ed. Rio de Janeiro, José Olympio, 1974.

_____. *Chão de Ferro*. 2. ed. Rio de Janeiro, José Olympio, 1976.

_____. *Beira- Mar*. 2. ed. Rio de Janeiro, José Olympio, 1978.

_____. *Galo das Trevas*. Rio de Janeiro, José Olympio, 1981.

_____. *O Círio Perfeito*. 2. ed. Rio de Janeiro, Nova Fronteira, 1983.

NEVES, Libério. *Pequena Memória de Terra Funda*. Belo Horizonte, Imprensa Oficial, 1971.

NEVES, Waldemar. *Um Advogado aí Pelos Sertões*. Belo Horizonte, Imprensa Oficial, 1966.

RACHE, Pedro. *Homens de Ouro Preto. Memórias de um Estudante*. Rio de Janeiro. A. Coelho Branco Filho Editor, 1954.

RANGEL, José. *Como o Tempo Passa...* Rio de Janeiro, 1940.

RESENDE, Antonio de Lara. *Memórias. De Belo Vale ao Caraça*. Belo Horizonte, Edição do Autor, 1970.

_____. *Da Serra do Caraça à Serra do Véu de Noiva*. Belo Horizonte, Imprensa Oficial, 1972.

RESENDE, Enrique de. *Estórias e Memórias*. Rio de Janeiro, Gráfica Olímpica Editora, 1970.

RIBEIRO, Arinos. *Memórias de um Mineiro Sexagenário*. São Paulo, Martins Editora, s.d.

RIBEIRO, Firmino Matias. *Memórias de um Lavrador Farmacêutico*. Belo Horizonte, Imprensa Oficial, 1975.

SANTOS, Luiz Gonzaga dos. *Memórias de um Carpinteiro*. Belo Horizonte, Editora Bernardo Alvares, s.d.

VASCONCELLOS, Salomão de. *Memórias de uma República de Estudantes*. Belo Horizonte, s.d.

Textos Literários

ANDRADE, Carlos Drummond de. *Poesia Completa e Prosa*. Rio de Janeiro, Aguillar Editora, 1973.

_____. *As Impurezas do Branco*. 3. ed. Rio de Janeiro, Livraria Editora José Olympio, 1976.

_____. *Corpo: Novos Poemas*. 2. ed. Rio de Janeiro, Record, 1984.

_____. *O Observador no Escritório*. Rio de Janeiro, Record, 1985.

_____. (org.). *Brasil, Terra e Alma. Minas Gerais*. Rio de Janeiro, Editora do Autor, 1967.

ANDRADE, Mário de. *Macunaíma, O Herói sem Nenhum Caráter*. 21. ed. Belo Horizonte, Itatiaia, 1985.

_____. *Poesias Completas. Obras Completas de Mário de Andrade*, 5. ed. São Paulo/Belo Horizonte, Martins Editora/Itatiaia, 1980, II vol..

ANJOS, Cyro dos. *O Amanuense Belmiro*. 10. ed. Rio de Janeiro, Livraria José Olympio Editora, 1979.

_____. *A Menina do Sobrado*. 2. ed. Rio de Janeiro, Livraria José Olympio Editora/Instituto Nacional do Livro/Ministério da Educação e Cultura, 1979.

ARINOS, Afonso. *Pelo Sertão (1898)*. Belo Horizonte, Itatiaia, 1981.

BANDEIRA, Manuel. *Estrela da Vida Inteira*. 7. ed. Rio de Janeiro, Livraria José Olympio Editora, 1979.

BRAGA, Rubem. "Almoço em Minas". *Diário Carioca*, 18 de janeiro de 1948.

CARDOSO, Lúcio. *Crônica da Casa Assassinada*. 2. ed. Rio de Janeiro, Nova Fronteira, 1979.

CARTAS Chilenas (As). *Fontes Textuais*. Edição e Comentários Críticos de Tarquínio J. B. de Oliveira. São Paulo, Referência, 1972.

CONTOS Mineiros. Vários autores. São Paulo, Ática, 1984.

CRÔNICAS Mineiras. Vários autores. São Paulo, Ática, 1984.

DOURADO, Autran. *Lucas Procópio*. Rio de Janeiro, Record, 1985.

_____. *Ópera dos Mortos*. 9. ed. Rio de Janeiro, Record, 1985.

_____. *O Risco do Bordado*. 9. ed. Rio de Janeiro, Record, 1982.

EXPOSIÇÃO do Novo Livro Alemão no Brasil (1971). Organizada por Ausstellungs-und Messe-GmbH des Börsenvereins des Deutschen Buchhandels, de Frankfurt, em colaboração com o Instituto Cultural Brasileiro-Alemão, 1971.

FRIEIRO, Eduardo. *O Cabo das Tormentas*. Belo Horizonte, Itatiaia, 1981.

GONZAGA, Tomás Antonio. *Obras Completas*. Edição Crítica de Rodrigues Lapa. Rio de Janeiro, Ministério da Educação e Cultura – Instituto Nacional do Livro, 1942.

GUIMARAENS, Alphonsus. *Poesias*. Edição dirigida e revista por Manuel Bandeira. Ministério da Educação e Saúde, 1938.

BIBLIOGRAFIA   283

HISTÓRIAS *Mineiras*. São Paulo, Ática, 1984.

MEIRELES, Cecília. *Romanceiro da Inconfidência. Crônica Trovada da Cidade de San Sebastian*. Rio de Janeiro, Nova Fronteira, 1983.

MOTA, Dantas. *Elegias do País das Gerais. Poesia Completa*. Rio de Janeiro, Livraria José Olympio Editora, 1988.

OLIVEIRA, Tarquínio J. B. de (org.). *As Cartas Chilenas. Fontes Textuais*. São Paulo, Referência, 1972.

PENA, Cornélio. *Romances Completos*. Rio de Janeiro, Aguillar, 1958.

PROUST, Marcel. *Em Busca do Tempo Perdido. No Caminho de Swann*. 8. ed. Porto Alegre, Globo, 1983.

QUEIROZ, Raquel de. "Mineiros". *100 Crônicas Escolhidas*. Rio de Janeiro, José Olympio, 1955.

ROSA, João Guimarães. *Grande Sertão: Veredas*. 18. ed. Rio de Janeiro, Nova Fronteira, 1985.

_____. *Sagarana*. 17. ed. Rio de Janeiro, Livraria José Olympio Editora, 1974.

_____. *Primeiras Estórias*. 12. ed. Rio de Janeiro, Livraria José Olympio Editora, 1981.

_____. *Estas Estórias*. 3. ed. Rio de Janeiro, Nova Fronteira, 1985.

_____. *Ave, Palavra*. 3. ed. Rio de Janeiro, Nova Fronteira, 1985.

SABINO, Fernando. *O Encontro Marcado*. 50. ed. Rio de Janeiro, Record, 1986.

_____. *A Inglesa Deslumbrada*. 7. ed. Rio de Janeiro, Record, 1982.

_____. *O Grande Mentecapto. Relato das Aventuras e Desventuras de Viramundo e de suas Inenarráveis Peregrinações*. Rio de Janeiro, Record, 1979.

TCHECOV, Anton. *O Jardim das Cerejeiras*. Porto Alegre, LP&M, 1983.

Escritos Políticos

BARATA, Júlio. *A Palavra de Arthur Bernardes*. Rio de Janeiro, 1934.

BARBOSA, Francisco de Assis (org.). *João Pinheiro. Documentário Sobre a Sua Vida*, Belo Horizonte, Publicações do Arquivo Público Mineiro, 1966, vol. 1.

CAMPOS, Francisco. *Discursos Parlamentares*. Brasília, Câmara dos Deputados, 1979.

CAMPOS, Milton. *Compromisso Democrático*. Belo Horizonte, Secretaria da Educação e Cultura de Minas Gerais, 1951.

CAPANEMA, Gustavo. *Pensamentos*. Belo Horizonte, Secretaria de Estado de Governo, Coordenadoria de Cultura, 1983.

FORTES, José Francisco Bias. *Vocação de Minas (Discursos)*. Belo Horizonte, Imprensa Oficial, 1960.

FRANCO, Afonso Arinos de Mello. *Discurso de Recepção a Tancredo Neves na Academia Mineira de Letras*. Belo Horizonte, 1983.

GOUVEIA, Maurílio de. *Marquês do Paraná. Um Varão do Império*. 2. ed. Rio de Janeiro, 1962.

KUBITSCHEK, Juscelino. *Jornal Minas Gerais*. 1 de fevereiro de 1951.

_____. "A Experiência da Humildade". *Meu Caminho para Brasília*. Rio de Janeiro, Editora Bloch, 1974, vol. 1.

_____. "A Escalada Política". *Meu Caminho para Brasília*. Rio de Janeiro, Editora Bloch, 1976, vol. 2.

MAGALHÃES, Dario de Almeida. "Discurso de Saudação a Walther Moreira Sales". In: ANDRADE, Carlos Drummond de (org.). *Brasil, Terra e Alma. Minas Gerais*. Rio de Janeiro, Editora do Autor, 1967.

MENDONÇA, Antônio Aureliano Chaves de. *IV Seminário de Estudos Mineiros*. Belo Horizonte, Universidade Federal de Minas Gerais, 1977.

MOREIRA, Vivaldi. *Milton Campos: Política e Letras*. Brasília, Senado Federal, 1972.

NEVES, Tancredo de Almeida. "Aula Inaugural". *Revista Brasileira de Estudos Políticos*. Belo Horizonte, n. 21, 1962.

_____. "Discurso de Posse de Tancredo Neves na Academia Mineira de Letras em 24 de Fevereiro de 1983". *Academia Mineira de Letras*. Belo Horizonte, 1983.

A PALAVRA do Presidente Antonio Carlos na Campanha da Aliança Liberal. Belo Horizonte, Imprensa Oficial de Minas Gerais, 1930.

PEREIRA, Francelino. *Milton Campos, um Homem de Influência*. Brasília, Imprensa Nacional, 1972.

SILVA, Vera Alice Cardoso & DELGADO, Lucília de Almeida Neves. *Tancredo Neves. A Trajetória de um Liberal*. Petrópolis, Vozes/Universidade Federal de Minas Gerais, 1985.

VASCONCELLOS, Bernardo Pereira de. "Exposição dos Princípios do Ministério da Regência, em Nome do Imperador, Feita à Assembleia Geral do Brasil". *Manifesto Político e Exposição de Princípios*. Brasília, Editora Universidade de Brasília, 1978.

Ensaios

DIAS, Fernando Correia. *A Imagem de Minas. Ensaios de Sociologia Regional*. Belo Horizonte, Imprensa Oficial, 1971.

FREYRE, Gilberto. "Ordem, Liberdade, Mineiridade". *Seis Conferências em Busca de um Leitor*. Rio de Janeiro, Livraria José Olympio Editora, 1964.

LATIF, Miran de Barros. *As Minas Gerais*. 3. ed. Rio de Janeiro, Livraria Agir Editora, 1960.

LIMA, Alceu Amoroso. *Voz de Minas (Ensaio de Sociologia Regional Brasileira)*. São Paulo, Abril Cultural, 1983.

MACHADO, Alcântara. *Vida e Morte do Bandeirante*. Belo Horizonte/São Paulo, Itatiaia/ Editora da Universidade de São Paulo, 1980.

NAVA, Pedro. "Brasil-Médico". *In*: ANDRADE, Carlos Drummond de (org.). *Brasil, Terra e Alma. Minas Gerais*. Rio de Janeiro, Editora do Autor, 1967.

_____. *Pequenos Estudos de Psycologia Social*. São Paulo, Companhia Editora Nacional, 1942.

PRADO, Paulo. *Retrato do Brasil. Ensaio sobre a Tristeza Brasileira*. 2. ed. São Paulo, Ibrasa/MEC, 1981.

SENNA, Nelson de. *A Terra Mineira*. Rio de Janeiro, Pimenta de Mello, 1923.

TORRES, João Camilo de Oliveira. *O Homem e a Montanha. Introdução ao Estudo das Influências da Situação Geográfica para a Formação do Espírito Mineiro*. Belo Horizonte, Livraria Cultura Brasileira, 1944.

_____. *Interpretação da Realidade Brasileira*. 2. ed. Rio de Janeiro, Livraria José Olympio Editora, 1973.

VASCONCELLOS, Sylvio. *Mineiridade. Ensaio de Caracterização*. Belo Horizonte, Imprensa Oficial, 1968.

VIANNA, Francisco José Oliveira. *Evolução do Povo Brasileiro*. 2. ed. São Paulo, Companhia Editora Nacional, 1933.

Historiografia

BARBOSA, Waldemar de Almeida. *História de Minas*. Belo Horizonte, Editora Comunicação, 1979, 3 vols.

_____. *A Verdade sobre Tiradentes*. Belo Horizonte, Edição do Instituto de História, Letras e Arte, s.d.

_____. *A Capitania de Minas Gerais*. Edição Comemorativa dos 250 anos da Capitania. Belo Horizonte, s.d.

BRANDÃO, Wellington. *Caminhos de Minas (Cousas e Vultos)*. Belo Horizonte, Livraria Oscar Nicolai, 1958.

JOSÉ, Oiliam. *Tiradentes*. Belo Horizonte/São Paulo, Itatiaia/Editora da Universidade de São Paulo, 1985.

LIMA JÚNIOR, Augusto de. *A Capitania das Minas Gerais*. Belo Horizonte/São Paulo, Itatiaia/Editora da Universidade de São Paulo, 1978.

SANTOS, Joaquim Felício dos. *Memórias do Distrito Diamantino da Comarca de Serro Frio (Província de Minas Gerais)*. 4. ed. Belo Horizonte/São Paulo, Itatiaia/ Editora da Universidade de São Paulo, 1976.

TORRES, João Camilo de Oliveira. *História de Minas*. Rio de Janeiro, Record, 1963.

VASCONCELLOS, Diogo de. *História Antiga das Minas Gerais*. 4. ed. Belo Horizonte, Editora Itatiaia, 1974, 2 vols.

_____. *História Média de Minas Gerais*. 4. ed. Belo Horizonte, Itatiaia, 1974.

Estudos

1. Obras sobre Minas

ANDRADE, Mário de. "O Aleijadinho". *Aspectos das Artes Plásticas no Brasil*. São Paulo, Livraria Martins Editora, s.d.

ARRIGUCI JR., Davi. "Minas, Assombro e Anedotas (Os Contos Fantásticos de Murilo Rubião)". *Seminário de Ficção Mineira II (de Guimarães Rosa aos Nossos Dias)*. Belo Horizonte, Conselho Estadual de Cultura de Minas Gerais, 1983.

ÁVILA, Affonso. *Resíduos Seiscentistas em Minas. Textos do Século do Ouro e as Projeções do Mundo Barroco*. Belo Horizonte, Centro de Estudos Mineiros, 1967, 2 vols.

BARBOSA, Waldemar de Almeida. *A Decadência das Minas e a Fuga da Mineração*. Belo Horizonte, Universidade Federal de Minas Gerais, 1971.

_____. *Negros e Quilombos em Minas Gerais*. Belo Horizonte, Itatiaia, 1972.

BLASENHEIM, Peter Louis. *A Regional History of the Zona da Mata Mineira 1870-1906*. Ph.D., Stanford University, 1982, exemplar xerografado.

BOMENY, Helena Maria Bousquet. "A Estratégia da Conciliação: Minas Gerais e a Abertura Política dos Anos 30". *Regionalismo e Centralização Política. Partidos e Constituinte nos Anos 30*. Rio de Janeiro, Nova Fronteira, 1980.

BOSCHI, Caio César. *Os Leigos e o Poder (Irmandades Leigas e Política Colonizadora em Minas Gerais)*. São Paulo, Ática, 1986.

_____. "Os Históricos Compromissos Mineiros: Riqueza e Potencialidade de uma Espécie Documental". *ACERVO – Revista do Arquivo Nacional*, vol. 1, n. 1, jan-jun, Rio de Janeiro, 1986.

BRANT, Fernando. "Minas Não Há Mais?" *I Seminário de Economia Mineira*. Diamantina, 1982 / Belo Horizonte, Cedeplar, 1986.

CAMPOS, Vera Mascarenhas de. *Borges e Guimarães: Na Esquina Rosada do Grande Sertão*. São Paulo, Perspectiva, 1988.

CARELLI, Mário. *Corcel de Fogo. Vida e Obra de Lúcio Cardoso (1912-1968)*. Rio de Janeiro, Editora Guanabara, 1988.

CARVALHO, Daniel de. "A Formação Histórica de Minas Gerais". In: ANDRADE, Carlos Drummond de (org.). *Brasil, Terra e Alma. Minas Gerais*. Rio de Janeiro, Editora do Autor, 1967.

_____. "O Algodão em Minas". *Anais da Primeira Conferência Algodoeira*, vol. III. s.d.

CARVALHO, Orlando. "A Estrutura Ocupacional da Política Mineira". *Sociologia*. vol. XV, n. 4, São Paulo, 1953.

CHAGAS, Paulo Pinheiro. *Teófilo Ottoni. Ministro do Povo*. Belo Horizonte, Itatiaia, 1978.

COSTA, Iraci del Nero da. *Populações Mineiras*. São Paulo, IPE-USP, 1981.

COSTA FILHO, Miguel. "Engenhos e Produção de Açúcar em Minas Gerais". *Revista de História da Economia Brasileira*, n. 1, ano I, jun. 1953.

CUNHA, Alexandre Eulálio Pimenta da. "A Literatura em Minas Gerais no Século XIX". *III Seminário sobre a Cultura Mineira (Século XIX)*. Belo Horizonte, Conselho Estadual de Cultura de Minas Gerais, 1982.

DEAN, Warren. "Comments on Slavery in a 'Nonexport Economy'". *The Hispanic American Historical Review*, vol. 63, n. 3, 1983.

DIAS, Fernando Correia, *João Alphonsus: Tempo e Modo*. Belo Horizonte, Centro de Estudos Mineiros, 1965.

———. "O Prisma de Nava". *Líricos e Profetas. Temas de Vida Intelectual*. Brasília, Thesaurus, 1984.

———. "Literatura e(m) Mudança: Tentativa de Periodização". *II Seminário sobre a Cultura Mineira (Período Contemporâneo)*. Belo Horizonte, Conselho Estadual de Cultura de Minas Gerais, 1980.

———. "Mineiridade: Construção e Significado Atual". *Revista Ciência e Trópico*, 13(1), jan.-jun., Recife, 1985.

DINIZ, Clélio Campolina. "O Paradoxo Mineiro: Fortalecimento Econômico e Enfraquecimento Político". *III Seminário sobre a Economia Mineira*. Belo Horizonte, Cedeplar/UFMG, 1986.

DULCI, Otávio Soares. "As Elites Mineiras e a Conciliação: a Mineiridade como Ideologia". *Ciências Sociais Hoje*. São Paulo, Cortez, 1984.

ELLIS, Myriam. *Contribuição ao Estudo do Abastecimento das Áreas Mineradoras do Brasil no Século XVIII*. Rio de Janeiro, MEC, 1960.

ENGERMAN, Stanley L. & GENOVESE, Eugene D. "Comments on Slavery in a 'Nonexport Economy'". *The Hispanic American Historical Review*, vol. 63, n. 3, 1983.

FLEISCHER, David S. "A Cúpula Mineira na República Velha. Origens Socioeconômicas e Recrutamento de Presidentes e Vice-Presidentes do Estado e de Deputados Federais". *V Seminário de Estudos Mineiros. A República Velha em Minas*. Belo Horizonte, UFMG-Proed, 1982.

FRANCO, Afonso Arinos de Mello. "Continuidade e Atualidade Política de Minas". *IV Seminário de Estudos Mineiros*. Belo Horizonte, UFMG, 1977.

FRIEIRO, Eduardo. *O Diabo na Livraria do Cônego*. 2. ed. Belo Horizonte/São Paulo, Itatiaia/Editora da Universidade de São Paulo, 1981.

———. "Fantasias em Torno do Mito de Minas". *Páginas de Crítica e Outros Escritos*. Belo Horizonte, Itatiaia, 1955.

GALVÃO, Walnice Nogueira. *As Formas do Falso. Um Estudo sobre a Ambiguidade no Grande Sertão: Veredas*. São Paulo, Perspectiva, 1972.

———. *Mitologia Rosiana*. São Paulo, Ática, 1978.

GOMES, Paulo Emílio Salles. *Humberto Mauro, Cataguases, Cinearte*. São Paulo, Perspectiva, 1974.

GUERZONI FILHO, Gilberto. *Política e Crise do Sistema Colonial em Minas Gerais 1768-1808*. Universidade Federal de Ouro Preto, 1986.

HOLANDA, Sérgio Buarque de (org.). "Metais e Pedras Preciosas". *História Geral da Civilização Brasileira*. Tomo I: *A Época Colonial*, vol. 2. 2. ed. São Paulo, Difusão Europeia do Livro, 1965.

_____ (org.). "A Mineração: Antecedentes Luso-Brasileiros". *História Geral da Civilização Brasileira*. Tomo I: *A Época Colonial*, vol. 2. São Paulo, Difusão Europeia do Livro, 1960.

HORTA, Cid Rebelo. "Famílias Governamentais de Minas Gerais". *II Seminário de Estudos Mineiros*. Belo Horizonte, UFMG, 1956.

IGLÉSIAS, Francisco. *Política Econômica do Governo Provincial Mineiro (1835-1889)*.Rio de Janeiro, Instituto Nacional do Livro, 1958.

_____. *Três Séculos de Minas*. Edição do 8.º Festival de Inverno, Ouro Preto, s.d.

_____. "Minas Gerais". In: HOLANDA, Sérgio Buarque de (org.). *História Geral da Civilização Brasileira*. São Paulo, Difusão Europeia do Livro, 1964, tomo II, 2. vols.

_____. "Periodização da História de Minas". *Revista Brasileira de Estudos Políticos*. XXIX, jul. 1970.

LACERDA, Elizabeth M. & FONSECA, Eda Marli. *Mineiriana*. Belo Horizonte, Faculdade de Ciências Económicas, UFMG, 1986.

LACOMBE, Américo Jacobina. "Origem da Indústria de Tecidos em Minas Gerais". *Digesto Econômico*. São Paulo, jul. 1947.

LAFETÁ, João Luiz. "O Romance Atual (Considerações sobre Oswaldo França Jr., Rui Mourão e Ivan Ângelo)". *II Seminário de Ficção Mineira (de Guimarães Rosa aos Nossos Dias)*. Belo Horizonte, Conselho Estadual de Cultural de Minas Gerais, 1983.

LANNA, Ana Lúcia Duarte. *A Transformação do Trabalho. A Passagem para o Trabalho Livre na Zona da Mata Mineira: 1870-1920*. Campinas, Editora Unicamp, 1988.

_____. "A Organização do Trabalho Livre na Zona da Mata Mineira: 1870-1920". *III Seminário de Economia Mineira*, Diamantina, 1986.

LEITE, Ilka Boaventura. *Negros e Viajantes em Minas Gerais (Século XIX)*. Tese de Doutoramento apresentada ao Departamento de Ciências Sociais da FFLCH da Universidade de São Paulo, 1986.

LEITE, Mário. *Paulistas e Mineiros Plantadores de Cidades*. São Paulo, Edart, 1964.

LELOUP, Yves. *Les Villes de Minas Gerais*. Paris, Institut des Hautes Études de l'Amérique Latine, Université de Paris, 1970.

LEVY, Maria Bárbara. "Crédito e Circulação Monetária na Economia da Mineração". *III Seminário de Estudos Mineiros*. Diamantina, 1986.

LIBBY, Douglas C. *Transformação e Trabalho em Uma Economia Escravista. Minas Gerais no Século XIX*. São Paulo, Brasiliense, 1988.

LIMA, Alberto de Souza. *Arthur Bernardes perante a História*. Belo Horizonte, Imprensa Oficial de Minas Gerais, 1983.

LIMA, João Heraldo. *Café e Indústria em Minas Gerais. (1870-1920)*. Petrópolis, Vozes, 1981.

BIBLIOGRAFIA

LINHARES, Maria Yedda Leite. "O Brasil no Século XVIII e a Idade de Ouro: A Propósito da Problemática da Decadência". *Seminário sobre a Cultura Mineira no Período Colonial*. Belo Horizonte, Conselho Estadual de Cultura de Minas Gerais, 1979.

LUCAS, Fábio. "A Ficção de Fernando Sabino e Autran Dourado". *II Seminário de Ficção Mineira (de Guimarães Rosa aos Nossos Dias)*. Belo Horizonte, Conselho Estadual de Cultura de Minas Gerais, 1983.

LUNA, Francisco Vidal. *Minas Gerais: Escravos e Senhores*. São Paulo, IPE-USP, 1981.

_____. & CANO, Wilson. "A Reprodução Natural de Escravos em Minas Gerais (Século XIX) – Uma Hipótese". *Economia Escravista em Minas Gerais. Cadernos do IFCH Unicamp*, n. 10, Campinas, 1983.

_____. & COSTA, Iraci del Nero da. *Sinopse de Alguns Trabalhos de Demografia Histórica Referentes a Minas Gerais*. III Encontro Nacional da ABEP, Vitória, 1982.

MACHADO, Lourival Gomes. *Barroco Mineiro*. São Paulo, Perspectiva, 1978.

MARTINS, Heitor. *Do Barroco a Guimarães Rosa*. Belo Horizonte, Itatiaia, 1983.

MARTINS FILHO, Amílcar. *A Economia Política do Café com Leite, (1900-1930)*. Belo Horizonte, UFMG-PROED, 1981.

_____. "Clientelismo e Representação em Minas Gerais durante a Primeira República: Uma Crítica a Paul Cammack". *Dados. Revista de Ciências Sociais*, vol. 27, n. 2, Rio de Janeiro, 1984.

MARTINS, Roberto Borges. *Growing in Silence: The Slave Economy of Nineteenth-Century Minas Gerais, Brasil*. Vanderbilt University, Nashville, 1981, exemplar xerografado.

_____. "Minas Gerais no Século XIX: Tráfico e Apego à Escravidão numa Economia Não-Exportadora". Separata da revista *Estudos Econômicos*, 13 (1), jan.-abr. 1983, São Paulo.

_____. "A Indústria Têxtil Doméstica de Minas Gerais no Século XIX", separata *Cedeplar*, Belo Horizonte, s.d.

_____. & MARTINS, Maria do Carmo Salazar. "As Exportações de Minas Gerais no Século XIX". *Revista Brasileira de Estudos Políticos*. Belo Horizonte, Número especial sobre a economia mineira, n. 58, janeiro, 1984.

_____. & MARTINS FILHO, Amílcar. "Slavery in a Nonexport Economy: Nineteenth-Century Minas Gerais Revisited". *The Hispanic American Historical Review*, vol. 63, n. 3, 1983.

MARTINS, Rodrigo Baptista. *A Mazorca. O Coronelismo e a Violência no Processo Político Brasileiro*. Belo Horizonte, Imprensa Oficial, 1977.

MASSA, Françoise. *Alexandre Brethel, Pharmacien et Planteur Français au Carangola. Recherche sur sa Correspondance Brésiliene (1862-1901)*. Paris, Klincksieck, 1977.

MAXWELL, Kenneth. *A Devassa da Devassa. A Inconfidência Mineira: Brasil-Portugal (1750-1808)*. Rio de Janeiro, Paz e Terra, 1978.

MELLO E SOUZA, Antonio Candido de. "Minas Não Há Mais?" *I Seminário de Economia Mineira*. Diamantina, 1982 / Belo Horizonte, Cedeplar, 1986.

_____. "A Autobiografia Poética e Ficcional na Literatura de Minas". *IV Seminário de Estudos Mineiros*. Belo Horizonte, Edições do Cinquentenário da UFMG/Imprensa Universitária, 1977.

MELLO E SOUZA, Laura de. *Desclassificados do Ouro. A Pobreza Mineira no Século XVIII*. Rio de Janeiro, Graal, 1982.

MENDONÇA, Marcos Carneiro de. "A Economia Mineira no Século XIX". *Primeiro Seminário de Estudos Mineiros*. Belo Horizonte, 1957.

MERQUIOR, José Guilherme. *Verso Universo em Drummond*. 2. ed. Rio de Janeiro, José Olympio Editora, 1976.

MINAS GERAIS: Os Viajantes Estrangeiros. Edição Especial do 4. Aniversário, Minas Gerais, Suplemento Literário, números 213, 214 e 215, set.-out., 1970.

NUNES, Benedito. "A Matéria Vertente". *II Seminário de Ficção Mineira (de Guimarães Rosa aos nossos Dias)*. Belo Horizonte, Conselho Estadual de Cultura de Minas Gerais, 1983.

OLIVEIRA, Martins de. *História da Literatura Mineira (Esquema de Interpretações e Notícias Bibliográficas)*. 2. ed. Belo Horizonte, Imprensa Oficial, 1963.

PAIVA, Clotilde Andrade & MARTINS, Maria do Carmo Salazar. "Minas Gerais em 1831: Notas sobre a Estrutura Ocupacional de Alguns Municípios". *III Seminário de Estudos Mineiros*. Diamantina, 1986.

PAULA, Floriano Peixoto de. "Vilas de Minas Gerais no Período Colonial". *Revista Brasileira de Estudos Políticos*, n. 19, julho, 1965.

PAULA, João Antônio de. "Os Limites da Industrialização Colonial: A Industrialização em Minas Gerais no Século XVIII". *Revista Brasileira de Estudos Políticos*. n. 58, Belo Horizonte, 1984.

_____. *Dois Ensaios Sobre a Gênese da Industrialização em Minas Gerais: A Siderúrgica e a Indústria Têxtil*. Belo Horizonte, Cedeplar, s.d.

_____. *Minas Gerais no Século XVIII: Esboço de História e Economia*. Belo Horizonte, Cedeplar, s.d.

PIMENTA, Haydn Coutinho. "Apresentação". *III Seminário sobre a Economia Mineira*. Belo Horizonte, Cedeplar/UFMG, 1986.

PRADO, Antônio Arnoni. "Sobre a Situação do Conto em Minas". *II Seminário de Ficção Mineira (de Guimarães Rosa aos Nossos Dias)*. Belo Horizonte, Conselho Estadual de Cultura de Minas Gerais, 1983.

REIS, Elisa P. "Mudança e Continuidade na Política Rural Brasileira". *Revista Dados*, vol. 31, n. 2, 1988.

RESENDE, Maria Efigênia Lage de. *Formação da Estrutura de Dominação em Minas Gerais. O Novo PRM (1889-1906)*. Belo Horizonte, UFMG/Proed, 1982.

SALLES, Bento Teixeira de. *Milton Campos, uma Vocação Liberal*. Belo Horizonte, 1975.

SALLES, Fritz Teixeira de. *Vila Rica do Pilar*. Belo Horizonte/São Paulo, Itatiaia/ Editora da Universidade de São Paulo, 1982.

SANT'ANNA, Affonso Romano de. *Carlos Drummond de Andrade: Análise da Obra*. 2. ed. Rio de Janeiro, Editora Documéntário, 1977.

_____. "Minas, Não Há Mais?" *I Seminário de Economia Mineira*. Diamantina, 1982; Cedeplar, UFMG, 1986.

SCHWARTZMAN, Simon *et al. Tempos de Capanema*. Rio de Janeiro/São Paulo, Paz e Terra/Edusp, 1984.

SILVA, Vera Alice Cardoso. *A Política Regionalista e o Atraso da Industrialização (1889-1920)*. Belo Horizonte, 1977 (mimeografado).

_____. "Fontes de História Regional: Subsídios para Estudos Comparativos e Temáticos". *ACERVO – Revista do Arquivo Nacional*, vol. 1, n. 1, jan./jun. 1986, Rio de Janeiro.

SIMÕES, Irene Gilberto. *Guimarães Rosa: As Paragens Mágicas*. São Paulo, Perspectiva, 1988.

SLENES, Robert W. "Os Múltiplos de Porcos e Diamantes: A Economia Escravista de Minas no Século XIX". *Cadernos IFCH Unicamp*. Campinas, 1985.

_____. "Comments on Slavery in a 'Nonexport Economy'". *The Hispanic American Historical Review*, vol. 63, n. 3, 1983.

SOUZA, Octávio Tarquínio de. *Bernardo Pereira de Vasconcellos e seu Tempo*. Rio de Janeiro, José Olympio, 1937.

SOUZA, Washington Peluso A. "As Lições das Vilas e Cidades de Minas Gerais". *IV Seminário de Estudos Mineiros*, Belo Horizonte, 1977.

_____. "Aleijadinho – Símbolo da Cultura Autônoma". *Revista Brasileira de Estudos Políticos*, n. 48, Belo Horizonte, janeiro de 1979.

STARLING, Heloísa M. Murgel. *Os Senhores das Gerais. Os Novos Inconfidentes e o Golpe Militar de 1964*. Petrópolis, Vozes, 1986.

TORRES, João Camilo de Oliveira. "Paraná e a Conciliação". *Revista Brasileira de Estudos Políticos*, n. 1, dez. 1956.

VASCONCELLOS, Salomão. *Bernardo Pereira de Vasconcellos*. Belo Horizonte, s. ed., 1953.

VASCONCELLOS, Sylvio. *Vila Rica. Formação e Desenvolvimento – Residências*. Rio de Janeiro, Instituto Nacional do Livro, 1956.

VIANNA, Hélio. "A Economia Mineira do Século XVII". *Primeiro Seminário de Estudos Mineiros*. Belo Horizonte, 1956.

WIRTH, John D. *O Fiel da Balança. Minas Gerais na Federação Brasileira. 1889-1937*. Rio de Janeiro, Editora Paz e Terra, 1982.

ZEMELLA, Mafalda P. "O Abastecimento da Capitania das Minas Gerais no Século XVIII". *Boletim* n. 118 da FFCL da Universidade de São Paulo, 1951.

2. Obras sobre o Brasil

Arrigucci Jr., Davi. *Enigma e Comentário. Ensaios sobre Literatura e Experiência*. São Paulo, Companhia das Letras, 1987.

Arruda, José Jobson de Andrade. *O Brasil no Comércio Colonial*. São Paulo, Ática, 1980.

_____. "A Produção Econômica". In: Silva, Maria Beatriz Nizza da (org.). *O Império Luso- Brasileiro (1750-1822)*. Lisboa, Estampa, 1986.

_____. "A Prática Econômica Setecentista no seu Dimensionamento Regional". *Produção e Transgressões – Revista Brasileira de História*, n. 10, São Paulo, Marco Zero, 1985.

Azevedo, Fernando de. *A Cultura Brasileira. Introdução ao Estudo da Cultura no Brasil*. 4. ed. Brasília, Editora da Universidade de Brasília, 1963.

_____. "A Sociologia e a Antropologia no Brasil". In: Azevedo, Fernando de (org.). *As Ciências no Brasil*. São Paulo, Melhoramentos, s.d., vol. ii.

Bastide, Roger. *Brasil. Terra de Contrastes*. 10. ed. São Paulo, Difusão Europeia do Livro, 1980.

_____. *As Religiões Africanas no Brasil*. São Paulo, Pioneira, 1981.

Benevides, Maria Victória de Mesquita. *A UDN e o Udenismo, Ambiguidades do Liberalismo Brasileiro (1945-1965)*. Rio de Janeiro, Paz e Terra, 1981.

_____. *O Governo Kubitschek. Desenvolvimento Econômico e Estabilidade Política*. Rio de Janeiro, Paz e Terra, 1976.

Bosi, Alfredo. *História Concisa da Literatura Brasileira*. 2. ed. São Paulo, Cultrix, 1977.

Boxer, C. R. *A Idade de Ouro do Brasil*. São Paulo, Nacional, 1969.

Brasileiro, Ana Maria. "O Federalismo Cooperativo". *Revista Brasileira de Estudos Políticos*, n. 39, jul., 1974.

Cano, Wilson. "Padrões Diferenciados das Principais Regiões Cafeeiras (1850-1930)". *Estudos Econômicos*, n. 15, vol. 2, maio/ago. 1985.

Cardoso, Ciro Flamarion. *Agricultura, Escravidão e Capitalismo*. Petrópolis, Vozes, 1982.

Cardoso, Fernando Henrique. *O Modelo Político Brasileiro e Outros Ensaios*. São Paulo, Difusão Europeia do Livro, 1972.

_____. *Autoritarismo e Democratização*. Rio de Janeiro, Paz e Terra, 1975.

_____. "Dos Governos Militares a Prudente-Campos Salles". In: Fausto, Boris (org.). *História Geral da Civilização Brasileira*. São Paulo, Difusão Europeia do Livro, t. iii, vol. 1, 1975.

Carvalho, José Murilo de. *A Construção da Ordem. A Elite Política Imperial*. Rio de Janeiro, Campus, 1980.

_____. "A Composição Social dos Partidos Políticos Imperiais". *Cadernos do Departamento de Ciência Política*, n. 2, dez. 1974.

_____. *Teatro das Sombras: A Política Imperial*. Rio de Janeiro, Vértice/Iuperj, 1988.

BIBLIOGRAFIA 293

CAVA, Ralph della. *Milagre em Joaseiro*. Rio de Janeiro, Paz e Terra, 1977.

COSTA, Emilia Viotti. *Da Monarquia à República. Momentos Decisivos*. 2. ed. São Paulo, Ciências Humanas, 1979.

CUNHA, Euclides da. *Os Sertões*. Brasília, Editora da Universidade de Brasília, 1963.

_____. *À Margem da História do Brasil*. 3. ed. Porto, Livraria Chardron, 1922.

DEBRUN, Michel. *A Conciliação e Outras Estratégias*. São Paulo, Brasiliense, 1983.

DORNAS FILHO, João. *Aspectos da Economia Colonial*. Rio de Janeiro, Biblioteca do Exército Editora, 1958.

_____. "Tropas e Tropeiros". *Primeiro Seminário de Estudos Mineiros*. Belo Horizonte, 1957.

ELLIS JÚNIOR, Alfredo. "O Ciclo do Muar". *Revista de História*, São Paulo, 1950.

EUL-SOO Pang. *Coronelismo e Oligarquias (1889-1934). A Bahia na Primeira República Brasileira*. Rio de Janeiro, Civilização Brasileira, 1979.

FAORO, Raymundo. *Os Donos do Poder. Formação do Patronato Político Brasileiro*. 5. ed. Porto Alegre, Globo, 1979, 2 vols.

FERNANDES, Florestan. *Sociedade de Classes e Subdesenvolvimento*. Rio de Janeiro, Zahar, 1968.

_____. *A Revolução Burguesa no Brasil. Ensaio de Interpretação Sociológica*. Rio de Janeiro, Zahar, 1975.

_____. *Circuito Fechado*. São Paulo, Hucitec, 1976.

_____. *A Ditadura em Questão*. 2. ed. São Paulo, T. A. Queiroz Editor, 1982.

FERNANDES, Heloísa Rodrigues. *Política e Segurança. Força Pública do Estado de São Paulo: Fundamentos Históricos-sociais*. São Paulo, Alfa-Ômega, 1974.

FRANCO, Marya Sylvia de Carvalho. *Homens Livres na Ordem Escravocrata*. 2. ed. São Paulo, Ática, 1976.

FREYRE, Gilberto. *Casa-Grande & Senzala*. 13. ed. Brasília, Editora da Universidade de Brasília, 1963.

_____. *Sobrados e Mocambos. Decadência do Patriciado Rural e Desenvolvimento Urbano*. 6. ed. Rio de Janeiro, Livraria José Olympio Editora, 1981, 2 vols.

_____. *Interpretação do Brasil. (Aspectos da Formação Social Brasileira como Processo de Amalgamento de Raças e Culturas)*. Rio de Janeiro, Livraria José Olympio Editora, 1947.

FRIEIRO, Eduardo. *O Brasileiro Não É Triste*. Belo Horizonte, Amigos do Livro, 1931.

FURTADO, Celso. *Formação Econômica do Brasil*. Rio de Janeiro, Fundo de Cultura, 1963.

GALVÃO, Walnice Nogueira. *Saco de Gatos. Ensaios Críticos*. São Paulo, Duas Cidades, 1976.

GOULART, José Alípio. *Brasil do Boi e do Couro*. Edições GRD, Rio de Janeiro, 1966.

294   MITOLOGIA DA MINEIRIDADE

_____. *Tropas e Tropeiros na Formação do Brasil*. Rio de Janeiro, Conquista, 1961.

HIPPOLITO, Lúcia. *De Raposas e Reformistas. O PSD e a Experiência Democrática Brasileira (1945-1964)*. Rio de Janeiro, Paz e Terra, 1985.

HOLANDA, Sérgio Buarque de. *Raízes do Brasil*. 4. ed. Brasília, Editora Universidade de Brasília, 1963.

_____. *Visão do Paraíso. Os Motivos Edênicos no Descobrimento e Colonização do Brasil*. 2. ed. São Paulo, Companhia Editora Nacional, 1969.

_____. "A Herança Colonial – Sua Desagregação". *In*: HOLANDA, Sérgio Buarque de (org.). *História Geral da Civilização Brasileira*. 2. ed. São Paulo, Difusão Europeia do Livro, 1965, t. II, vol. 1 .

_____. *Caminhos e Fronteiras*. 2. ed. Rio de Janeiro, Livraria José Olympio Editora, 1975.

IGLÉSIAS, Francisco. "Revisão de Raymundo Faoro". *Cadernos do Departamento de Ciência Política*, n. 3, Universidade Federal de Minas Gerais, março 1976.

KEINERT, Rubem César. *Regionalismo e Antirregionalismo no Paraná*. Dissertação de mestrado apresentada à Faculdade de Filosofia, Letras e Ciências Humanas da Universidade de São Paulo, 1978 (Exemplar mimeografado).

LAMBERT, Jacques. *Os Dois Brasis*. 12. ed. São Paulo, Companhia Editora Nacional, 1984.

LAMOUNIER, Bolivar. "Formação de um Pensamento Autoritário na Primeira República: uma Interpretação". *In*: FAUSTO, Boris (org.), *História Geral da Civilização Brasileira*. Tomo III: *O Brasil Republicano*. São Paulo, Difel, 1978, vol. 2.

LARA, Silvia Humold. *Campos da Violência. Escravos e Senhores na Capitania do Rio de Janeiro: 1750-1808*. Rio de Janeiro, Paz e Terra, 1988.

LEAL, Vitor Nunes. *Coronelismo, Enxada e Voto. O Município e o Regime Representativo no Brasil*. 2. ed. São Paulo, Alfa-Ômega, 1975.

LEITE, Dante Moreira. *O Caráter Nacional Brasileiro. História de uma Ideologia*. 3. ed. São Paulo, Livraria Pioneira Editora, 1976.

LENHARO, Alcir. *As Tropas da Moderação*. São Paulo, Editora Símbolo, 1979.

_____. "Rota Menor. O Movimento da Economia Mercantil de Subsistência no Centro-Sul do Brasil (1808-1831)". *Anais do Museu Paulista*. São Paulo, t. XXVIII, 1977-1978.

LEVINE, Robert M. *A Velha Usina. Pernambuco na Federação Brasileira (1889-1937)*. Rio de Janeiro, Paz e Terra, 1980.

LIMA, Heitor Ferreira. *Formação Industrial do Brasil (Período Colonial)*. Rio de Janeiro, Editora Fundo de Cultura, 1961.

LINHARES, Maria Yedda. *História do Abastecimento – Uma Problemática em Questão (1530-1918)*. Rio de Janeiro, Binagri/Biblioteca Nacional de Agricultura, s.d.

_____. *O Problema do Abastecimento de uma Perspectiva Histórica*. Rio de Janeiro, 1978 (Exemplar mimeografado).

_____. & Silva, Francisco Carlos Teixeira da. *História da Agricultura Brasileira: Combates e Controvérsias*. São Paulo, Brasiliense, 1981.

Love, Joseph. *O Regionalismo Gaúcho e as Origens da Revolução de 1930*. São Paulo, Perspectiva, 1975.

_____. *A Locomotiva. São Paulo na Federação Brasileira (1889-1937)*. Rio de Janeiro, Paz e Terra, 1982.

Magalhães, Basílio. *Expansão Geográfica do Brasil Colonial*. Rio de Janeiro, Epasa, 1944.

Martins, José de Souza. *Empresário e Empresa na Biografia do Conde Matarazzo*. Rio de Janeiro, Edição do Instituto de Ciências Sociais da Universidade Federal do Rio de Janeiro, 1967.

Martins, Luciano. *A Revolução de 1930 e seu Significado Político*. s.d. (Exemplar mimeografado).

Matta, Roberto da. *Carnavais, Malandros e Heróis. Para uma Sociologia do Dilema Brasileiro*. 2. ed. Rio de Janeiro, Zahar, 1980.

_____. *A Casa e a Rua. Espaço, Cidadania, Mulher e Morte no Brasil*. São Paulo, Brasiliense, 1985.

Mattos, Ilmar Rollof. *O Tempo Saquarema*. São Paulo, Hucitec, 1987.

Mauro, Frédéric. *La Vie Quotidienne au Brésil au Temps de Pedro Segundo (1831--1889)*. Paris, Hachette, 1980.

_____. "A Conjuntura Atlântica e a Independência do Brasil". *In*: MOTA, Carlos Guilherme (org.). *1822. Dimensões*. São Paulo, Perspectiva, 1972.

Mello, Evaldo Cabral de. *Rubro Veio. O Imaginário da Restauração Pernambucana*. Rio de Janeiro, Nova Fronteira, 1986.

Mello, João Manuel Cardoso de. *O Capitalismo Tardio. Contribuição à Revisão Crítica da Formação e Desenvolvimento da Economia Brasileira*. São Paulo, Brasiliense, 1982.

Mello e Souza, Antonio Candido de. *Formação da Literatura Brasileira. (Momentos Decisivos)*. 5. ed. São Paulo/Belo Horizonte, Editora da Universidade de São Paulo/Itatiaia, 1975, 2 vols.

_____. *Tese e Antítese. Ensaios*. 3. ed. São Paulo, Companhia Editora Nacional, 1978.

_____. *Vários Escritos*. São Paulo, Duas Cidades, 1970.

_____. "Poesia, Documento e História". *Brigada Ligeira. (Ensaios)*. São Paulo, Editora Martins, 1945.

_____. "Dialética da Malandragem". *Revista do Instituto dos Estudos Brasileiros*. n. 8, São Paulo, 1970.

_____. & Castello, José Aderaldo. *Presença da Literatura Brasileira. Das Origens ao Romantismo*. 4. ed. São Paulo, Difusão Europeia do Livro, 1971.

Mello e Souza, Laura de. *O Diabo e a Terra de Santa Cruz. Feitiçaria e Religiosidade Popular no Brasil Colonial*. São Paulo, Companhia das Letras, 1987.

MENDES, Elizabeth de Camargo. *Os Viajantes no Brasil: 1808-1822*. Dissertação de mestrado apresentada ao Departamento de História da Faculdade de Filosofia, Letras e Ciências Humanas da Universidade de São Paulo, São Paulo, 1981.

MERCADANTE, Paulo. *A Consciência Conservadora no Brasil. Contribuição ao Estudo da Formação Brasileira*. 3. ed. Rio de Janeiro, Editora Nova Fronteira, 1980.

MICELI, Sergio. *Poder, Sexo e Letras na República Velha (Estudo Clínico dos Anatolianos)*. São Paulo, Perspectiva, 1977.

_____. *Intelectuais e Classe Dirigente no Brasil (1920-1945)*. São Paulo, Difusão Europeia do Livro, 1979.

_____. "Carne e Osso da Elite Política Brasileira pós 1930". *In*: FAUSTO, Boris (org.). *História Geral da Civilização Brasileira*. Tomo III: *Brasil Republicano*. São Paulo, Editora Difel, 1983, vol. 3.

MONBEIG, Pierre. *Pioneiros e Fazendeiros de São Paulo*. São Paulo, Hucitec/Polis, 1984.

MONTEIRO, Douglas Teixeira. *Os Errantes do Novo Século*. São Paulo, Livraria Duas Cidades, 1974.

MOTA, Carlos Guilherme. *Atitudes de Inovação no Brasil (1789-1801)*. Lisboa, Livros Horizonte, s.d.

_____. *Ideologia da Cultura Brasileira (1933-1974)*. São Paulo, Ática, 1977.

_____. *Nordeste: 1817*. São Paulo, Perspectiva, 1972.

NOGUEIRA, Marco Aurélio. *As Desventuras do Liberalismo. Joaquim Nabuco, a Monarquia e a República*. Rio de Janeiro, Paz e Terra, 1984.

NOVAIS, Fernando Antônio. *Portugal e Brasil na Crise do Antigo Sistema Colonial (1777-1808)*. São Paulo, Hucitec, 1979.

_____. "A Proibição das Manufaturas no Brasil e a Política Econômica Portuguesa no Fim do Século XVIII". *Revista de História*, n. 67, São Paulo, 1966.

_____. "Passagens para o Novo Mundo". *Novos Estudos Cebrap*, n. 9, São Paulo, 1984.

OLIVEIRA, Francisco de. *Elegia para uma Re(li)gião. Sudene, Nordeste. Planejamento e Conflito de Classes*. Rio de Janeiro, Paz e Terra, 1977.

OLIVEN, Ruben George. "A Fabricação do Gaúcho". *Ciências Sociais Hoje – 1984*. São Paulo, Cortez, 1984.

_____. *Violência e Cultura no Brasil*. 2. ed. Petrópolis, Vozes, 1983.

ORTIZ, Renato. *Cultura Brasileira e Identidade Nacional*. São Paulo, Brasiliense, 1985.

PINTO, Virgílio Noya. *O Ouro Brasileiro e o Comércio Anglo-Português (Uma Contribuição aos Estudos da Economia Atlântica no Século XVIII)*. São Paulo, Companhia Editora Nacional, 1979.

POTELET, Jeanine. *Le Brésil Vu par les Voyageurs Français: 1816-1840. Témoignages et Images*. Paris, Thèse pour le Doctorat d'État, Université de Paris X.

PRADO JÚNIOR, Caio. *Formação do Brasil Contemporâneo*. 6. ed. São Paulo, Brasiliense, 1961.

BIBLIOGRAFIA 297

QUEIROZ, Maria Isaura Pereira de. *O Mandonismo Local na Vida Política Brasileira e outros Ensaios*. São Paulo, Alfa-Ômega, 1976.

_____. *O Messianismo no Brasil e no Mundo*. São Paulo, Dominus e Editora da Universidade de São Paulo, 1965.

_____. "Identidade Cultural, Identidade Nacional no Brasil". *Revista Tempo Social*, vol. 1, n. 1, 1º semestre de 1989.

QUEIRÓZ JÚNIOR, Teófilo de. *Preconceitos de Cor e a Mulata na Literatura Brasileira*. São Paulo, Ática, 1975.

RODRIGUES, José Honório. *Conciliação e Reforma no Brasil*. 2. ed. Rio de Janeiro, Nova Fronteira, 1982.

SAES, Décio. *A Formação do Estado Burguês no Brasil (1888-1891)*. Rio de Janeiro, Paz e Terra, 1985.

SCHWARTZ, Stuart B. *Sugar Plantation in the Formation of Brazilian Society. Bahia (1550-1833)*. Cambridge, Cambridge University Press, 1985.

SCHWARTZMAN, Simon. *São Paulo e o Estado Nacional*. São Paulo, Difel, 1975.

SCHWARZ, Roberto. *Ao Vencedor as Batatas. Forma Literária e Processo Social nos Inícios do Romance Brasileiro*. São Paulo, Livraria Duas Cidades, 1977.

_____. *Que Horas São?* São Paulo, Companhia das Letras, 1987.

SILVEIRA, Rosa Maria Godoy. *Regionalismo Nordestino. Existência e Consciência da Desigualdade Regional*. São Paulo, Moderna, 1984,

SIMONSEN, Roberto C. *História Econômica do Brasil (1500-1820)*. 6. ed. São Paulo, Nacional, 1969.

SINGER, Paul. *Desenvolvimento Econômico e Evolução Urbana*. São Paulo, Nacional, 1974.

SOUZA, Bernardino José de. *Ciclo do Carro de Bois no Brasil*. São Paulo, Nacional, 1958.

SOUZA, Octávio Tarquínio de. *História dos Fundadores do Império do Brasil*. Rio de Janeiro, Editora José Olympio, 1957, 10 vols.

SOUZA, Terezinha Oliva de. *Impasses do Federalismo Brasileiro. Sergipe e a Revolta de Fausto Cardoso*. Rio de Janeiro, Paz e Terra, 1985.

TRIGUEIRO, Oswaldo. "A Crise do Federalismo". *Revista Brasileira de Estudos Políticos*, n. 11, jun. 1961.

URICOECHEA, Fernando. *O Minotauro Imperial. A Burocratização do Estado Patrimonial Brasileiro no Século XIX*. São Paulo, Difel, 1978.

VIANNA, Francisco José de Oliveira. *Instituições Políticas Brasileiras*. 2. ed. Rio de Janeiro, Livraria José Olympio Editora, 1955, 2 vols.

WEFFORT, Francisco Correia. "Grandeza de um Conservador". *Folha de S. Paulo*, 20.4.1986.

3. Obras Gerais

ANDERSON, Perry. *Lineages of the Absolutist State*. London, Verso Edition, 1979.

ARIÈS, Philippe. *História da Morte no Ocidente. Da Idade Média aos Nossos Dias*. Rio de Janeiro, Livraria Francisco Alves Editora, 1977.

_____. "L'Histoire des Mentalités". *La Nouvelle Histoire. Les Encyclopedies du Savoir Moderne*. Sob a direção de Jacques Le Goff, Roger Chartier e Jacques Revel. Paris, CEPL, 1978.

ARRUDA, José Jobson de Andrade. "O Século de Braudel". *Novos Estudos Cebrap*, vol. 2, n. 4, abr. 1984.

_____. "O Mediterrâneo de Braudel". *Anais do Museu Paulista*. São Paulo, 1984, tomo XXIII.

_____. *Revolução Industrial e Capitalismo*. São Paulo, Brasiliense, 1984.

_____. "Immanuel Wallerstein e o Moderno Sistema Mundial". *Revista de História*, n. 15, jul.-dez. 1983.

_____. *Raízes do Industrialismo Moderno*. São Paulo, 1982. Tese de Livre Docência, exemplar xerografado.

ÁVILA, Affonso. *O Lúdico e as Projeções do Mundo Barroco*. 2. ed. São Paulo, Perspectiva, 1988.

BOBBIO, Norberto. *O Futuro da Democracia. Uma Defesa das Regras do Jogo*. 2. ed. Rio de Janeiro, Paz e Terra, 1986.

BOSI, Ecléa. *Memória e Sociedade. Lembrança de Velhos*. São Paulo, T.A. Queiroz Editor, 1979.

BOWRA, C. M. *La Imaginación Romántica*. Madrid, Taurus Ediciones, 1972.

BRAUDEL, Fernand. *O Mediterrâneo e o Mundo Mediterrânico na Época de Filipe II*. Lisboa, Livraria Martins Fontes Editora, 1983, 2 vols.

_____. *La Dynamique du Capitalisme*. Paris, Arthaud, 1985.

_____. *L'Identité de la France. Espace et Histoire*. Paris, Arthaud/Flammarion, 1986.

BUSQUETS, Júlio. *Introducción a la Sociologia de las Nacionalidades*. Madrid, Edicusa, 1971.

CARVALHO, Joaquim Barradas de. "Sur l'Introduction et Diffusion des Chiffres Arabes au Portugal". *Bulletin des Études Portugaises et de l'Institut Français au Portugal*. Lisboa, 1957, vol. XX.

CHAUNU, Pierre. *Histoire et Décadence*. Paris, Librairie Académique Perrin, 1981.

DELUMEAU, Jean. *Naissance et Affirmation de la Reforme*. Paris, Presses Universitaires de France, 1965.

DUCHET, Michèle. *Anthropologie et Histoire au Siècle des Lumières. Buffon, Voltaire, Rousseau, Helvétius, Diderot*. Paris, François Maspero, 1971.

FALCÓN, Francisco José Calazans. *A Época Pombalina (Política Econômica e Monarquia Ilustrada)*. São Paulo, Ática, 1982.

FERNANDES, Florestan. *Capitalismo Dependente e Classes Sociais na América Latina*. Rio de Janeiro, Zahar, 1973.

FRANÇA, Eduardo d'Oliveira. *Portugal na Época da Restauração*. São Paulo, 1951. Tese apresentada ao concurso de Cátedra à Cadeira de História da Civilização Moderna e Contemporânea da Faculdade de Filosofia, Ciências e Letras da Universidade de São Paulo.

FOUGEYROLLAS, Pierre. *Por une France Féderale – Vers l'Unité Européene pour la Révolution Régionale*. Paris, Editions Denöel, 1968.

GERBI, Antonello. *La Disputa del Nuevo Mundo. Historia de una Polêmica (1750-1900)*. Fondo de Cultura Económica, 1960.

GOLPE, E. Menéndez-Valdés. *Separatismo y Unidad (una Mistificación Histórica)*. Madrid, Seminários y Ediciones, 1973.

GUENÉE, Bernard. *O Ocidente nos Séculos XIV e XV (Os Estados)*. São Paulo, Livraria Pioneira Editora/Editora da Universidade de São Paulo, 1981.

HAUSER, Arnold. *História Social de la Literatura y el Arte*. Madrid, Ediciones Guadarrama, 1969, 3 vols.

HECKSCHER, Eli. *La Época Mercantilista*. México, Fondo de Cultura Económica, 1944.

HOBSBAWM, Eric. "A Invenção das Tradições". *In*: HOBSBAWM, Eric & RANGER, Terence. *A Invenção das Tradições*. Rio de Janeiro, Paz e Terra, 1984.

HUIZINGA, Johan. *El Otoño de la Edad Media. Estudios sobre las Formas de Vida y del Espíritu durante los Siglos XIV y XV en Francia y en los Países Bajos*. 6. ed. Madrid, Selecta de Revista de Occidente, 1965.

IGLÉSIAS, Francisco. "Um Conceito Equívoco: A História Universal". *História e Ideologia*. São Paulo, Perspectiva, 1971.

KOYRÉ, Alexandre. *Études d'Histoire de la Pensée Philosophique*. Paris, Gallimard, 1961.

LASKI, Harold. *El Liberalismo Europeo*. 3. ed. México, Fondo de Cultura Económica, 1961.

LE GOFF, Jacques. "Memória". *Enciclopédia Einaudi*. Vol. 1: *Memória e História*. Lisboa, Imprensa Nacional Casa da Moeda, 1984.

_____. "Les Mentalités, une Histoire Ambigüe". In: LE GOFF, Jacques & NORA, Pierre (org.). *Faire de l'Histoire. Nouveaux Objets*. Paris, Gallimard, 1974, vol. III.

LINZ, Juan. "Um Regime Autoritário! Espanha". In: CARDOSO, Fernando Henrique & MARTINS, C. E. (org.). *Política e Sociedade*. São Paulo, Nacional, 1979.

MACEDO, Jorge Borges de. *Problemas da Indústria Portuguesa no Século XVIII*. Lisboa, Associação Industrial Portuguesa, 1963.

MACPHERSON, C. B. *The Political Theory of Possessive Individualism. Hobbes to Locke*. 8. ed. Oxford, Oxford University Press, 1979.

300   MITOLOGIA DA MINEIRIDADE

MANCHESTER, A. K. *British Preeminence in Brazil. Its Rise and Decline. A Study in European Expansion*. 2. ed. New York, Octagon Books, 1972.

MARQUIZE-PONEY, Louis. *Le Mouvement Décadent en France*. Paris, Presses Universitaires de France, 1986.

MARTINS, J. P. Oliveira. *O Brasil e as Colônias Portuguesas*. Lisboa, Guimarães Editora, 1953.

MILLS, Wright. *A Elite do Poder*. Rio de Janeiro, Zahar, 1962.

MORINEAU, Michel. *Incroyables Gazettes et Fabuleux Métaux. Le Retours des Trésor Américains d'Aprés les Gazettes Holandaises (XVIe et XVIIIe Siècles)*. Cambridge, Cambridge University Press et Editions Maisons des Sciences de L'Homme, Paris, 1986.

ROCHA, Everardo P. Guimarães. *Magia e Capitalismo. Um Estudo Antropológico da Publicidade*. São Paulo, Brasiliense, 1985.

SCHWARTZ, Stuart B. & LOCKHART, James. *Early Latin America. A History of Colonial Spanish America and Brazil*. New York, Cambridge University Press, 1983.

SEMMEL, Bernard. *The Rise of Free Trade Imperialism*. Cambridge, Cambridge University Press, 1970.

TALMON, J. L. *Romantismo e Revolta. Europa (1815-1848)*. Lisboa, Verbo, 1967.

TENFELDE, Klaus. "Cultura Mineira na Alemanha. Um Ensaio de Interpretação". *Revista Brasileira de História*, n. 15, set. 1987-fev. 1988.

VILAR, Pierre. "El Tiempo del Quijote". *Crecimiento y Desarrollo. Economia e História. Reflexiones sobre el Caso Español*. Barcelona, Ariel, 1964.

WALLERSTEIN, Immanuel. *El Moderno Sistema Mundial. La Agricultura Capitalista y los Orígenes de la Economia-Mundo Europeo en el Siglo XVI*. 2. ed. México, Editora Siglo Veintiuno, 1979.

4. Obras Teóricas

ADORNO, T. W. *Dialéctica Negativa*. Madrid, Taurus Ediciones, 1984.

————. "La Critica de la Cultura y la Sociedad". *Prismas*. Barcelona, Ediciones Ariel, 1962.

————. & HORKHEIMER, M. "Cultura y Administración". *Sociológica*. 2. ed. Madrid, Taurus Ediciones, 1971.

————. *Dialéctica del Iluminismo*. Buenos Aires, Editorial Sur, 1971.

ALTHUSSER, Louis. *La Revolución Teórica de Marx*. 3. ed. Buenos Aires, Siglo Veintiuno Editores, 1971.

ARENDT, Hannah. *A Condição Humana*. 2. ed. Rio de Janeiro, Forense Universitária, 1983.

BIBLIOGRAFIA   301

_____. *On Revolution*. London, Penguin Books, 1973.

AUERBACH, Erich. *Mimesis. A Representação da Realidade na Literatura Ocidental*. 2. ed. São Paulo, Perspectiva, 1976.

BARTHES, Roland. *Mitologias*. 2. ed. São Paulo, Difusão Europeia do Livro, 1975.

BENJAMIN, Walter. *Origem do Drama Barroco Alemão*. Tradução, apresentação e notas de Sérgio Rouanet. São Paulo, Brasiliense, 1984.

BENOIST, Jean-Marie. "Conclusions". *L'Identité. Seminaire Dirigé par Claude Lévi-Strauss*. Paris, Presses Universitaires de France, 1977.

BESANÇON, Alain. *Histoire et Experience du Moi*. Paris, Flammarion, 1971.

BORDIEU, Pierre. *A Economia das Trocas Simbólicas*. Org. e Int. de Sergio Miceli. São Paulo, Perspectiva, 1974.

_____. *Un Art Moyen. Essai sur les Usages Sociaux de la Photographie*. Paris, Minuit, 1965.

CASTORIADIS, Cornelius. *A Instituição Imaginária da Sociedade*. 2. ed. Rio de Janeiro, Paz e Terra, 1986.

COHN, Gabriel. *Sociologia da Comunicação. Teoria e Ideologia*. São Paulo, Livraria Pioneira Editora, 1973.

DURAND, Gilbert. *Les Structures Anthropologiques de l'Imaginaire. Introduction à l'Archétypologie Générale*. 10. ed. Paris, Dunod, 1984.

DURKHEIM, Émile. *De la División del Trabajo Social*. Buenos Aires, Editorial Schapire, 1967.

_____. *Las Formas Elementales de la Vida Religiosa*. Buenos Aires, Editorial Schapire, 1968.

FLORES, César. *La Mémoire*. 4. ed. Paris, Presses Universitaires de France, 1982.

FOUCAULT, Michel. *As Palavras e as Coisas. Uma Arqueologia das Ciências Humanas*. Lisboa, Portugália, 1967.

_____. *Microfísica do Poder*. Org. e introd. de Roberto Machado. Rio de Janeiro, Graal, 1979.

GIRADERT, Raoul. *Mythes et Mythologies Politiques*. Paris, Editions du Seuil, 1986.

GODELIER, Maurice. "Mythe et Histoire. Réflexions sur les Fondements de la Pensée Sauvage". *Annales. Économies, Sociétés, Civilisations*, n. 3 e 4, maio e out. 1971.

GOLDMANN, Lucien. *Le Dieu Caché. Études sur la Vision Tragique dans la Pensée de Pascal et dans le Théatre de Racine*. Paris, Libraire Gallimard, 1955.

GOUREVITCH. A. Y. "Le Temps Comme Problème d'Histoire Culturelle". *Les Cultures et le Temps*. Introdução de Paul Ricoeur. Paris, Payot/Unesco, 1975.

GRAMSCI, Antonio. *Os Intelectuais e a Organização da Cultura*. Rio de Janeiro, Civilização Brasileira, 1968.

GREEN, André. "A Tome de Parenté et Relations Oedipiennes". *L'Identité*. Paris, Libraire Plon, 1985.

GUATTARI, Felix. *Revolução Molecular: Pulsações Políticas do Desejo*. 2. ed. São Paulo, Brasiliense, 1985.

HALBWACHS, Maurice. *Les Cadres Sociaux de la Mémoire*. Paris, Librairie Félix Alcan, 1925.

_____. *La Mémoire Collective*. Paris, Presses Universitairés de France, 1950.

HEGEL, G. W. F. *Leçons sur la Philosophie de l'Histoire*. 3. ed. Paris, Librairie Philosophique J. Vrin, 1970.

HELLER, Agnes. *Historia y Vida Cotidiana. Aportación a la Sociologia Socialista*. México, Editorial Grijaldo, 1985.

JUNG, Carl Gustav. "Cristo-Arquétipo". *In*: CANEVACCI, Massimo (org.). *Dialética do Indivíduo. O Indivíduo na Natureza, História e Cultura*. 2. ed. São Paulo, Brasiliense, 1984.

KOLAKOWSKI, Leszek. *A Presença do Mito*. Brasília, Editora Universidade de Brasília, 1972.

LÉVI-STRAUSS, Claude. "Raça e História". *Raça e Ciência*. São Paulo, Perspectiva, 1970.

_____. *O Totemismo Hoje*. Petrópolis, Vozes, 1975.

_____. *Antropologia Estrutural*. Rio de Janeiro, Tempo Brasileiro, 1967.

_____. *El Pensamiento Salvage*. México, Fondo de Cultura Económica, 1964.

_____. *La Potière Jalouse*. Paris, Libraire Plon, 1985.

_____. *L'Identité*. Paris, Librairie Plon, 1985.

_____. "Les Temps du Mythe". *Annales. Économies, Sociétés, Civilisations*, n. 3 e 4, maio e ago. 1971.

LUKÁCS, George. *Historia y Consciencia de Clase. Estudios de Dialéctica Marxista*. México, Editorial Grijalbo, 1969.

_____. *Teoria do Romance*. Lisboa, Editorial Presença, s.d.

MACHEREY, Pierre. *Para uma Teoria da Produção Literária*. Lisboa, Editorial Estampa, 1971.

MANNHEIM, Karl. *Ideologia e Utopia*. Rio de Janeiro, Zahar, 1968.

_____. *Ensayos de Sociologia de la Cultiura. Hacia una Sociologia del Espiritu, el Problema de la "Intelligentsia", la Democratización en la Cultura*. 2. ed. Madrid, Aguilar Ediciones, 1963.

MARCUSE, Herbert. *Raison et Révolution. Hegel et la Naissance de la Théorie Sociale*. Paris, Les Éditions de Minuit, 1968.

_____. *Ideologia da Sociedade Industrial*. Rio de Janeiro, Zahar, 1969.

_____. *Eros e Civilização. Uma Interpretação Filosófica do Pensamento de Freud*. 4. ed. Rio de Janeiro, Editora Zahar, 1969.

MARX, Karl. *O Capital. Crítica da Economia Política*. 2. ed. Rio de Janeiro, Civilização Brasileira, 1971, 5 vols.

BIBLIOGRAFIA 303

_____. *O Capital*. Livro I, Capítulo VI. São Paulo, Livraria Editora Ciências Humanas, 1978.

_____. & ENGELS, Friederich. *La Ideología Alemana*. Buenos Aires, Ediciones Pueblos Unidos, 1973.

POULANTZAS, Nicos. *Poder Político y Clases Sociales en el Estado Capitalista*. 2. ed. México, Siglo Vientiuno Editores, 1970.

_____. (org.). *O Estado em Crise*. Rio de Janeiro, Graal, 1978.

SILVEIRA, Paulo. *Do Lado da História (Uma Leitura Crítica da Obra de Althusser)*. São Paulo, Livraria Editora Polis, 1978.

STAROBINSKI, Jean. "La Littérature, Le Texte et l'Interprète". In: LE GOFF, Jacques & NORA, Pierre (org.). *Faire de l'Histoire. Nouvelles Approches*. Paris, Gallimard, 1974, vol. II.

TODOROV, Tzvetan. *As Estruturas Narrativas*. 2. ed. São Paulo, Perspectiva, 1970.

VERÓN, Eliseo. *Ideologia, Estrutura e Comunicação*. São Paulo, Cultrix, 1970.

WEBER, Max. *Economia y Sociedad*. 2. ed. México, Fondo de Cultura Económica, 1969, 2 vols.

_____. *A Ética Protestante e o Espírito do Capitalismo*. São Paulo, Livraria Pioneira Editora, 1967.

_____. *Sobre la Teoria de las Ciencias Sociales*. Barcelona, Ediciones Península, 1971.

_____. *Ensaios de Sociologia*. 2. ed. Rio de Janeiro, Zahar, 1971.

Outras Fontes Citadas

ANTONIL, André João Andreoni. *Cultura e Opulência do Brasil por suas Minas e Drogas*. (Texto da edição de 1711). Introdução e notas de Alice P. Canabrava. São Paulo, Companhia Editora Nacional, 1967.

_____. *Cultura e Opulência do Brasil por suas Minas e Drogas*. Texte de l'édition de 1711, traduction et commentaire critique par A. Mansuy. Paris, Institut des Hautes Études de L'Amérique Latine, 1968.

_____. *Aureo Throno Episcopal...*, Lisboa, 1749.

_____. *A Carta de Pero Vaz de Caminha*. Edição crítica de Jaime Cortesão. Lisboa, Portugália, s.d.

COELHO, J. J. Teixeira. "Instrução para o Governo da Capitania de Minas Gerais (1780)". *Revista do Instituto Histórico e Geográfico Brasileiro*, t. XV, ed. 1888.

COUTO, José Vieira. "Memória sobre a Capitania de Minas Gerais". *Revista do Instituto Histórico e Geográfico Brasileiro*, vol. CXXXV.

MACHADO, Siman Ferreira. *Triunfo Eucharistico...* Lisboa, 1734.

"Memoria q' J. M. Siqueira Presb. Secular Professor Real da Filosofia Rac.[al] e Moral da V.[a] do Cuyabá Academico da R.[1] Academia das Sciencias de lx[o]. Enviou a M.[ma] Academia sobre a decadência Atuas das Tres Cap.[nias] de Minnas e os Meios d'a Reparar no anno de 1802." *In*: Holanda, Sérgio Buarque de. *Monções*. 2. ed. São Paulo, Alfa-Ômega, 1976.

Monlevade, J. A. *Memória, de 12-12-1853*. Apêndice à *Mensagem 1854*, de Francisco Diogo Pereira de Vasconcelos.

"Relatório do Marquês de Lavradio (1779)". *Revista do Instituto Histórico e Geográfico Brasileiro*, t. v, 1842.

"Roteiro do Maranhão e Goiaz pela Capitania do Piauí (Fins do Século xviii)". *Revista do Instituto Histórico e Geográfico Brasileiro*, t. lxii, parte 1, 1900.

Índice Onomástico

ABREU, Limpo de 156
ADORNO, Theodor 27n, 36, 95n
ALEIJADINHO, Antônio Francisco Lisboa 90
ALEIXO, Pedro 257
ALENCAR, José de 92n, 241
ALPHONSUS, João 257
ALTHUSSER, Louis 35n
ALVARENGA, Manuel Inácio da Silva 254
ALVIM, Cesário 116
ANDRADE, Carlos Drummond de 38, 109, 209, 215n, 255-257, 260-269
ANDRADE, Mário de 90, 259
ANTONIL, André João 26, 91
ARENDT, Hannah 106n, 241n
ARRIGUCCI JR., Davi 219n
ARRUDA, José Jobson de Andrade 15, 167n
ASSIS, Machado de 96, 212
ASSUMAR, Conde de 80
AUERBACH, Erich 239n
ÁVILA, Affonso 185
AZEVEDO, Fernando de 91n

BALZAC, Honoré de 129

BANDEIRA, Manuel 208, 217
BARBOSA, Rui 72
BARBOSA, Waldemar de Almeida 76n
BENOIST, Jean-Marie 33n
BENTHAM, Jeremy 249
BERNARDES, Arthur 239n
BESANÇON, Alain 277
BLAKE, William 53
BOSI, Alfredo 28n, 90n
BOURDIEU, Pierre 107n, 212n, 224n
BRAGA, Rubem 108
BRAUDEL, Fernand 100n, 149-151, 175
BRETHEL, Alexandre 201-202
BUFFON, Conde de 56, 65
BURTON, Richard 65n, 68, 83n, 85, 168

CABRAL, Pedro Álvares 55, 77
CAMPOS, Francisco 245n
CAMPOS, Milton 236, 238, 242n, 249-250, 257
CAMPOS, Paulo Mendes 109
CAPANEMA, Gustavo 257
CARDOSO, Fausto 45
CARDOSO, Fernando Henrique 23, 25
CARDOSO, Lúcio 206-208
CARVALHO, José Murilo de 233n

CARVALHO, Orlando de 249

CASASSANTA, Mário 257

CASTORIADIS, Cornelius 146

CAVALCANTI, Amaro 40

CERVANTES, Miguel de 134, 135, 218

CHATEAUBRIAND, François-René 54, 55

CHAUNU, Pierre 175

COELHO, José João Teixeira 81

COLOMBO, Cristóvão 77

COSTA, Cláudio Manuel da 77n, 88, 254

COSTA, Manuel Rodrigues da 165

CRUZ, Manoel da, Frei 182

CUNHA, Euclides da 27, 90, 92, 240, 241

DEBRUN, Michel 240n

DIAS, Fernão 63

DOMAS FILHO, João 169n

DOSTOIEVSKY, Fiodor 129

DOURADO, Autran 70, 156n, 272n

DURKHEIM, Émile 145n

DUTRA, Eurico Gaspar 236

EUL-SOO Pang 44

FAORO, Raymundo 24, 27n

FERNANDES, Dinis 63

FERNANDES, Florestan 25, 26

FLAUBERT, Gustave 129

FLORES, César 229n

FORTES, José Francisco Bias 237n, 239n

FOUCAULT, Michel 107n, 147

FRANCO, Afonso Arinos de Melo 92, 116, 125n, 214n, 257

FRANCO, Afrânio de Melo 139

FREIREYSS, Georg Wilhelm 98

FREYRE, Gilberto 50, 71, 89n, 91n, 187n, 190, 191n

FRIEIRO, Eduardo 65n, 77n, 138n

FURTADO, Celso 151-153

GALVÃO, Walnice Nogueira 128n, 269n, 271n

GARDNER, George 93, 172

GIRARDET, Raoul 230n

GOETHE, Johann Wolfgang von 129

GOGOL, Nikolai 218

GOLDMANN, Lucien 268

GONZAGA, Tomás Antônio 76-77n, 87n, 252-253

GUENÉE, Bernard 22

GUIMARAENS, Alphonsus de 258, 273n

HEGEL, Georg 34

HOLANDA, Aurélio Buarque de 256

HOLANDA, Sérgio Buarque de 87n, 96, 151n

HORKHEIMER, Max 27n

HUIZINGA, Johann 69n

IGLÉSIAS, Francisco 14, 25, 148n, 168

JOÃO VI de Portugal 24

KEINERT, Rubem César 46

KUBITSCHEK, Juscelino 239n, 243n

LAFAYETTE, Marquês de 200

LAMPEDUSA, Giuseppe Tomasi di 209

LATIF, Miran 125n

LEAL, Victor Nunes 41

LE GOFF, Jacques 54n

LEITE, Ilka Boaventura 52n, 55n

LENHARO, Alcir 157n

LEVINE, Robert 27n, 42

LÉVI-STRAUSS, Claude 30n, 31n, 36

LIMA, Alceu Amoroso 135, 138, 214n

LIMA, João Heraldo 204

LINHARES, Maria Yedda 153n, 157n, 180n

LINZ, Juan 28n
LOVE, Joseph 27n, 42
LUCAS, Fábio 272n
LUKÁCS, George 34, 229n
LUNA, Francisco Vidal 159

MACEDO, Jorge Borges de 164
MACHADO, Simão Ferreira 182, 183
MACIEL, José Alves 75
MALLARMÉ, Stéphane 147
MANNHEIM, Karl 34
MARCUSE, Herbert 27n, 34n
MARIA I de Portugal 24
MARTINS, Heitor 270n
MARTINS, Roberto Borges 15, 174
MARTINS, Wilson 219n
MARTIUS, Carl von 68, 87, 93n, 186
MARX, Karl 34
MATOS, Marco Aurélio 109
MATTA, Roberto da 108, 111n
MAWE, John 65, 85, 165, 168, 180
MAXWELL, Kenneth 77n, 161
MEIRELES, Cecília 106
MELLO E SOUZA, Antonio Candido de
92n, 215n, 216n, 218, 227,
229n, 252, 255, 268n, 270
MELLO E SOUZA, Laura de 187
MELO E CASTRO, Martinho de 81
MENDES, Elizabeth 55n
MENDES, Murilo 215n, 222, 226, 228
MERQUIOR, José Guilherme 264, 266,
268n
MILL, James 249
MOLIÈRE 30
MONLEVADE, J. A. 164
MORLEY, Helena 206, 229n
MOTA, Carlos Guilherme 27n, 107n,
191n
MOURA, Emílio 109-110, 257

NAVA, Pedro 69, 72, 107n, 209, 211n,
215, 216, 219n, 225, 228n,
229n, 255-257
NEVES, Tancredo 14, 17, 21, 111, 235,
239n, 241-246, 252
NIETZSCHE, Friedrich 147
NOVAIS, Fernando 79n, 164n
NUNES, Benedito 271n

OLIVEIRA, Francisco de 27n, 46
D'ORBIGNY, Alcide 84
ORTIZ, Renato 31
OTTONI, Teófilo 234-235

PARANÁ, Marquês de, Honório Hermeto
Carneiro Leão 240, 244
PEDRO II, D. 84
PEIXOTO, Inácio José de Alvarenga 77n,
254
PELLEGRINO, Hélio 109
PENA, Cornélio 208
PINHEIRO FILHO, João 257
POTELET, Janine 269n
PRADO, Paulo 65n
PRADO JR., Caio 151n

RENAULT, Abgar 257
RESENDE, Otto Lara 109
RIBEIRO, João 217
ROCHA, Everardo 32n
ROMERO, Sílvio 76n
ROSA, João Guimarães 37, 128n, 130,
229n, 255, 260, 268, 269, 270n,
271, 272

SABINO, Fernando 70, 109
SAINT-HILAIRE, Auguste de 53, 80, 84,
85, 96n, 166, 168, 172n, 174n,
181, 184, 192-198, 204, 211

ÍNDICE ONOMÁSTICO

SALVADOR, Vicente do, Frei 151

SANT'ANNA, Affonso Romano de 260, 262, 263, 265

SANTOS, Joaquim Felício dos 37

SCHWARTZ, Stuart B. 189

SCHWARZ, Roberto 40

SILVA, Francisco Ribeiro da, Cônego 182

SILVA, Luís Vieira da, Cônego 76

SILVEIRA, Rosa Maria Godoy 46

SINGER, Paul 154n, 160, 162

SLENES, Robert 159

SOARES, Gabriel 63

SOUZA, Terezinha Oliva de 44-45

SOUZA, Tomé de 24

SPIX, Johann Baptist von 68, 87, 93n, 186

STAROBINSKI, Jean 277

SWIFT, Jonathan 218

TCHEKHOV, Anton 208

TERTULIANO 80

TIRADENTES, Joaquim José da Silva Xavier 75-79, 90, 103, 107, 108, 111-115, 121, 127, 242-244, 252, 276

TOLSTOI, Liev 129

TORRES, João Camilo de Oliveira 241n

TURGUENIEV, Ivan 218

VARGAS, Getúlio 42, 249n

VASCONCELLOS, Bernardo Pereira de 231, 233-235

VASCONCELLOS, Sylvio de 192

VASCONCELOS, Diogo de 76

VIANNA, Francisco José de Oliveira 24, 27, 90

VIRGÍLIO 105

WEBER, Max 20, 22, 250-251n

WELLS, James W. 195-200

WIRTH, John 27, 42, 158n, 249n

WORDSWORTH, William 54

ZOLA, Émile 129

Título	Mitologia da Mineiridade – O Imaginário Mineiro na Vida Política e Cultural do Brasil
Autora	Maria Arminda do Nascimento Arruda
Editor	Plinio Martins Filho
Produção editorial	Carlos Gustavo Araújo do Carmo
Digitalização	Carlos Gustavo Araújo do Carmo
Revisão	Plinio Martins Filho Carolina Bednarek Sobral
Editoração eletrônica	Igor Souza Carlos Gustavo Araújo do Carmo
Capa	Casa Rex
Formato	16 x 23 cm
Tipologia	Aldine 721 BT
Papel	Chambril Avena 80g/m² (miolo) Cartão Supremo 250g/m² (capa)
Número de páginas	312
Impressão e acabamento	Bartira Gráfica